ADOLPH MENZEL

Gisold Lammel

ADOLPH MENZEL

UND SEINE KREISE

Verlag der Kunst
Dresden · Basel 1993

Published under licence by
Verlag der Kunst [Dresden · Basel]
Erste Auflage
Gesamtgestaltung: Alfred Brückner
Satz: Satz Repro Grafik GmbH, Leipzig
Repro, Druck und Verarbeitung: Studio STBS

ISBN 3-364-00281-9

Inhaltsverzeichnis

Vorbemerkung

Franz Hermann Meissner schrieb in seiner 1902 erschienenen Monographie über Menzel: »Er war lange einsam, sehr lange nur von wenigen gekannt, erfolgreich erst als fünfzigjähriger Mann«.[1] Er sah somit den Künstler noch zu dessen Lebzeiten in einem Zerrspiegel. Legendenbildungen hatten schon damals den Blick auf diesen nach Dürer bedeutendsten deutschen Maler, Zeichner und Graphiker verstellt. Das vorliegende Buch möchte dazu beitragen, einige durch die Menzel-Literatur geisternde Behauptungen zu entkräften. Den Autor haben besonders die Lebensweise und -verhältnisse des Künstlers interessiert. Ihm lag daran, das Wirkungsfeld, in dem Menzel agiert hat, zu skizzieren und das Verwurzeltsein vieler seiner Werke in einem vielfältigen Beziehungsgeflecht anzudeuten. Erstmals wird in einer umfassenderen Weise auf Menzels Verhältnis zu Auftraggebern eingegangen und die Bedeutung zahlreicher Kontakte zu bildenden Künstlern, Schriftstellern, Musikern und Theaterleuten sowie zu Politikern und Unternehmern für seine Bildwelt untersucht. Zudem wurde auf Darstellungen hingewiesen, die aus den psychischen Gegebenheiten, dem Charakter und den Lebensgewohnheiten resultierten. Dabei wurden Anregungen der Menzelforscher Irmgard Wirth und Jens Christian Jensen aufgenommen.

Menzel und seine Familie

Kindheit und Jugend Menzels waren von Armut und Sorgen überschattet. Zudem machten ihm seine Zwergwüchsigkeit und labile Gesundheit sehr zu schaffen. Zeitlebens war er bemüht, diese frühen Lebensabschnitte im dunkeln zu belassen. Nur wenige Äußerungen über sie sind von ihm bekannt, und sie verbergen mehr, als sie beleuchten. Dennoch sind so viele Informationen über sein Elternhaus und die Geschwister bekannt, daß ein einigermaßen zuverlässiges Bild von ihm und seiner Familie entworfen werden kann:

Der 26jährige Lehrer Carl Erdmann Menzel, Sohn Johann Heinrich Menzels, der eine Wassermühle in Städtel im Kreise Namslau sein eigen nannte, und dessen Frau, Anna Rosina geborene Erfort, heiratete am 15. September 1813 in der evangelischen Pfarrkirche zu St. Elisabeth in Breslau die neunzehnjährige Charlotte Emilie Okrusch, Tochter Johann Gottlieb Okruschs, des Zeichenlehrers am Elisabethanischen Gymnasium Breslaus, und dessen Frau. Das jungvermählte Paar bezog eine Wohnung im Hause Nr. 33 in der Albrechtstraße, Ecke Lange Holzgasse. In den Jahren von 1814 bis 1826 wurden ihnen fünf Kinder geboren, von denen jedoch zwei schon sehr früh verstarben.[1]

Am 8. Dezember des Jahres 1815, gegen 20 Uhr, kam der Sohn Adolph Friedrich Erdmann auf die Welt. Nach reichlich zwei Wochen, am 26. Dezember, wurde er in der Haupt- und Pfarrkirche zu St. Maria Magdalena getauft. Seine Paten waren die Eltern der Mutter, Johann Gottlieb Okrusch und Johanna Eleonore Emilie Okrusch geborene Schmid, und der Onkel, der Wirtschaftsinspektor Friedrich Wilhelm Martini.

Zwischen 1816 und 1818 muß Carl Erdmann Menzel seine Anstellung als Direktor einer Breslauer Mädchenschule aufgegeben und sich eine bescheidene Lithographenwerkstatt eingerichtet haben.[2] Damit war wohl auch der Wohnungswechsel einhergegangen. Die Familie lebte nun in der Friedrich-Wilhelm-Straße 71, Ecke Schwerdtstraße. 1823 und 1826 wurden Emilie Charlotte Amalie und Richard Carl Friedrich geboren. Den beiden wesentlich jüngeren Geschwistern war Adolph Menzel zeitlebens sehr zugetan.

Im vorgerückten Alter schrieb Adolph Menzel über den Vater: »In ihm selbst steckte schon der Kunsttrieb wie außer anderem oft von ihm erzählte Fakta seiner Kindheit dartun. Das war aber vermöge seiner noch weit ungünstigeren Jugendverhältnisse in ihm verkümmert, durch seine Lehrer-Karriere überschichtet und kam erst später wieder wie ein vertriebener Krankheitsstoff dennoch auf die Oberfläche herauf, indem es ihn wenig zu seinem Glück zur Lithographie hinzog. Diese hätte kein so unentwickelter Betrieb, meines Vaters ganze Vorbildung dazu eine andere sein müssen, wenn er nachhaltig reüssieren sollen.«[3]

Der Vater muß sehr darunter gelitten haben, daß er seine künstlerische Begabung nicht zur Entfaltung bringen konnte. Deshalb versuchte er zunächst, dem heranwachsenden Sohn Adolph, bei dem sich sehr früh der »Kunsttrieb« regte, von dem Weg zum Künstler abzubringen. So schickte er ihn zum Privatunterricht [u. a. zu Lateinlektionen], um ihn für eine wissenschaftliche Laufbahn vorzubereiten. Die damit verbundenen zusätzlichen Ausgaben werden den in ständigen Geldnöten lebenden Menzels gewiß nicht leichtgefallen sein. Schließlich ließ sich der Vater aber doch von den ungewöhnlichen künstlerischen Leistungen des Sohnes überzeugen, und bestimmt hatte der Zeichenlehrer Adolphs, Friedrich Martin Sander, zu dem Gesinnungswandel beigetragen.

Von Juli 1822 bis März 1828, also vom siebenten bis zum zwölften Lebensjahr, besuchte Adolph Menzel die evangelische Volksschule, die sich unweit seiner Wohnung, nämlich in der Fischergasse der Nikolaivorstadt, befand. Im Abschlußzeugnis, das ihm der Hauptlehrer Sander ausstellte, heißt es: »Adolph Menzel hat die hiesige Elementarschule Nr. 6 seit 1822 nicht nur sehr regelmäßig besucht, sondern sich auch durch regen Fleiß und ein musterhaftes Betragen zur gänzlichen Zufriedenheit seiner Lehrer rühmlichst ausgezeichnet...«[4] Sander, ein gebürtiger Braunschweiger, hatte den Jungen nach besten Kräften unterstützt. So ließ er beispielsweise die vom zwölfjährigen Menzel geschaffene Kreidezeichnung »Säugende Tigerin« rahmen und im Schulhaus aufhängen [Abb. 3]. Zudem veranlaßte er, daß diese Arbeit in die Ausstellung von »Kunstsachen, Fabrikwaren und Naturerzeugnissen« gelangte, die im Juni 1828 in der alten Börse am Blücherplatz gezeigt wurde. Als Vorlage für die Zeichnung hatte wahrscheinlich ein von Vincenz Georg Kininger lithographierter Ausschnitt von Rubens' Gemälde »Die vier Weltteile« [Wien, Kunsthistorisches Museum] gedient.[5] Im darauffolgenden Jahr waren am selben Ort in der wiederum von der »Schlesischen Vaterländischen Gesellschaft« organisierten Ausstellung sogar zwei Bleistiftzeichnungen Adolph Menzels zu sehen, und zwar, wie das gedruckte Verzeichnis vermerkte: die »Entdeckung der Verschwörung des Lucius Cäcilius Metellus durch Publius Cornelius Scipio jun. zu Canusium, im Jahre 216 vor Christi Geburt. – Eigene Erfindung« und ein »Bildnis nach dem Leben«. Daß ihm diese Ehre zuteil wurde, hatte gewiß Sander mitbewirkt, der frühzeitig die starke bildkünstlerische Begabung seines Schülers erkannt hatte.

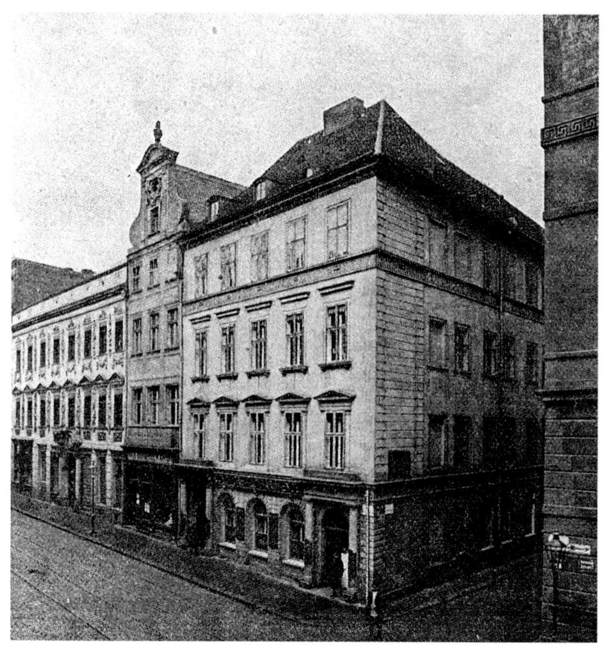

1 Adolph Menzels Geburtshaus in Breslau, Foto

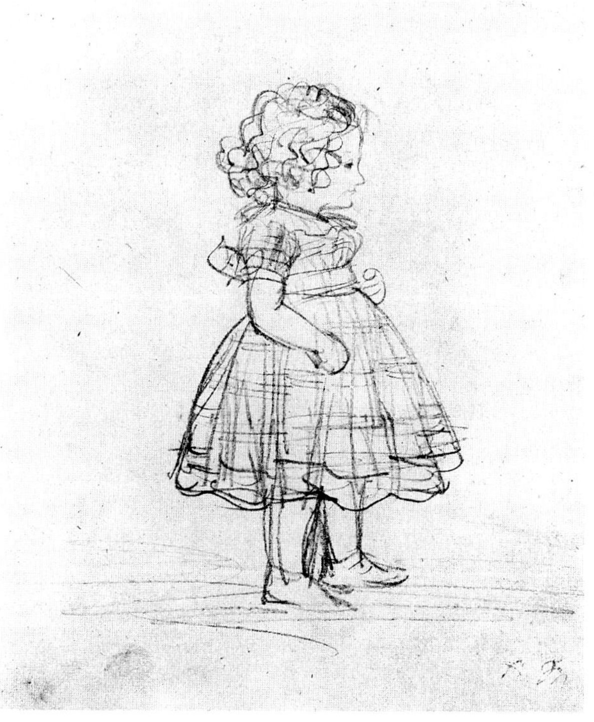

2 Stehendes Mädchen [die Schwester Emilie], um 1825/26, Bleistift

Seit dem Schulabgang ging der junge Menzel dem Vater mehr und mehr zur Hand. So zeichnete er für den zweiten Teil des von J. A. Kutzen verfaßten Buches »Die Geschichte des Preußischen Staates« acht Steindrucke. Vornehmlich mußte er aber gebrauchsgraphische Aufträge wie Geschäftsbriefe und Etiketten ausführen.

Die Menzelsche lithographische Werkstatt warf nur wenig ab. Als die Schuldenlast schwer und schwerer wurde, sah sich Carl Erdmann Menzel nach neuen Vertriebsmöglichkeiten für seine Produkte um. So reiste er 1829 nach Potsdam und Berlin und dann weiter nach Brandenburg, Magdeburg und Tangermünde, um seine lithographischen Arbeiten entsprechenden Geschäften und Einrichtungen zu offerieren.[6] Unterdessen führte der Lithograph C. G. Schmidt die Werkstatt weiter, wobei Adolph Menzel schon tatkräftig mitarbeitete. Von der Reise schrieb der Vater dem Sohn: »Mein herzensguter Adolph! Daß Du so fleißig bist und daß Dir alle Deine Arbeiten so gut gelingen, macht mir unendliche Freude, und ich wünschte nur, ich könnte Dich bei Deinem Arbeitstische einmal belauschen.«[7] Der Vater hatte sich in Berlin nach Ausbildungs- und Entwicklungsmöglichkeiten für den Sohn umgetan. Mit einer größeren Arbeit von Adolph Menzels Hand suchte er bei mehreren Rat. Am 29. September 1829 schrieb er aus der preußischen Metropole an seine Frau: »Wie unsers Sohn's Zeichenstück hier in Berlin aufgenommen wird, wirst Du aus seinem Schreiben ersehen, es übertrifft alle meine Erwartung, und mehrere Gelehrte haben schon den Wunsch geäußert, unsern Adolph bald kennenzulernen; ja der hiesige Dr. Schwarz machte mir sogleich das Anerbieten, daß Adolph bei ihm logieren sollte und daß er ihn unter seine Obhut nehmen wollte, indes zu Ostern, wenn Gott will, soll er die Akademie

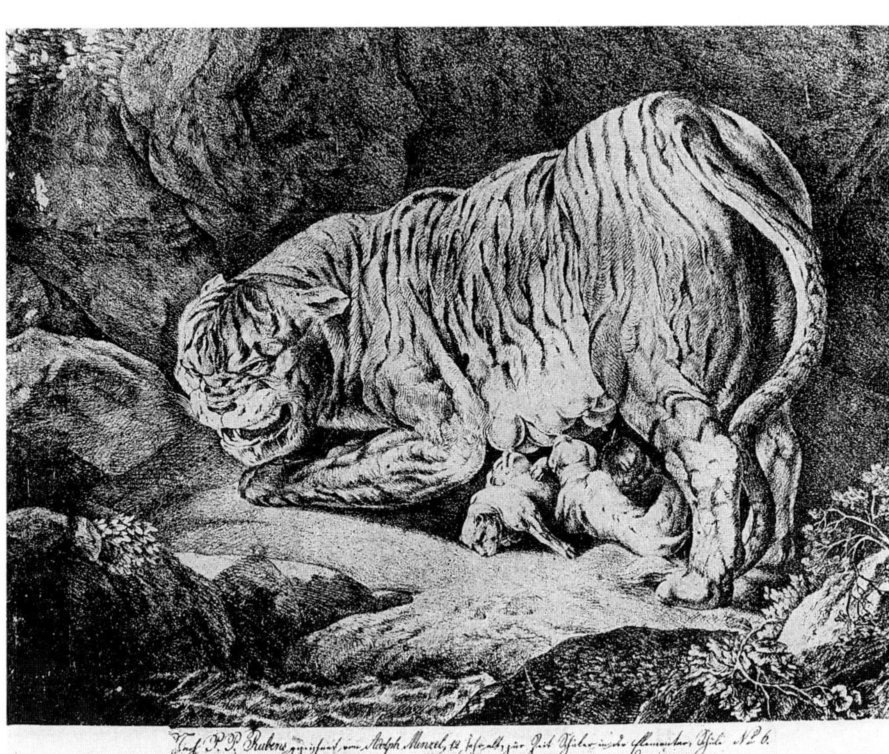

3 Säugende Tigerin, Kopie, 1828, Kreide

beziehen; er wird gewiß hier viele Freunde finden und sich bald die Gunst der Professoren erwerben.«[8] Bereits wenige Tage zuvor hatte er seiner Frau in einem Brief versichert: »Mein Adolph würde sich hier in Berlin durch sein Zeichnen viel Geld verdienen können, weil es hier doch anders bezahlt wird als in Breslau; überhaupt: Berlin ist mehr für Kunst als Breslau und wird anders bezahlt.«[9]

Der Umzug der Familie erfolgte zu Ostern 1830. Ursprünglich wollte Carl Erdmann Menzel in Berlin einen Betrieb für Zimmermalerei einrichten und nebenher eine Lithographenwerkstatt führen. Nur zu letzterem war er imstande gewesen, und die Einnahmen müssen so kärglich gewesen sein, daß gar nicht daran gedacht werden konnte, Adolph studieren zu lassen.

Als Menzels nach Berlin kamen, zählte diese Großstadt immerhin 247 967 Einwohner. Hier herrschte ein anregendes geistig-kulturelles Leben, und es waren namhafte künstlerische Kräfte am Werk. Karl Friedrich Schinkel, der bedeutendste deutsche Architekt der ersten Jahrhunderthälfte, und Christian Daniel Rauch, der herausragendste deutsche Bildhauer seiner Zeit, verschönten das Gesicht der Metropole. Von den in Berlin tätigen Malern gehörte Carl Blechen zu den wichtigsten. Er befaßte sich avantgardistisch mit Luft-Licht-Phänomenen und entwickelte sich zu einem Wegbereiter realistischer Gestaltungsweise. Weitaus mehr Einfluß und höheres Ansehen besaß damals allerdings der Hofmaler Wilhelm Wach. Die Eleganz und Idealisierung in seinen Bildern fanden reichlichen Beifall. In der Gestaltungsweise stand ihm der gleichfalls von der Oberschicht umworbene August Karl Friedrich von Kloeber nahe. Dieser hatte 1820 vom Hof den Auftrag erhalten, das neuerbaute Schauspielhaus auszumalen. Und noch ein Dritter ist zu nennen: Franz Krüger, der mit seinen sachlichen und prägnanten Darstellungen von Pferden, Paraden und Festlichkeiten sich einen Namen gemacht hat. Doch was Carl Erdmann Menzel in besonderem Maße an Berlin faszinierte, war die Tatsache, daß diese Stadt nach München das bedeutendste Zentrum des Flachdrucks in Deutschland war. Hier hatten sich lithographische Werkstätten etabliert, die für die Geschichte der Graphik eine erhebliche Rolle spielten, so vor allem die von Kuhr, Winckelmann & Söhne, Sachse und den Gebrüdern Gropius.

Die erste Berliner Wohnung der Familie Menzel lag in der Wilhelmstraße 39. Dort richtete sich Carl Erdmann Menzel die bescheidene Arbeitsstätte ein. Doch bald brach das Unglück über die Familie herein: Am 5. Januar 1832 starb der Vater.[10] Auf diese Katastrophe und ihre Folgen zurückblickend, schrieb später Adolph Menzel: »An einem gewissen Tage im Januar sprach ein waltendes Geschick zu mir: Zur Ehe eignest Du Dich zwar noch nicht, aber zum Familienhaupt bist Du gut genug. Sprachs und nahm meinen Vater dahin. Heut' sage ich wohl auch: Gesegnet seien die Wetter des Lebens! [ich wünsche sie aber keinem].«[11] Der Sechzehnjährige führte fortan die ärmliche Lithographenwerkstatt weiter und sorgte für den Broterwerb der Familie. In erster Linie nahmen ihn zunächst gebrauchsgraphische Arbeiten in Anspruch: die Anfertigung von Einladungs-, Tisch- und Festkarten, Glückwunschblättern, Briefköpfen, Etiketten usw. Trotz der mißlichen Lebenssituation der Familie verlor er keineswegs die künstlerische Ausbildung aus dem Auge. 1833 begann er endlich mit der Ausbildung an der Berliner Kunstakademie, und zwar sogleich in der Gipsklasse. Doch nach einigen Monaten brach er das Studium ab, da er sich zum einen nicht mit der Ausbildungsweise und der dort bestehenden Atmosphäre anfreunden konnte und zum andern ihm die Zeit zur Ausführung notwendiger Brotarbeit fehlte.

Als er sich in der Akademie abplagte, führte er nebenher zahlreiche Aufträge aus. Der bedeutendste von ihnen war die Folge von Federlithographien zu »Künstlers Erdenwallen«, die im Dezember 1833 bei dem Kunstverleger und -händler Louis Sachse erschien und ihm sogleich viel Anerkennung einbrachte, u. a. auch die Aufnahme in den Jüngeren Künstlerverein Berlins, für dessen Album er im Februar 1834 ein Selbstbildnis zeichnete.[12]

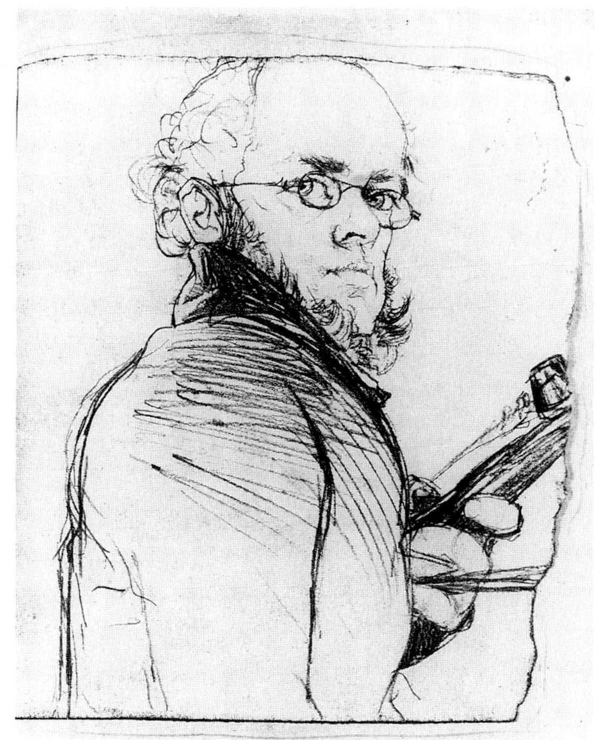

4 Selbstbildnis mit Palette, Bleistift

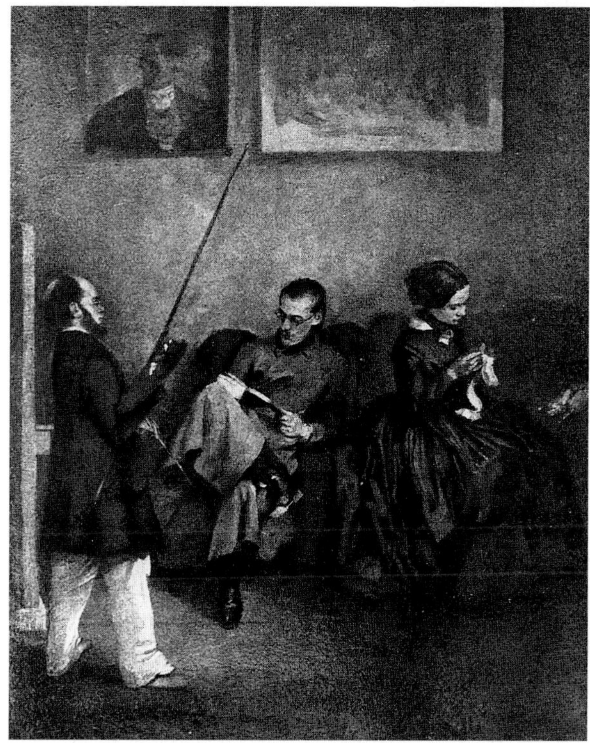

5 Selbstbildnis mit Geschwistern, 1848, Öl

Jene schwere Zeit prägte Menzel nachhaltig, insbesondere sein Verhältnis zu Auftragsarbeiten. Später berichtete er dem Münchner Kunstschriftsteller Friedrich Pecht: »Das ›Gott helfe mir, ich kann nicht anders!‹ kommt hundertmal öfter im Kleinen als Großen vor [und ich habe es mehr als einmal sagen müssen]. Und daß ein Mensch, schon nichts anderes als harte Zeiten kennend, wenig über das Knabenalter hinaus mit seinem Wohl und Weh lediglich auf sich selbst gestellt kein wühlerisches Nein im Munde führen darf, im Gegenteil sich anzustellen hat als heiße er heute in einem Musikalientitel, morgen in irgend einer Rechnungsvignette eine künstlerische Aufgabe willkommen, liegt auf der Hand. Zur Jugend lautet's ohnehin immer, was Du tust, tue so gut Du immer kannst, Du weißt nicht, wozu es Dir gut. Und anderemale: Zwinge Dich, was Du kannst. So sind jahrelang Kuchen ins Wasser geworfen worden und mußten's noch lange Jahre werden.«[13]

In seiner Familie fand Menzel den notwendigen Halt, den der vom Äußeren her Benachteiligte brauchte. Er entwickelte einen starken Sinn für feste familiäre Kontakte. Als er frühzeitig an die Stelle des Vaters rückte und für die Mutter und die beiden Geschwister den Lebensunterhalt erwerben mußte, war ihm die große Verantwortung nicht nur eine Last, sondern sicherlich auch ein Bewährungsfeld, auf dem er Selbstbestätigung fand und Achtung und Wärme der Familienmitglieder empfing. In dieser engen Gemeinschaft, in der er die vollste Anerkennung genoß, wurde er in ganz erheblichem Maße zur Durchsetzung seiner ehrgeizigen künstlerischen Pläne ermutigt.

Nur wenige verbale Äußerungen über den Vater sind von Adolph Menzel überliefert, und ein Porträt hat er von dem früh Verstorbenen wohl auch nicht angefertigt. Lediglich die Hand des Vaters hat er gezeichnet.[14] Ganz anders verhält es sich hingegen mit der Über-

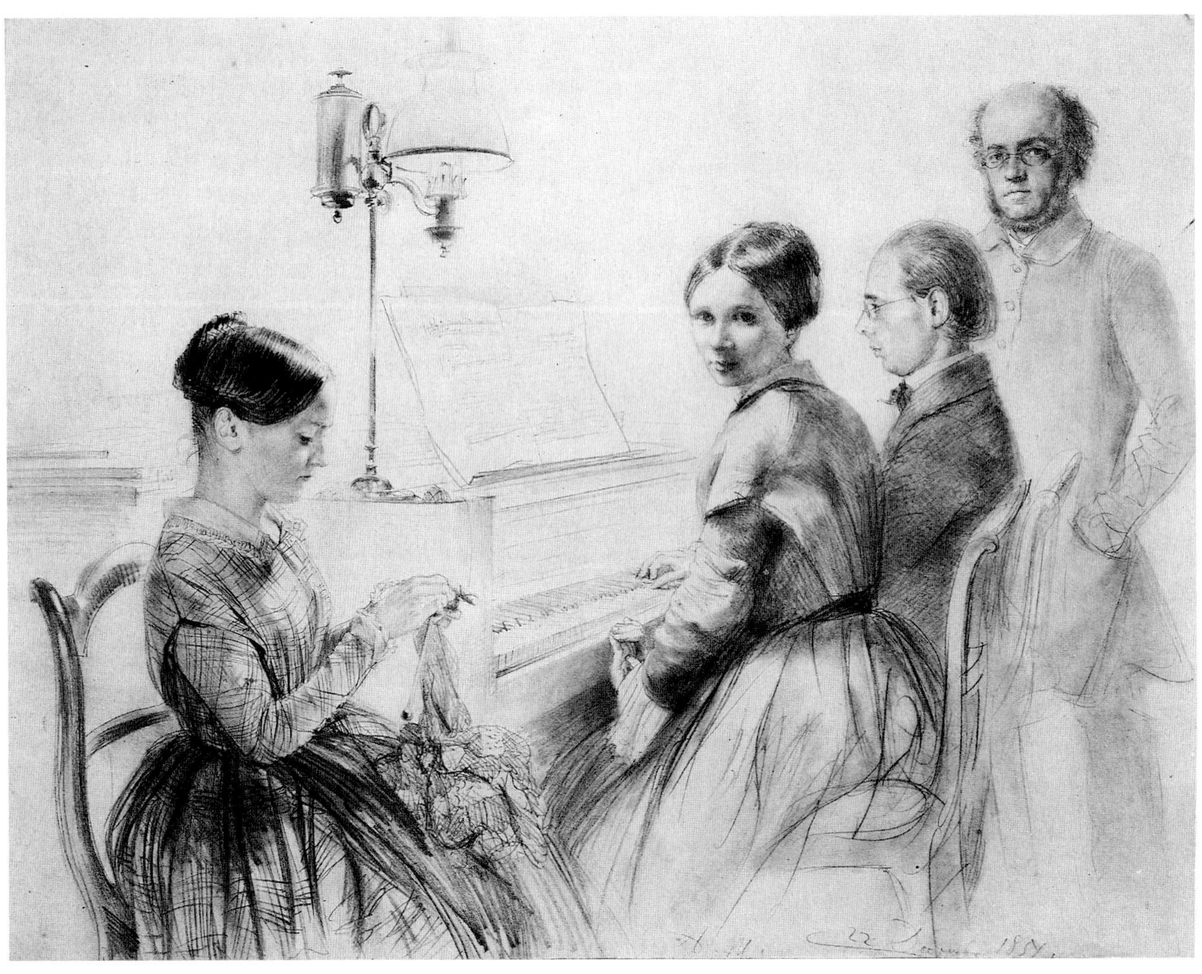

6 Die Familie des Künstlers, 1851, Bleistift

lieferung des Bildes seiner Mutter. Sie hat er auf mehreren Zeichnungen wiedergegeben, liebevoll und mit warmherzigem Blick. So zeigte er sie auf einem Porträt aus dem Jahre 1842 als Dreiviertelfigur, die sich aufmerksam und gütig dem Betrachter zuwendet [Abb. 7]. Die Mutter muß sehr verständnisvoll für ihn gesorgt haben, und gewiß war sie mit ihrer Willensstärke und Bescheidenheit, ihrer klaren Sicht auf das Machbare und Notwendige Vorbild gewesen. Als sie 1846 starb, traf ihn das schwer. Dem befreundeten Tapetenfabrikanten Carl Heinrich Arnold, dessen Sohn Carl Johann zu ihm gekommen war, um sich im Zeichnen fortzubilden, schrieb er am 10. November: »Am 8en Oktober hat Gott unsere Mutter zu sich genommen. Am Morgen desselben Sonntags, an dem abends Ihr Carl bei uns eintraf, hatte sie, die schon seit länger an Anwandlungen von Unwohlsein und Ermattung, aber ohne ernstliche Besorgnis, litt, sich zu Bett gelegt. Eine Unterleibentzündung brach aus und mit solcher alle menschliche Hilfe wegschlagender Wut! Schon der nächste Donnerstagmittag sah ihren Todeskampf. Sie erlassen mir alles weitere.«[15] Carl Johann Arnold, der Menzel bei der sterbenden Mutter und in den Wochen nach ihrem Tod aus nächster Nähe miterlebt hatte, erinnerte sich später: »Menzel hing mit größter Liebe und Verehrung an seiner Mutter und wurde durch diesen herben Verlust aufs schwerste getroffen.«[16] Vier Jahre nach dem Tode zeichnete Menzel das Grab der Mutter, ein Bild der Achtung und dankbarer Erinnerung [Abb. 8].

Tiefe Zuneigung besaß Adolph Menzel ebenso zu dem elf Jahre jüngeren Bruder Richard, um dessen Gesundheit es nicht gut stand. Er litt sehr unter Rheuma, und wegen eines Lungenleidens riet ihm der Arzt zu einem Leben an frischer Luft. Dem Rechnung tragend, wählte er den Beruf eines Landwirts. Als Volontär auf der von dem begüterten Oberamtmann Preuss gepachteten Domäne im Oderbruch bei Küstrin lernte er dessen Tochter, Elise Preuss, kennen. Im Sommer 1864 heirateten sie, und kurz darauf zogen sie von dem Landgut Friedrichsaue nach Berlin. Damit verbunden war Richards Aufgabe der Landwirtslaufbahn. Sein neuer Beruf, den er mit großer Leidenschaft ausübte, war fortan der eines Kunstphotographen und Kunstverlegers. Gemeinsam mit seiner Frau übernahm er das in der Friedrichstraße gelegene Geschäft von Gustav Schauer. Aber bereits im Frühjahr 1865 erkrankte er, und am 14. Juli desselben Jahres ereilte ihn der Tod.[17] Als er starb, hielt sich Adolph Menzel gerade zur Kur in Bad Kösen an der Saale auf. Der Tod Richards erschütterte ihn sehr. Am 19. Juli 1865, kurz nach dem Begräbnis, schrieb der Zeichner und Kunstschriftsteller Ludwig Pietsch dem Dichter Theodor Storm: »Du hättest Adolph sehen sollen. Es war schrecklich, den gefaßten starken Mann zerrissen zu sehen vom heftigsten Jammer um ›sein Kind‹, wie er den von ihm selbst von klein auf groß gepfleg-

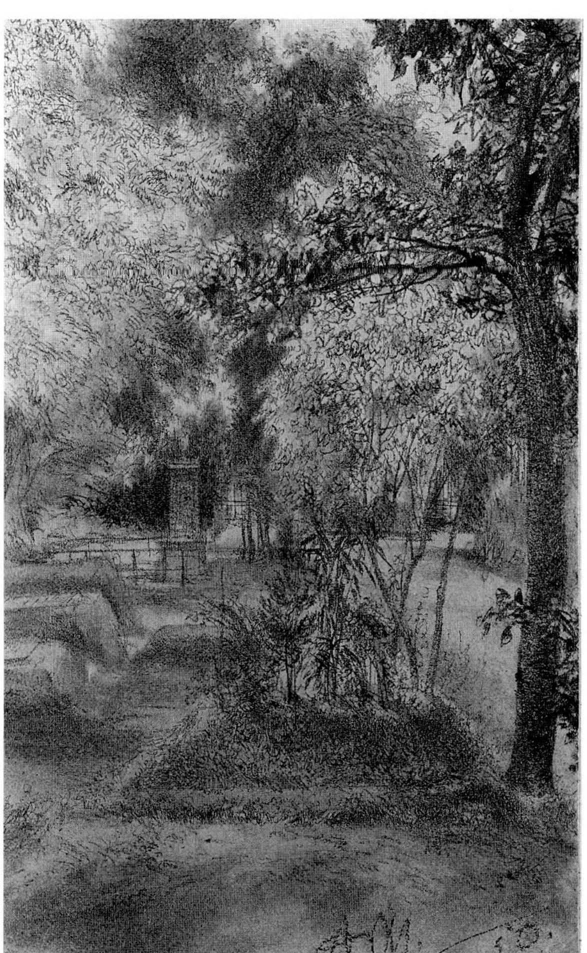

8 Das Grab der Mutter, 1850, Bleistift

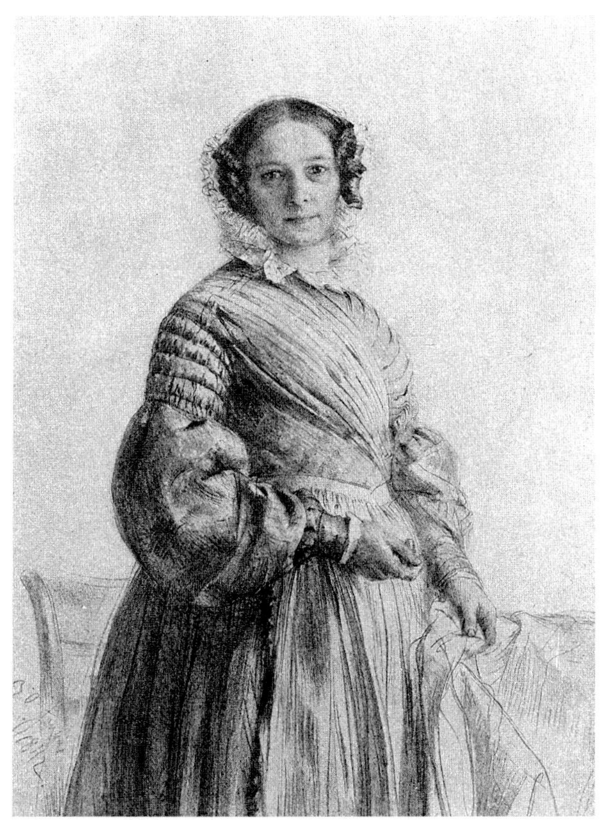

7 Die Mutter des Künstlers,
30. Januar 1842, Bleistift

ten und gezogenen Bruder nannte, zerrissen. Dieser Tod wird in seinem Leben einen großen Abschnitt markieren.«[18] Kurz nach der Beisetzung fuhr Menzel zurück nach Bad Kösen. Von dort schrieb er am 2. August dem Landschaftsmaler Wilhelm Riefstahl: »Sehr geehrter Freund! Ja, ja, es hat uns Schweres getroffen! Jetzt noch sind wir nicht so weit, unsern Bruder zu den Abgeschiedenen zu zählen, – wir müssen es uns noch sagen: Richard ist nicht mehr!«[19]

E. G. Rote, ein Freund Richard Menzels, schrieb über dessen Frau, Elisabeth Menzel geborene Preuss [genannt Elise]: »Sie ist wohl auch die einzige Frau geblieben, die das Seelenleben ihres großen Schwagers berührt hat.«[20] Zweifellos zählte sie zu den Frauen, zu denen Adolph Menzel ein sehr enges Verhältnis besessen hatte. Sie war äußerst kunstsinnig und hochgebildet. Sie hatte in Berlin das Luisenstift besucht und war dann wieder auf das vom Vater bewirtschaftete Gut von Friedrichsaue bei Küstrin zurückgekehrt. Dort bezog sie mehrere Künstler und Schriftsteller in ihren geselligen Kreis ein, u. a. Georg Bleibtreu und Adolph Menzel. Auch nach dem Tode Richards wurde in der zweiten Hälfte der sechziger Jahre ihr Haus in der Friedrichstraße zu Berlin eine wichtige Begegnungsstätte. Neben den beiden erwähnten Künstlern gingen dort die Maler Ludwig Knaus, Gustav Richter und Fritz Werner sowie der Publizist und Zeichner Ludwig Pietsch und die Schriftsteller Theodor Storm und Fritz Reuter ein und aus. Nach Richards Ableben führte Elise Menzel das Geschäft weiter. Sie gab von des Schwagers Werken zahlreiche photographische Reproduktionen heraus und machte mit der Wiedergabe der »Tafelrunde Friedrichs II. in Sanssouci«, einer aus sechs Teilen zusammengesetzten Photographie in der Größe des Originals Aufsehen, die 1867 auf der Pariser Weltausstellung mit der Großen Silbernen Medaille bedacht wurde. 1868 kam in dem von ihr geleiteten Schauerschen Verlag das »Menzel-Album« heraus, das zahlreiche photographische Wiedergaben von Öl- und Gouachebildern und einen Begleittext von Ludwig Pietsch enthielt. Als sie 1866 einen Band mit Reproduktionen von Werken der Kasseler Galerie vorbereitete, zu dem gleichfalls Pietsch einen Text verfaßte, war ihr Adolph Menzel behilflich gewesen. So hatte er sich dafür eingesetzt, daß die Gemälde im Hofe bei Sonnenlicht aufgenommen und dann vervielfältigt werden konnten.[21] Nachdem Elisabeth Menzel 34jährig ihren zweiten Mann namens Milner geheiratet hatte und mit diesem in die Villenkolonie von Groß-Lichterfelde umgezogen war, verlor Adolph Menzel sie mehr und mehr aus den Augen.[22] E. G. Rote äußerte darüber: »Zum großen Leidwesen aller ihrer Freunde wurde die schöne Gemeinschaft mit Adolph Menzel durch ihre Verheiratung gelöst. Sein Empfinden für seine Schwägerin war mit der Zeit doch wohl so tief geworden, daß er ihre Verbindungen mit einem anderen Mann nicht ertrug. Doch hätte sich später gewiß wieder eine Harmonie zwischen beiden eingestellt, wenn sie nicht durch verwandtschaftliche Mißgunst verhindert worden wäre.«[23] Die ältere Tochter Elisabeths sagte dazu: »Sie hatte

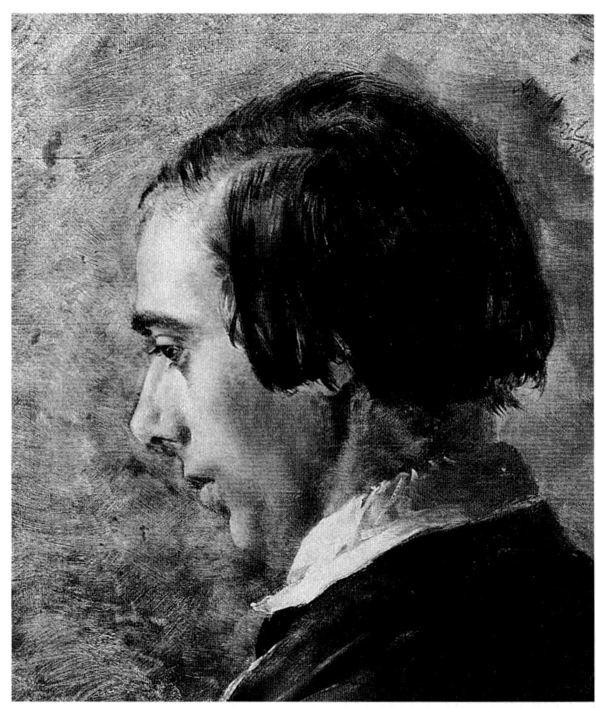

9 Bildnis des Bruders Richard, 1846, Öl auf Papier

nun zum zweiten Mal einen Mann geheiratet, dessen Gesundheit erschüttert war, und mußte dazu das Schmerzhafte ertragen, daß Adolph von Menzel ihr diese Heirat nie verzieh. Daß nach seinem Bruder Richard ihre Jugend noch einmal eine Zweisamkeit ersehnte, begriff sein Junggesellenherz nicht, umsomehr nicht, da er fand, daß seine große Neigung und seine Freundschaft ihr genügen müßten.«[24] Am Lebensende kam es allerdings wieder zu einer Annäherung, denn 1904 fragte Elisabeth ihn brieflich, ob er eines der Gemälde seiner Hand, die sich in ihrem Besitz befänden, zurückhaben möchte, worauf sich Menzel das Porträt, das seinen Bruder Richard widergab, erbat.[25] In ihrem Testament verfügte sie, daß die übrigen ihr gehörenden Menzel-Bilder der Nationalgalerie in Berlin zum Kauf angeboten werden sollten. So gelangten u. a. der »Bauplatz mit Weiden« [1846], den Adolph Menzel ihr einmal zum Geburtstag geschenkt hatte, und »Zusammenwerfen der Fackeln bei einem Fackelzug auf dem Askanischen Platz zu Berlin« in den Besitz dieser Sammlung.

Im Laufe der Jahre hatte sich Adolph Men-

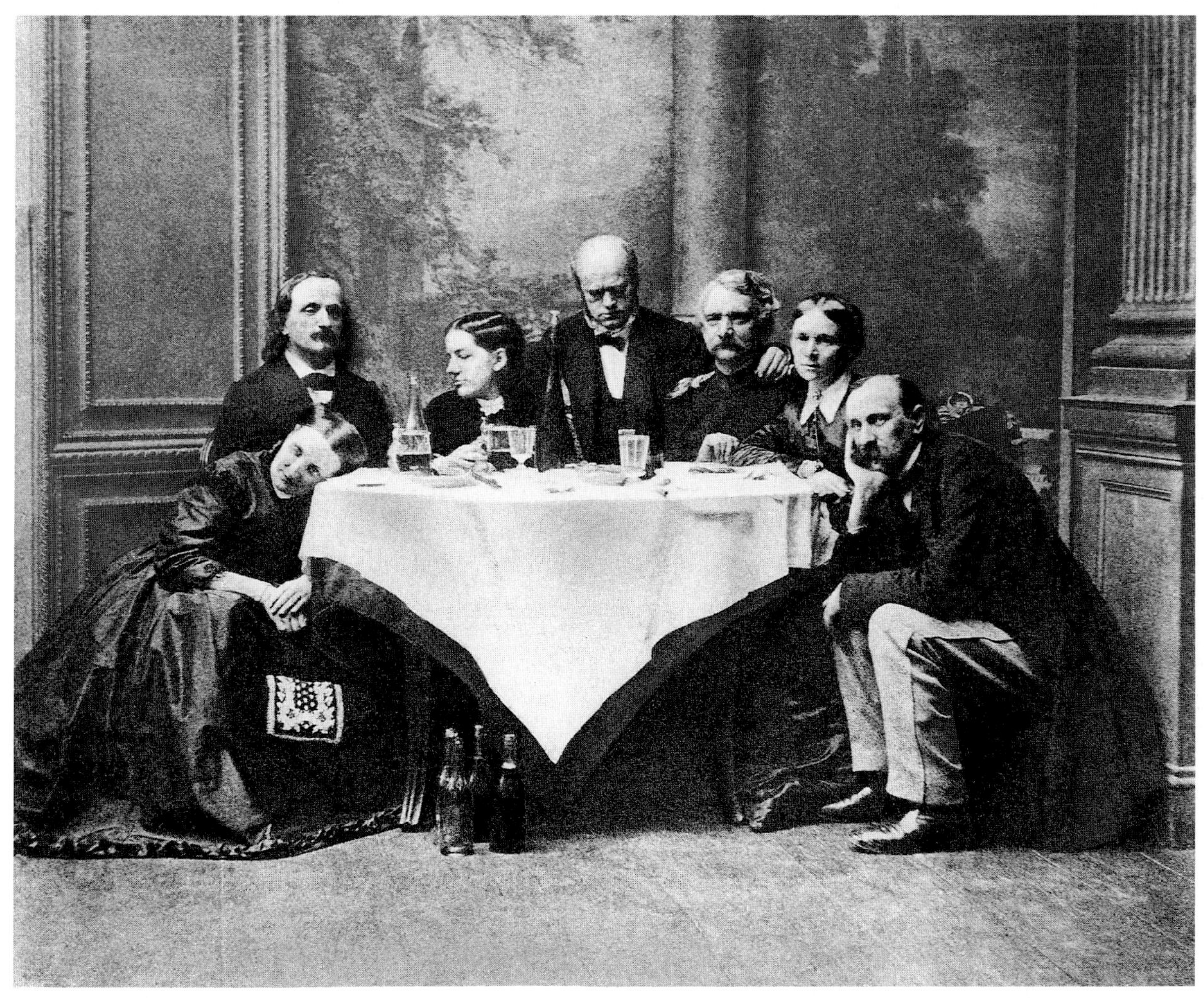

10 Adolph Menzel im Freundeskreis
[Menzel zwischen seiner Schwägerin und Major Klugmann stehend], um 1864/65, Foto

18

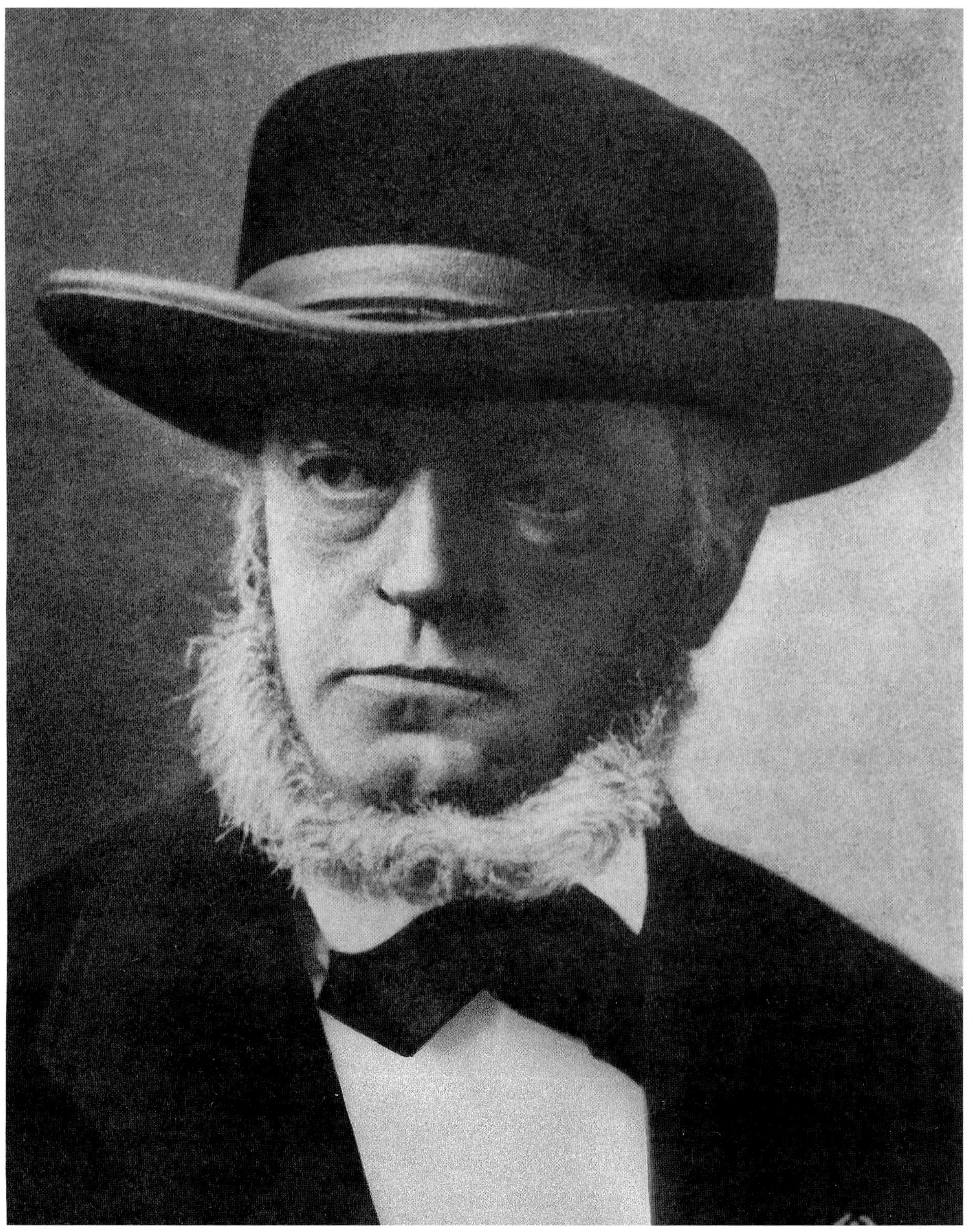

11 Adolph Menzel, um 1865, Foto

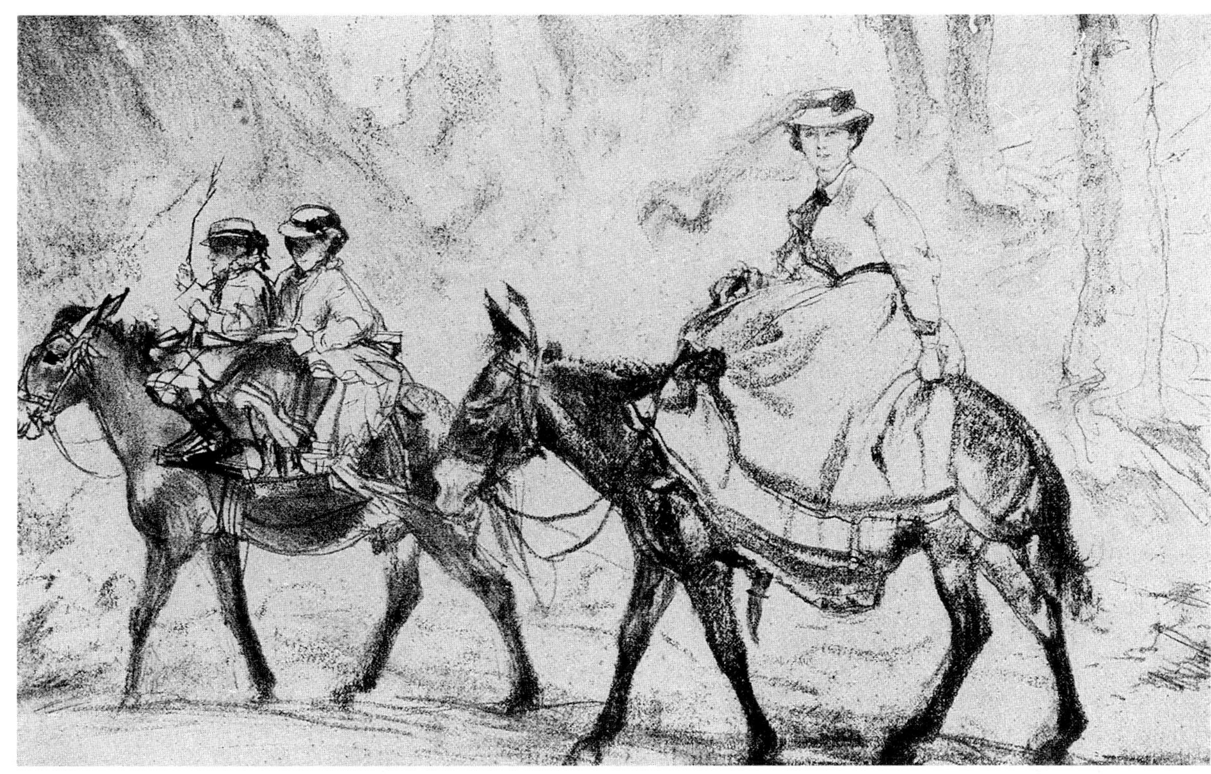

12 Spazierritt der Familie Krigar, 1867/68, Bleistift

zels Familienkreis stark verkleinert. Die Schwester Emilie begleitete ihn jedoch bis ans Lebensende. Wie Richard hatte sie ihm häufig als Modell gedient, und wie diesen hatte er auch sie mehrfach porträtiert. Jahrzehntelang führte sie ihm den Haushalt, und als sie verheiratet war, befanden sich die Wohnungen im selben Haus, so daß sich die Verbindungen nicht wesentlich lockerten. Sie wußte ihren Bruder zu nehmen und begleitete ihn auf zahlreichen Reisen und Erholungsaufenthalten. Emilie hatte recht spät, nämlich erst zwei Monate vor ihrem 36. Geburtstag geheiratet. Am 10. Mai 1859 war ihre Ehe mit dem Königlichen Musikdirektor Hermann Krigar geschlossen worden.[26] Aus ihr gingen zwei Kinder hervor: Margarethe [Grete genannt] und Otto, für die Adolph Menzel das »Kinderalbum« malte.[27] Die Nichte und den Neffen hatte Menzel sehr ins Herz geschlossen. Oft ging er mit ihnen in den Zoo, häufig auch in das Ausflugslokal Moritzhof. Auch den Schwager Krigar mochte er gut leiden. Dieser muß ein kluger, vielseitig interessierter und anregender Mensch gewesen sein. Ludwig Pietsch schrieb einmal über ihn: »... ein ungewöhnlich geistreicher Kopf von glänzendem Humor, scharfem, treffendem Witz.«[28] Und Menzel wiederum meinte über das musikkritische Schaffen Krigars, »daß eben sein kritischer Freimut, die oft erquickende Mischung von Laune und Schärfe ihm auch viele Freunde und Bekenner gewonnen haben.«[29]

Krigar war einen verschlungenen Lebensweg gegangen. Der Vater, er war Oberbergrat und Direktor der Königlichen Eisengießerei, ließ ihn nach Abschluß des Gymnasiums zunächst zum Maler ausbilden. So wurde er für einige Jahre Schüler von Wilhelm Wach. Doch die Eltern mußten schließlich einsehen, daß die musikalische Begabung stärker war, und gaben ihn ans Leipziger Conservatorium. Nach Berlin zurückgekehrt, erteilte er Gesangsunterricht an der Luisenstädtischen Realschule und später am Ascanischen Gymnasium. In den Jahren von 1854 bis 1857 leitete er die »Neue Berliner Liedertafel«. Als Kritiker trat er besonders für Schumann, Wagner, Brahms und Dvořák ein. In den letzten Lebensjahren setzte ihm ein sich verstärkendes Nervenleiden zu.

Auch den Schwager hat Menzel natürlich mehrfach gezeichnet, und für dessen »Spanische Lieder nach Paul Heyses Übertragungen« [Leipzig 1866] fertigte er sogar eine Umschlagzeichnung an [Abb. 15]. Krigar hat-

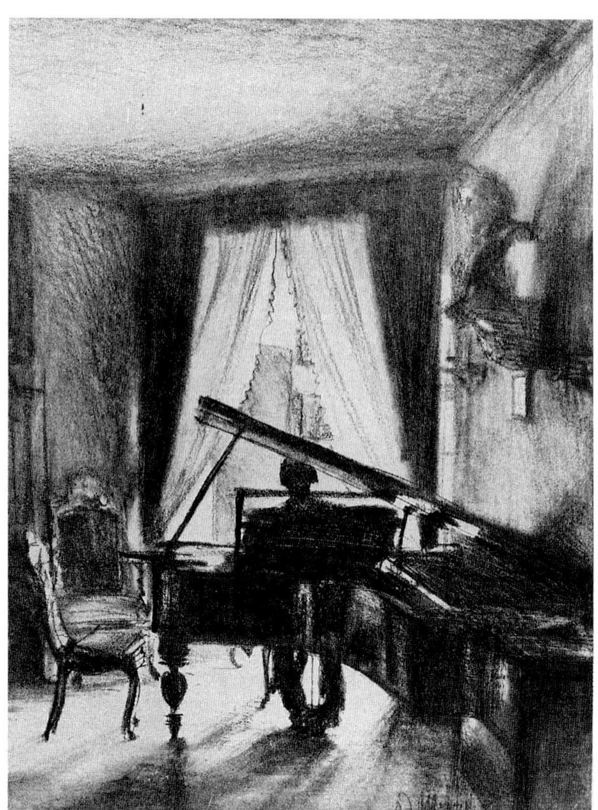

14 Schwager Krigar am Flügel in der Wohnung in der Potsdamer Straße, um 1872, Bleistift, Winterthur

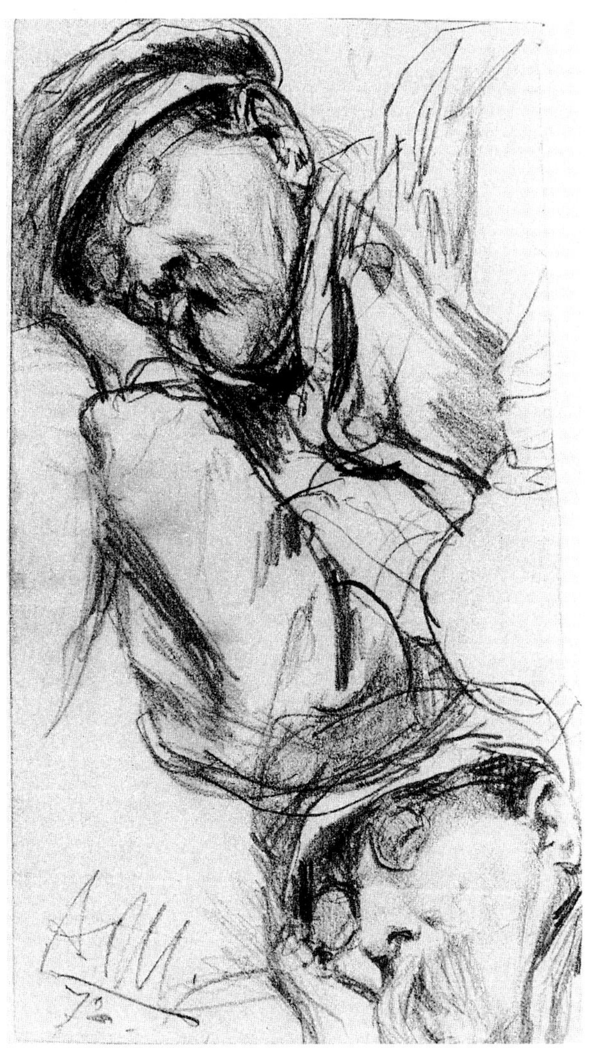

13 Schwager Krigar, schlafend, 1872, Bleistift

te für ein geselliges Leben gesorgt. In seiner Wohnung trafen sich viele Musiker, Komponisten, Kritiker und Schriftsteller, dort wurde musiziert, diskutiert und gefeiert. Nach Krigars Tod wurde es aber still und stiller in Menzels nächster Umgebung.

Zu seiner in Schlesien verbliebenen Verwandtschaft behielt Adolph Menzel Kontakt, der sich allerdings schon auf Grund der räumlichen Trennung ziemlich locker gestaltete. Sein Onkel und Pate, Friedrich Wilhelm Martini, war mit Eleonora Menzel, der ältesten Tochter von dem Müller Johann Heinrich Menzel in Städtel, verheiratet und als Wirtschaftsinspektor des Grafen Schulenburg in Triebsch bei Bojanowo tätig.[30] Von den drei Söhnen, die aus dieser Ehe entsprossen, war der jüngste, Moritz Martini, derjenige, zu dem

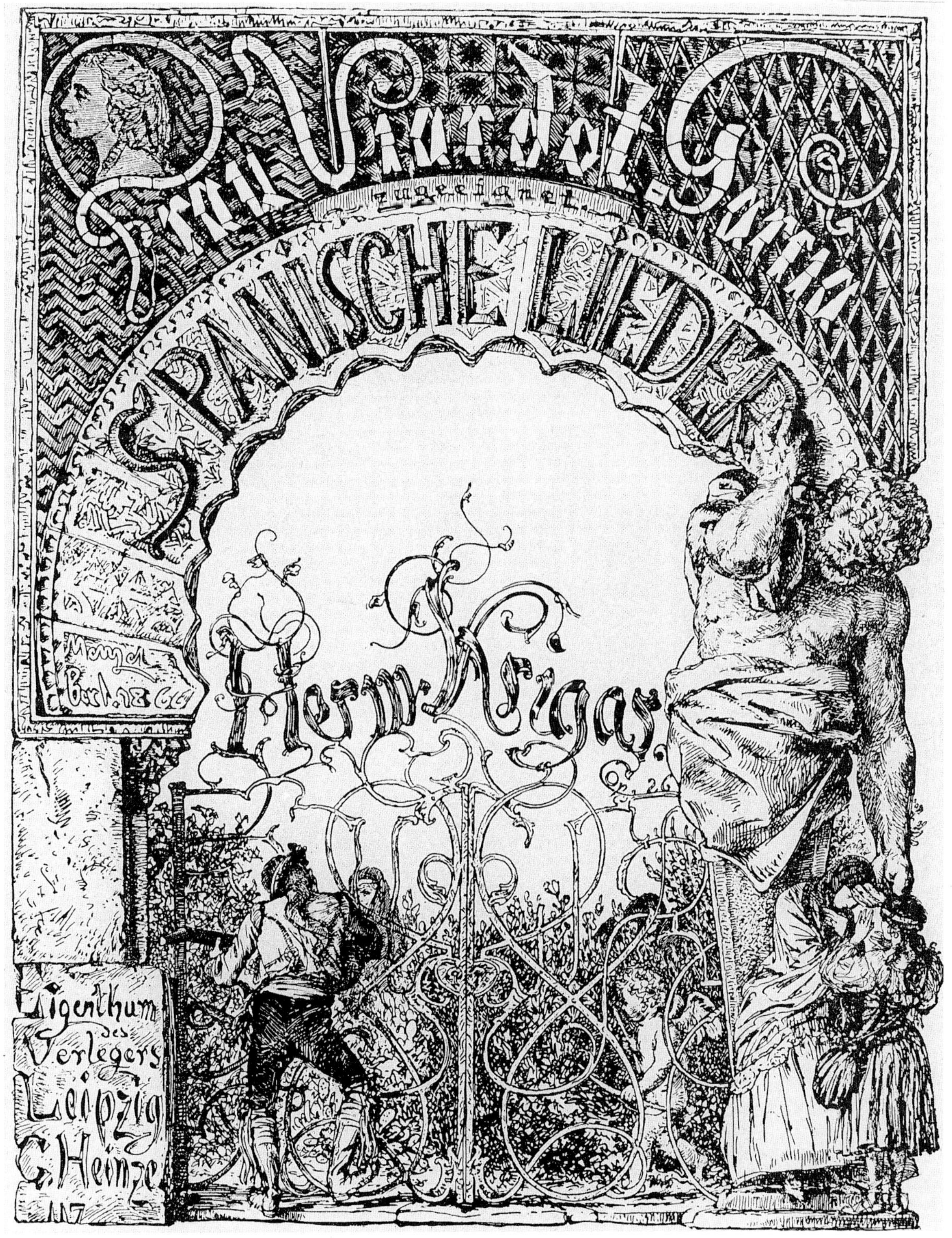

15 Umschlagblatt zu Krigars »Spanischen Liedern«, 1866, Federlithographie

Adolph Menzel die engste Verbindung hatte. Dieser fast gleichaltrige Vetter wurde Landwirt und verstarb 1876 in Breslau.[31] Dessen Frau Marie geborene Franke sowie ihren Kindern Helene, Max und Olga gewährte er manche Unterstützung. Seit 1899 schickte er dann den beiden Töchtern regelmäßige Geldbeträge, um ihre kärglichen Verhältnisse aufzubessern.[32] Karl Martini, der älteste der Söhne von 22
Adolph Menzels Paten, starb 1879 als Kreisgerichtsrat in Jauer. Er war mit Pauline geborene Dambke verheiratet. Aus dieser Ehe gingen die Kinder Hugo, Constanze und Paul hervor. Alle fünf Mitglieder dieser Familie hat Menzel während seines Aufenthaltes in Jauer [1844] in Einzelporträts festgehalten.[33]

Menzels Freundeskreis

Menzel hatte seit den frühen dreißiger Jahren Anschluß an bildende Künstler gefunden, die ihn auf seinem Wege bestärkten und hilfreich für ihn waren. In ihrem Kreise fühlte er sich wohl, entspannte er sich und sammelte er Kräfte. Er stand mit Künstlern unterschiedlichen Alters und Ansehens auf vertrautem Fuße. Einige von ihnen waren sehr einflußreich und besaßen weitreichende Verbindungen, die auch ihm gelegentlich zugute kamen.

In der Zeit des Vormärz genoß er die Freundschaft von den Malern Carl Heinrich Arnold, Eduard Magnus, Eduard Biermann, Eduard Meyerheim und Carl Friedrich Schulz, von dem Zeichner und Lithographen Franz Burchard Dörbeck, den Bildhauern Friedrich Drake und August Wredow sowie von dem Architekten Johann Heinrich Strack. Darüber hinaus pflegte er vertrauten Umgang mit den Malern und Graphikern Theodor Hosemann, Carl Gustav Lüderitz, Oskar Wisnieski und Jacob Schlesinger.

Auf seinen Werdegang nahm der Maler und Tapetenfabrikant Carl Heinrich Arnold ganz erheblichen Einfluß. 1833/34 hatte er ihn bei dem von einer Gruppe von Künstlern organisierten Abendzeichnen nach der Natur kennengelernt. Arnold war feinsinnig, gesellig und hilfsbereit und hatte u. a. von 1810 bis 1812 in Paris Malerei studiert und dort auch kurze Zeit im Atelier Jacques-Louis Davids gelernt. In den Jahren von 1834 bis 1838 war er auf den Berliner Akademieausstellungen gegenwärtig. Von ihm erhielt Menzel einige Hinweise für die Handhabung der Ölfarbe. Als erste Übung auf diesem Gebiet fertigte er die Kopie eines Selbstbildnisses von Frans Hals an. Er schuf sie übrigens in einem Hinterzimmer von Arnolds Wohnung am Monbijou-Platz zu Berlin.[1]

Arnold lebte von 1820 bis 1835 in Berlin, wo er künstlerischer Leiter einer Tapetenfabrik war. Sein Haus war eine wichtige Begegnungsstätte für Künstler. Dort gingen Schinkel, Stüler und Strack, Rauch und Drake, Biermann, Meyerheim, Magnus und Schlesinger sowie Schöll ein und aus. Als Arnold 1835 in seine Heimatstadt Kassel übersiedelte und dort die Tapetenfabrik des Vaters übernahm, riß die Verbindung zu Menzel und dem Berliner Künstlerkreis nicht ab. Es entwickelte sich ein reger Briefverkehr, und gegenseitige Besuche ließen die Freundschaftsbande nicht wesentlich lockerer werden. 1841 und 1847/48 hielt sich Menzel als Gast im Arnoldschen Hause auf. Dank des Eintretens von Arnold hatte Menzel vom Kurhessischen Kunstverein den Auftrag erhalten, einen Karton zu dem Thema »Empfang der Herzogin Sophie von Brabant mit ihrem Sohn Heinrich zu Marburg im Jahr 1248« anzufertigen. Diese Arbeit führte er in Arnolds Haus am Wilhelmshöher Platz Nummer 4 aus.

Menzel porträtierte mehrere Mitglieder der Familie Arnold, so den Freund Carl Heinrich, dessen Töchter Caroline und Friederike sowie dessen Sohn Carl Johann. Letztgenannter schlug gleichfalls die Künstlerlaufbahn ein und wurde von Menzel im Zeichnen und Malen unterwiesen. Erwähnenswert ist in diesem Zusammenhang ferner, daß Carl Heinrich Arnold Menzel mehrere kostbare Graphiken übereignet hat, so den heiligen Eustachius von Dürer und Landschaftsradierungen von Jean-Jacques de Boissieu.

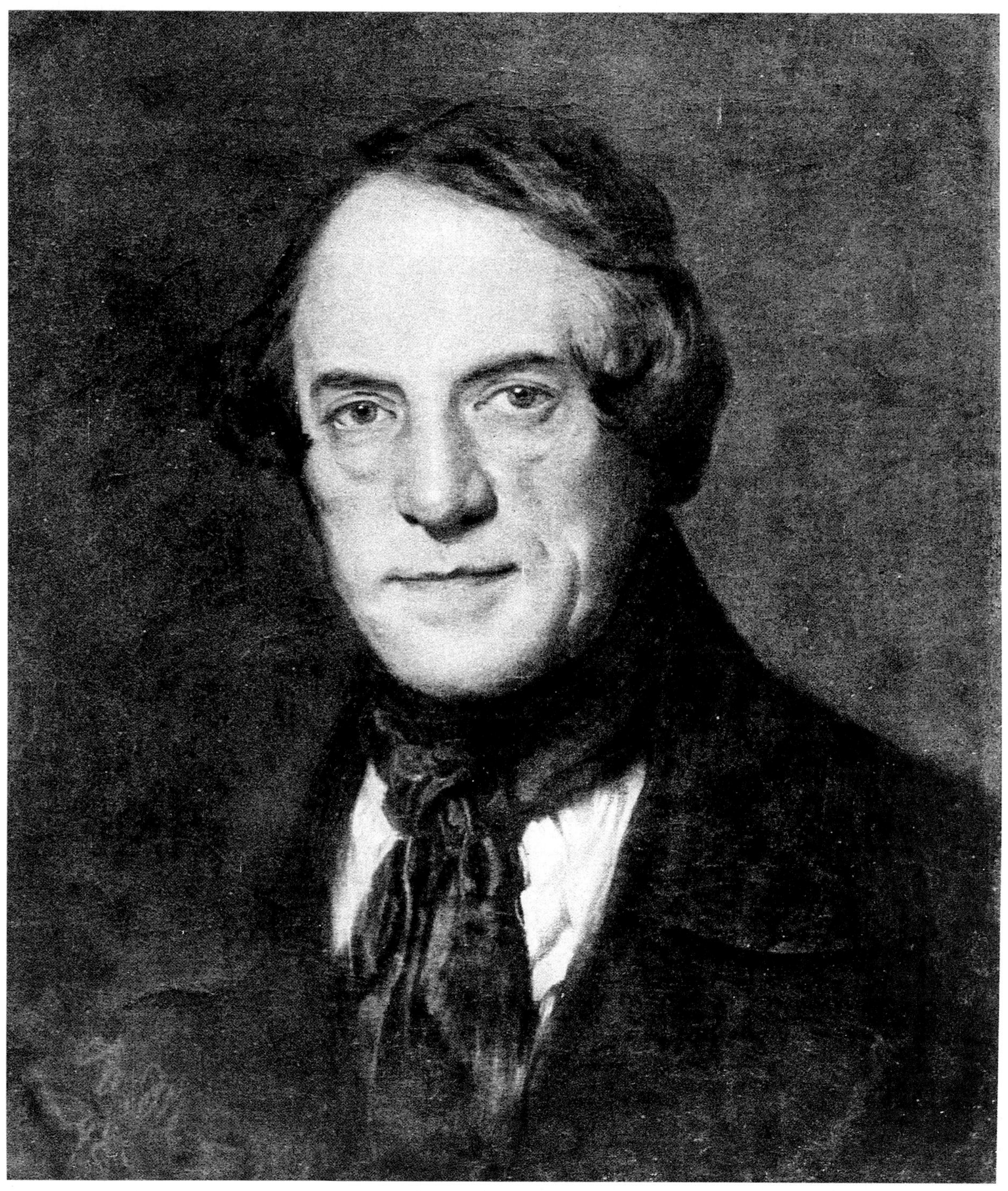

16 Bildnis Carl Heinrich Arnold,
1848, Öl auf Leinwand

In dem am 23. Februar 1836 an Carl Heinrich Arnold gerichteten Brief bezeichnete sich Menzel »als ehemaliger Intimus« von dem im September des Vorjahres verstorbenen Franz Burchard Dörbeck.[2] Seit 1823 hatte dieser Zeichner und Lithograph in Berlin gearbeitet, und zwar vornehmlich für den Kunstverlag von George Gropius. Im Nachruf auf den Künstler schrieb der Kunsthistoriker und Schriftsteller Franz Kugler: »Und doch hat Dörbeck das Verdienst, in einer bedeutenden Reihe kleiner, meisterhaft hingeworfener Kunstwerke ein eigentümliches Genre gebildet zu haben, welches sowohl für die komische Kunst wie für die Geschichte der Sitten unserer Zeit von besonderem Interesse ist: Wir meinen jene illuminierten lithographischen Federzeichnungen, die unter dem Namen der ›Berliner Witze‹ über alle Weltteile – soweit nur Freunde berlinischen Lebens gefunden werden – verbreitet sind.«[3] Die um 1830 äußerst beliebten humorvollen Darstellungen aus dem Volksleben standen in der Berliner Kunst weitgehend unter dem Eindruck Dörbecks, der wiederum Anregungen Pariser Zeichner, vor allem Henri Monniers, aufgenommen hatte. Menzels frühe Witzblätter und »Leipziger Volksszenen« für die lithographische Anstalt von Winckelmann und Söhne sowie die der Gebrüder Gropius lassen eine deutliche Orientierung an den lebensvollen Arbeiten seines Freundes Dörbeck erkennen. Allerdings überflügelte er ihn rasch und legte zudem auch bald einen feinsinnigeren Humor an den Tag.

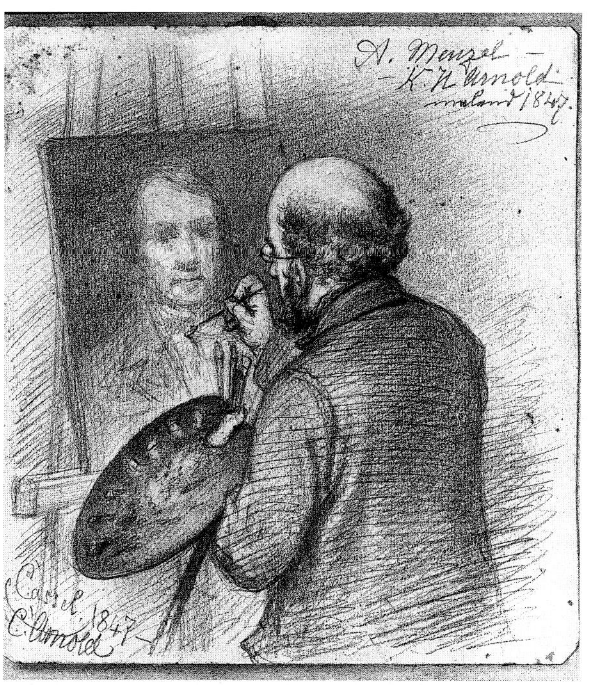

18 Carl Johann Arnold, Menzel an der Staffelei, Carl Heinrich Arnold malend, 1847, Bleistift

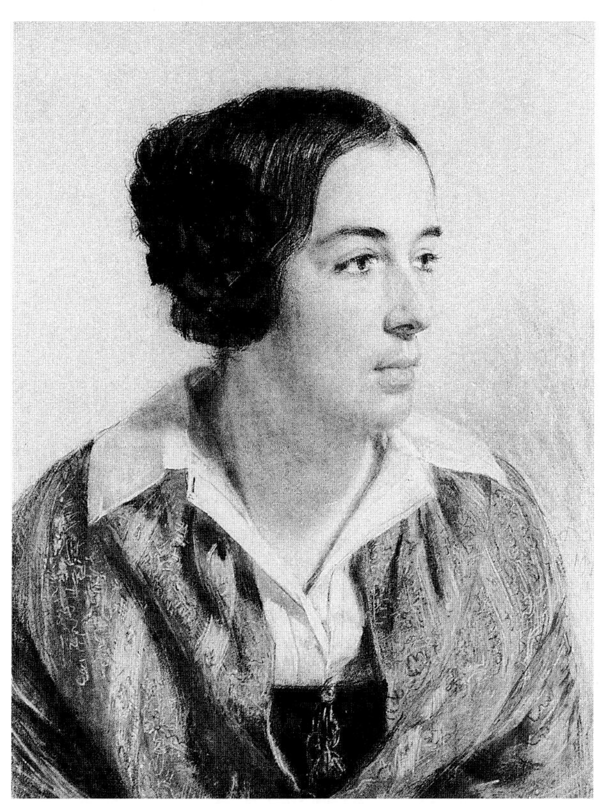

17 Caroline Arnold, 1847, farbige Kreiden

Gelegentlich arbeitete Menzel mit Theodor Hosemann zusammen, der gleichfalls viel für die populäre Graphik in Berlin getan hatte. Häufig traf er ihn im Künstlerverein und später auch in der literarischen Gesellschaft »Tunnel über der Spree«. Zum engeren Kreis seiner Künstlerfreunde hat er aber wohl nicht gehört.

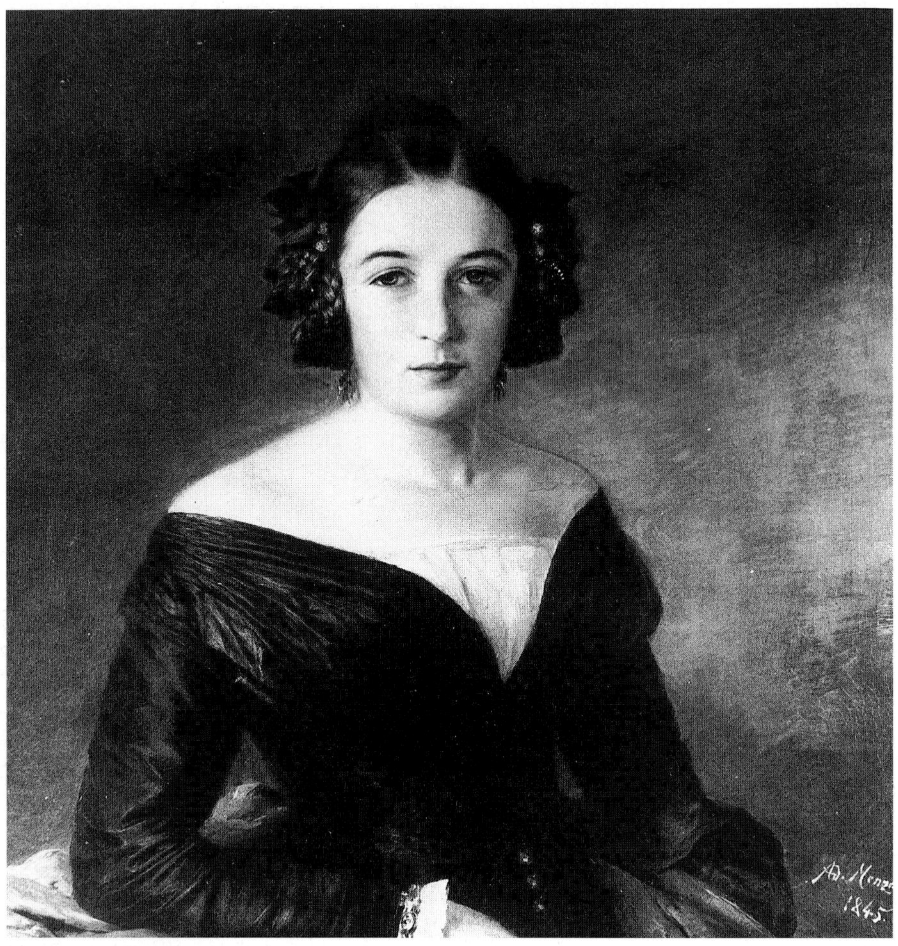

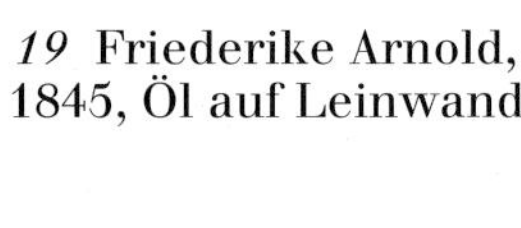

19 Friederike Arnold, 1845, Öl auf Leinwand 26

Hosemann war 1828 von Düsseldorf nach Berlin gekommen, wo er bald zum begehrten Illustrator der Berliner Literatur von E. T. A. Hoffmann bis Glaßbrenner avancierte und sich in zahlreichen Darstellungen dem Leben unterer und mittlerer Volksschichten widmete. In dieser Hinsicht wurde er weit mehr als Menzel ein Chronist des Vormärz. Große Resonanz wurde seinen Bildern zu den Folgen von Berliner Witzen und Anekdoten zuteil. Kontakt zu ihm gewann Menzel wohl über Veranstaltungen im »Verein der jüngeren Künstler«. Gemeinsam schufen sie das Erinnerungsblatt zum 1834 durchgeführten Stiftungsfest dieses Verbandes, und viele Jahre später, nämlich 1845, fertigten sie das Transparentbild »Die Anbetung der Könige« nach Peter Paul Rubens für die Weihnachtsausstellung des Unterstützungsvereins Berliner Künstler an. Sie besaßen eine Reihe von Gemeinsamkeiten: Beide kamen aus kleinbürgerlichen Verhältnissen und waren Autodidakten, beide waren fanatische Zeichner, beherrschten virtuos die lithographische Technik und verfügten über ein ungewöhnliches Fabuliertalent. Zweifelsohne überschattete Menzel bald Hosemanns Kunst, doch in der Zeit des Vormärz brachten sie besonders im Bereich der Graphik viel Verwandtes hervor.

Am 1. Dezember 1837 schrieb Menzel an Carl Heinrich Arnold: »Bei Magnus bin ich öfter, er zeigt mir alles, was er macht und anfängt. Sie können [sich] denken, daß ich ihm diese Offenherzigkeit, ihm, der so viel gesehen, kennengelernt hat, und der in der Regel an produktiven Obstruktionen leidet, sehr hoch anrechne. ... ich spüre den Nutzen seiner Bekanntschaft bedeutend, er läßt sich den Weg nicht verdrießen, zu mir zu kommen, und wir sagen uns unverhohlen die Meinung.«[4] Der hochgebildete Eduard Magnus gehörte von den dreißiger bis fünfziger Jahren zu den führenden Porträtisten in Berlin. In seinen Bildern teilte sich zumeist eine bürgerliche Sicht mit, die sehr auf die Psyche des Dargestellten einging. Er verlor sich nicht im Erzählerischen und hielt die jeweilige Person schlicht und lebensvoll fest. Berühmt waren seinerzeit seine Frauenbildnisse, so das der Sängerin Jenny Lind [1846, Berlin, Nationalgalerie]. Heute wirken sie freilich konventionell. Gerade bei den Frauenporträts schlichen sich mitunter gezierte Posen und sentimentale Züge ein. Aber zu Recht würdigten schon die Zeitgenossen an diesen Bildern die subtile Wiedergabe des Inkarnats.

Magnus kam aus wohlhabendem Hause. Sein Vater hatte als Schwedter Textilfabrikant 1794 eine Tochter des Berliner Bankiers Benjamin Fränkel geheiratet. Eduard Magnus studierte zuerst Medizin, Philosophie und Architektur, bevor er sich ganz der Malerei verschrieb. Zahlreiche Studienreisen führten ihn nach Frankreich, Belgien, England, Spanien, Italien und Ägypten. Häufig hielt er sich in Paris auf. Als großer Verehrer der französischen Kultur und Kunst beeinflußte er Menzel und setzte ihm so zu, daß dieser schließlich 1855 mit ihm in diese Kunstmetropole reiste. Magnus erkannte sehr frühzeitig die hohe Begabung Menzels. Bald nachdem dieser 1837 das kleinformatige Ölbild »Konsultation beim Rechtsanwalt« geschaffen hatte, erwarb er es aus zweiter Hand. Ludwig Pietsch meinte über dieses historische Genrebild, das in die Welt eines Advokaten der zweiten Hälfte des 16. Jahrhunderts führte: »Es schien mir immer als eine ganz eminente Leistung auch im Kolorit und der geistreichen Behandlung der Malerei; flüssiger im Vortrag, klarer und wärmer und leuchtender im Ton wie manches spätere Ölbild von ihm.«[5]

Für den gemeinsamen Freund Carl Heinrich Arnold porträtierten sich Magnus und Menzel gegenseitig. Magnus hielt 1837 den jungen Künstler in einem Aquarell fest [Abb. 20]. Er zeigte ihn als Ganzfigur in braunem Rock und gelbbraun gestreiften Hosen sowie mit einem hohen grauen Schlapphut auf dem Kopfe. Das ins Profil gewendete Gesicht wird durch die rötlichbraune Maurerfräse gerahmt. In der Rechten hält er eine Papierrolle, vielleicht eine Auftragsarbeit. Nachdenklich schaut er die Straße herunter.[6] Im Hintergrund ist ein Wachposten mit geschultertem Gewehr zu sehen, der wie ein formales Echo auf die Künstlergestalt wirkt. Ernsthaftes Streben wird in diesem Bildnis reflektiert, das

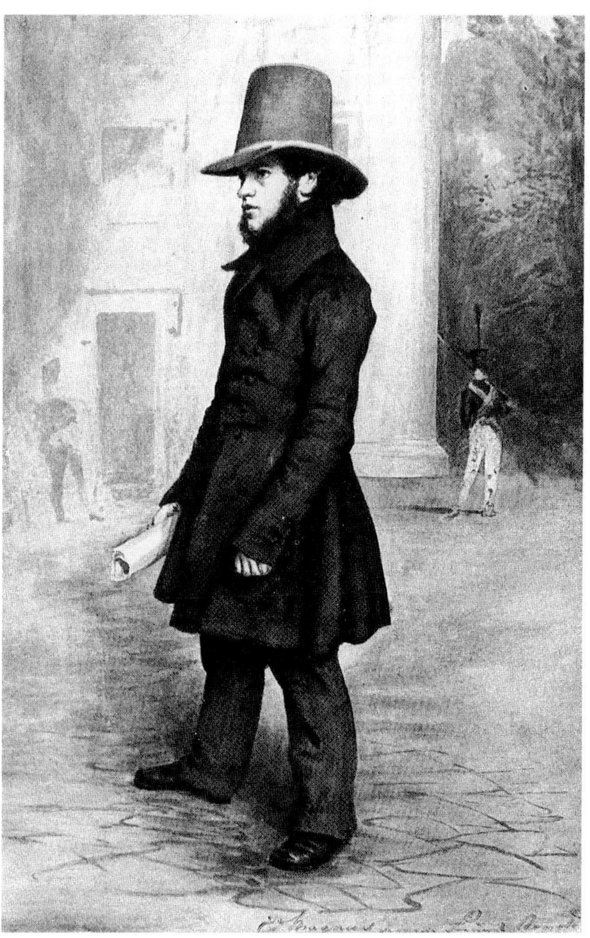

20 Eduard Magnus, Bildnis Adolph Menzels, 1837, Aquarell

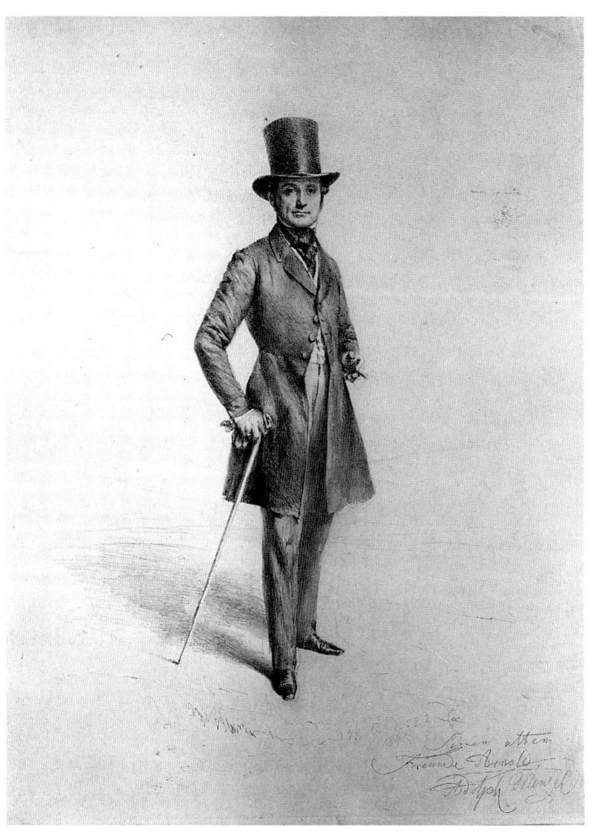

21 Eduard Magnus, 1841, Bleistift

gewiß zu den wichtigsten Leistungen Berliner Porträtkunst des Vormärz zählt.[7] Auch Menzel zeigte auf der vier Jahre später entstandenen Bleistiftzeichnung sein Gegenüber als Ganzfigur [Abb. 21]. Der Dargestellte ist elegant gekleidet und hält in der Rechten den Spazierstock. Er scheint seinen Weg zu unterbrechen und auf den Betrachter einzugehen. Auf die Angabe eines Umfeldes hat Menzel verzichtet. Trotz der angedeuteten lebensvollen Situation, der Gestaltung des geistig wachen Gesichtsausdrucks und der kunstvoll gelösten Wiedergabe der linken Arm- und Handhaltung wirkt das Porträt als Ganzes doch recht konventionell und etwas ängstlich durchgearbeitet.

1843 gab Magnus den Freund auf einem lebensgroßen Brustbild wieder [Abb. 22]. Er zeigte ihn als selbstbewußten jungen Mann
mit hoher Stirn und sich lichtendem Haar. Der 28
Dargestellte erscheint vor einem neutralen Hintergrund. Magnus konzentrierte sich ganz auf das Gesicht und die Herausarbeitung des suggestiven Blicks. Auf der Rückseite des Gemäldes vermerkte Menzel: »Gemalt von meinem Freunde Eduard Magnus, 1843, Adolph Menzel.«

Menzel schätzte an Magnus die menschlichen wie die künstlerischen Qualitäten. Der weltoffene, geistvolle Freund muß ihm ein anregender Gesprächspartner gewesen sein. Wie sehr er von dessen Bildnismalerei eingenommen war, bezeugt allein ein zu Beginn des Jahres 1849 an Arnold gerichteter Brief, in dem er u. a. betont hat, daß Magnus »überhaupt in der letzten Zeit wieder viele, darunter höchst vortreffliche Porträts gemalt hat.«[8] Aber auch die liberale Gesinnung von ihm wird Menzel beeindruckt haben. Erwähnenswert ist hier eine unter dem 20. März 1843 von dem Schriftsteller und Diplomaten Karl August Varnhagen van Ense ins Tagebuch geschriebene Notiz über Magnus: »Maler M. mißbilligte gestern, daß man immer auf Grund der Verordnung von 1815 hier Konstitution fordere, dieser Grund sei nur ein zufälliger, er könnte fehlen und die Forderung würde um nichts weniger begründet sein; Konstitution, wenn sie etwas taugen solle, dürfe nicht erbeten werden, sondern genommen, ebenso die Pressefreiheit. M. ist ein schlichter ruhiger Mann, aber von geradem Sinn und fester Überzeugung. In ihm spricht sich ein Teil der öffentlichen Meinung aus.«[9]

In den dreißiger und vierziger Jahren hatte Menzel auch engeren Kontakt zu dem Maler Jacob Schlesinger. 1836 urteilte Menzel über ihn: »Ja! Wäre er ein solcher Zeichner und Komponist, als er ein Maler ist, es wäre nicht gegen ihn anzukommen!«[10] Schlesinger war der Lehrer und Freund von Eduard Magnus, so daß die Vermutung naheliegt, daß die Verbindung zu Menzel über ihn hergestellt worden ist. Besonders auf maltechnischem Gebiet war Schlesinger sehr gewandt, und lange Zeit war er als Restaurator der königlichen Gemäldegalerie tätig. Vielleicht hat sich Menzel bei seinem autodidaktischen Studium der Ölmalerei nicht nur von Arnold und Magnus, sondern auch von ihm beraten lassen.

Zu den wichtigsten Künstlerfreunden Menzels in der Zeit des Vormärz zählte Eduard Biermann. In den Briefen Menzels an Arnold ist häufig von ihm die Rede. So berichtete er am 8. Oktober 1836 über die Vollendung des Gemäldes »Die Schachpartie« und teilte mit: »Biermann meinte, ich hätte mich gut genug durchgeschlagen; mein Trost ist der, daß es auf der Ausstellung unter dem unendlich, wirklich auf imposante Art dominierenden Schund noch nicht zum Allerschlechtesten gehören wird.«[11] Und am 4. Juni des darauffolgenden Jahres schrieb er Arnold über sich und Biermann: »Ich gehe zu Zeiten mit ihm spazieren, da tun wir zusammen nichts anderes, wir schwelgen in Erinnerungen an Sie; neulich auch, da aßen wir zuletzt bei Josty Pfannkuchen und tranken voll Betrübnis Punsch dazu.«[12] In diesem Brief teilte er auch mit: »Freund Biermann malt drei Bilder, nicht die kleinsten, unter andern den Dom zu Mailand, d. h. die Stadt, dioramaartig behandelt, aber soviel ich bis jetzt gesehen habe, prächtig.«[13] Biermann wurde tatsächlich bald darauf für das Diorama gewonnen. Carl Wilhelm Gropius zeigte seit Mai 1839 den inneren Hof des Klosters St. Francesco in Assisi nach einer Skizze Biermanns und vom Juni 1841 dessen Dioramabild vom Wetterhorn in der Schweiz. In der zweiten Hälfte der vierziger Jahre widmete sich Biermann auch der Berliner Industrielandschaft und gab 1847 mehrfach Borsigs Maschinenfabrik wieder.[14]

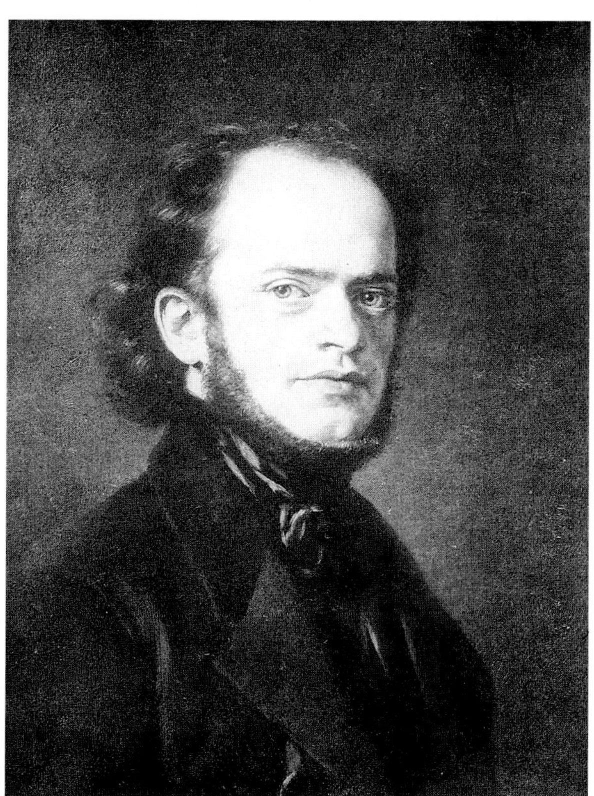

22 Eduard Magnus, Brustbild Adolph Menzels, 1843, Öl auf Leinwand

Wie sehr Menzel Biermann geschätzt hat, geht u. a. aus der Tatsache hervor, daß er dem engen Freund Dr. Wilhelm Puhlmann empfohlen hat, seinen Sohn Alexis zu Biermann und nicht zu Wilhelm Schirmer in die Lehre zu geben.[15] Freilich spielten dabei nicht nur die freundschaftlichen Beziehungen zu dem Landschafter eine Rolle, sondern auch künstlerische Auffassungen, denn Biermann hatte sich weit mehr von idealisierenden Tendenzen gelöst als Schirmer.

Einige Fäden laufen auch zwischen Menzel und Carl Friedrich Schulz, dem sogenannten Jagdschulz, hin und her. Der aus dem Spreewald stammende Künstler hatte mit dem Gemälde »Wilddiebe im Wald« [1831, Berlin, Nationalgalerie] Furore gemacht. In der Folgezeit wurden seine Jagdstücke über zahlreiche lithographische Reproduktionen weithin bekannt. Adolf Rosenberg verwies in seinem Buch »Die Berliner Malerschule 1819-1879« auf die zwischen den beiden Künstlern bestehenden Kontakte: »Gemeinschaftlich mit Menzel studierte er die Trachten des Zeitalters Friedrichs des Großen und malte 1837 bis 1840 für Friedrich Wilhelm eine Reihe von Aquarellen, welche Soldaten aus dem Heere Friedrichs darstellten.«[16] Es ist in diesem Zusammenhang bemerkenswert, daß Menzel 1837/38 das Ölbild »Der Familienrat« [Verbleib unbekannt] im Auftrage von Schulz geschaffen hat. Zu ihren gemeinsamen Freunden gehörte im übrigen auch Dr. Wilhelm Puhlmann in Potsdam.[17]

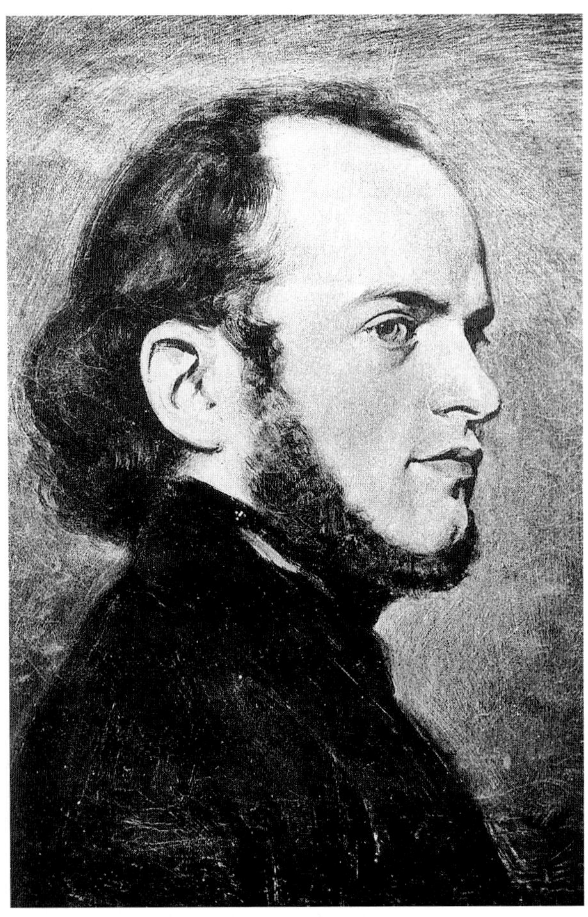

23 Eduard Meyerheim, Porträt des jungen Menzel, 1843, Öl auf Leinwand

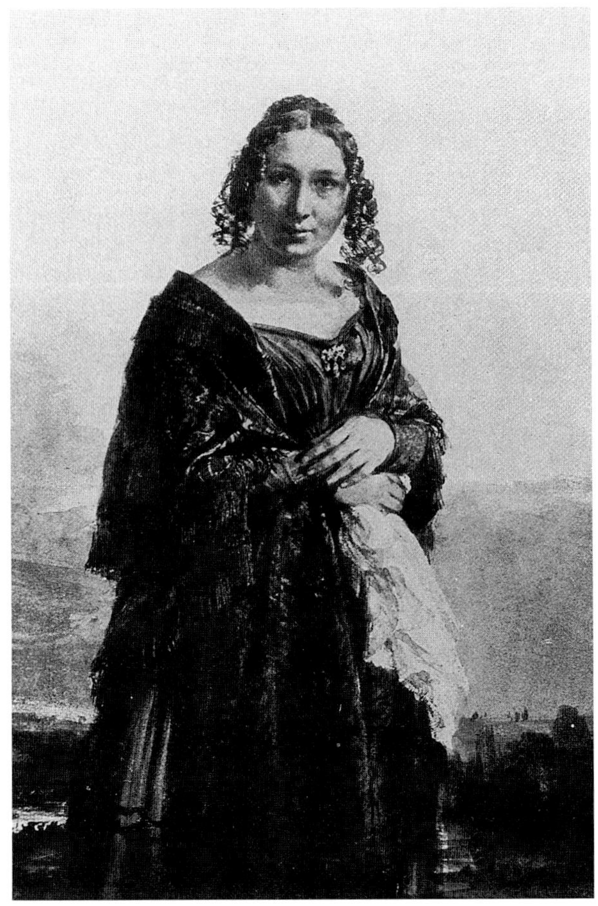

24 Karoline Meyerheim, 1847, Wasserfarben

Enge Verbindungen bestanden des weiteren zwischen Menzel und den beiden Künstlern C. Gustav Lüderitz und Oskar Wisnieski. Der Kupferstecher und Lithograph Lüderitz, der seine Ausbildung in Berlin, Paris und London erhalten hatte, war seit 1853 als Lehrer für Schabkunst an der Akademie tätig. Hinsichtlich der Handhabung der graphischen Techniken konnte sich Menzel bei ihm Rat holen. Der Maler und Radierer Wisnieski war von 1834 bis 1837 Schüler an der Berliner Akademie gewesen. Reisen führten ihn nach Italien und Frankreich. Sein Hauptfeld waren Kostümbilder aus dem 16. und 17. Jahrhundert. Gewiß fanden diese historisierenden Genrebilder Menzels Interesse.

Feste Freundschaftsbande hatte Menzel mit dem aus Danzig stammenden Genremaler Eduard Meyerheim geknüpft, der übrigens gleichfalls 1830 nach Berlin übergesiedelt war. Menzel schätzte den sieben Jahre älteren Künstler nicht zuletzt wegen seines geradlinigen und offenherzigen Charakters im Kunsturteil und der Wirklichkeitsnähe seiner Bilder. Auch in ihrer Arbeitsweise gab es Verbindendes. Meyerheims Sohn Paul überlieferte: »Mein Vater sowohl mein greiser verstorbener Freund Menzel haben niemals auch nur den allergeringsten Gegenstand, und wenn es eine Eierschale wäre, nach der Natur ins Bild gemalt. Alles wurde erst sorgfältig gezeichnet oder, wie Menzel sagte, ›durchräsoniert‹ und dann mit Überlegung auf das Bild gemalt ...«[18] Mit Meyerheim verbanden Menzel auch gemeinsame Freunde und Auftraggeber. So berichtete Paul Meyerheim über den Vater, »daß Eduard Magnus und Adolph Menzel stets zu seinen intimsten Freunden gehörten.«[19] Der Kunsthistoriker und Schriftsteller Franz Kugler setzte sich damals für beide ein. So veranlaßte er Eduard Meyerheim, zehn Danzigansichten zu lithographieren, und beteiligte sich mit ihm an dem 1833 erschienenen Werk »Architektonische Denkmäler der Altmark Brandenburg.«[20] Meyerheim wie Menzel arbeiteten viel für den Kunsthändler und Verleger Louis Sachse, und beide schufen später für den Berliner Großindustriellen Louis Ravené Bilder. Ein beredtes Zeugnis der freundschaftlichen Verbindung der beiden Künstler ist das Porträt, das Paul Meyerheim vom jungen Menzel um 1843 angefertigt hat. Innerhalb seines Gesamtwerks nehmen Bildnisse allerdings nur einen sehr kleinen Raum ein, und sie geben in der Mehrzahl Familienmitglieder und andere, dem Künstler sehr Nahestehende wieder.

Zu den wenigen Duzfreunden Adolph Menzels gehörte der Berliner Bildhauer Friedrich Drake.[21] Er hatte sein Rüstzeug im Atelier Rauchs erhalten und war 1837 zum Mitglied der Akademie und 1847 zum königlich preußischen Professor ernannt worden. Er schuf eine ganze Reihe von Denkmälern, u. a. das von Karl Friedrich Schinkel [1861/69, Berlin, Nationalgalerie] und von Friedrich Wilhelm III. [1841/49, Berlin, Tiergarten]. Sein bekanntestes Werk ist die Victoria auf der Berliner Siegessäule. Im wesentlichen blieb er den Auffassungen seines Lehrers verpflichtet und wandelte sie lediglich etwas ins Schlichte und zum Teil ins Monotone ab. So müssen es in erster Linie die menschlichen Qualitäten des Bildhauers gewesen sein, die Menzel wie auch Eduard Meyerheim und Johann Heinrich Strack angezogen haben.

Die Verbindung zwischen Johann Heinrich Strack und Menzel ist wahrscheinlich durch Eduard Meyerheim hergestellt worden. Der Architekt hatte im Schinkel-Atelier gearbeitet und in den Jahren von 1828 bis 1832 beim Umbau des Palais der Prinzen Karl und Albrecht mitgewirkt. 1834 hatte er dann gemeinsam mit Meyerheim eine Sammlung von Ansichten von Backsteinarchitektur der Mark Brandenburg veröffentlicht. 1839 wurde er als Lehrer für Architektur an der Berliner Kunstakademie angestellt und zwei Jahre darauf zum Professor berufen. Zu den Bauten, die er projektierte, zählte auch die Villa Borsig in Moabit, für die Meyerheims Sohn Paul eine Folge großformatiger Bilder schuf.

Paul Meyerheim berichtete über Menzels Akademieausbildung: »Die Klasse der Perspektive längere Zeit zu besuchen, war ihm zu langweilig, weil doch die Zeit mit zu viel unwichtigen Sachen verlorenging. Er bat einfach seinen Freund Strack, ihm die Gesetze der Perspektive auseinanderzusetzen, und er hat sich in wenigen Tagen diese Wissenschaft so gründlich angeeignet, daß es ihm Freude bereitete, auf seinen Bildern möglichst große perspektivische Hindernisse aufzuerlegen.«[22] In einer am 8. März 1889 verfaßten Erläuterung zu einem Deckfarbenbild bezeichnete Menzel den Geheimen Oberhofbaurat Strack als seinen Jugendfreund, der ihm im Januar 1858 ein Fenster des im Umbau befindlichen Kronprinzenpalais freigehalten hatte, damit er den Brauteinzug des kronprinzlichen Paares verfolgen konnte.[23]

Seit der Jahrhundertmitte entwickelten sich weitere Freundschaften zwischen Menzel und bildenden Künstlern. Regen Umgang pflegte er nun mit Carl Johann Arnold und Paul Meyerheim, mit den Malern und Graphikern Fritz Werner, Otto Weber, Gustav Richter und Albert Hertel sowie mit dem Bildhauer Reinhold Begas.

Carl Johann Arnold, der Sohn Carl Heinrich Arnolds, hatte eigentlich von Kindesbeinen an Kontakt zu Menzel. 1846 erhielt er ein Vierteljahr Zeichenunterricht bei ihm, und als Menzel 1847/48 in Kassel an dem Karton für den Kunstverein arbeitete, war er ihm als Handlanger behilflich. Einen systematischen Unterricht hatte der Fabrikantensohn an den Akademien von Kassel und Antwerpen erhalten. 1853 kam er erneut nach Berlin, wo er

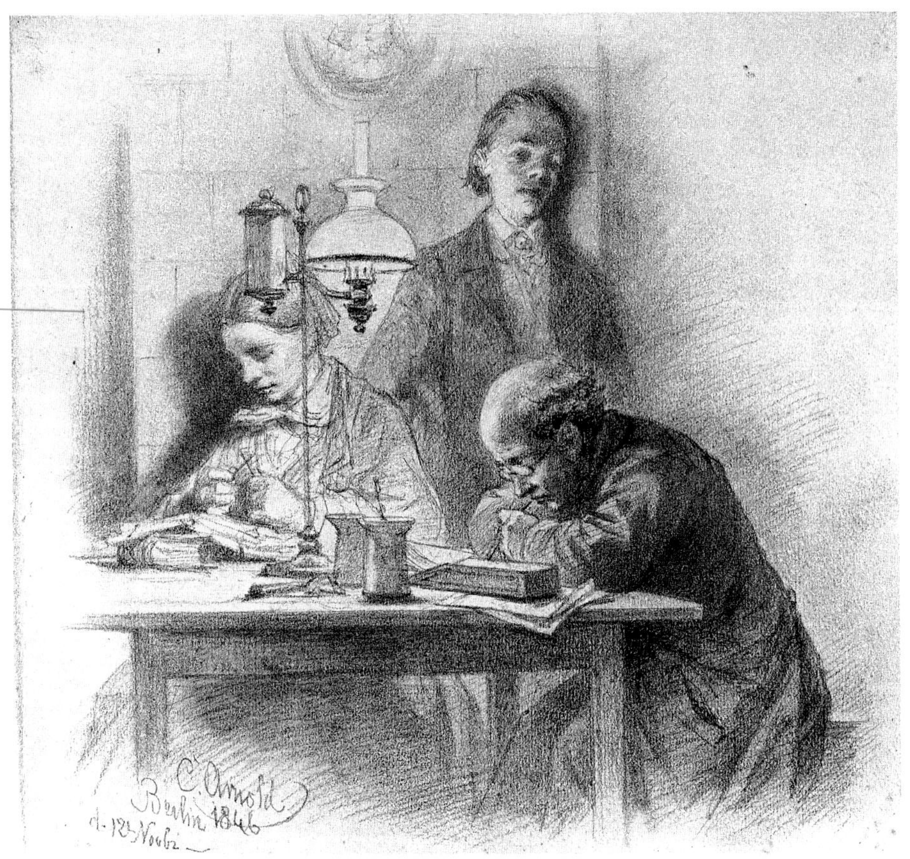

25 Carl Johann Arnold, Menzel, am Tisch zeichnend, im Kreis seiner Familie, Berlin, den 12. November 1846, Bleistift

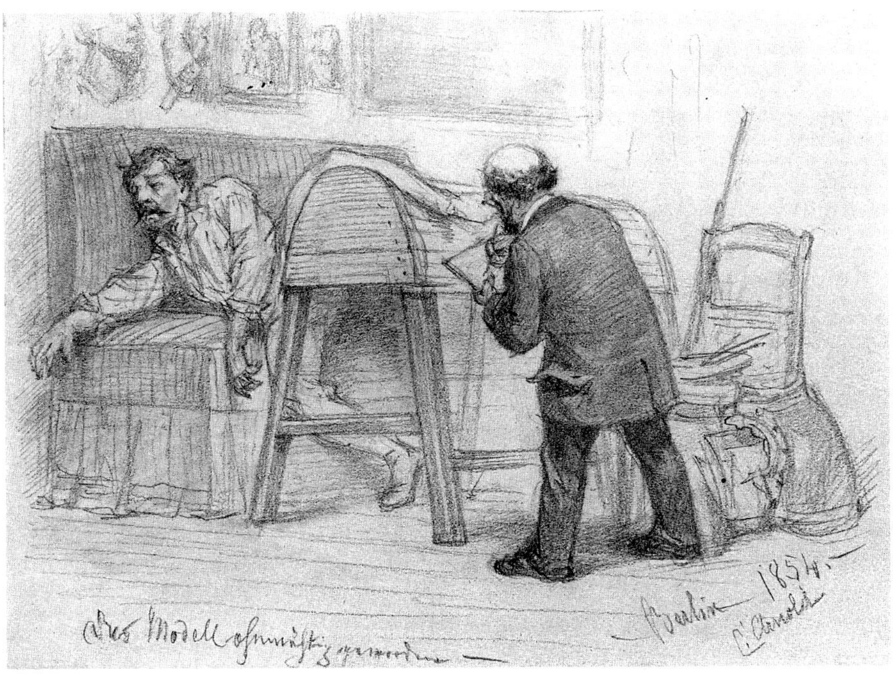

26 Carl Johann Arnold, Menzel mit Modell im Atelier, 1854, Bleistift

wiederum für einige Zeit bei Menzel wohnte und arbeitete. Um 1886 zog er nach Weimar, und zwar in erster Linie aus gesundheitlichen Gründen. Als Illustrator arbeitete er für Zeitschriften wie »Die Gartenlaube« und »Über Land und Meer«. Auch schuf er eine Reihe von Porträts, so 1859 das von Bettina von Arnim [Frankfurt a. M., Goethe-Museum], aber das Beste leistete er wohl als Tier- und Genremaler. Freilich gelangte er nirgends über ein Mittelmaß hinaus. Zu Recht bemängelte Adolf Rosenberg sein »flaues und stumpfes Kolorit«.[24] Schon während seiner Ausbildung in Antwerpen erkannte Arnold seine engen Grenzen auf künstlerischem Gebiet, und als Künstler stand er weit hinter den beiden anderen »Menzel-Schülern«, Fritz Werner und Paul Meyerheim.

Arnold hat Menzel häufig gezeichnet, u. a. wie dieser 1846 im Kreise der Familie an den Illustrationen zu den Werken Friedrichs des Großen oder 1847/48 in Kassel am Karton arbeitete. Andrerseits hat auch Menzel Arnold in Bildnissen wiedergegeben. Darüber hinaus haben beide sogar ein Gemeinschaftswerk geschaffen, nämlich ein Wandbild an der Rückwand einer offenen steinernen Halle im Hofe des Grundstücks Ritterstraße 42 und 43. Die Tochter des Hauseigentümers berichtete später darüber: »Das Bild stellte eine weinumrankte Pergola dar, mit einer niedrigen Balustrade versehen. Über diese Balustrade hinaus blickte man in eine liebliche Feld- und Hügellandschaft, durch deren Himmel in der Ferne ein Schwalbenschwarm dahinzog. Im Vordergrund aber, zu beiden Seiten der Balustrade, stand je eine Gruppe von Hausbewohnern und unter ihnen mein Vater, Arnold, Puhlmann und Menzel selbst. ... Die umrahmende Pergola sowie die Landschaft stammten von dem Maler Arnold, die Personen im Vordergrund aber waren das Werk von Menzels Meisterhand.«[25] Leider ist das im Sommer 1854 entstandene Bild später zugrunde gegangen. Wahrscheinlich war es in Wasserglasmalerei ausgeführt worden und eine Probearbeit für die im Folgejahr in der Marienburg geschaffenen Wandbilder gewesen, die die Hochmeister Siegfried von Feuchtwangen und Ludger

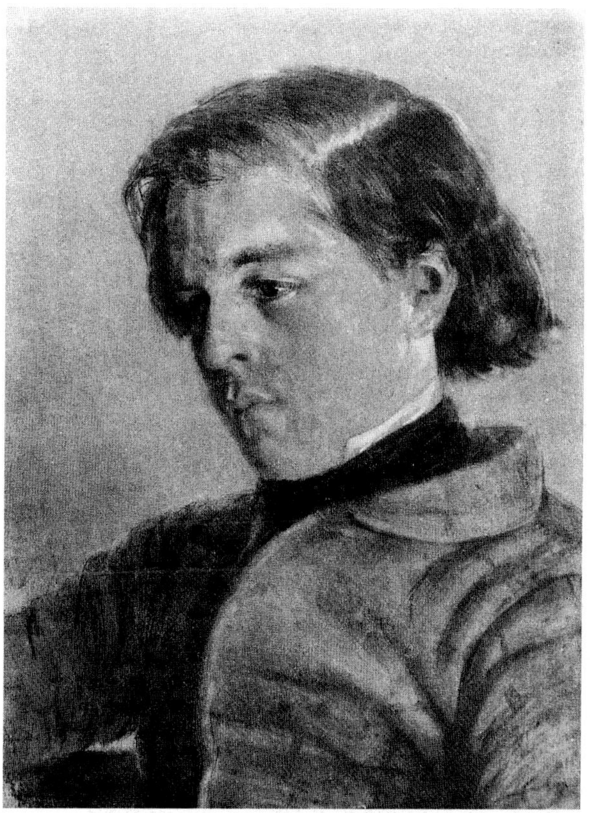

27 Carl Johann Arnold,
1847, farbige Kreiden auf bräunlichem Papier

von Braunschweig darstellten [im Zweiten Weltkrieg zerstört].

Menzels Freund Eduard Meyerheim hatte die Schwester des Bildhauers Friedrich Drake geheiratet. Aus dieser Ehe waren die beiden Söhne Franz und Paul hervorgegangen, die sich gleichfalls der bildenden Kunst verschrieben und ihre Ausbildung an der Berliner Akademie erfuhren. Beide lehrten später selbst an dieser Einrichtung, ersterer als Lehrer für anatomisches Zeichnen, letzterer als Leiter der »Tierklasse«. Der Bedeutendere von beiden war zweifellos Paul, der rasch zu Erfolgen gelangte und in der Tat zu den bemerkenswertesten Berliner Malern des letzten Jahrhundertdrittels zählte. Wenngleich er schon von vielen Zeitgenossen der »Löwen-Meyerheim« genannt wurde, da er sich mit Löwendarstellungen einen Namen gemacht hatte, so war seine Themenskala sehr breit und reichte vom Tierstück über das Porträt, Stilleben und die Landschaft bis zum Genrebild. Sein Hauptwerk, der Zyklus zur »Geschichte der Lokomotive«, den er von 1873 bis 1876 auf Kupferblechen für die Borsigsche Villa in Berlin ausgeführt hat, weist ihn als einen auf der Höhe der Zeit stehenden Künstler aus. Die sechziger und siebziger Jahre waren wohl seine Glanzzeit, in der er suchte und fand. Offensichtlich hat er später nur noch wenig Neues hinsichtlich der Thematik und Gestaltungsweise gewagt, da hat er sich sozusagen auf seinen Lorbeeren ausgeruht.[26] Dessen ungeachtet, war er ein technisch versierter Maler mit entwickeltem koloristischem Sinn und ein virtuoser Aquarellist.

Paul Meyerheim soll einmal geäußert haben: »... 'n oller Stiebel von Menzel ist mir lieber als de janze Sixtin'sche Madonna.«[27] Diese Worte waren ein etwas überspitztes Bekenntnis zu einer naturnahen Gestaltungsweise und eine schroffe Ablehnung idealisierender Kunst. Und sie drückten auch die hohe Wertschätzung der Arbeiten Menzels aus.

Ludwig Pietsch meinte über die Stellung dieses Künstlers zu Menzel: »Paul Meyerheim zählt eigentlich zu den indirekten Schülern dieses Bahnbrechers und Hauptes der realistischen Berliner Malerschule.«[28] Gewiß bot Menzel ihm eine wichtige Orientierung für eine stark realitätsbezogene Kunst, und zweifelsohne gab ihm der Freund des Hauses so manchen Rat.

Auch im Porträtschaffen mögen Anregungen Menzels wirksam geworden sein. Interessant ist in diesem Zusammenhang eine Kennzeichnung von Meyerheims Bildnismalerei durch den Kunstschriftsteller Adolf Rosenberg: »Als Porträtmaler hat er versucht, durch genrehafte Auffassung der Figuren, durch eine sorgfältige, interessante Behandlung des Hintergrunds und des Beiwerks gegen die Monotonie des Eindrucks anzukämpfen, welchen die überwiegende Mehrzahl der modernen Porträts in dem Beschauer hervorruft.«[29] Vielleicht hat Menzel ihm insbesondere mit dem Chodowiecki-Bildnis diesen Weg gewiesen.

Meyerheim war, wie bereits angedeutet, ein exzellenter Aquarellist und ein herausragender Tiermaler. Sicherlich ist für ihn das 1863 von Menzel begonnene »Kinderalbum« mit seinen zahlreichen Tierdarstellungen, eine Glanzleistung europäischer Aquarell- und Deckfarbenmalerei, richtunggebend geworden. Auch wob er gern um die wiedergegebenen Tiere Geschichten und Geschichtchen und verstand einfühlsam, das Individuelle der »Akteure« herauszuarbeiten.

Wenngleich sich Meyerheim in seinen Genrebildern vornehmlich mit dem Leben der Dorfbevölkerung auseinandersetzte, so drang er doch mit seinem wichtigsten Werk, der Bilderfolge zur »Geschichte der Lokomotive«, in die Welt des Industriearbeiters in einer Weise ein, die in der deutschen Kunst des 19. Jahrhunderts nur von Menzels »Eisenwalzwerk« übertroffen worden ist. Es erübrigt sich zu fragen, wer von den beiden sich zuerst der Industriearbeit als Bildthema zugewandt hat. Menzel hatte sich mit diesem Stoff bereits intensiv auseinandergesetzt, als er 1869 das großformatige Gedenkblatt zum 50jährigen Jubiläum der Maschinenfabrik C. Heckmann schuf. Aber zweifelsohne lag die Auseinandersetzung mit dieser Thematik in der Luft.

Neben Anregungen von Menzel wurden für Meyerheim auch Impulse wirksam, die von der Schule von Barbizon ausgingen. Hanns Fechner, der ihn an der Berliner Akademie als Lehrer hatte, überlieferte: »Oft erklärte er und erzählte er von den Meistern der Schule von Barbizon, erinnerte an Th. E. Rousseaus vielfach variierende Malweise, an die einfache und schöne Darstellung der Bilder von Daubigny und konnte des Rühmens kein Ende finden, wenn er von der herrlich farbigen Bildwirkung der Troyons sprach oder von der Sorgfalt der Zeichnung in den Tieren der Rosa Bonheur!«[30] Des weiteren hatten Meyerheim auch Arbeiten von dem aus Frankfurt a. M. stammenden Maler Teutwart Schmitson beeinflußt. Dieser hatte sich für kurze Zeit in Berlin niedergelassen und in der Schadowstraße sein Atelier eingerichtet. Menzel zollte dessen Tierdarstellungen gleichfalls hohe Anerkennung. Insbesondere Schmitsons

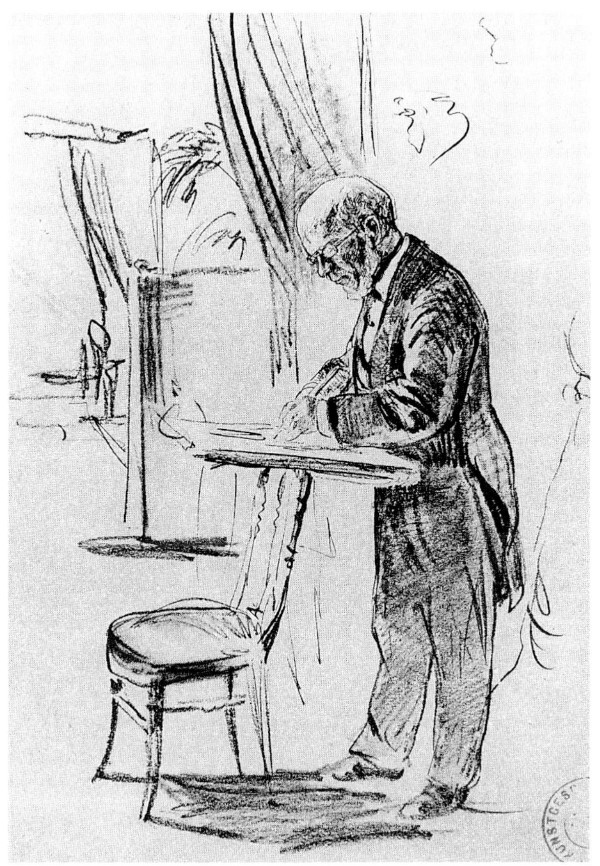

28 Paul Meyerheim, Adolph Menzel beim Zeichnen, schwarze Kreide

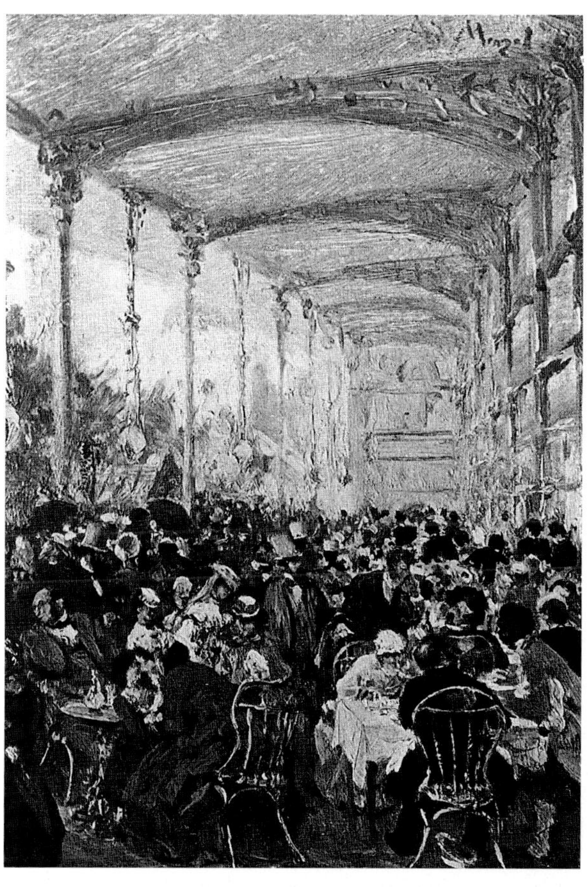

29 Amerikanisches Restaurant auf der Pariser Weltausstellung, 1867, Öl auf Holz

genaue Erfassung von Bewegungsabläufen bei Pferden, die sich Aufnahmen der Schnellphotographie näherte, faszinierte Menzel wie Meyerheim. Franz Hermann Meissner meinte über die Rolle, die Schmitson damals in Berlin gespielt hatte: »Man hielt ihn bei seinem meteorartigen Auftauchen für den natürlichen Ergänzer und Fortsetzer Menzels nach der Seite intimen Naturgefühls hin.«[31]

Paul Meyerheim war vielseitig begabt. Wenngleich die Malerei sein Hauptfeld war, so pflegte er doch auch seine musikalischen und schriftstellerischen Neigungen. Er sang gut und war »wohlgeschulter Cellospieler«[32]. Offensichtlich hatte der Vater, der ausgezeichnet Geige und Bratsche spielte, ihm nicht nur in der bildenden Kunst, sondern auch in der Musik die Anfangsgründe beigebracht. Daß er ganz gewandt die Feder zu führen gewußt hat, belegen am besten seine kurzweilig geschilderten Erinnerungen an Menzel. Wenngleich sich in diesem Buch die Anekdoten häufen, so hat er doch viel Aufschlußreiches besonders hinsichtlich der Arbeitsweise Menzels überliefert.[33]

Meyerheim erwies dem Freund und Mentor Menzel aber auch seine Reverenz, indem er ihn bei der Arbeit porträtierte [Abb. 28]. Andererseits zeugt die Tatsache, daß Menzel Meyerheim zur Hochzeit das kleinformatige Ölbild »Im Amerikanischen Restaurant auf der Pariser Weltausstellung« [1867] geschenkt hat, von dem guten Verhältnis beider zueinander [Abb. 29].

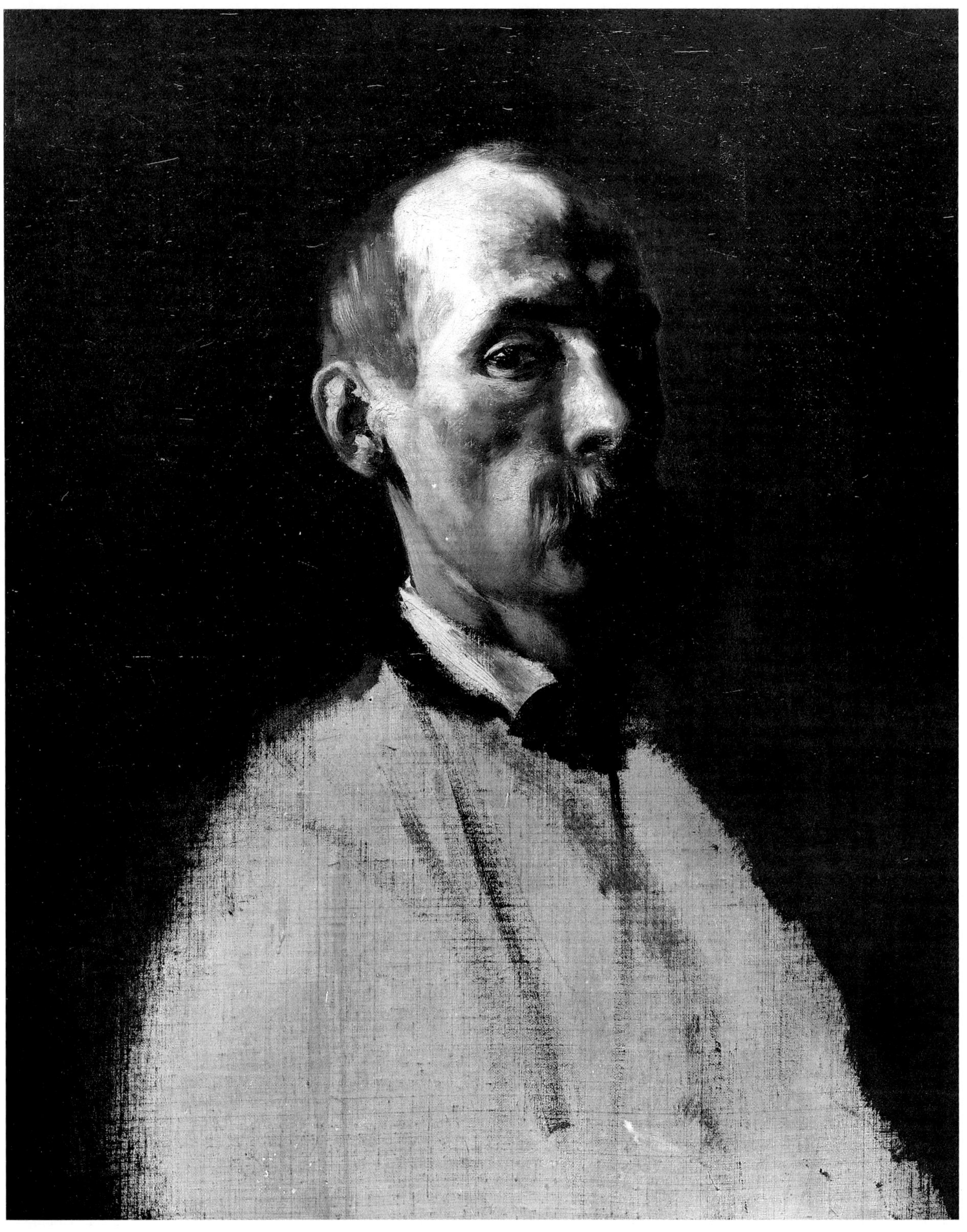

30 Fritz Werner, unvollendet, 1859, Öl auf Leinwand

37 Seit den frühen fünfziger Jahren trat Fritz Werner in Menzels Freundeskreis. Von 1859 an duzte er sich mit ihm. Die Verbindung war wohl dadurch zustande gekommen, daß Werner von der »Tafelrunde Friedrichs II. in Sanssouci« ein hervorragendes Schabkunstblatt für den »Verein der Kunstfreunde« hergestellt hatte. 1861 begleitete er Menzel auf dessen Wunsch zu den Krönungsfeierlichkeiten nach Königsberg, um ihm bei Vorarbeiten für das Krönungsbild behilflich zu sein. Wie Menzel widmete er sich zwei Hauptgebieten: dem modernen Leben und der friderizianischen Zeit. 1864, vier Jahre nach Menzel, ging er nach Rheinsberg, wo er eine Reihe von Innenraumdarstellungen des Schlosses malte.[34] Adolf Rosenberg äußerte über dessen Rokokobezüge: »Indem er sich mit Eifer dem Studium des Rokokozeitalters zuwendete, bildete er eine Seite von Menzels umfassender Künstlerschaft weiter aus. Es gelang ihm bald, sich den Geist des Rokoko so zu eigen zu machen, daß er in scharfer Erfassung und treuer Wiedergabe des Zeitcharakters und -kolorits sein Vorbild erreichte.«[35] Doch insbesondere hinsichtlich der psychologischen Ausdeutung einer Szene und der geistigen Tiefe einer Komposition stand er dem Vorbild nach.

Ihre freundschaftlichen Beziehungen schlugen sich mehrfach in Bildern nieder. 1859 malte Menzel ein Porträt Werners, das leider unvollendet blieb [Abb. 30], des weiteren hielt er ihn auf einer großformatigen Kreidezeichnung fest.[36] Werner wiederum fertigte u. a. eine humoristische Zeichnung an, die Menzel und Friedrich den Großen zeigte.[37]

In den Jahren von 1867 bis 1869 lebte Werner in Frankreich, wo er vornehmlich im Atelier von Meissonier arbeitete. Am 27. Februar 1869 schrieb ihm Menzel, auf dessen Anfrage eingehend: »Es kann mir ja nur sehr angenehm und schmeichelhaft sein, wenn Du auch im dortigen Ausstellungskatalog Dich als meinen ›Eleven‹ bekennen willst!«[38] Zu dem Schriftsteller Ottomar Beta soll der greise Menzel über seine Schüler gesagt haben: »Ich habe überhaupt nur zwei gehabt. Der eine ist Fritz Werner.«[39] Beta äußerte die Vermutung: »Ich glaube, Paul Meyerheim ist neben Fritz Werner der einzige Maler, den Menzel als seinen Schüler gelten läßt.«[40] Interessant ist hier jedoch ein Einwand, den Carl Johann Arnold vorgebracht hat: »Daß Werner zu Menzel im Schulverhältnis gestanden, möchte ich bezweifeln, oder es kann nur kurze Zeit gewesen sein. Er verehrte dessen charakteristische Art zu zeichnen und ist bekanntlich in der Wahl seiner Stoffe und in seiner Technik etwas mit der französischen Schule [Meissonier] verwachsen. Als Menzel und Werner miteinander bekannt wurden, war letzterer schon ein sehr geschickter Radierer und Kupferstecher, so daß Menzel ihm das bekannte Bild ›Friedrich II. in Sanssouci‹ zur Reproduktion in Schabkunstmanier übertrug. Werner sattelte damals plötzlich um und ging zur Malerei über. Er hatte sich mit Menzels Bruder befreundet, und auch ich war öfter mit beiden zusammen.«[41]

Obgleich Menzel zum Professor ernannt worden war, hatte er nie ein Lehramt an der Berliner Akademie übernommen. An einer systematischen kunstpädagogischen Arbeit war er, wie es scheint, nicht interessiert. Gewiß war diese Entscheidung für ihn die richtige gewesen, denn eine solche Tätigkeit hätte doch einen ganz erheblichen Teil seiner Schaffenskraft in Anspruch genommen. So ist es in der Tat nur mit großen Einschränkungen möglich, von Menzel-Schülern zu sprechen. Am ehesten können Fritz Werner, Paul Meyerheim und Carl Johann Arnold als solche bezeichnet werden.

Zu Menzels Künstlerfreunden der zweiten Jahrhunderthälfte zählte auch Otto Weber, ein ehrgeiziger und gewandter Maler, über den Paul Meyerheim schrieb, daß er »viel im Hause bei Menzel« verkehrte.[42] Viele Jahre lebte er in Paris, wo er mit seinen Arbeiten Anklang fand und sich in künstlerischer Hinsicht der Schule von Barbizon anschloß. Der namhafte Kunsthändler Goupil nahm ihn dort längere Zeit unter Vertrag. Als Menzel im Jahre 1867 in der Seinestadt weilte, half ihm Weber als Übersetzer. Im übrigen besaß Menzel von ihm das Aquarell »Wasserreiche Niederung mit einer Rinderherde und Häusern unter Bäumen« [1861], und einige Zeit standen beide im

Briefwechsel. Angesichts des Deutsch-Französischen Krieges verließ Weber Paris und ließ sich schließlich in London nieder, wo seine künstlerischen Kräfte jedoch merklich nachließen.

Seit den frühen siebziger Jahren gab es auch persönliche Kontakte zwischen Menzel und dem Berliner Maler Albert Hertel. Dieser hatte im Sommer 1870 Clara Herrmann, eine Tochter des Bankiers Magnus Herrmann, geheiratet, jenes Kunstmäzens also, der bei Menzel das Gemälde »Abreise König Wilhelms I. zur Armee am 31. Juli 1870« [Berlin, Nationalgalerie] bestellt hatte. Auf diesem Bild ist übrigens auf dem im Vordergrund befindlichen Balkon das jungvermählte Paar Hertel zu sehen. Da Menzel häufiger Gast der Familie Herrmann war, wurde zugleich auch die Verbindung zu Hertel fester. Im übrigen war Menzel der Pate von Hertels Sohn Fritz, dem er 1889 zur Einsegnung ein Gesangbuch mit einer Federzeichnung verehrte.[43]

Albert Hertel war an der Berliner Akademie Schüler Eduard Meyerheims gewesen. In den Jahren von 1863 bis 1867 setzte er seine Ausbildung in Rom fort, wo er unter Einfluß von Franz Dreber und Anselm Feuerbach geriet. Einige Zeit arbeitete er dann in Düsseldorf, und seit 1875 wirkte er beständig in Berlin, wo er durch Anton von Werner sehr gefördert wurde. 1901 übernahm er an der Akademie ein Meisteratelier für Landschaftsmalerei. Hertel besaß enge Verbindungen zum Hof der Hohenzollern. So gab er der Kronprinzessin Viktoria Malunterricht und konnte sich einiger Atelierbesuche des späteren Kaisers Wilhelm II. erfreuen. Zur Ausgestaltung des Berliner Doms wurde er mit herangezogen und führte dort eine Reihe von Landschaftsbildern mit heiligen Stätten im Treppenhaus der kaiserlichen Loge aus. Als Menzel starb, zeichnete er ihn auf dem Totenbett und sprach im Namen des Vereins Berliner Künstler am Grabe.[44]

Der künstlerische Einfluß Menzels auf Hertel war sicherlich gering. Vielleicht hatte er dazu beigetragen, daß sich dieser seit den achtziger Jahren in besonderem Maße der Aquarellmalerei zuwandte.

Schließlich sei in diesem Zusammenhang noch auf Menzels Verhältnis zu vier Künstlern hingewiesen, die seinerzeit in ganz erheblichem Maße die Berliner Kunst mitgeprägt haben, nämlich zu dem Bildhauer Reinhold Begas sowie zu den Malern Gustav Richter, Ludwig Knaus und Anton von Werner. Zu den beiden Erstgenannten war der Kontakt sicherlich fester gewesen, währenddessen sein Verhältnis zu Knaus und Anton von Werner wohl mehr im Zeichen wechselseitigen Respekts gestanden hatte.

Reinhold Begas gehörte im letzten Jahrhundertviertel zu den Arrivierten. Er war der bedeutendste Schüler Christian Daniel Rauchs und unstreitig die stärkste bildhauerische Begabung seiner Generation in Deutschland. Er bewegte sich zwischen naturalistischer und neubarocker Gestaltungsweise und verband sie in verschiedenen Mischverhältnissen. Eine Orientierung bot ihm hierbei die italienische Plastik des 15. und des 17. Jahrhunderts.

1876 schuf Begas aus carrarischem Marmor eine Menzel-Büste [Abb. 31]. Wie ein Fels wirkt der Dargestellte, willensstark und kritisch, scharf das Gegenüber fixierend. Die erhobene linke Hand akzentuiert gerade Gesagtes. Falten bilden sich unwillig zwischen den Brauen. Wie auch in einigen anderen Porträtplastiken verband Begas hier schärfste Individualisierung mit äußerst subtiler Oberflächenbehandlung. Alfred Gotthold Meyer meinte in seiner Begas-Monographie über dieses Werk ganz euphorisch: »Man muß schon bis zu den Büsten eines Donatello zurückgehen, um eine ähnliche monumentale Wiedergabe der Natur zu finden, wie in den Mund- und Augenpartien und in dem Schädel dieses Kopfes.«[45] Die starke Wirklichkeitsnähe und die sockellose Büstenform des Quattrocento mögen hier gewiß für Begas wegweisend gewesen sein.

Auf vertrautem Fuße stand Menzel mit dem Historien- und Porträtmaler Gustav Richter. Dieser hatte u. a. bei Léon Cogniet in Paris gelernt und war von den sechziger Jahren bis zu seinem Tode 1884 der gesuchteste Porträtist in Berlin. Zweifelsohne verstand er bra-

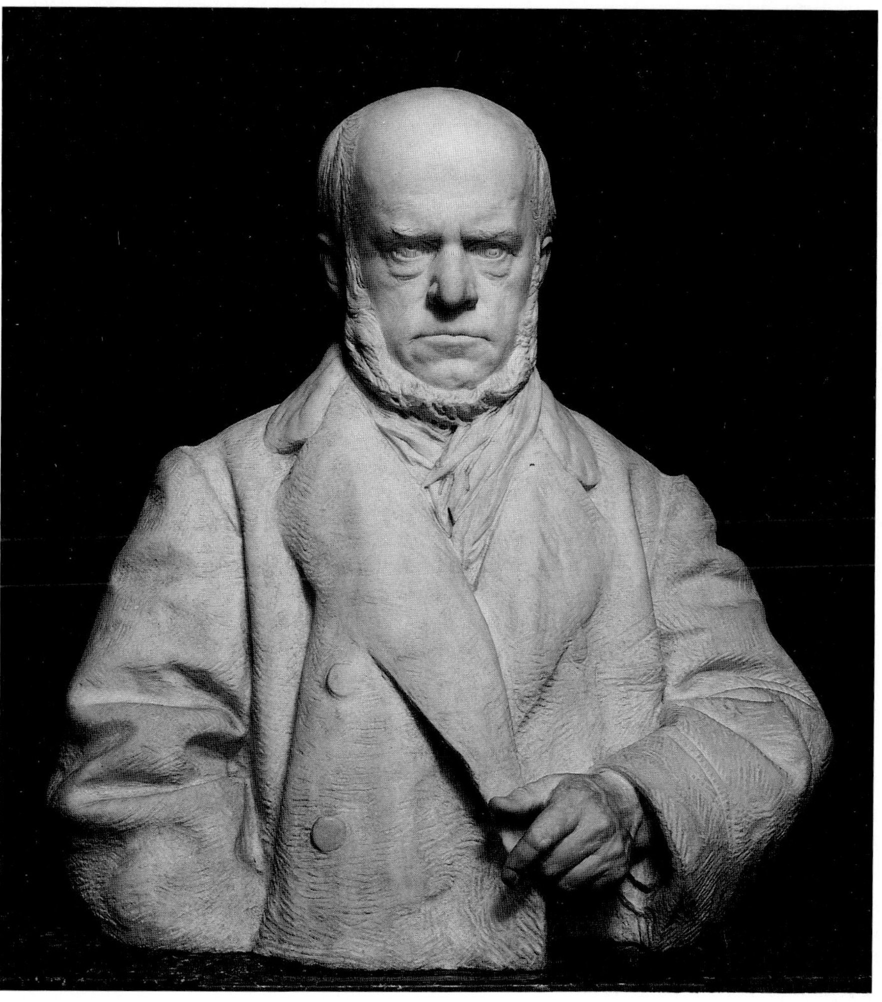

31 Reinhold Begas, Porträtbüste Adolph Menzels, 1876, Marmor

vourös sein Handwerk, aber schon einige Zeitgenossen bemerkten an seinen leicht und locker hingestrichenen Bildnissen kritisch die Tendenz zur Gefälligkeit und Pose. Jedoch modellierte er die Figuren sehr souverän und warf ein belebendes Licht auf sie.

Als Menzel 1851 mit seinem Transparentbild »Christus im Tempel« für großes Aufsehen sorgte, war Richter einer der wenigen, die den Wert der neuartigen Interpretationsweise erkannten und den damit gewiesenen Weg einschlugen. Im Jahr darauf schuf nämlich Richter ein Transparent für den Unterstützungsverein, das »Die Auferweckung der Tochter des Jairus« zeigte. Wenn es auch nicht von so krasser realistischer Grundhaltung wie Menzels Darstellung war, so machte es doch verwandte Bemühungen kenntlich. Im Vergleich zu Menzels Szene war sie allerdings etwas pathetischer und theatralischer angelegt. Als Richter dann einige Jahre darauf im Auftrage Friedrich Wilhelms IV. von dieser Komposition eine Gemäldefassung angefertigt und in die Akademieausstellung gegeben hatte, berichtete Menzel dem Freund Fritz Werner: »Sein großes Bild Jairus Töchterlein ist bei allem Modernen darin doch eine gediegene Arbeit, auch in der Komposition ist viel Gutes. Das Vortrefflichste darin ist die markige, schöne, volle Farbe, voll, fein und tief gemischter Töne, ohne welche affektierte Brillanz.«[46]

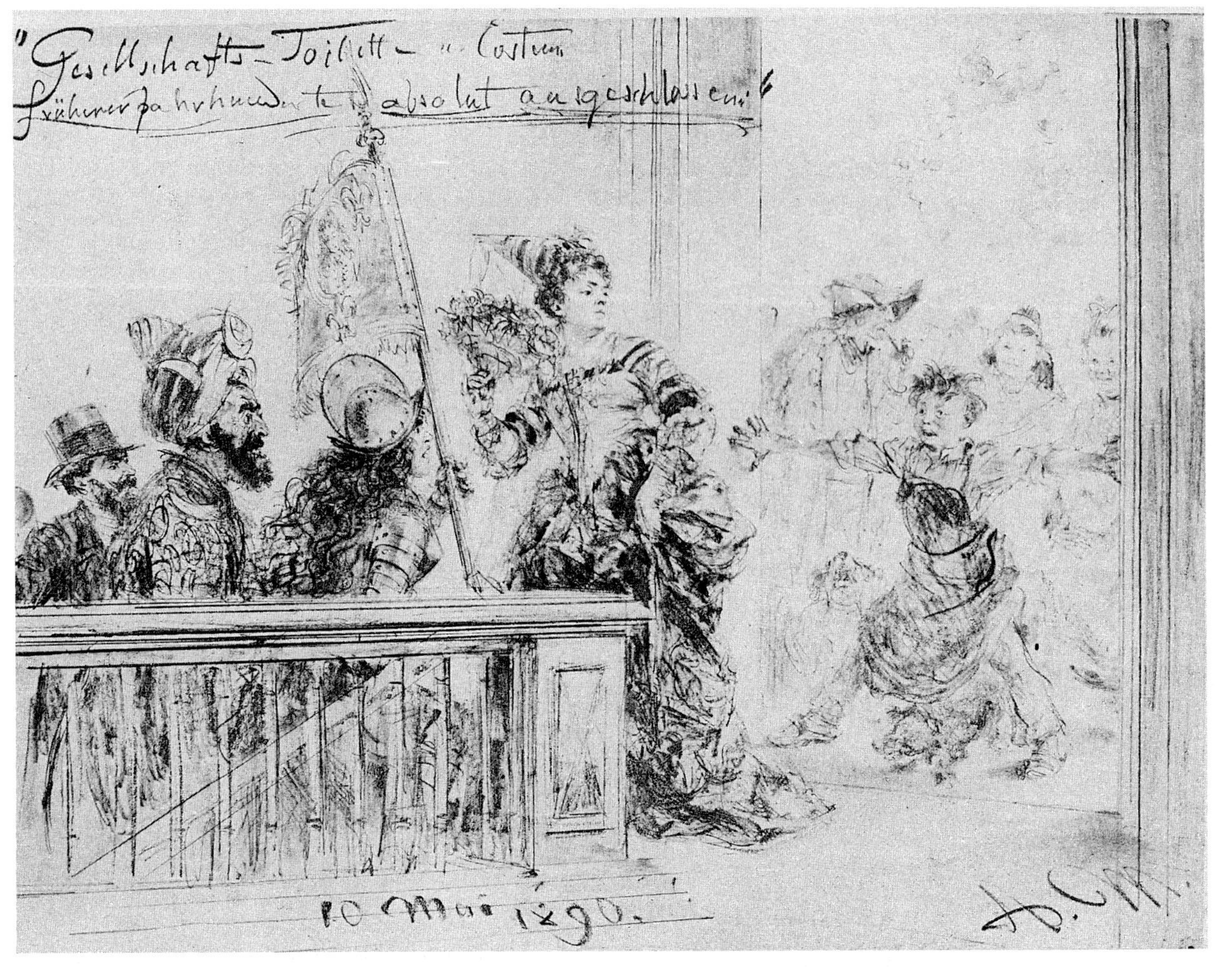

32 Zum 60. Geburtstag von Ludwig Knaus, 1890, Heliogravüre

Wenngleich Menzel Richter als Künstler achtete, so lagen doch ihre Auffassungen gar nicht so dicht beieinander. Wurde Ersterer der »Prophet der Häßlichkeit« genannt[47], so kam Letzterer dem Schönheitsbedürfnis seiner Zeit entgegen, und doch lebte Menzel mit ihm in bestem Einvernehmen. Paul Meyerheim überlieferte: »Dem von ihm hochgeschätzten Gustav Richter und seiner liebenswürdigen Gattin hat er sehr viele, oft winzige Aquarelle auf der Rückseite seiner Visitenkarte gemalt, von so feiner Ausführung, daß sie auch in starker Vergrößerung wundervoll wirken würden.«[48]

Am 12. Mai 1890 fand im Lokal des »Vereins Berliner Künstler« nachträglich eine Feier anläßlich des 60. Geburtstages von Ludwig Knaus statt, an der nur Vereinsmitglieder mit ihren Angehörigen teilnehmen durften. Es wurde empfohlen, in Kostümen nach Knausschen Bildfiguren zu erscheinen. Menzel zeichnete für diese Festivität eine Karte [Abb. 32], die Ludwig Pietsch folgendermaßen beschrieb: »... man sieht einen Schusterbuben in der offenen Tür des Festsaales, in dem sich echt Knaussche Bauern- und Bäuerinnengestalten bewegen, den herankommenden Ritter-, Orientalen-, Edelfräulein- und Heroinen-Masken mit weit aufgesperrten Armen den Eintritt verwehren.«[49]

Knaus hatte von 1861 bis 1866 und dann seit 1874 in Berlin gearbeitet. Viele Jahre hatte er sich in Paris aufgehalten, und 1867 war er dort mit Menzel in den Louvre und zu französischen Künstlern gegangen. Er erlangte mit seinen Genrebildern und Porträts sehr früh Anerkennung. So kaufte die Luxembourg-Galerie zu Paris 1855 das Ölbild »Der Spaziergang« von ihm. Adolf Rosenberg vertrat wie viele Kunstkritiker die Ansicht: »In Knaus gipfelt die deutsche Genremalerei unseres Jahrhunderts. Ein Realist, der nach absoluter Treue in der Wiedergabe des Geschauten strebt, ein Psychologe von feinster Beobachtungsgabe und von durchdringendem Scharfsinn, weiß er auch die alltäglichen Szenen durch die goldenen Strahlen seines Humors zu idealisieren und ihnen jenes höhere künstlerische Interesse zu verleihen, welches die Photographie der Wirklichkeit von dem aus eigener schöpferischer Initiative hervorgegangenen Kunstwerke scheidet.«[50]

Im Gegensatz zu Knaus, der damals internationale Geltung besaß, war Anton von Werner letztlich trotz der eifrigen Förderung seitens des Kaiserhauses nur eine regionale Größe. In den Memoiren Anton von Werners ist mehrfach von Begegnungen mit Menzel die Rede.[51] Obgleich sich beide Künstler ungewöhnlich hoher Wertschätzung am Hohenzollernhofe erfreuten, lagen Welten zwischen ihnen. Schon ihre Elternhäuser waren grundverschieden, denn Werner entstammte einer Familie von Militärs und Landwirten, die in Ostelbien über mehrere Güter verfügte, während Menzel aus ärmlichen Verhältnissen kam. Und auch die Künstlerlaufbahn verlief unterschiedlich: Werner absolvierte das

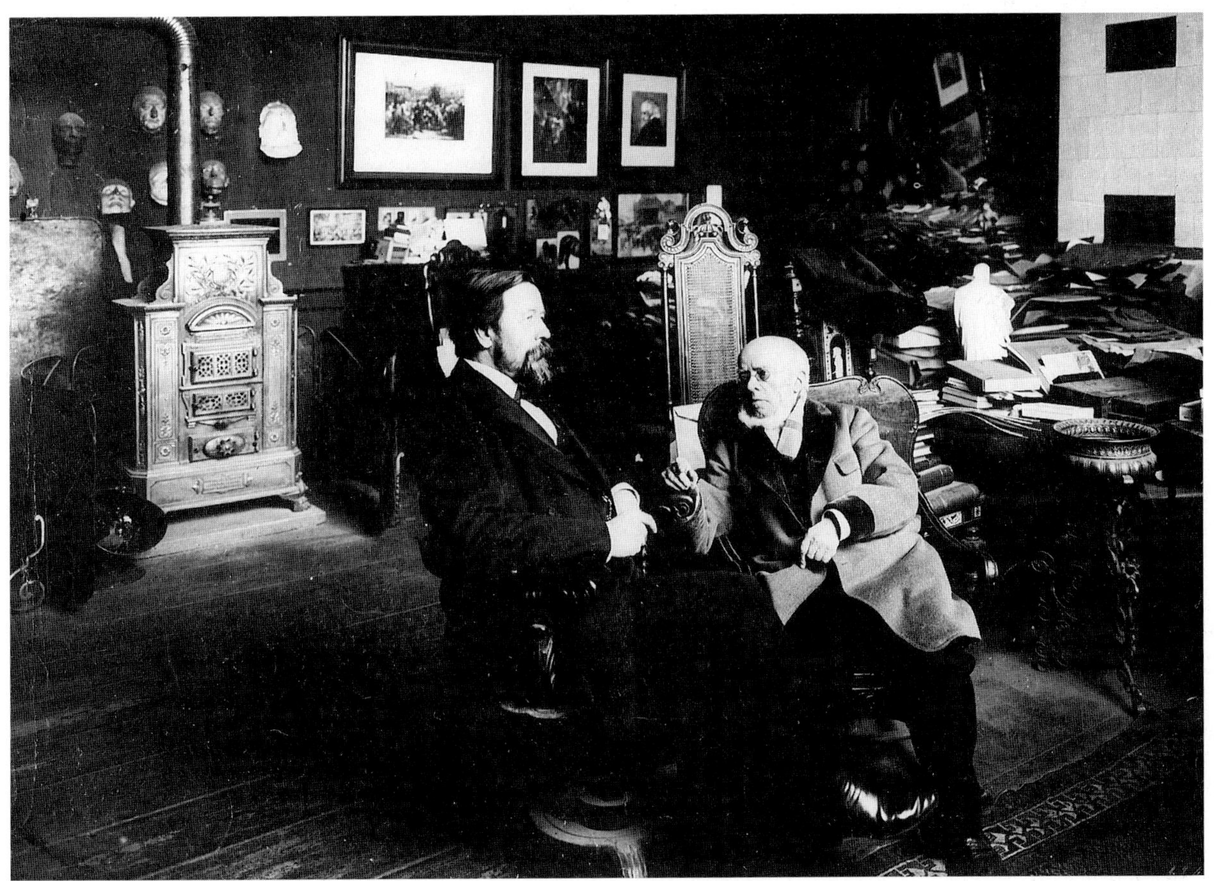

33 Anton von Werner bei Adolph Menzel, Foto

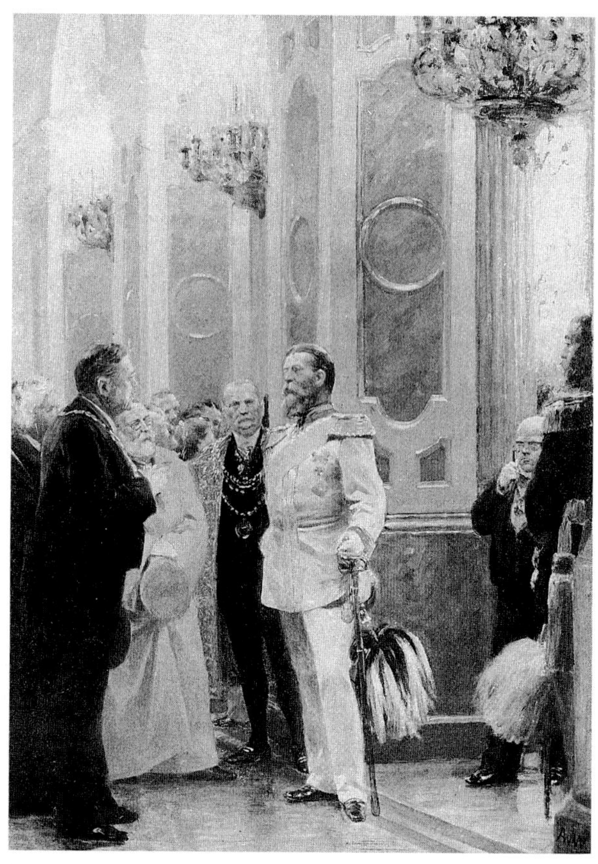

34 Anton von Werner,
Der Kronprinz 1878 auf dem Hofball,
1887, Öl auf Pappe

Kunststudium an den Akademien von Berlin und Karlsruhe, jedoch Menzel hatte die Akademie nur wenige Monate besucht. Werner kam schon in jungen Jahren mit den Hohenzollern in Berührung. Mit einer Empfehlung der Großherzogin von Baden an den preußischen Kronprinzen Friedrich Wilhelm ging er im Januar 1871 nach Versailles, um der Kaiserproklamation beizuwohnen, die er dann in der Folgezeit in mehreren Bildvarianten wiedergab. Sein riesiges Velarium »Kampf und Sieg« für die Siegesstraße in Berlin zum 18. Juni 1871 war ein wichtiger Schritt auf dem Wege zum Maler des Kaiserhofes und der kaiserlichen Macht. Noch im selben Jahr, also als 28jähriger, erhielt er den Staatsauftrag, die Siegessäule in Berlin zu zieren.

Seit 1867 stand Menzel mit Anton von Werner in persönlicher Verbindung, und er äußerte sich über ihn und seine Kunst in der Öffentlichkeit lobend, jedoch im kleinen Kreis zurückhaltend und manchmal auch kritisch. Natürlich sah er die Mängel in Werners Bildern, aber letztlich betrachtete er ihn als einen Bewahrer eines erscheinungsnahen Realismus, der seit Daniel Chodowiecki und Franz Krüger eine ganz wichtige Rolle in der Berliner Kunst gespielt hatte. Dann darf nicht vergessen werden: Anton von Werner war ein Machtfaktor erster Größe. Nie zuvor hat es in Preußen und Deutschland einen Künstler gegeben, der über so starken Einfluß auf die Kunstpolitik verfügte. Seit 1875 war er Direktor der Königlichen Akademischen Hochschule für die bildenden Künste und von 1887 bis 1895 auch Vorsitzender des Vereins Berliner Künstler. Was besonders schwer wog: Er war der Hofchronist der Hohenzollern. Freilich war ihm das auch zum Verhängnis geworden, denn willfährig beugte er sich ihrem Diktat und verlor dabei immer mehr an Niveau. Er drückte seinen Hurrapatriotismus mit bewährten Bildformeln aus. Allerdings legte er beständig Wert auf Detailtreue, wenngleich sie großenteils pedantisch war. Seine meisten Darstellungen wirken trocken, und ihnen ist nur geringe psychologische Tiefe eigen. Die von ihm geschilderten Zeitereignisse gerieten unter seinen Händen zu gefällig arrangierten Bildreportagen, die ganz den Wünschen des Hofes gerecht wurden. Sie wiesen heroische wie auch sentimentale Tendenzen auf und zeigten die Ranghöchsten konventionell und leicht geschönt, aber auch etwas unterkühlt und steifleinen. Alles in allem war er in Auffassung und Gestaltungsweise Franz Krüger viel näher als Menzel gewesen.

Anton von Werner hat Adolph Menzel auf mehreren Gemälden wiedergegeben, so u. a. auf dem Bild »Der Kronprinz 1878 auf dem Hofball« [Abb. 34], auf dem Friedrich Wilhelm im Gespräch mit Politikern, Gelehrten und Künstlern gezeigt wird und Menzel am rechten Bildrand erscheint. Auf dem großformatigen und vielfigurigen Gemälde »Die Enthüllung des Richard-Wagner-Denkmals« [1908,

Berlin, Berlinische Galerie] gab er ihn auf dem rechts im Vordergrund befindlichen Podest wieder.

Zu fragen bleibt, warum Anton von Werner Menzel wiederholt ins Bild gegeben hat. Gewiß war es nicht nur die Wertschätzung der Person und Kunst gewesen, sondern auch eine an Wilhelm II. wie an das Menzel-Lager gerichtete Geste. Natürlich brachte er sich gern in die Nähe dieses international anerkannten Künstlers, und selbstredend spielte darüber hinaus der Aspekt des Authentischen eine Rolle. Gelegentlich hat er in seiner Kunst auf Arbeiten Menzels Bezug genommen, so beispielsweise bei den beiden ganzfigurigen Porträts von Moltke und Bismarck im Saarbrückener Rathaussaal [1878 bis 1880] auf Menzels entsprechende Darstellungen für den Fassadenschmuck der Berliner Akademie [1871, Wachsfarben auf Leinwand, Potsdam-Sanssouci].

Aber nicht nur bildende Künstler, sondern auch einige preußische Beamte mit Kunstsinn gehörten zu Menzels Bekannten- und Freundeskreis. Wohl über Carl Heinrich Arnold lernte er Joseph Maria von Radowitz und den Grafen Albert von Flemming kennen.

Am 18. Januar 1836 schrieb Menzel an Arnold: »Neulich war ich bei Radowitz, ich habe einen trefflichen Mann in ihm gefunden, aber ich habe mir vorgenommen, die Zweifel und Besorgnisse, die aus seinem Gespräch mit mir hervorgingen, zu zerstreuen.«[52] Joseph Maria von Radowitz, der aus einer ungarischen katholischen Familie stammte, war seit 1814 in kurhessischem und seit 1823 in preußischem Dienst tätig. 1830 avancierte er zum Generalstabschef der Artillerie, und seit 1836 wirkte er als preußischer Militärbeauftragter beim Bundestag. Gewiß haben Menzels Kontakte zu dem engagierten Militärreformer dazu beigetragen, den Sinn für militärische Fragen zu schärfen.

In den vierziger Jahren hatte Menzel gute Verbindung zu dem Grafen Albert von Flemming. Dieser war Kammergerichtsassessor und später preußischer Gesandter am badi-

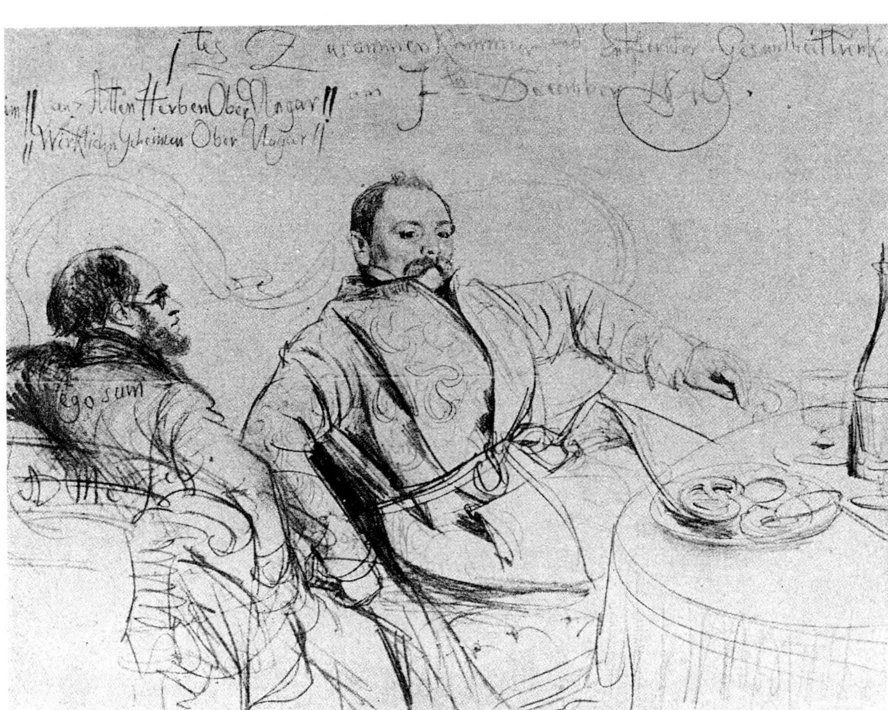

35 Selbstbildnis mit dem Grafen Flemming beim Frühstück, 7. Dezember 1849, Bleistift

schen Hof in Karlsruhe. Menzel hatte ihn 1845 im Gebäude der Akademie kennengelernt, die der kunstinteressierte Graf besucht hatte, um den Künstlern bei ihren Arbeiten an den Transparentgemälden für den Verein zur Unterstützung der Hinterlassenen von Berliner Künstlern zuzusehen. Menzel war gerade dabei, die Anbetung der Hirten nach Rubens auf das große Format zu übertragen. Damals muß es hoch hergegangen sein. Einige Jahre später wußte sich Graf Flemming in einem an Arnold gerichteten Brief zu erinnern: »... die Kerle soffen zu ihren Transparenten Weißbier, daß einer vom bloßen Zusehen den Durchfall hätte bekommen können. Ich trank mit bis elfeinhalb Uhr.«[53]

Auf zwei Zeichnungen gab sich Menzel in Gesellschaft des Grafen wieder: Die eine entstand am 7. Dezember 1849 und die andere am 25. Januar 1850 [beide in den Staatlichen Museen zu Berlin]. Letztere ziert den gemeinsam an Arnold geschriebenen Brief, in dem der Graf u. a. auch bemerkt hat: »Menzel hat heute Mittag bei mir diniert, und zwar von 5 Uhr bis 9. – Ein Laie könnte glauben, seine sichere Künstlerhand sei davon ins Schwanken geraten, wenn er diese vorstehenden genialen Schriftzüge sähe. Aber es ist leider seine gewöhnliche Schreibhand.«[54] Auf beiden Zeichnungen ist angedeutet, wie beide dem Alkohol zusprechen. Schon 1847 hatte Menzel auf einer Federlithographie zu Flemmings Geburtstag sehr augenfällig auf dessen ausgeprägten Sinn für guten Wein und gutes Essen hingewiesen [Abb. 36].

In den vierziger Jahren hatte Menzel auch engen Kontakt zu dem Juristen Dr. Friedrich August von Maercker. Vielleicht hatten die Gespräche mit ihm wie auch mit Flemming Anteil an der Aufgeschlossenheit des Künstlers gegenüber den bürgerlich-demokratischen Reformbestrebungen von 1848/49, die sich in einer Reihe von Bildern sehr direkt ausdrückte, so in dem Gemälde »Aufbahrung der Märzgefallenen« und in den Zeichnungen von Urwählern, Rednern und der Sitzung von einem Bürgerausschuß.

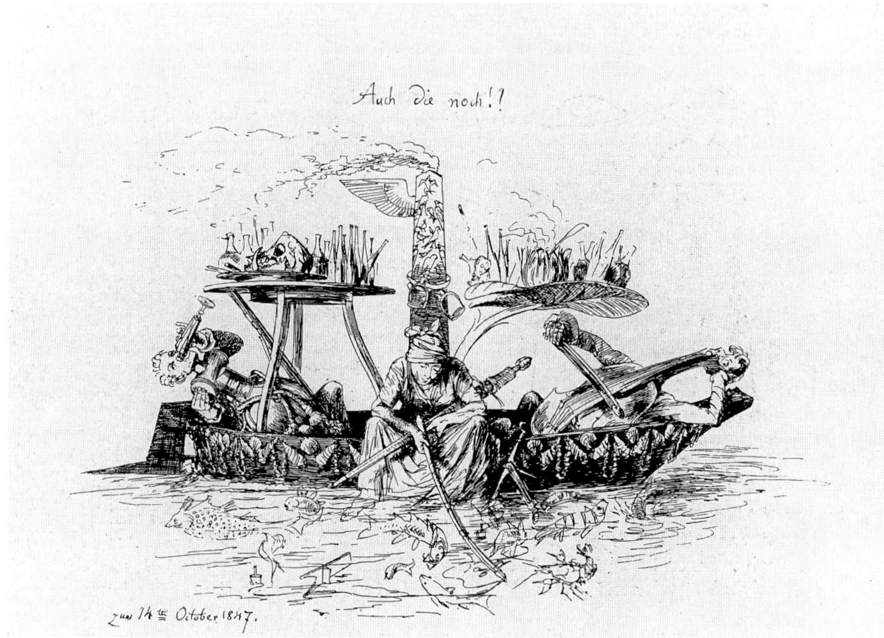

36 »Auch die noch!? zum 14. October 1847«, 1847, Federlithographie

Der Jurist und liberale Beamte Maercker war als Kriminalgerichtsdirektor tätig gewesen, bevor er 1848 als Justizminister in dem

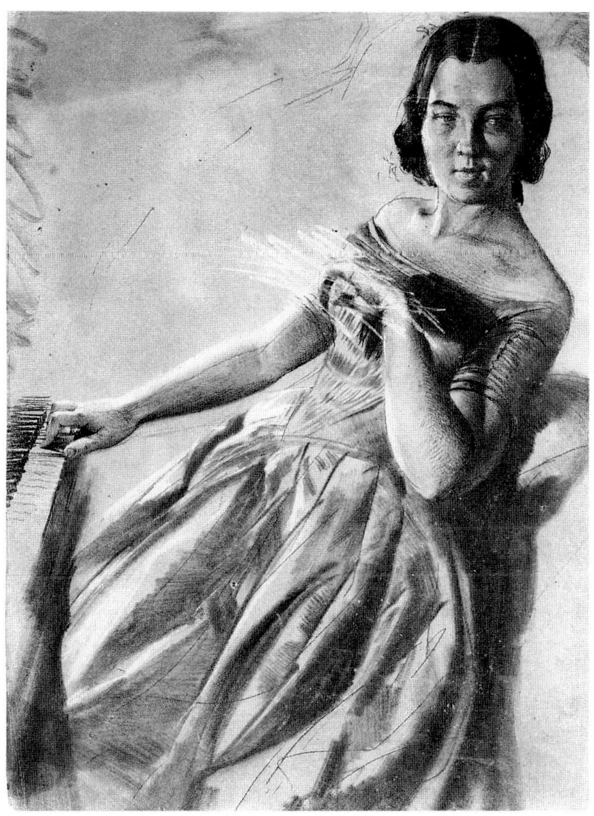

37 Frau Maercker am Klavier, 1845/46, schwarze und braune Kreide auf hellbraunem Papier, weiß gehöht

nur von Juni bis September 1848 bestehenden Kabinett Auerswald-Hansemann wirkte. Die Bekanntschaft war dadurch zustande gekommen, daß sie im selben Haus wohnten, nämlich in dem der Schöneberger Straße 18, wo Menzels von März 1845 bis März 1847 lebten. Als wichtigstes bildkünstlerisches Zeugnis dieser freundschaftlichen Verbindung kann das Ölbild »Abendgesellschaft« [Farbtafel 1] gelten. Es zeigt den ganz im Vordergrund sitzenden Künstler in Rückenansicht, wie er zur gegenübersitzenden Frau Maercker blickt. Diese hat sich wegen ihrer Zahnschmerzen ein Tuch umgebunden.[55] Zu ihrer Linken befindet sich Emilie Menzel und zu ihrer Rechten ihr Mann, der gerade mit einem Juristen aus Freiburg i. Br. diskutiert. In dem Bild wird etwas von jener Gesprächsatmosphäre vermittelt, die der Künstler damals oft erlebt hat.

Auf einem anderen Ölbild gab Menzel den zigarrerauchenden Kriminalgerichtsdirektor im nur spärlich erleuchteten Wohnzimmer wieder [1847, Schweinfurt, Slg. G. Schäfer]. Unauffällig sitzt er am rechten Rand, erwartungsvoll nach rechts blickend. Die gleichfalls mit eiligem Pinsel gemalte Studie strahlt ebensolche intime Atmosphäre aus wie die zuvor angeführte. Hier wie da spielen genau beobachtete Lichtwirkungen eine wichtige Rolle zur Kennzeichnung der Stimmung.

Mehrfach hat Menzel Frau Maercker ins Bild gesetzt. Für sein 1843 begonnenes und 1845/46 überarbeitetes Gemälde »Die Störung« [Karlsruhe, Kunsthalle] saß sie ihm bereitwillig Modell. Eine in dieser Überarbei-

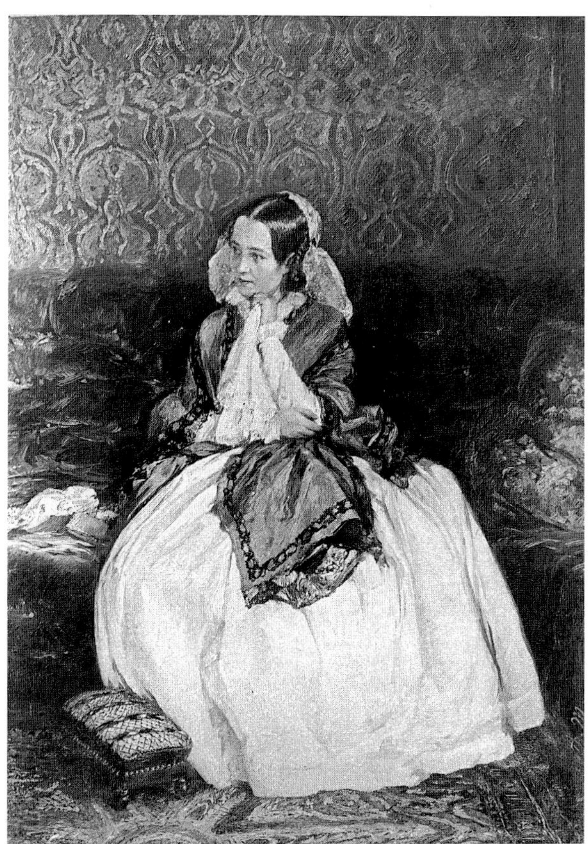

38 Bildnis Frau Maerckers, 1848, Öl auf Leinwand

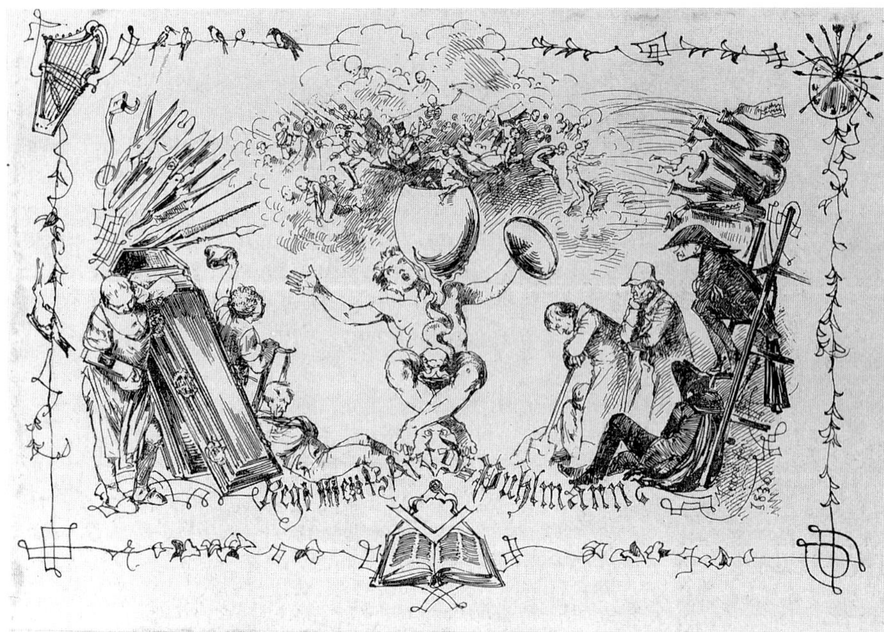

39 Karte für Dr. Wilhelm Puhlmann, 1836, Federlithographie

tungsphase entstandene Kreidezeichnung zeigt sie am Klavier, wie sie gerade das Spiel unterbricht und sich dem Betrachter zuwendet [Abb. 37]. Auf einem weiteren Blatt nimmt sie die Haltung jener Frau ein, die in der Mitte des Gemäldes steht und sich den »Störenden« zuwendet [ebenda]. Eine dritte Kreidezeichnung [1846, Hamburg, Kunsthalle] steht wahrscheinlich in Verbindung mit dem kleinen Ölbild, das Frau Maercker in einem Ganzfigurenporträt vor Augen führt [Abb. 38]. Das Gemälde gehörte übrigens Menzels Schwester. Andrerseits befand sich im Besitz der Familie Maercker eine Ölstudie mit dem Porträt Emilies sowie das wohl im Sommer 1848 gemalte Ölbild »Frau Maercker im Garten des Justizministeriums«. Außerdem besaßen sie noch vier Aquarelle von Menzels Hand, auf denen Emilie, Sohn und Tochter des Ehepaars Maercker sowie eine Selbstdarstellung des Künstlers im Atelier zu sehen waren.[55]

Mit den Maerckers wie dem Grafen Flemming pflegte Menzel zwar herzlichen, aber doch zugleich auch von Respekt geleiteten Umgang. Etwas anders gestaltete sich hingegen sein Verhältnis zu Dr. Wilhelm Puhlmann in Potsdam.

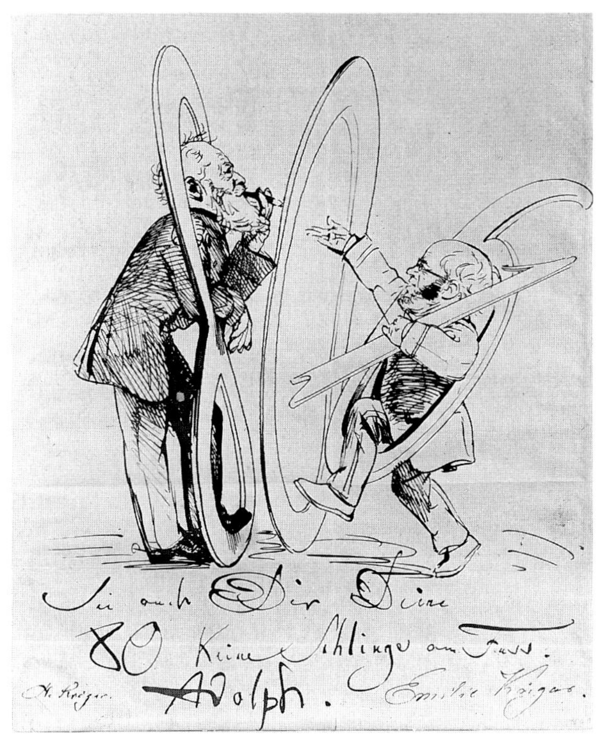

40 Menzel gratuliert Dr. Puhlmann zum 80. Geburtstag, 1876, Feder und braune Tusche

47 Dr. Puhlmann, Sohn des Hofmalers und Galerieinspektors Johann Gottlieb Puhlmann, war als Stabsarzt tätig und gehörte zu den Vorstandsmitgliedern des 1834 gegründeten Potsdamer Kunstvereins. 1836 hatte Menzel ihn kennengelernt, seit 1841 waren sie per du. Die festen Freundschaftsbande hielten bis zum Ableben Puhlmanns. Die guten Kontakte erstreckten sich auf beide Familien. So war Dr. Puhlmann der Taufpate von Menzels Neffen Otto Krigar.

Der kunstsinnige, geistsprühende und humorvolle Freund lag Menzel sehr am Herzen, was auch die an ihn gerichteten Briefe aufs schönste bezeugen. An keinen anderen schrieb Menzel so gelöst und mit solcher menschlichen Wärme wie an ihn. Die beiden besuchten sich des öfteren, diskutierten dann über Friedrich den Großen und seine Zeit und wohl auch über militärische und psychologische Probleme. Dabei wurde immer tüchtig pokuliert. In einem Brief, den Menzel am 20. Januar 1848 seinen Geschwistern aus Kassel geschrieben hat, wird das bestätigt: »... ich habe, so lange ich hier bin, bei keiner Gelegenheit so getrunken wie mit Puhlmann gewöhnlich.«[57]

Die Verbindung zwischen den beiden war durch einen Auftrag des Potsdamer Kunstvereins über die Anfertigung eines Vereinsblattes zustande gekommen. Dr. Puhlmann hatte damals die Verhandlungen mit dem Künstler geführt. Noch im selben Jahr [1836] lithographierte Menzel auch eine Karte für den Stabsarzt [Abb. 39]. Auf ihr ging er mit viel Witz auf den Beruf und die Steckenpferde Puhlmanns ein: In der Mitte entschweben dem schlangenfüßigen Pokal Kranke, gefallene Soldaten und durchbohrte Studenten, die jedoch von ärztlichen Instrumenten und Medizinflaschen zur Erde zurückgedrängt werden. Sargtischler und -träger sowie Totengräber warten auf Grund des hervorragenden Wirkens von Dr. Puhlmann vergeblich auf Arbeit. Im zierlichen Rahmenwerk erscheinen oben die Symbole der Malerei und Musik und unten die der

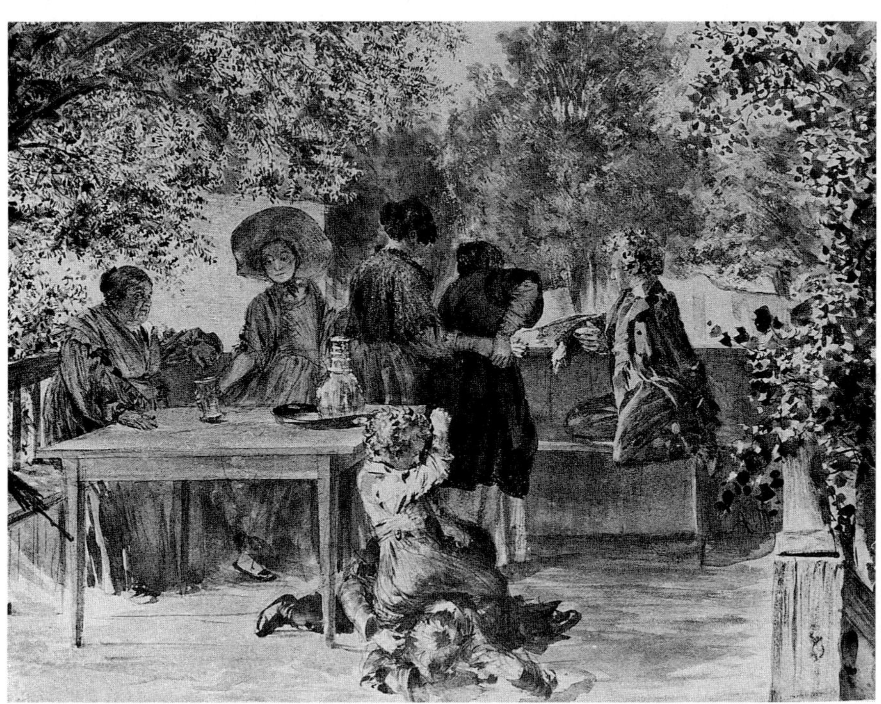

41 In Puhlmanns Garten, 1840er Jahre [vor 1848], Sepia

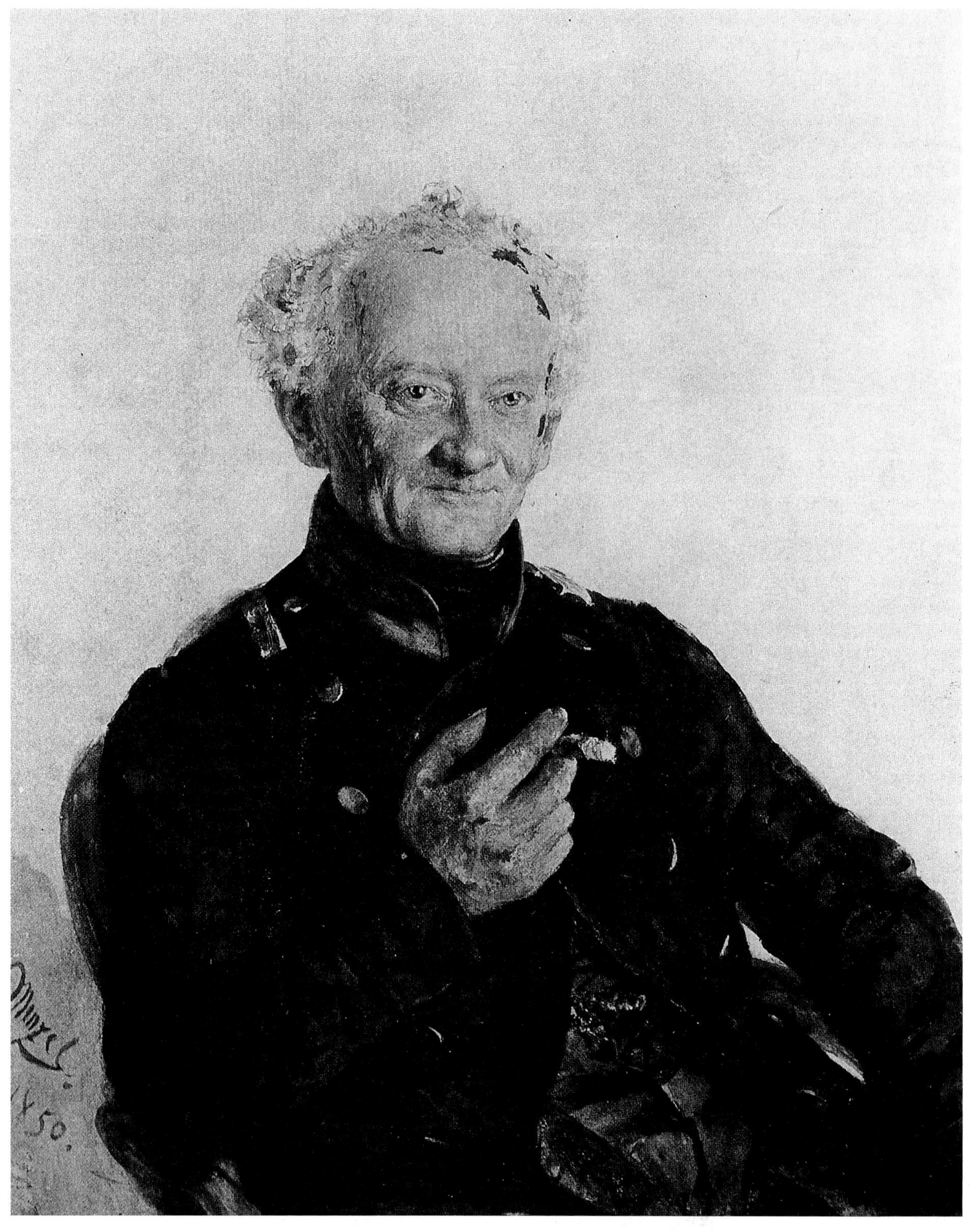

42 Dr. Wilhelm Puhlmann, 1850, Wasserfarben

Freimaurerei, denn immerhin war Dr. Puhlmann auch als Meister vom Stuhl der Potsdamer Loge tätig.

Dieser enge Freund zählte natürlich zu Menzels liebsten Geburtstagsgästen. Carl Johann Arnold berichtete, daß »der alte Stabsarzt ... ihm meistens eine Sonderheit aus der Zeit Friedrichs des Großen mitbrachte, wodurch mit der Zeit eine vollständige Sammlung solcher Dinge zusammenkam. Darunter waren auch Tabaksdosen, auf denen in weißer Emaille die Schlachten Friedrichs II. verzeichnet waren.«[58] Andrerseits bedachte Menzel ihn mit vielen Arbeiten, vor allem Zeichnungen und Graphiken, die nach dessen Tod meistenteils für die Nationalgalerie erworben wurden. 1877 hat der 61jährige Künstler dem 80jährigen Freund eine Zeichnung zum Geburtstag angefertigt, die das herzliche Verhältnis der beiden reflektiert [Abb. 40]. Auf ihr steht Dr. Puhlmann im Profil nach rechts und lehnt sich bequem auf die Acht und blickt zigarrerauchend durch die Null auf den mit seinen das Alter bezeichnenden Zahlen 6 und 1 herbeihüpfenden Menzel. Unter die Zeichnung hat er geschrieben: »Sei auch Dir Deine 80 keine Schlinge am Fuss. Adolph.«

Bereits in den vierziger Jahren hatte Menzel ein großformatiges Sepiablatt mit einer figurenreichen Szene in Puhlmanns Garten geschaffen.[59] Zudem porträtierte er mehrere Angehörige der Familie des Freundes, so die Tochter Sophie und die Schwiegermutter.[60] Und 1850 hatte er den Freund mit Aquarellfarben festgehalten [Abb. 42]. Der Schriftsteller Axel Delmar, der von Oktober 1902 bis Juli 1903 Menzels Bevollmächtigter in Ausstellungssachen war, überlieferte in seinen Aufzeichnungen über »Die kleine Exzellenz«, wie sehr der Künstler an diesem Porträt hing: »Als ich das Bildchen zur Reproduktion geben durfte, erhielt ich nach einigen Tagen einen Brief Menzels, worin er mich in rührenden Worten bat, ihm doch ›den alten Kerl‹ sofort wieder zuzustellen. ›Ich kann nicht schlafen, wenn ich ihn nicht im Haus weiß.‹«[61]

Menzels Vereinsleben

.Am 22. Februar 1834 wurde Menzel Mitglied des »Vereins der jüngeren Künstler« in Berlin und einige Jahre darauf des »Vereins Berliner Künstler«. In der Gesellschaft von Fachkollegen fühlte er sich wohl, debattierte er, feierte Feste und knüpfte einige freundschaftliche Verbindungen. Mehrere Einladungs- und Tischkarten sowie Transparentmalereien und ein Ölbild hat er für die Künstlervereine geschaffen, was auf eine engagierte Teilnahme am Vereinsleben schließen läßt.

Der »Verein der jüngeren Künstler« war 1825 gegründet worden, da der seit 1814 bestehende »Berlinische Künstlerverein« recht elitären Charakter besessen und gemäß seiner Satzung nur »gestandene« Leute aufgenommen hatte. Doch die Kluft zwischen beiden Organisationen war gar nicht so tief, und die Mitglieder des jüngeren Vereins erstrebten durchaus die Aufnahme in den älteren Verband. So auch Menzel, der 1838 dieses Ziel erreichte, als sich beim jüngeren Verein ohnehin starke Ermüdungserscheinungen bemerkbar machten. Eine feste Heimat fand er schließlich in dem 1841 neugegründeten »Verein Berliner Künstler«, der sich rasch zum führenden Künstlerverein der preußischen Metropole entwickelte und natürlich auch die Mitglieder des »älteren Künstlervereins« aufnahm. In diesem Verband blieb Menzel bis ans Lebensende.

Ein enges freundschaftliches Verhältnis bestand zwischen Menzel und dem Sekretär des »Vereins der jüngeren Künstler«, dem Archäologen und Schriftsteller Dr. Adolf Schöll, der mit seiner Vielseitigkeit und seinem kultivierten Humor das Vereinsleben enorm bereicherte. Ein schönes Zeugnis der engen Kontakte zwischen den beiden war die bei Louis Sachse erschienene Publikation »Vater unser. Eine Betrachtung nach A. Menzels Zeichnung«, die Schöll 1838 in bestem Einvernehmen mit dem Künstler verfaßt hatte. 1841 reisten sie gemeinsam nach Kassel, um ihren Freund Carl Heinrich Arnold zu besuchen. Auch als Schöll 1842 eine Professur in Halle annahm und im darauffolgenden Jahr Direktor der Kunstanstalten in Weimar wurde, riß die Verbindung nicht ab. Im übrigen gehörte er zu den wenigen, mit denen sich Menzel duzte. Seit 1880 litt er an einer schweren Nervenkrankheit, die seinen Lebensabend überschattete. 1882 starb er in Jena.

Für den »Verein der jüngeren Künstler« fertigte Menzel ein Selbstbildnis [Abb. 44] sowie eine Reihe von Federlithographien an. Das im April 1834 gezeichnete Selbstporträt, ein mit dürerhafter Akribie gestaltetes Brustbild, erinnert an den Kopf jenes vor der Staffelei sitzenden Malers auf der Lithographie »Selbstkampf« aus der Folge »Künstlers Erdenwallen«. Ernst und selbstbewußt ruht sein Blick auf dem Betrachter. Es ist ein Blick von suggestiver Kraft.

Im »Verein der jüngeren Künstler« wurden regelmäßig im Herbst das Stiftungsfest und am 6. April das Dürerfest begangen. Fester Bestandteil dieser Veranstaltungen waren Festkarten und Erinnerungsbilder, von denen auch Menzel einige gestaltet hat. Noch im Jahr seines Eintritts beteiligte er sich maßgeblich an einem satirischen Erinnerungsblatt an das Stiftungsfest vom 31. Oktober 1834, bei dem ein Stück über Don Quichotes Kunstkämpfe aufgeführt worden war [Abb. 45]. Inwieweit Theodor Hosemann oder Adolf Schroedter an

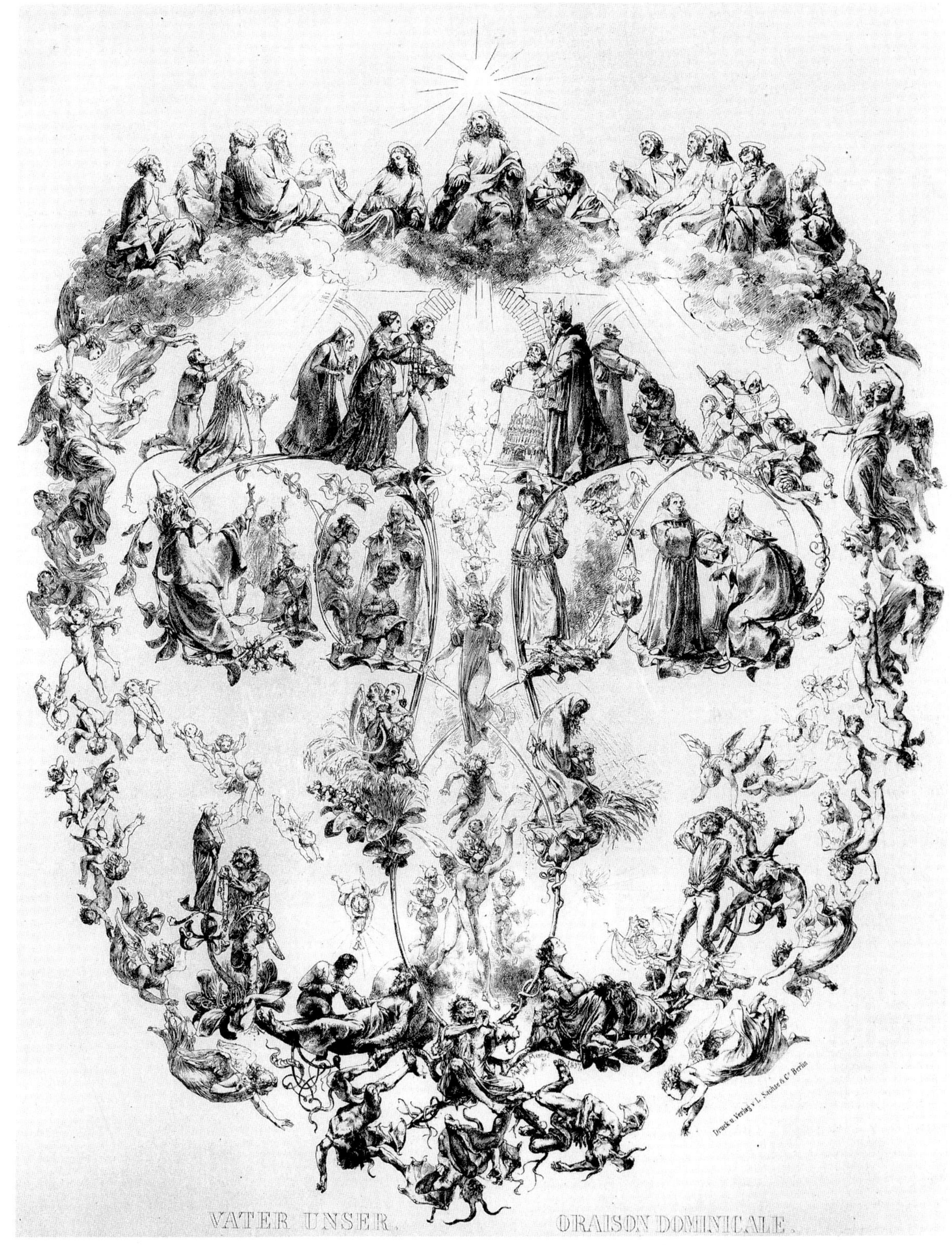

43 Vater unser, 1837, Federlithographie

der Erfindung dieses spritzigen Mehrfeldbildes Anteil haben, ist umstritten. Auf jeden Fall hat Menzel das Ganze lithographiert und einen Teil der Bilder entworfen. Die Bildgeschichte enthält etliche Bezüge auf Schroedter und sein Werk sowie auf die Berliner Kunstverhältnisse. Das ist auch gar nicht verwunderlich, ist doch besagtes Fest zugleich auch eine Ehrung dieses Künstlers gewesen. In der Akademieausstellung selbigen Jahres hatte Schroedters Gemälde »Don Quichote in der Studierstube« [1834, Berlin, Nationalgalerie] einiges Aufsehen erregt. Das für den Berliner Buchhändler Georg Andreas Reimer geschaffene Bild, das die zeitgenössische Abenteuer- und Ritterromantik ins Lächerliche zog, wurde als Kampfansage verstanden. Insbesondere junge Künstler sahen in ihm ein Glaubensbekenntnis zum Realismus. Darüber hinaus konnte darin aber auch eine Anspielung auf die Ritterromantik am preußischen Hof erblickt werden, hatte doch ein Jahrfünft zuvor im Rahmen des »Festes der weißen Rose« auf dem Vorhofe des Neuen Palais in Potsdam ein Lanzenstechen nach Gegenständen stattgefunden, wobei die Akteure in mittelalterlicher Rüstung aufgetreten waren.

Auf dem lithographierten Erinnerungsblatt wird auf acht Bildern der Kampf Don Quichotes [gemeint war Adolf Schroedters] gegen unzeitgemäße Kunstauffassungen im Berliner Kunstbetrieb vor Augen geführt. Gleich der obere Streifen weist auf das verzopfte Kunstleben in der preußischen Metropole hin. Der schlafende Don Quichote träumt alp ob dieses fürchterlichen Zustands. Da erscheint ihm die von Zopfträgern gefangengehaltene Personifikation der Kunst. Der zweite Bildstreifen zeigt nun den Ritter von der traurigen Gestalt in Aktion. Er hat sich mit Sancho Pansa aufgemacht, um die Kunst zu befreien. Am eindeutigsten ist die mittlere Darstellung, auf der Don Quichote am Wegweiser einen Klassizisten trifft, der ihm ein verklärtes Bild seiner Kunstrichtung entwirft. Doch der Ritter bleibt unbeeindruckt. Die dritte Bildzone beginnt mit einer Verfolgungsjagd: Die romantische Kunst – hier durch das Entführungsdrama im mittelalterlichen Kostüm angedeutet – soll

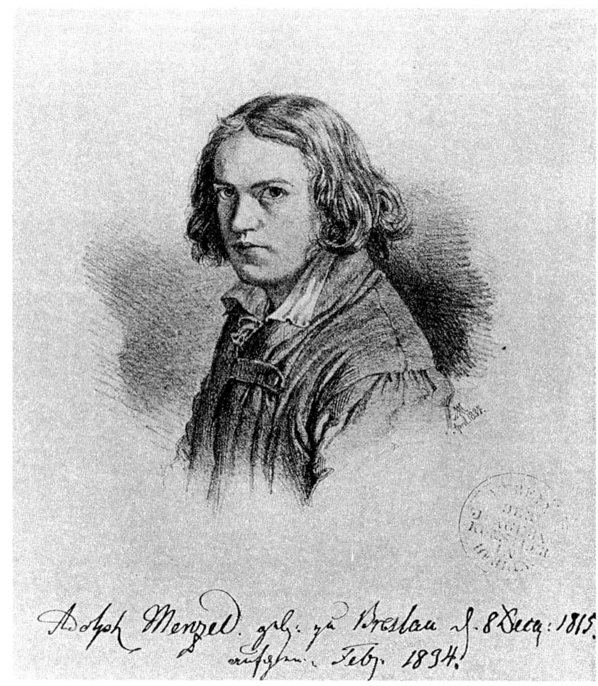

44 Selbstbildnis, 1834, Bleistift

aufgespießt werden. Anschließend stürmt Don Quichote auf geflügeltem Bock und mit der Blendlaterne in der Rechten in den Haufen von Akademieprofessoren, wahre Künstler suchend.[1] Gleich daneben entbrennt eine mörderische Keilerei im Treppenhaus des Akademiegebäudes, bei der die im Ausbildungsgang so oft bemühten Gipsfiguren in die Brüche gehen. In der unteren Zone wird schließlich friesartig das Happy-End vor Augen geführt: der Triumphzug der befreiten Kunst Unter den Linden. Don Quichote reitet auf einem Flügelroß hinter dem Triumphwagen mit der wahren Kunst her; an seiner Lanze ist Schroedters Gemälde »Don Quichote« zu sehen. Die Verfechter der Erneuerung haben bereits einen Akademiker überrollt und sind dabei, den am Alten hängenden Haufen einzuholen, der u. a. Karl Friedrich Lessings pathetisches Bild »Das trauernde Königspaar« [1830, St. Petersburg, Ermitage] als Standarte mit sich führt. Die Moral der Bildgeschichte ist: Der Sieg der Mitglieder des jüngeren Künstlervereins im Kampf um eine moderne und zeitgemäße Kunst ist gewiß.

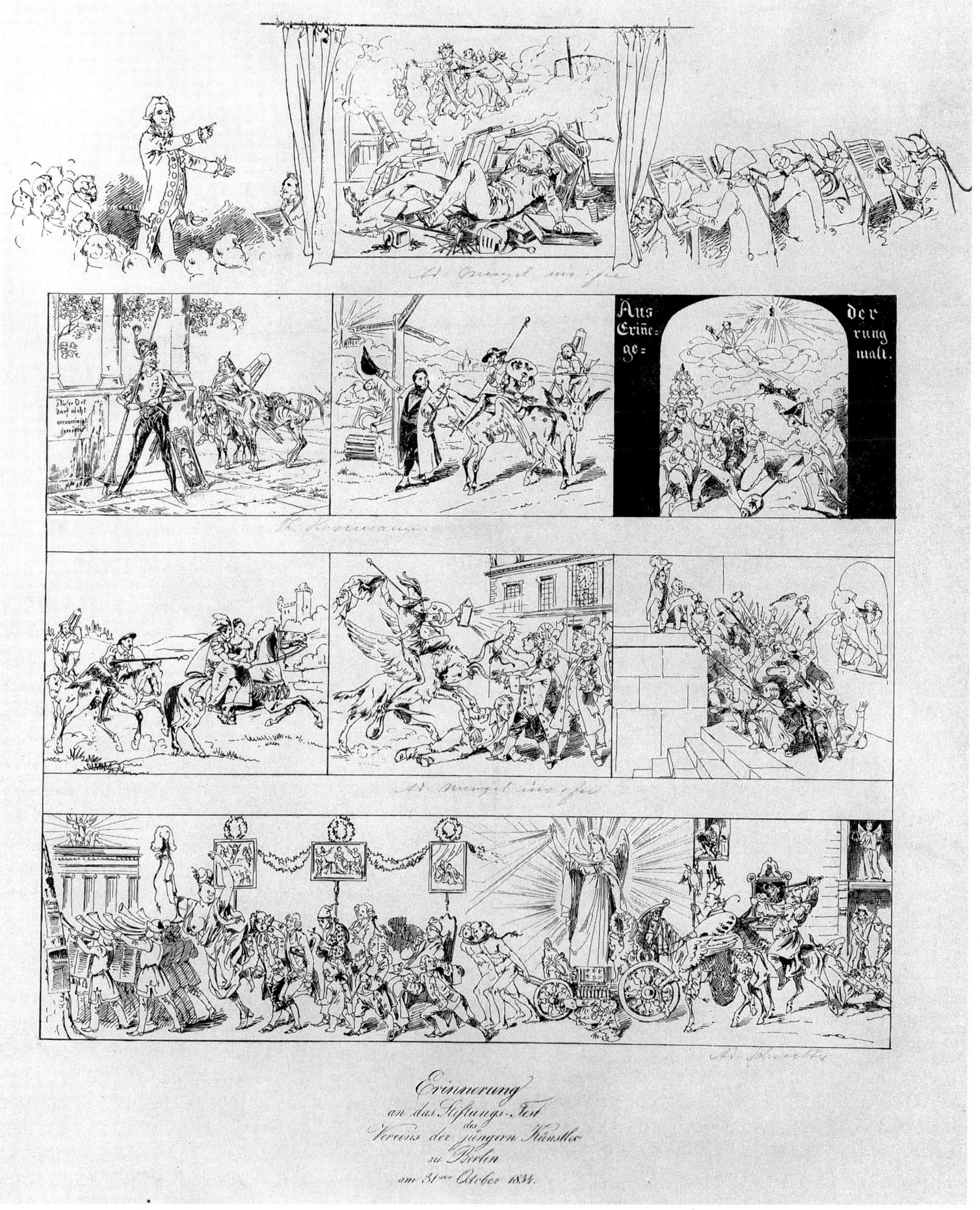

45 Erinnerungsblatt an das Stiftungsfest des Vereins der jüngeren Künstler, 31. Oktober 1834, Federlithographie

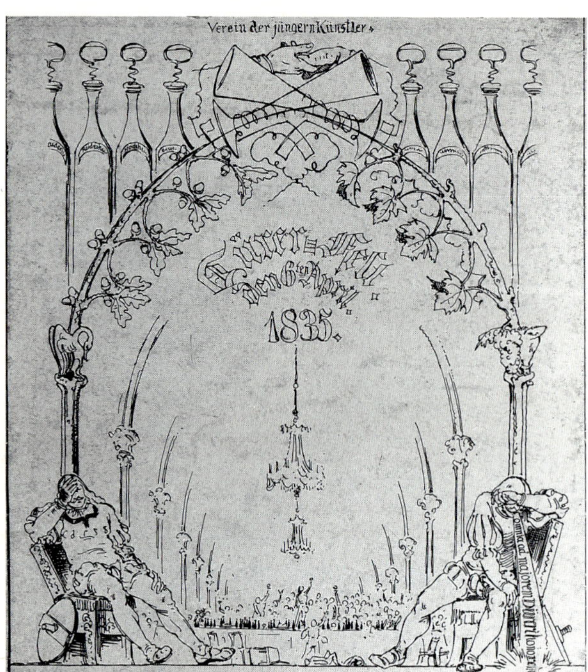

46 Karte zum Dürerfest des Vereins der jüngeren Künstler, den 6. April 1835, Federlithographie

Menzel hat aber auch die Steindruckkarten zu den Stiftungsfesten vom 31. Oktober 1834 und 27. November 1837 angefertigt, und ebenso zeichnete er die zu den Dürerfesten der Jahre von 1834 bis 1837 [Abb. 46 u. 47].

Die Dürerverehrung in den Reihen der jungen Künstler hatte natürlich einen tieferen Sinn: Sie war ein Bekenntnis zu einer lebensnahen und auf Naturstudium gegründeten nationalen Kunst. Aber bei aller Programmatik kam bei den Dürerfesten der Frohsinn keineswegs zu kurz. Auf Menzels Karte von 1835 erscheinen im Vordergrund zwei junge Männer im Renaissancekostüm und leiden ganz erbärmlich unter dem Kater in majorem Düreri honorem. Über der gotischen Halle werden Flaschen, gekreuzte Kelche und Hände sichtbar. Auch bei der Festkarte des darauffolgenden Jahres deutete Menzel die Trinkfreudigkeit und Geselligkeit im Verein an. Dürer, wie Gottvater aus den Wolken auftauchend, schaut auf ein Gelage herab. Weinselige Vereinsmitglieder umlagern eine riesige Punschbowle, auf deren Rand einer der Zecher mit Glas und Schöpfkelle ausgelassen herumtanzt.

Wie schon erwähnt, kam es am 19. Mai 1841 zur Neugründung des »Vereins Berliner Künstler«. Sie ist im Zusammenhang mit dem 1840 erfolgten Thronwechsel im preußischen Königreich zu sehen. Damals hofften noch viele Künstler auf ein erblühendes Kunstmäzenatentum unter der Regie der Hohenzollern. Ziel des Vereins war, ein Forum für Gespräche über eigene Arbeiten und kunsttheoretische und -geschichtliche Probleme zu schaffen. Über das Aufnahmereglement schrieb später Ludwig Pietsch: »Ein Künstler, der sich zum Eintritt in den Verein meldet, muß durch ein Mitglied eingeführt werden, einmal hospitieren, eine selbst gewählte, mit Fleiß ausgeführte Arbeit liefern, über welche sodann die Mitglieder ballotieren. Seine Aufnahme erfolgt, wenn mindestens drei Viertel der Anwesenden für ihn stimmen.«[2] Der Verein wechselte in kurzen Abständen das Lokal, bis er sich im Winter 1852/53 in einem Hause des »Sparwaldhofes« nahe der Kommandantenstraße für dreizehn Jahre niederließ. Von 1866 bis 1869/70 wurden die vorderen Räume im zweiten Geschoß des »Englischen Hauses« in der Mohrenstraße als Vereinslokal gemietet. Anschließend befand sich der Verein bis 1886 in den Räumen des Gerberschen Industriegebäudes in der Kommandantenstraße Nr. 77 bis 79. Dort wurde seit Dezember 1869 endlich auch eine permanente Kunstausstellung des Vereins gezeigt, die in einem gesonderten Saal untergebracht wurde.[3] 1887 waren der Verein und seine Ausstellung ins Architektenhaus in der Wilhelmstraße Nr. 92/93 gezogen. Erst 1898 erhielt der Verein ein eigenes Haus, und zwar in der Bellevuestraße Nr. 3. Eine wichtige Zäsur im Leben dieses Vereins brachte das Jahr 1867 mit sich, denn mit der Kabinettsorder vom 9. Februar wurde diese Organisation als »juristische Person« anerkannt.

Die bedeutendste der erhaltenen Arbeiten, die Menzel für den »Verein Berliner Künstler« geschaffen hat, ist das Gemäle »Chodowiecki auf der Jannowitzbrücke zu Berlin« [Abb. 48]. Mehrere Beweggründe mögen Menzel zu diesem großformatigen Ganzfigurenporträt bewogen haben. Gewiß sah er in diesem Künstler den wichtigsten Begründer einer realistischen Kunst in Berlin, dem auch er so manche Anregung zu verdanken hatte. In einem Brief an den Kunstschriftsteller Friedrich Pecht bekannte er später: »Er komponiert und zeichnet mit in der ganzen heutigen Malerei. Ich bin keines Lebenden, aber sein Schüler.«[4] Die intensive Auseinandersetzung Chodowieckis mit dem zeitgenössischen Leben und dessen eifriges Zeichnen hatten Menzel gleichermaßen beeindruckt. Doch ein weiterer Grund zur Anfertigung dieses Bildes war der Umstand, daß die Porträtgalerie des Vereins noch keine Wiedergabe dieser Persönlichkeit enthielt.[5] Ein auslösender Impuls mag jedoch von jenem Fest ausgegangen sein, das vom Verein zu Ehren der beiden 1856 in der Akademieausstellung gezeigten großformatigen Bilder »Friedrich der Große und die Seinen bei Hochkirch« von Menzel und »Auferweckung der Tochter des Jairus« von Gustav Richter veranstaltet worden war. Im »Deutschen Kunstblatt« vom 20. November 1856 erschien folgende Notiz über Menzel, die darauf hindeutet: »In Erwiderung der kollegialischen Anerkennung, die der genannte Künstler von Seiten des ›Jüngeren Künstlervereins‹ erfahren hat, hat er sich erboten ..., für das Vereinslokal die Porträtfigur Chodowieckis in Lebensgröße in Öl zu malen.«[6] Menzel stand zu dem gegebenen Wort, ließ sich aber mit der Einlösung des Versprechens Zeit. Wohl erst

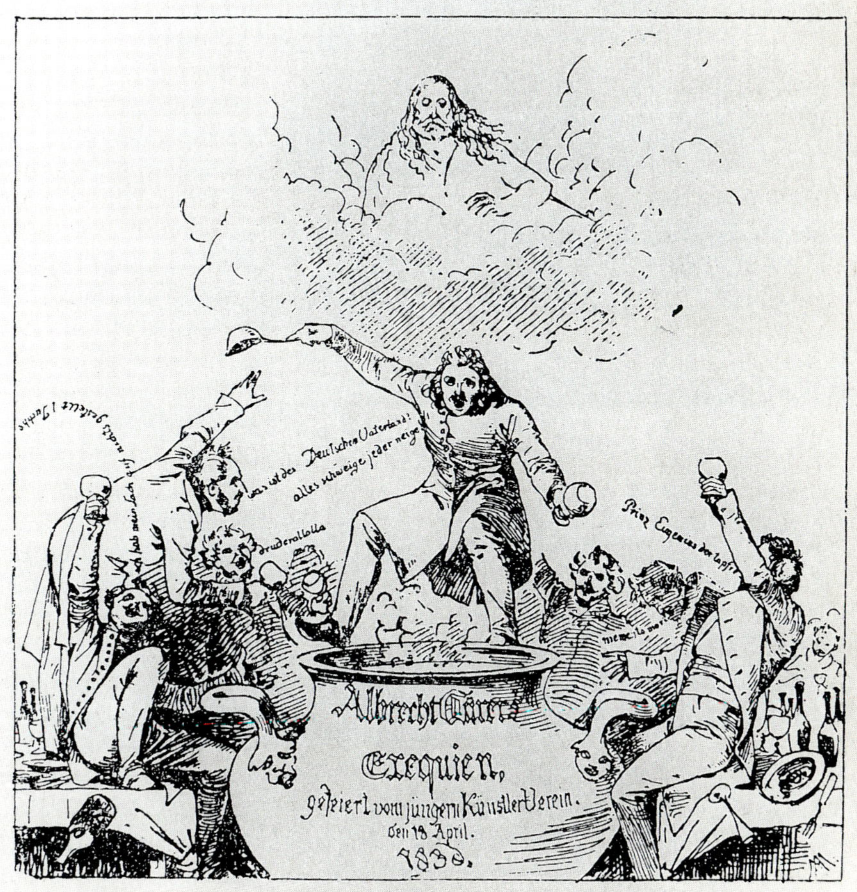

47 Karte zum Dürerfest des Vereins der jüngeren Künstler, 18. April 1836, Federlithographie

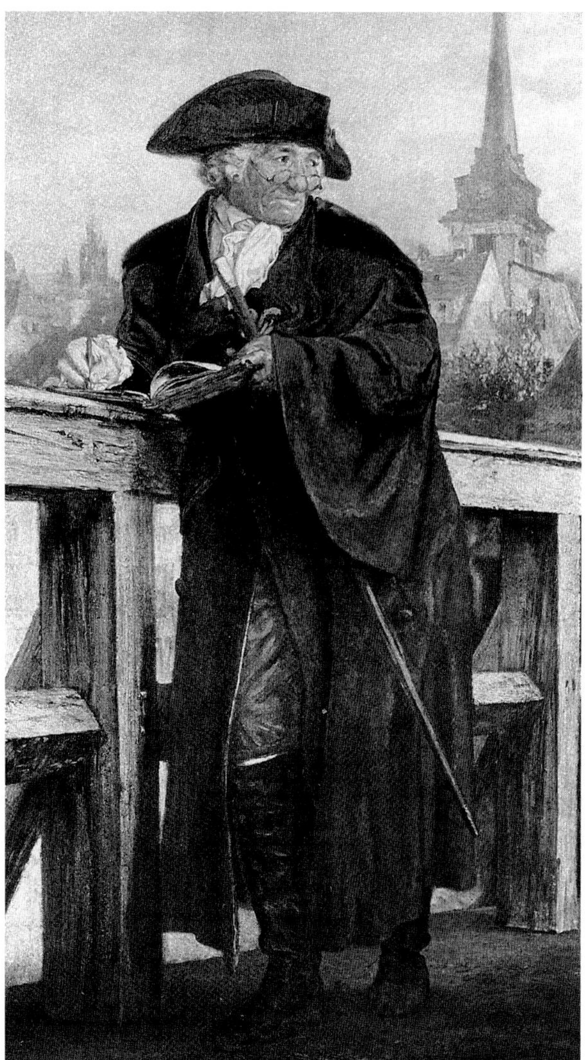

48 Daniel Chodowiecki auf der Jannowitzbrücke, 1859, Öl auf Leinwand

1858 befaßte er sich mit dem Bild intensiver. So fertigte er Bleistiftstudien von einer Chodowieckibüste des Bildhauers Emanuel Bardou an. 1859 signierte er schließlich das vollendete Gemälde und übereignete es dem Verein.

Eine weitere Arbeit für den »Verein Berliner Künstler« ist die von ihm gestaltete Festkarte zum Winterfest am 22. Februar 1873, das im Konzerthaus in der Leipziger Straße stattfand [Abb. 49]. Es war, wie Ludwig Pietsch überlieferte, »ein Herrenmaskenfest, der ›Karneval zu Venedig‹, den der Doge, von seinem hohen Rat und seinen Rittern umgeben, als zur Feier des Sieges der Republik über die Feinde veranstaltet« hatte.[7] Menzel nahm in der mit Feder und Pinsel ausgeführten Lithographie darauf Bezug und zeigte, wie der maskierte Berliner Bär den Markuslöwen vom Säulenkapitell verdrängt.

Noch für zwei weitere Festlichkeiten im Verein schuf Menzel Festkarten: zum einen für die Feier anläßlich der 25jährigen Mitarbeiterschaft Ludwig Pietschs an der Vossischen Zeitung [1889] und zum andern anläßlich des 60. Geburtstages von Ludwig Knaus [1890].[8] Menzel feierte sämtliche Feste im Verein hingebungsvoll mit. Pietsch berichtete über das am 31. Januar 1867 im »Englischen Haus« in der Behrenstraße veranstaltete Maskenfest: »Ganz besonderen Effekt machte und Jubel erregte Ad. Menzel in der konsequent durchgeführten Maske eines kleinen Schulbuben in ausgewachsenem Jäckchen und Höschen, die Schulmappe und Schiefertafel auf dem Rücken.«[9] Die humoristische und satirische Grundstimmung der Vereinsfeste behagte Menzel ungemein. Jahrzehntelang waren diese Veranstaltungen, übrigens auch die Maskenvergnügungen im Winter, Herrenfeste, was aber Menzel sicherlich am wenigsten gestört haben wird.

Im Verein wurden natürlich auch mehrere Jubiläen Menzels gefeiert. So wurde am 19. April 1884 im Vereinslokal zu Ehren des fünfzig Jahre zuvor erfolgten Eintritts Menzels in den damaligen »Verein der jüngeren Künstler« ein Fest gegeben. Ludwig Pietsch berichtete darüber: »Geheimer Rat Direktor Jordan begrüßte den Jubilar im Versammlungssaal mit begeisterter Anrede, um dann das Wort an den königlichen Helden Menzels, den großen Friedrich in Person abzutreten, der [von Kahle trefflich dargestellt] auf der kleinen Saalbühne erschien und in von Direktor Jordan gedichteten geistreichen ›deutschen Reimversen‹ mit französischem Schluß den Meister, den ›Homer der Hohenzollern‹, feierte. Eine von Julius Wolff gedichtete Hymne auf Menzel wurde von Oberhauser gesungen. Max

Klinger hatte eine, zwei Seiten eines Foliobogens bedeckende entsprechend großartig konzipierte, tiefsinnige rätselreich symbolische Zeichnung für die Festkarte entworfen und radiert. Die Erklärung ihrer Geheimnisse gab Rudolf Löwenstein, ihrem Kommentator, manche Nuß zu knacken. Den tiefsten Eindruck machte die Dankesrede Menzels, der in ihre knappe gedrungene Form eine Fülle wuchtigen Gedankengehalts zusammenpreßte.«[10]

Am 3. November 1885, also kurz vor dem 70. Geburtstag, wurde Menzel vom »Verein Berliner Künstler« zum Ehrenmitglied ernannt. In Vorbereitung der Feierlichkeiten für den Jubilar am 8. Dezember war der gesamte Vorstand des Vereins einem Komitee beigetreten, dem auch mehrere Vertreter staatlicher und städtischer Institutionen angehörten. Das Fest fand im Großen Saal des »Englischen Hauses« statt. Pietsch schrieb darüber: »Alle Bildungskreise Berlins waren in der Menge der Gäste repräsentiert. Schöne Gesänge, Aufführung von Musikkompositionen aus dem 18. Jahrhundert, fesselnde geistvolle Tischreden [von Anton von Werner, von Professor Zeller], ein humoristischer Vortrag von W. Scholz, den man seit manchen Jahren zum ersten Mal wieder einen solchen halten sah, wurden vernommen. Den tiefsten Eindruck aber machte die Verlesung des Wortlautes jenes Glückwunschschreibens, welches Kaiser Wilhelm I. an den Jubilar gerichtet hatte; ein in der Schlichtheit und Größe seiner Sprache wahrhaft ergreifendes Dokument der Denk- und Empfindungsweise des greisen Monarchen und das kostbarste Ehrenzeugnis für den großen Künstler.«[11]

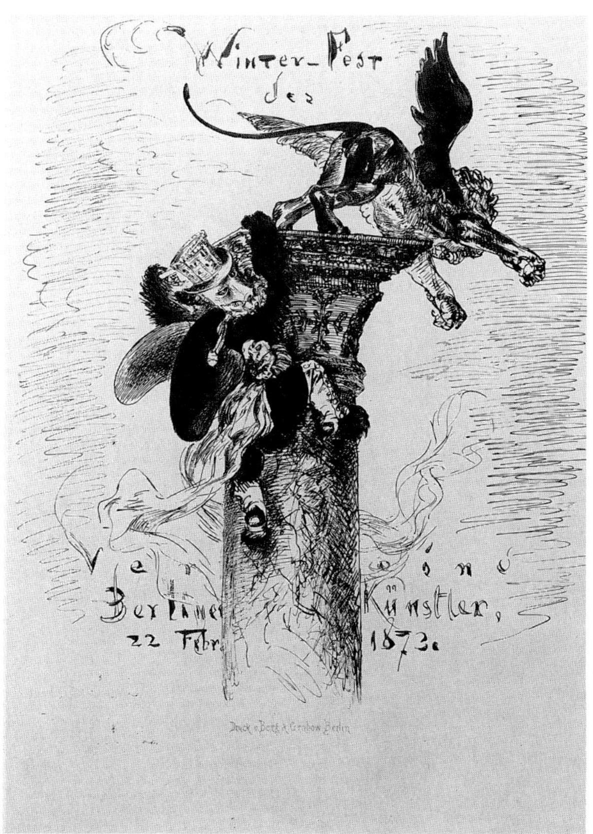

49 Karte zum Winterfest des Vereins Berliner Künstler, 22. Februar 1873, Lithographie

Viele Jahre später, 1898, wurde im Verein ein Festessen zu Ehren der Verleihung des Schwarzen Adlerordens an Menzel veranstaltet. Der Literatur- und Kunsthistoriker Max Osborn, der daran teilgenommen hatte, erinnerte sich später: »Noch höre und sehe ich den jungen Adligen von 83 Jahren bei seiner Tischrede. Friderizianisch dankte er Anton von Werner, der allein noch die ›Branche‹ der Historienmaler vertrete. Dann sprach er, immer leiser murmelnd und knurrend, den Rest dem schwerhörigen Bildhauer Herter, der ihm nahe saß, in dessen gewaltiges Hörrohr – so daß schließlich von uns allen nur der taube Herter etwas verstand, und daß bei einem Witz, den Menzel machte, lediglich der Redner und der Bildhauer sich vor Lachen schüttelten – ein unvergeßlich drollig-rührendes Bild ...«[12]

In diesem Zusammenhang soll jedoch auch auf Menzels Arbeiten für den Unterstützungsverein Berliner Künstler und den »Verein für Originalradierung in Berlin« hingewiesen werden.

Über Jahrzehnte hinweg hatte der »Verein zur Unterstützung der Hinterbliebenen von Berliner Künstlern« Weihnachtsausstellungen von Transparentbildern organisiert.[13] Im Lan-

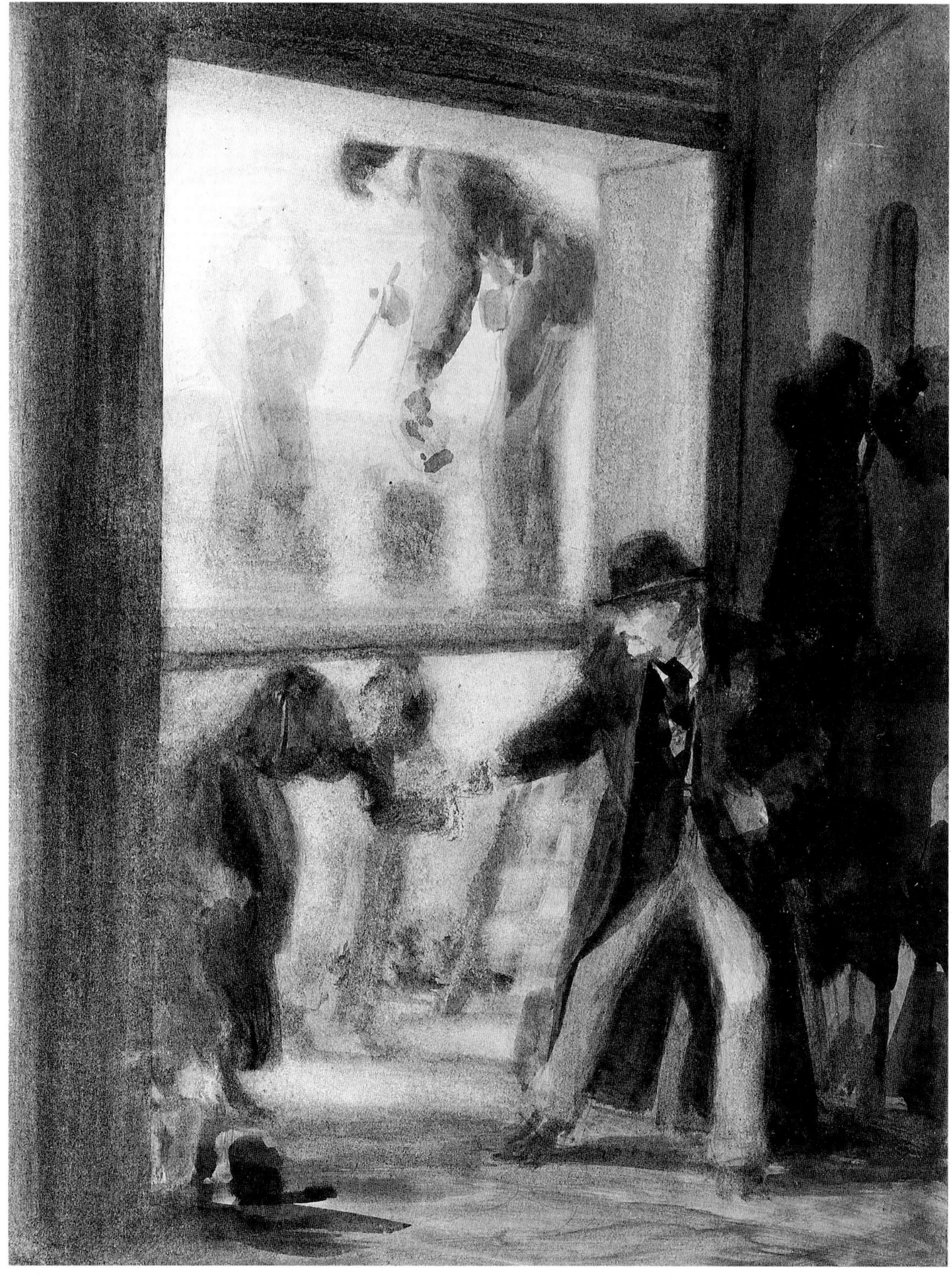

50 Transparentmalen in der Akademie, 1840/50,
Bleistift und Tusche

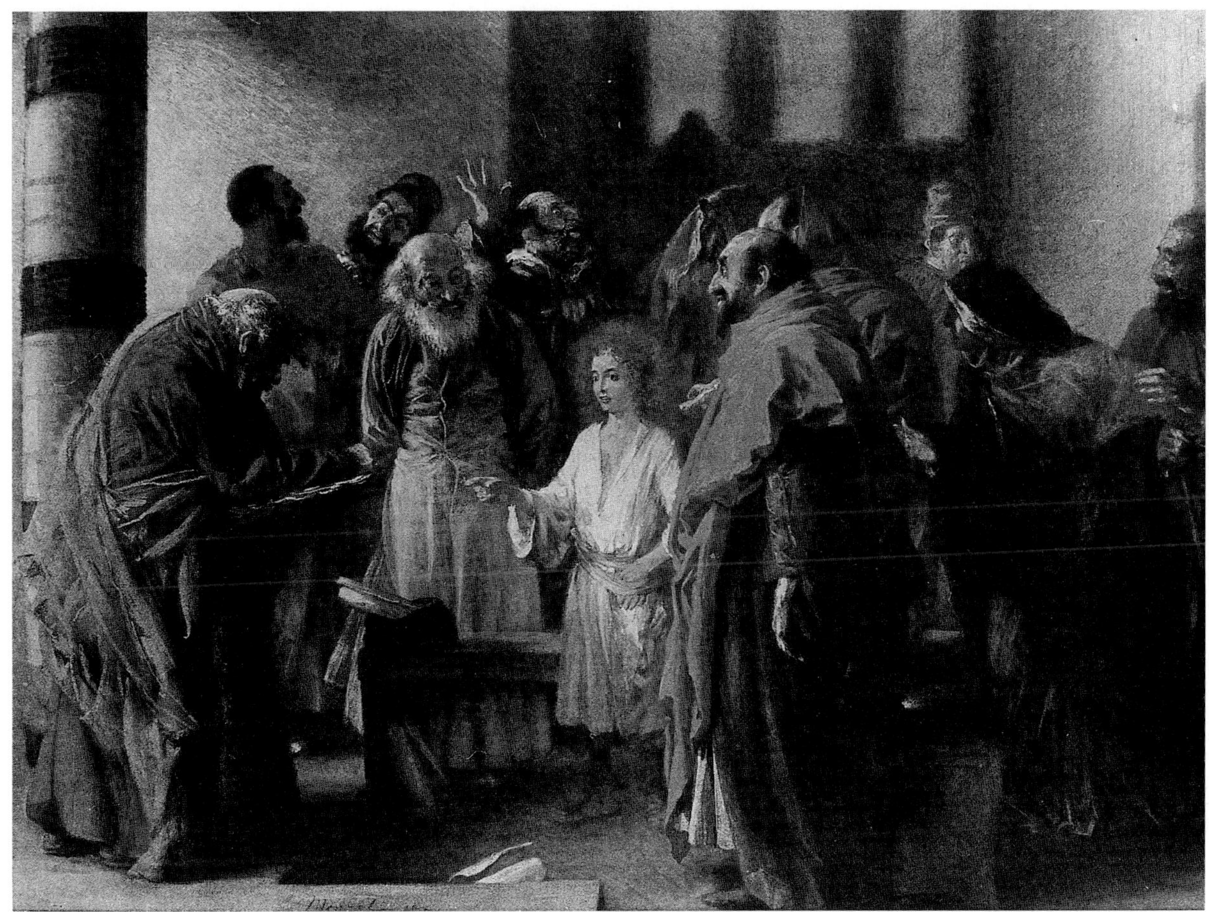

51 Der Christusknabe im Tempel, 1851, Pastell und Gouache auf Papier

gen Saal des Akademiegebäudes wurden die etwa 3 x 4 Meter großen Darstellungen abends in Begleitung des Domchors vorgeführt. Jahrelang waren sie nach Kompositionen namhafter Maler der Kunstgeschichte geschaffen worden. So malte Menzel, wie bereits erwähnt, 1845 das Transparent »Die Anbetung der Könige« nach dem Gemälde von Rubens. Menzel setzte sich dafür ein, daß von dem Jahre 1851 an nur noch Transparente nach eigenen Kompositionen zur Aufführung gelangten. Allerdings geboten die Weihnachtszeit und die Erwartungshaltung des Publikums, die Themen für solche Bilder der Bibel zu entnehmen. So gestaltete dann auch der »Freigeist« Menzel für diese Aktionen religiöse Stoffe. 1851 entstand sein Transparent »Christus als zwölfjähriges Kind im Tempel unter den Lehrern«. Wenngleich diese Arbeit zugrunde gegangen ist, so vermitteln eine farbige Studie [Abb. 51] und eine Lithographie [1852] doch eine gute Vorstellung über sie. Sie hatte sogleich die Gemüter erhitzt. Reinhold Begas erinnerte sich daran und meinte: »Wie eine Bombe schlug damals sein als Transparent gemaltes großes Bild ›Christus im Tempel predigend‹ unter die zur Zeit herrschende Richtung ein. – Ein Werk, das zu den besten aller Zeiten von jedem Kunstverständigen anerkannt werden muß.«[14] Otto von Leixner schrieb in seiner 1883 erschienenen Kulturgeschichte: »... das Bild war eine Art von gemalter Bibelkritik ... es ist in seinem tiefsten Wesen genrehaft und ohne jenen Aufschwung des gläubigen Gemüts, ohne welchen eine die Herzen ergreifende religiöse Kunst unmöglich ist.«[15] Menzel begriff den in der biblischen Geschichte bedeutungsvollen Augenblick nahezu als alltägliche Gesprächssituation einer jüdischen Volksmenge. Dabei versuchte er vielfältige Reaktionen auf das Auftreten des Knaben vor Augen zu führen: Anteilnahme, Erstaunen und Ablehnung. Derartige Differenzierungen der Verhaltensweisen der Bildfiguren zur Hauptperson war Menzel ein wichtiges Anliegen, das er immer wieder vortrug, so beispielsweise in seinen Gemälden zum Leben und Wirken Friedrichs des Großen. Menzel vergegenwärtigte den Stoff lebensvoll. Hermann Knackfuß meinte in seiner 1898 erschienenen Menzel-Monographie über das Bild: »... so muß man in jeder einzelnen dieser verschiedenen hebräischen Personen ein Meisterwerk der Charakterisierungskunst anstaunen.«[16] In der Tat hatte der Künstler damals zahlreiche Porträtstudien von Juden aus dem Mühlendamm zu Berlin angefertigt.

Wie aufmerksam schon der junge Menzel sein Augenmerk auf die Eigenart eines Volkes gerichtet hat, bezeugt sein wohl 1836 an Carl Heinrich Arnold gerichteter Brief. In ihm beurteilte er Eduard Bendemanns Gemälde »Trauernder Jeremias«, das auf der Herbstausstellung der Berliner Akademie zu sehen gewesen war: »Aber was ich hauptsächlich vermisse, ist der Mangel aller National-Charakteristik, die beiden, Jeremias und der alte Vater, möchten auszunehmen sein. Die Weiber sind blond, braun im Haar, und ihr Fleisch nicht von südlichem Blut durchströmt, sondern weiß, nordisch kühl gehalten. Von National-Physiognomie keine Spur.«[17]

Zweifelsohne spielte bei dem 1851 geschaffenen Transparentbild auch die Auseinandersetzung mit Auffassungen des ihm befreundeten jüdischen Philosophen und Schriftsteller Moritz Lazarus eine Rolle, wie dieser sie in der Abhandlung »Über den Begriff der Möglichkeit einer Völkerpsychologie« im selben Jahr in der Zeitschrift »Deutsches Museum« vorgetragen hatte.[18] Sicherlich hat ihn Lazarus' völkerpsychologische Betrachtung, die auf die Eigentümlichkeiten in der Lebensweise unterschiedlicher Sprach-, Religions- und ethnischer Gemeinschaften gerichtet war, bestärkt, individual- und völkerpsychologische Aspekte gleichermaßen zu berücksichtigen.[19]

Was die Entidealisierung religöser Stoffe anbetrifft, so sind nahezu gleichzeitig mit Menzel im Kreise des 1848 gegründeten »Pre-Raphaelite Brotherhood« ähnliche Ziele verfolgt worden; und auch in Frankreich lassen sich verwandte Bestrebungen nachweisen, und zwar besonders augenfällig bei Edouard Manet, dessen »Verspottung Christi« [1865, Chicago] eine verweltlichte Szene in kräftiger wirklichkeitsnaher Bildsprache zeigt, die über Menzels noch hinausgeht. In Deutschland waren Menzels Weg am erfolgreichsten Max Liebermann und Fritz Uhde weitergegangen, worauf schon der Kunstschriftsteller Friedrich Pecht in seinem Menzel-Aufsatz von 1885 hingewiesen hatte.[20]

Noch mit zwei weiteren Transparenten setzte Menzel seine »rationalistische Auffassung« von biblischen Stoffen fort.[21] 1853 malte er »Christus, wie er die Wechsler austreibt« und 1857 »Adam und Eva«. Über letzteres schrieb der Offizier und Dichter Bernhard von Lepel an Theodor Fontane: »Es ist die tiefste Hilfsbedürftigkeit des ersten Menschenpaares, die unwiderstehlich unser Mitleid erregt. Eva, aus dem Schatten des Zeltes herausblickend, mit dem zartesten Fleisch, ist vortrefflich gemalt, ebenso die Kinder«.[22] Auch von dieser Komposition hat sich eine kleinformatige farbige Fassung erhalten [um 1857, Pastell und Gouache, Schweinfurt, Slg. G. Schäfer].

Daß Menzel mit den Transparenten für den Berliner Unterstützungsverein neue Wege beschreiten konnte, war sicherlich zum Großteil der Tatsache geschuldet, daß diese künstlerischen Arbeiten ehrenamtlich ausgeführt wurden. Er steckte ungeheuer viel Energie in diese Bilder. So ist bekannt, daß er für das Transparent »Christus als zwölfjähriges Kind im Tempel unter den Lehrern« die Zeit von Ende Oktober bis zum 9. Dezember 1851 verwandt hat.[23]

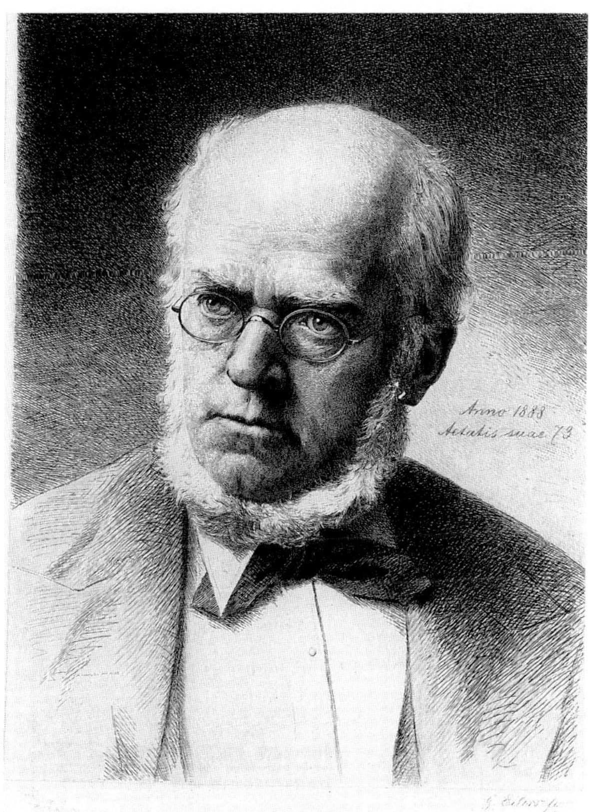

52 Gustav Eilers, Menzel, 1888, Radierung

Seit 1886 gehörte Menzel dem »Verein für Originalradierung in Berlin« an. Zum Jahreswechsel 1897/98 schied er aus dem siebenköpfigen Vorstand aus. Im Statut dieser Gesellschaft heißt es u. a.: »Der Verein verfolgt den Zweck, die Kunst des Radierens zu pflegen und zu fördern und die allgemeine Teilnahme für die graphischen Künste zu erwecken. Zu diesem Behufe wird der Verein Radierungen, und zwar vorzugsweise Originalradierungen seiner Mitglieder erwerben und Abdrücke derselben an die Vereinsmitglieder verteilen.«[24] Der Verein kaufte jährlich zwei Platten an. Die in Betracht gezogenen Arbeiten wurden von den Vorstandsmitgliedern beurteilt. Auch von Menzel sind solche Einschätzungen überliefert.[25]

Der Verein war am 2. Februar 1886 auf Initiative des Kupferstechers und Radierers Gustav Eilers gegründet worden. Der aus Königsberg stammende Künstler hatte an der Akademie seiner Vaterstadt studiert und war dann 1863 nach Berlin übergesiedelt, wo er sich zu einem exzellenten Reproduktionsstecher und -radierer entwickelte. Für die Reproduktion von Tizians »Zinsgroschen« [1870/74] hatte er in München und Brüssel goldene Medaillen erhalten. Zwei Gemälde Menzels hatte er gleichfalls reproduziert, nämlich »Friedrich der Große auf Reisen« [1853/54, Berlin, Nationalgalerie] und »Gustav Adolf empfängt seine Gemahlin Eleonora vor dem Schloß in Hanau, 1632« [1847, Leipzig, Museum der bildenden Künste]. 1883 war Eilers zum Mitglied der Berliner Akademie gewählt und im Folgejahr zum Professor ernannt worden. Er hat sich tatkräftig für die Belebung der Radiertechnik eingesetzt und radierte 1888 ein Menzelporträt, das dem vierten Heft mit Originalradierungen des Vereins beigegeben wurde [Abb. 52]. Es ist eine gediegene Arbeit, die den Künstler mit großer Sachlichkeit vor Augen führt.

Für den Verein hat Menzel immerhin fünf Platten radiert, und zwar »Die Zeitungsleserin« [1886], »Stille Teilnahme« [1887], eine Titelvignette [zwei Engelsköpfe, 1888], »Italienisch lernen« [1889] und »Das Letzte« [1895]. Des weiteren zeichnete er für eines der Hefte des Vereins eine Vignette, die einen Putto beim Radieren zeigt und die Eilers reproduziert hat.[26]

Eilers, der Vorsitzende des Vereins, verstand es offenbar, den Künstler für diese Unternehmungen zu gewinnen. Am 1. Januar 1898 schrieb ihm Menzel: »Hochgeehrter Herr Kollege! Ich kann nicht umhin, Ihnen bei meinem nunmehrigen Scheiden aus dem Vorstand des Vereins [für] Or. R. meinen aufrichtigsten Dank auszusprechen für all Ihren in den langen Jahren mir stets freundlichst erteilten werktätigen Beirat bei meinen nicht immer gelungenen Bemühungen auf geschwärztem oder glattem Kupfer nicht zu stolpern.«[27] Damals konnte sich der Verein mit seinen Aktionen auch des Ansehens bei Hofe erfreuen, und seit 1896 hatte die Witwe des Kaisers Friedrich III. das Protektorat für ihn übernommen.

Vor allem in den fünfziger Jahren des 19. Jahrhunderts wurden für Menzel auch zwei literarische Vereinigungen wichtig: der »Tunnel über der Spree« und das »Rütli«. In ihnen erhielt er geistige Nahrung, konnte er den Kreis seiner Freunde und Helfer erweitern und manche Verbindungen zu Auftraggebern und Kunstsammlern herstellen.

In den »Tunnel« wurde er am 20. Oktober 1850 aufgenommen. Dieser literarische Sonntagsverein zur Pflege des höheren Unsinns und der künstlerischen Kreativität war 1827 auf Initiative des Publizisten Moritz Gottlieb Saphir in Berlin gegründet worden. Er erhielt den Namen »Tunnel über der Spree«, womit ironisch auf Brunels Tunnel unter der Themse angespielt wurde, der damals die Gemüter erregt hatte.[28] Zum Schutzpatron der Gesellschaft wurde der weise Narr Till Eulenspiegel auserkoren. Im Statut hieß es zur Zielsetzung: »Die Tendenz des Vereins ist es, in einem heiteren, geselligen Zusammensein produktiv-künstlerische Tätigkeit zu fördern und durch freundliche ernste Beurteilung der gelieferten Arbeiten, sowohl den Arbeitenden das Fortschreiten auf einem richtigen Wege zu erleichtern, als in sämtlichen Mitgliedern einen rein ästhetischen Geschmack zu erhalten und auszubilden.«[29] Die produktiven Mitglieder dieser Gesellschaft wurden »Klassiker«, die unproduktiven hingegen »Makulaturen« genannt, und vorgetragene bzw. vorgezeigte und erörterte Leistungen galten als »Späne«. Jedes Mitglied erhielt einen »Tunnel«-Namen, der mehr oder weniger eine Anspielung auf sein künstlerisches Profil enthielt.

Menzel wurde im »Tunnel« Rubens genannt. Mehrere Gründe mögen dafür ausschlaggebend gewesen sein. Einerseits wurde in seinen Arbeiten wie dem Kasseler Karton [1847/48] und dem Gemälde »Gustav Adolf empfängt seine Gemahlin Eleonora vor dem Schloß in Hanau, 1632« eine neubarocke Dynamik gesehen, die in einer Korrespondenz zu der neuen belgischen Historienmalerei entstanden war, in der wiederum eine Besinnung auf nationale Traditionen und besonders auf die Kunst von Rubens deutlich zutage getreten war. Andrerseits hatte Menzel schon als Zwölfjähriger jene Zeichnung »Säugende Tigerin nach P. P. Rubens« geschaffen, mit der er erstmals in eine Ausstellung gelangt war. Im Vormärz hatte sich Menzel immer wieder für die niederländische Kunst des 17. Jahrhunderts interessiert, wobei sein Augenmerk Rubens galt.[30] Schließlich hatte er 1845 das bereits mehrfach erwähnte Transparent »Die Anbetung der Könige« nach Peter Paul Rubens gemalt. Für Menzel lag wohl in der Namensgebung etwas Programmatisches: Durch sie wurde einmal mehr auf seine Bemühungen auf dem Felde der Historienmalerei gewiesen. Außer dem »Tunnel«-Namen Rubens erhielt er in diesem Verein noch die scherzhafte Bezeichnung »der olympische Tunnelstichel«.[31]

Menzel war zu einer Zeit in den »Tunnel« gelangt, als dieser seine Blüte erlebte. Mit Fug und Recht meinte später der Arzt und Schriftsteller Max Ring: »Die glänzendste Epoche in der mehr als fünfzigjährigen Geschichte des Sonntagsvereins ist das dritte Jahrzehnt seines Bestehens von 1847 bis 1857.«[32] Zu den einflußreichsten Persönlichkeiten des Vereins gehörten damals Franz Kugler und Friedrich Eggers. Ersterer war als Geheimer Regierungsrat im Kultusministerium tätig und genoß als Kunsthistoriker hohes Ansehen, und letzterer hatte sich vor allem als Kunstkritiker und -publizist einen Namen gemacht und 1850 das »Deutsche Kunstblatt« gegründet und neun Jahre lang geleitet.

Friedrich Eggers, Sohn eines Rostocker Kaufmanns, war nach Studien der Ästhetik, Geschichte und Archäologie an den Universitäten von Rostock, Leipzig und München 1845 nach Berlin gezogen, wo er bald die Freundschaft Kuglers gewann. 1848 promovierte er zum Doktor der Philosophie, und 1863 wurde er an der Akademie der Künste in Berlin Professor für Kunstgeschichte. 1866 hielt er an der Bauakademie und an der Gewerbeschule Kunstgeschichtsvorlesungen. Dem »Tunnel« war er bereits 1848 beigetreten; Theodor Fontane hatte ihn dort eingeführt. Im Leben des Vereins trat Eggers als Gefolgsmann Kuglers in Erscheinung.

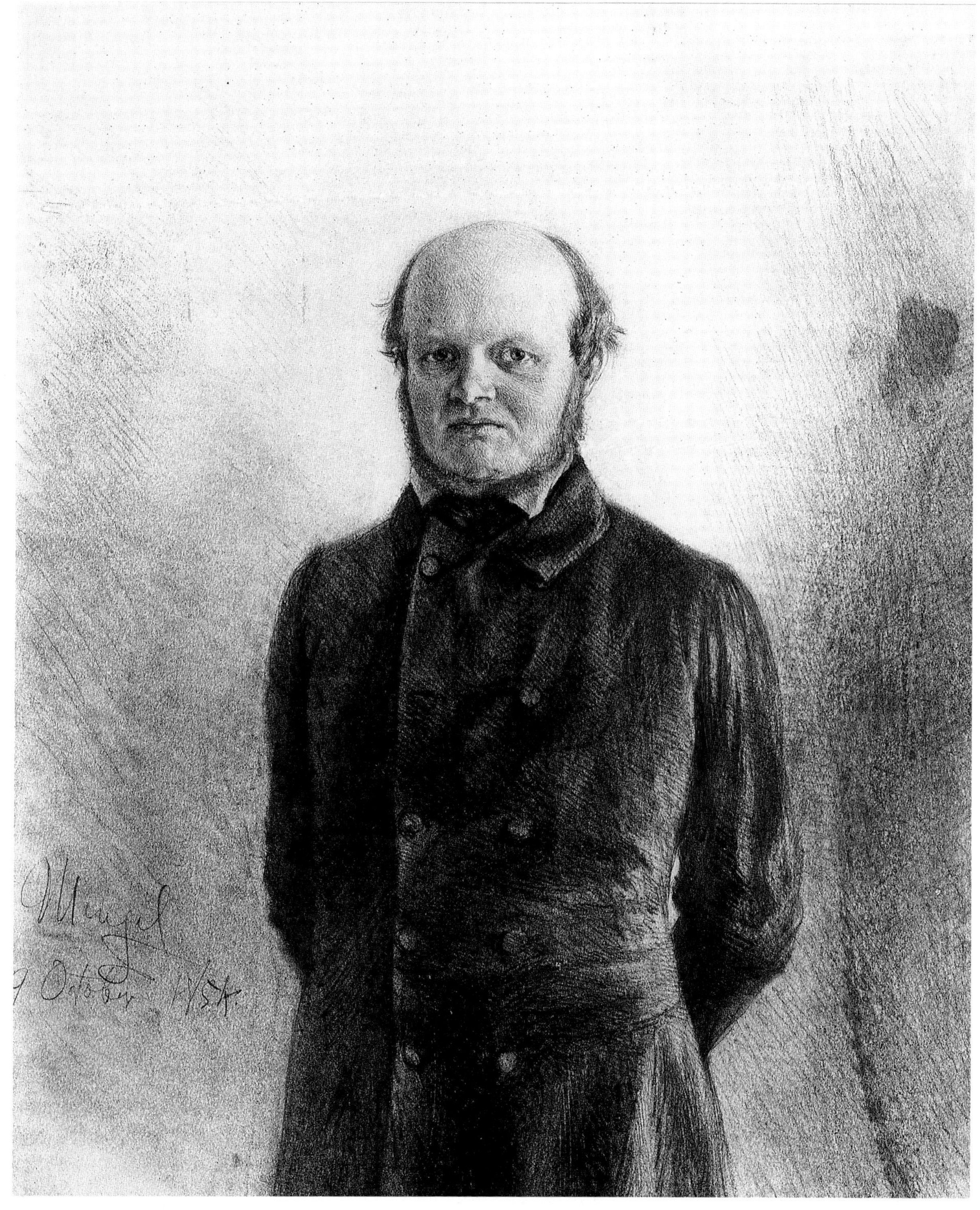

53 Franz Kugler, Bleistift

Menzel besaß zu beiden ein widersprüchliches Verhältnis.[33] Einerseits war er ihnen auf Grund ihres frühen Eintretens für seine Kunst dankbar, andrerseits entwickelte er im Laufe der Jahre eine generelle Abneigung gegenüber aller Kunstkritik. Einige ihrer Auffassungen müssen ihn regelrecht verstimmt haben. Vor allem Kuglers Kritik am Kasseler Karton konnte er gewiß nicht so einfach wegstecken.[34] Ebenso muß ihm Eggers' Urteil über sein Transparentbild »Christus verjagt die Wechsler aus dem Tempel« mißfallen haben.[35]

Im »Tunnel« war die Fraktion der bildenden Künstler verhältnismäßig klein. Zu den bekannteren zählten außer Menzel vor allem Theodor Hosemann, Hermann Stilke, Ludwig Burger, August von Heyden, Wilhelm Wolff und Friedrich Drake, des weiteren Hugo von Blomberg, Hermann Weiß, Ferdinand Weiß, Arnold Ewald und Gustav Lüderitz.

Theodor Hosemann war wohl derjenige in dieser Gruppe, der hinsichtlich der Kunstauffassung Menzel am nächsten stand. Bereits 1834 hatten sie gemeinsam das Erinnerungsblatt an das Stiftungsfest des »Vereins der jüngeren Künstler« geschaffen, aber wie ihr Verhältnis im »Tunnel« gewesen ist, läßt sich schlecht sagen, wie ja generell Hosemanns Wirken in diesem Verein noch ziemlich im dunkeln liegt. Gewiß war aber das Interesse Menzels an dessen Arbeiten in den dreißiger Jahren stärker gewesen als nun in den fünfziger Jahren, in denen Hosemann kaum noch etwas von der ätzenden Schärfe Hogarths besaß, dessen Namen er im »Tunnel« trug.

Der Berliner Historienmaler Hermann Stilke war seit 1852 »Tunnel«-Mitglied. Er hatte insbesondere bei Peter Cornelius in Düsseldorf und München gelernt und gearbeitet, was auf Menzel sicherlich wenig Eindruck machte. Seit 1849 lebte er in Berlin, wo er u. a. für Friedrich Wilhelm IV. das Gemälde »Der Sieg der Goten über die Hunnen« schuf.[36] Seine idealisierende Bildsprache wurde damals jedoch schon von etlichen als unzeitgemäß angesehen, so auch von Theodor Fontane, der es deutlich aussprach: »Was man der Mehrzahl seiner historischen Bilder, besonders dem ›Sieg der Goten über die Hunnen‹ vorwirft, ist das, daß sie zu sehr das unzulängliche Gepräge der älteren Düsseldorfer Schule verraten, daß sie etwas Gemachtes, Äußerliches, Arrangiertes zur Schau tragen und jener innerlichen Wahrheit und Energie entbehren, die allein zu überzeugen vermag.«[37]

Von 1854 bis 1859 gehörte der Maler und Illustrator Ludwig Burger dem »Tunnel« an. 1842 war er von Warschau nach Berlin gekommen, wo er die Akademie besucht und wegen materieller Nöte sich nebenher als Illustrator betätigt hatte. 1852 war er dann für kurze Zeit nach Antwerpen gegangen, um an der dortigen Akademie weitere Studien zu treiben. Noch im selben Jahr hatte es ihn nach Paris gezogen, wo er u. a. im Atelier Coutures gearbeitet hatte. Schon im Frühjahr 1843 war er wieder in Berlin. 1857 trat er als »Bildreporter« für die Leipziger »Illustrierte Zeitung« in Erscheinung und begleitete in dieser Funktion die Versöhnungsreise des Kaisers von Österreich durch Ungarn. In den Kriegen gegen Dänemark und Österreich beteiligte er sich wiederum als Bildberichterstatter für diese vielgelesene Zeitung. Insbesondere zum Preußisch-Österreichischen Krieg von 1866 fertigte er ein umfängliches Bildmaterial an. Er hatte selbst die Entscheidungsschlacht von Königgrätz miterlebt und auch anderen Gefechten beigewohnt. Über ein von ihm bebildertes Kriegsbuch zum Geschehen von 1866 meinte Fontane: »Das endliche Resultat darf als ein in der Geschichte der Kriegsillustration einzig dastehendes bezeichnet werden. Wir kennen die französischen und englischen Werke, die sich ihrerseits verwandte Aufgaben stellen, aber wie glänzendes auch durch zum Teil bedeutende künstlerische Kräfte auf diesem Gebiet geleistet worden ist, kein fremdländisches illustriertes Kriegsbuch ist uns bekannt, das hinsichtlich der militärischen Exaktheit, vor allem in bezug auf Fülle und realistische Wiedergabe des Landschaftlichen auch nur annähernd damit verglichen werden könnte.«[38] In diesem Zusammenhang ist bemerkenswert, daß Burger auch Bilder für den Prachtband »Die Krönung Ihrer Majestäten des Königs Wilhelm und der Königin

Augusta von Preußen zu Königsberg am 18. Oktober 1861«, herausgegeben von dem Oberzeremonienmeister und Schriftsteller Rudolf Maria Bernhard Graf von Stillfried-Rattonitz, mitgewirkt hat. In diesem Werk befindet sich übrigens eine große photographische Reproduktion von Menzels »Krönungsbild«.

Sicherlich war der Bildreporterblick, wie ihn Menzel in seinen Illustrationen zu Franz Kuglers »Geschichte Friedrichs des Großen« an den Tag gelegt hatte, für Burger ein Anknüpfungspunkt gewesen. Von engeren Kontakten beider ist allerdings nichts bekannt, und es darf angenommen werden, daß Menzel ihm dann noch reservierter begegnete, nachdem dieser im April 1869 von dem Architekten Hermann Friedrich Waesemann den Auftrag erhalten hatte, einige Räume des von ihm erbauten »Roten Rathauses« mit Wand- und Deckenbildern auszugestalten. So schuf Burger für den Sitzungssaal der Stadtverordneten Darstellungen von Verwaltungszweigen städtischen Gemeinwesens, und für den Lesesaal setzte er deutsche Märchenstoffe ins Bild. Dieser umfängliche Auftrag muß Menzel verbittert haben, hatte doch der Magistrat ihm die konzeptionelle Arbeit am gesamten bildkünstlerischen Programm der Innenausstattung dieses Gebäudes sowie die Schaffung eigener Bilder für repräsentative Räume in Aussicht gestellt. Möglicherweise hatte für die Bevorzugung Burgers der Wunsch nach schneller Realisierung der künstlerischen Ausgestaltung eine Rolle gespielt, denn sicherlich war die Tatsache, daß Menzel allein vier Jahre für das Krönungsbild gebraucht hatte, noch in frischer Erinnerung.

Auch das »Tunnel«-Mitglied Wilhelm Wolff war an der Ausschmückung des Rathauses beteiligt, und zwar wirkte der Bildhauer an dem Terrakottafries mit. Bekannt geworden ist dieser Künstler zwar vor allem mit seinen Tierdarstellungen, jedoch schuf er viele achtbare Porträtplastiken, u. a. auch eine von Franz Kugler, sowie sehr beeindruckende Arbeiterdarstellungen [so in den sechziger Jahren], die Menzels Auge einmal mehr auf diese Thematik zu lenken vermochten.

Im Vergleich zu den bisher genannten Künstlern besaß das »Tunnel«-Mitglied Hugo Freiherr von Blomberg ein geringer entwickeltes Talent. Der gebürtige Berliner war allerdings sehr vielseitig begabt und betrieb Malerei und Zeichenkunst ebenso wie Schriftstellerei und Dichtkunst. Aber weder das eine noch das andere beherrschte er in überdurchschnittlicher Weise, und Fontane meinte über ihn: »Ich glaube, daß sich Blomberg zu einem guten Schriftsteller, namentlich Kunstschriftsteller – deren es damals nur erst wenige gab –, hätte entwickeln können, aber die Malerei war seine unglückliche Liebe.«[39] Im »Tunnel«, dem er seit 1852 angehörte, trat er besonders als Balladendichter in Erscheinung. Als Kunst- und Kulturhistoriker war er vor allem für das von Friedrich Eggers herausgegebene »Deutsche Kunstblatt« tätig. Menzel mochte ihn nicht sonderlich leiden, wobei hier angemerkt werden muß, daß der Freiherr generell im »Tunnel« nicht sehr beliebt gewesen ist.[40]

Blomberg war an der Berliner Akademie Schüler Wilhelm Wachs gewesen und 1847 zur weiteren Ausbildung nach Paris gegangen, wo er bis 1848 im Atelier Léon Cogniets gearbeitet hatte. 1867 zog er von Berlin nach Weimar, um sich dort verstärkt der bildenden Kunst zu widmen. Bereits im Juni 1871 verstarb er dort.

Blomberg schuf Bilder zu Märchen und Sagen, zur antiken Mythologie und Dantes »Göttlicher Komödie«. Adolf Rosenberg meinte sicherlich zu Recht: »Die Ausführung seiner Gemälde entsprach gewöhnlich nicht seinen kühnen, geistvollen Erfindungen.«[41] Ganz offensichtlich lagen seine Stärken im Konzipieren von Bildern und im Gestalten phantasievoller Ornamente. Als Kunsthistoriker bearbeitete und erweiterte er Franz Kuglers dreibändiges »Handbuch der Geschichte der Malerei« [Leipzig 1867]. Dort äußerte er über Menzel: »... eine der scharf geprägtesten künstlerischen Individualitäten, die unser Jahrhundert hervorgebracht, vorzugsweise berühmt als Illustrator und Maler des großen Friedrich und seiner Zeit, aber geist- und charaktervoll in jedem Strich, auch wenn ihn irgendeine andere Epoche der vaterländischen Geschichte oder die unmittelbare Gegenwart begeistert.«[42]

Vom Leben und Treiben im »Tunnel« geben mehrere Darstellungen von Blombergs Hand Auskunft. Vor allem sind hier das großformatige satirische Bild von der »Tunnel«-Gesellschaft, das er anläßlich des »Tunnel«-Festes vom 3. April 1854 gestiftet hat, und sein »Tunnel-ABC« zu nennen. Letzteres besteht aus Karikaturen von Mitgliedern des Vereins. Unter »R« karikierte er in dieser Folge »Rubens«, also Menzel [Abb. 54]. Auf dieser lavierten Zeichnung steht Menzel, mit Riesenschädel auf den Schultern und in friderizianische Uniform gehüllt, auf hohem Sockel. Links von ihm ist der Reitergeneral Zieten angedeutet, und vom rechten Bildrand her nähert sich eine Uhr dem Künstler. Unterhalb der Zeichnung sind die Verse zu lesen:

»Der Reiter reitet in die Schlacht,
Paul Rubens kommt erst um halb acht.«

Damit spielte Blomberg auf die allbekannte Unpünktlichkeit Menzels an. Auf einem kleinformatigen Ölbild, auf dem er »Das Eulenspiegelfest des ›Tunnels über der Spree‹ am 24. Februar 1852« schilderte, gab er Menzel als Hauptfigur wieder. Er zeigte, wie Menzel den vor ihm stehenden Paul Heyse zeichnet und weitere Vereinsmitglieder, u. a. Kugler, Fontane und Eggers, ihm dabei zusehen.

Unter den Schriftstellern und Dichtern fand Menzel allerdings bedeutendere künstlerische Kräfte als unter den Malern, Graphikern und Bildhauern, nämlich Fontane, Storm, Geibel und Heyse. Offensichtlich hat ihm der Gedankenaustausch mit den Literaten auch mehr gegeben.

Die Zahl der künstlerischen Beiträge, die Menzel für den »Tunnel« geschaffen hat, ist klein. Nur zwei sogenannte Späne sind bekannt: 1852 fertigte er die Graphik »Der Tunnel im Olymp« an [Abb. 55] und im darauffolgenden Jahr das »Diplom für Wilhelm von Kaulbach«. Erstere Arbeit zählt gewiß zu Menzels schönsten satirischen Darstellungen überhaupt. Es handelt sich da um ein Erinnerungsblatt an die Faschingsfeier des »Tunnels« vom 24. Februar 1852, zugleich aber auch um eine Gegenüberstellung von Ideal und Wirklichkeit, von einer erstrebten harmonischen

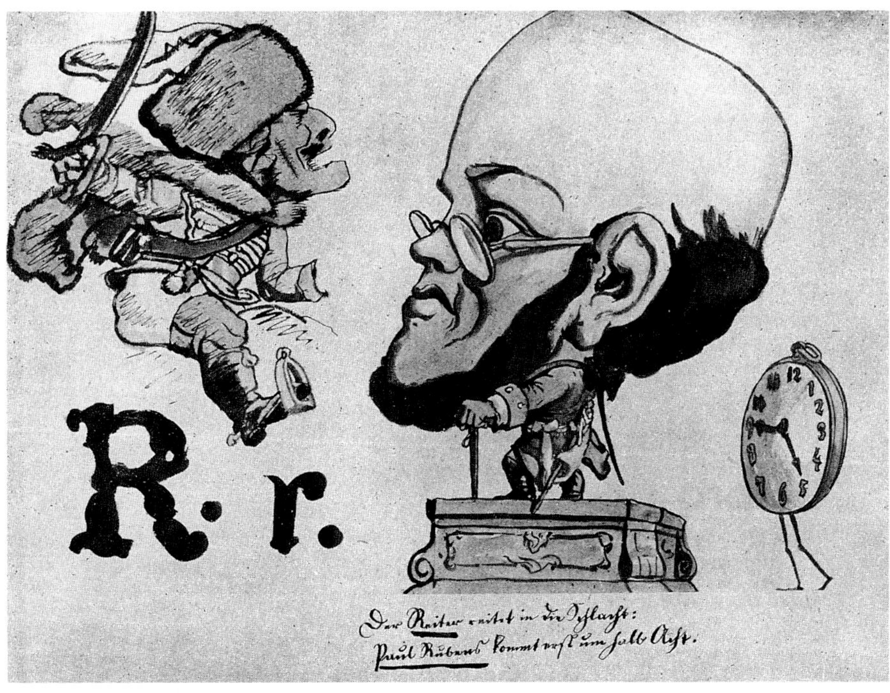

54 Hugo von Blomberg, Adolph Menzel, 1856, Aquarell auf Pappe

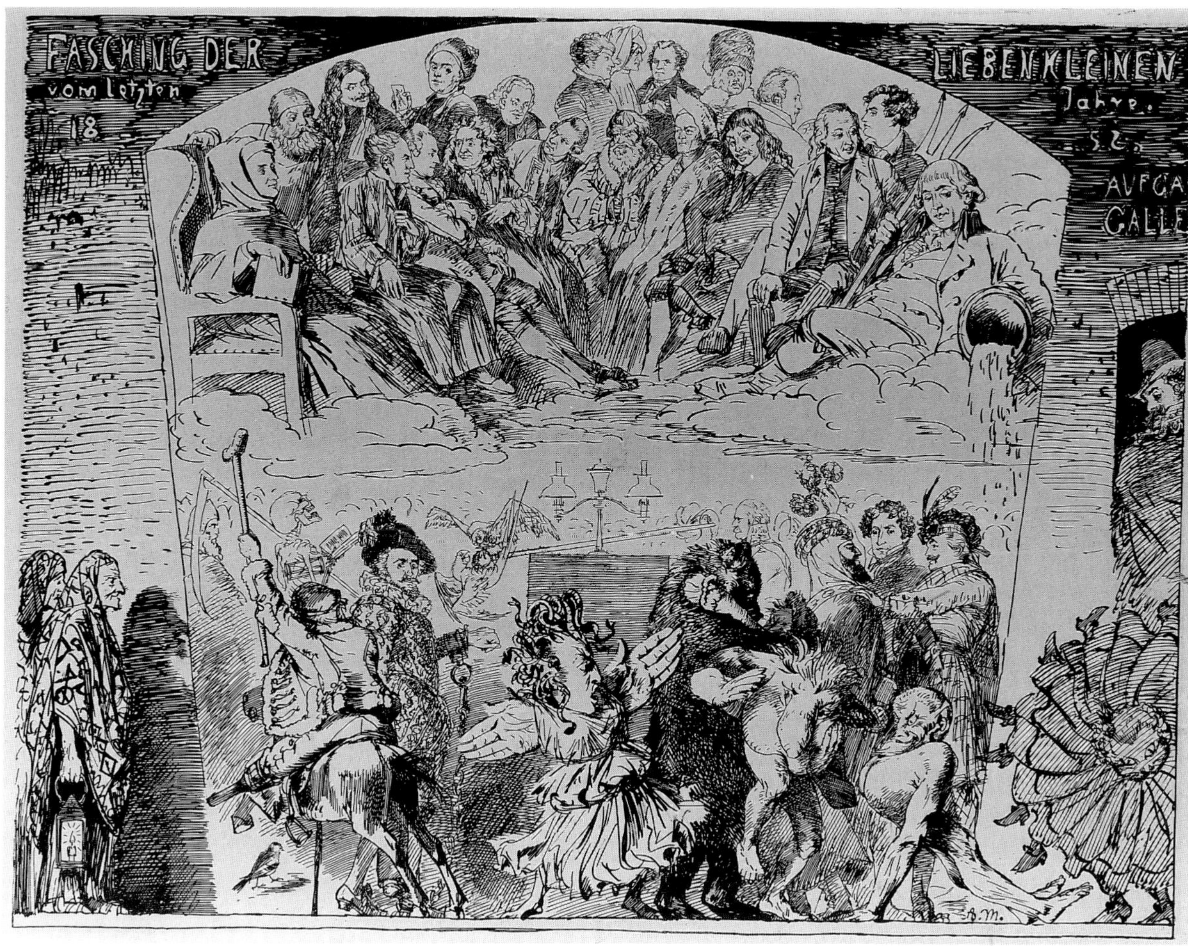

55 Erinnerungsblatt an das Faschingsfest des »Tunnels über der Spree«, 1852, Federlithographie

Gemeinschaft und einer in Wahrheit doch sehr heterogenen Gesellschaft. So spielte er auch bewußt auf Raffaels »Disputa« im Vatikanischen Palast an, die Gliederung in zwei figurenreiche Zonen und die Formierung des bedeutungsvollen Zentrums des idealisierenden Hochrenaissancemalers übernehmend. Bei Menzels Darstellung ist im Mittelgrund der Bildmitte die Rednerbühne des »Tunnels« mit der Doppellampe zu sehen. Auf der über dem Pult liegenden Stange bezwingt eine Eule einen Papagei, so den Sieg der Klugheit über das Unschöpferische andeutend. In den Wolken haben sich jene berühmten Männer eingefunden, die den Tunnel-Mitgliedern ihren Namen geliehen haben. Unterhalb dieser Versammlung agieren einige Gestalten aus literarischen Werken von »Tunnel«-Mitgliedern, so Blücher aus Scherenbergs »Waterloo« und »Ligny«. Ganz im Vordergrund erscheint mit Riesenhänden und Medusenhaupt die ehrliche wie scharfe Kritik, die die geistige Impotenz und Afterkritik angeht. Am linken Bildrand tauchen zwei alte Frauen mit einer Laterne auf, wie sie damals nachts im kanalisationslosen Berlin zur Unratbeseitigung in Aktion getreten sind. Sie haben nur mal kurz ihre übelriechende Arbeit unterbrochen und schauen sich »die lieben Kleinen« an, bereit, deren künstlerischen Abfall einzusammeln.

Vom rechten Bildrand angeschnitten, blickt Rubens – das heißt Menzel – auf das sonderbare Treiben. Er ist im Begriff, den Aufgang zur Galerie zu benutzen und ist sozusagen der Verbindungsmann zum Olymp.

Das »Rütli«, ein Seitentrieb des »Tunnels«, wurde am 9. Dezember 1852 vor allem auf Betreiben von Wilhelm von Merckel und Franz Kugler gegründet. Menzel wurde im darauffolgenden Jahr Mitglied dieses illustren Kreises, der sich im Laufe der Zeit personell veränderte und bis in die neunziger Jahre bestand.[43] Die Rütlionen fanden sich zumeist sonnabends in den späten Nachmittagsstunden abwechselnd in den Wohnungen bzw. Ateliers der Mitglieder ein, um bei Kaffee und Kuchen zu debattieren. Gesprochen wurde vor allem über Literatur und Kunst, Philosophie und Kulturgeschichte sowie über Tagesereignisse. Da Moritz Lazarus, der seit 1856 in das »Rütli« aufgenommen worden war, und Franz Kugler die Absicht hegten, eine Kunstgeschichte auf völkerpsychologischer Grundlage zu schreiben, spielten bis zum Ableben des Letztgenannten im Jahre 1858 besonders kunstpsychologische Fragen eine Rolle. Menzel besuchte übrigens auch seit Ostern 1856 regelmäßig die Vorlesungen über die Geschichte der Philosophie, die Lazarus auf Bitten von Kugler und Merckel in dieser Gemeinschaft hielt.[44]

1881 äußerte Theodor Fontane in einem an Lazarus gerichteten Brief über Menzels Verhältnis zum »Tunnel« und »Rütli«: »Augenscheinlich fühlt er sich selber wohler unter den Rütlionen und erscheint deshalb regelmäßiger. Und weshalb? Alles ihm Unbequeme hat er ausscheiden oder wegsterben sehen, erst Lübke, dann Kugler, dann Blomberg. Ein von Kunsthistorie purifiziertes Rütli blieb übrig. Ich verdenke es keinem Maler, also auch Menzel nicht, wenn er der Wissenschaft das Recht des entscheidenden Mitredens abspricht, aber die Kunsthistoriker können einem nachgerade leidtun.«[45] Sicherlich wird der Gesichtspunkt zu diesem Zeitpunkt eine Rolle gespielt haben, aber das »Rütli« lag ihm wohl von Anbeginn mehr am Herzen als der »Tunnel«, denn dort traf sich sozusagen die »Tunnel«-Elite, und es wurden gewiß tiefschürfendere Diskussionen geführt, was in dem kleinen Kreis ja auch viel eher möglich war. Zudem behagte Menzel gewiß der viel intimere Charakter der »Rütli«-Treffen. Allerdings war auch in diesem Kreis die Atmosphäre keineswegs ungetrübt und konfliktlos. Schon das Bestehen zweier Lager sorgte für Spannungen. Der einen Fraktion gehörten Kugler und dessen Gefolgsleute Paul Heyse und Friedrich Eggers an, der anderen Fontane, Merckel, Lepel und Menzel. Letztere hatte sich weit mehr für eine wirklichkeitsnahe Literatur und Kunst eingesetzt.

Aus dem »Rütli«-Kreis war wohl der Philosoph und Begründer der Völkerpsychologie Moritz Lazarus derjenige, zu dem Menzel besonders engen Kontakt besaß. Dessen Frau berichtete später über Menzel: »Mit Zunahme seines Alters aber gewöhnte er sich schließlich, nur zu den Rütlis zu kommen, die bei ›Lazarus-Leibniz‹ stattfanden ... Und auch bei Lazarus erschien Menzel mit seiner sprichwörtlich gewordenen Unpünktlichkeit, wenn die andern schon gegangen waren. Das war ihm gerade recht; dann hatte er seinen Philosophen allein und saß fest, oft bis Mitternacht.«[46]

Lazarus hatte 1848 vier Monate lang in Berlin die Bürgerwehr-Zeitung »im Sinne des liberalen Bürgertums« redigiert.[47] Ein Jahr darauf wurde er promoviert. Von 1860 bis 1866 war er als Professor in Bern und 1868 bis 1872 an der preußischen Kriegsakademie tätig. Seit 1873 lehrte er schließlich an der Berliner Universität. Er besaß gute Verbindungen zum Hof, insbesondere zum Kronprinzen Friedrich Wilhelm, dem späteren Kaiser Friedrich III.

Menzel und Lazarus besuchten sich häufiger, und 1873 fuhr Menzel sogar nach Schönefeld bei Leipzig, um den Freund auf seinem Sommersitz aufzusuchen. Lazarus' Frau meinte über diese Freundschaft: »Beide standen in regelmäßigem Austausch ihrer Werke, Menzel natürlich, soweit es Radierungen, Nachbildungen, Photographien und dergleichen betraf. Er besaß sämtliche Werke des Freundes bis auf jede Abhandlung oder

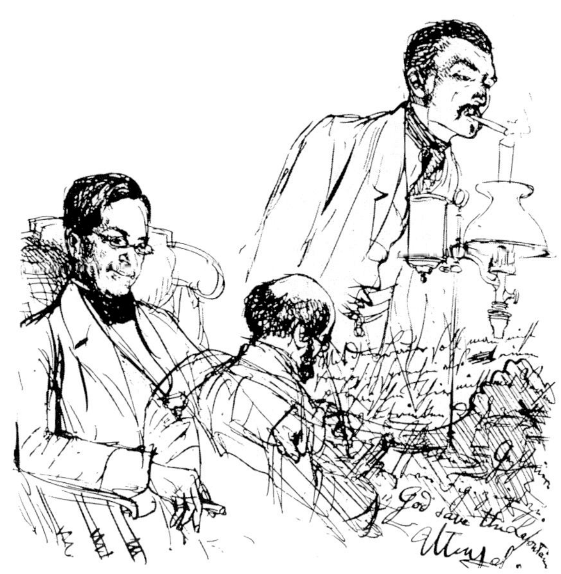

sche und ethnographische Studien haben bestimmt Menzels Aufmerksamkeit gefunden. Einige Bilder des Künstlers, besonders augenfällig sein »Markt von Verona« [»Piazza d'Erbe«, 1884, Dresden, Gemäldegalerie Neue Meister], sprechen dafür.

Der aus Breslau stammende Maler August von Heyden, seit 1849 Mitglied des »Tunnels« und seit Oktober 1866 auch Rütlione, schrieb einmal an Lazarus: »Sie sind Menzels alter, treuer Freund und müssen auch geistig mehr für seine Kunst übrig haben wie für meine«.[50] An anderer Stelle bekannte er ihm: »Von allen Künstlern verehre ich keinen mehr als Menzel, und doch stehe ich im Schaffen keinem ferner als ihm.«[51] Andrerseits litt Heyden offensichtlich unter Menzels Ruhm. Fontane machte in seinem Brief vom 20. Dezember 1881 an Lazarus darauf aufmerksam. In ihm berichtete er, daß Heyden in der vorletzten »Rütli«-Sitzung behauptet habe: »erstens, was ich will, steht ebenso hoch wie das, was Menzel will, und zweitens, was ich leiste, vielleicht auch.«[52] Und drei Jahre später schrieb Fontane dem Schriftsteller und Literaturhistoriker Otto Roquette: »Der Rütli lebt noch, aber wird immer kleiner. Die beiden Maler Heyden und

56 Rütli-Sitzung, November 1855, Feder und Tusche

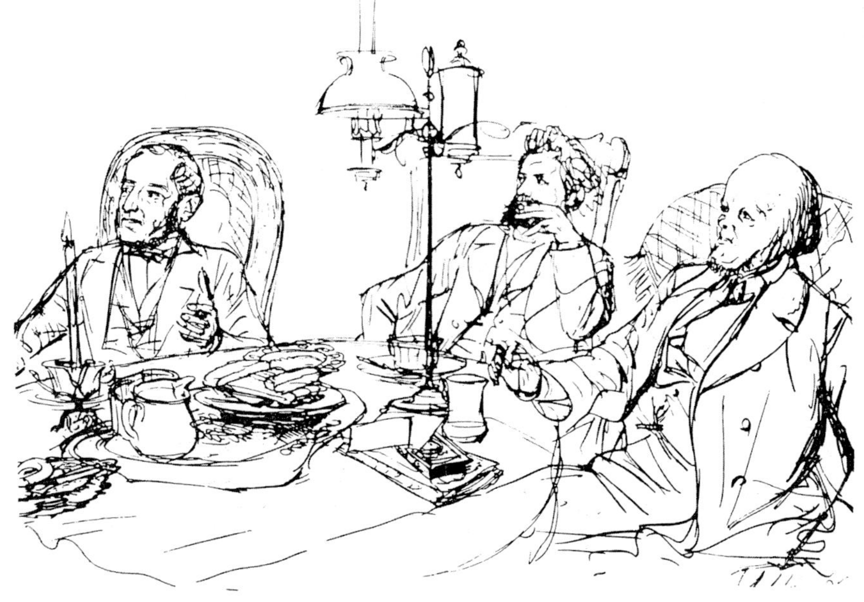

gedruckte Rede, und dieser legte eine Menzel-Mappe an.«[48] Menzel hatte die Texte des jüdischen Philosophen gründlich gelesen. In dem am 3. April 1882 an ihn gerichteten Brief berichtete er: »Am weitesten bin ich in Ihr Kapitel von der Freundschaft hineingestiegen. Welches Gefilde! Ebenso, so weit ich gekommen: ›Vom Ursprung der Sitten‹ und was da hineingehört.«[49] Lazarus' völkerpsychologi-

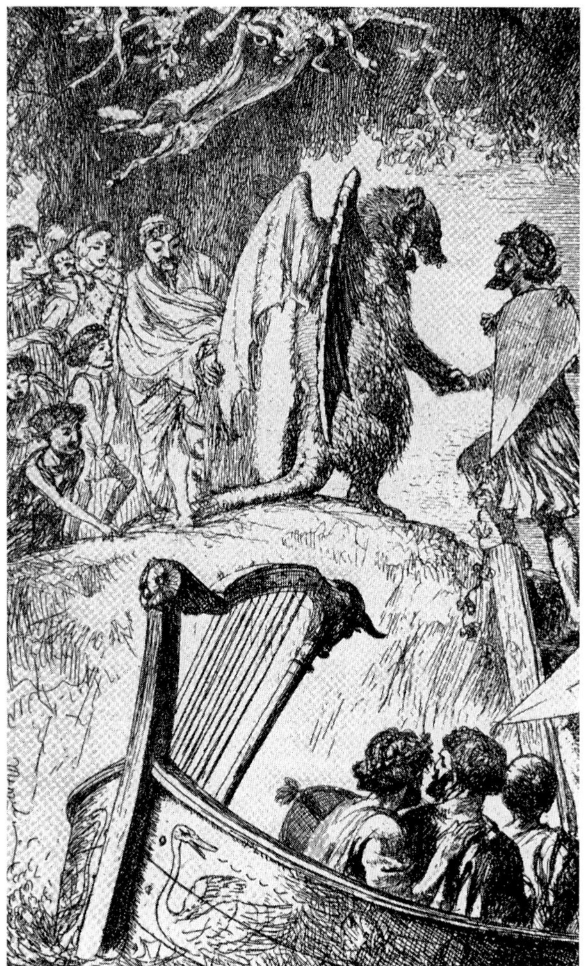

57 Titelblatt für die »Argo«, Radierung

Menzel erscheinen nur selten auf der Bildfläche, vielleicht weil ihr Interesse an diesem Kaffeegeplauder hin ist, vielleicht auch, weil sie sich untereinander vermeiden wollen. Denn Menzel lebt in einer konstanten, wenn auch stillen Künstlergegnerschaft zu Heyden, und dieser wiedrum ist aus dem Menzelbewunderungsfieber heraus.«[53]

August von Heyden hatte seine künstlerische Neigung erst verhältnismäßig spät entwickeln können, da der Vater ihm eine andere Laufbahn zugedacht hatte. So studierte er zunächst Bergbau und wurde in Istrien als Bergbeamter tätig. Aber bald nach der Rückkehr in die Heimat hängte er den Beruf an den Nagel und lernte im Berliner Atelier Karl Steffecks. 1861 ging er schließlich nach Paris, wo er Schüler von Gleyre und Couture wurde. 1863 kehrte er in die preußische Metropole zurück. In seinem Schaffen verbanden sich romantisierende Tendenzen mit einer unpathetischen und nur leicht idealisierenden Gestaltungsweise. Die Synthese romantischer, klassizistischer und realistischer Elemente, die er sich zum Ziele setzte, führte er mit einiger Resonanz mit dem Vorhang für das Berliner Opernhaus vor Augen [»Arion auf dem Meereswagen«, 1868]. Hinsichtlich des Ambientes und des Kostüms trachtete er nach historischer Exaktheit, und gerade für die Kostümwissenschaft hatte er ganz Erhebliches geleistet. In den Jahren von 1884 bis 1894 war er auch an der Berliner Akademie als Lehrer für Kostümkunde tätig. Zu seinen wichtigsten Bildern gehörte der 1872 vollendete »Wal-

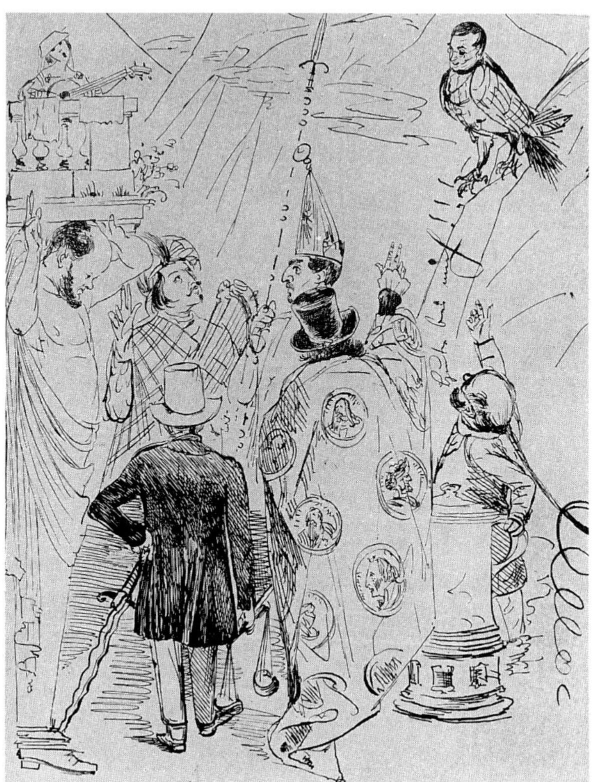

58 »Heute bei mich«, Einladung zur Rütli-Sitzung, Feder und Tusche

71 kürenritt«, der im darauffolgenden Jahr auf der Wiener Weltausstellung gezeigt wurde. Heyden erhielt eine ganze Reihe von Wandbildaufträgen, so für den Keller und die Turmhalle des Berliner Rathauses und die Kuppel der Nationalgalerie.

Im ersten Dezennium nahm die Herausgabe der »Argo« den »Rütli«-Kreis sehr in Anspruch. 1854 wurde sie von Fontane und Kugler als belletristisches Jahrbuch und in den Jahren von 1857 bis 1860 von Friedrich Eggers, Bernhard von Lepel und Theodor Hosemann als Album für Kunst und Dichtung herausgegeben. Menzel hatte sich an diesem »Rütli«-Projekt beteiligt. 1853 radierte er das Blatt »Berliner Argo«, das als Frontispiz für den ersten Jahrgang gedacht war, jedoch nicht verwendet wurde [Abb. 57]. Die Darstellung zeigt im Vordergrund die Argo und dahinter, wie Jason den geflügelten Berliner Bären begrüßt, der hier als freundlicher Wächter des Goldenen Vlieses in Erscheinung tritt. Für die Jahrbücher von 1857 und 1858 lieferte er dann die Zeichnungen »Tempi passati« und »Aus der Tierbude«, die Ernst Milster und Gustav Heinrich Gottlob Feckert reproduzierten [mittels Kreidelithographie und Verwendung von Schabcisen]. Sicherlich hatte sich Menzel dafür eingesetzt, daß auch Eduard Meyerheim und Carl Johann Arnold mit Bildbeiträgen in dieses Publikationsorgan des »Rütli« gelangten.

Nicht zuletzt sind in diesem Zusammenhang jene Zeichnungen zu erwähnen, die Menzel auf Einladungen und Benachrichtigungen der Rütlionen gebracht hat. Sie sind zumeist humoristisch gestimmt und bezeugen einmal mehr, daß er sich in dieser Gesellschaft doch alles in allem recht wohl gefühlt hat.

Menzels Kontakte zu Schriftstellern, Musikern und Theatermachern

Mit einigem Recht äußerte Ottomar Beta über Menzel: »... er ist ein Bilderschriftsteller.«[1] Das Erzählerische vor allem in vielen Bildern der siebziger und achtziger Jahre weist einmal mehr auf Korrespondenzen und Beziehungen zur zeitgenössischen Literatur hin.

Menzel war sehr belesen und interessierte sich gleichermaßen für Geschichtswerke und belletristische Literatur. Das Thema »Lesen« fand ebenso Eingang in seine Bildwelt wie das Erscheinungsbild von Schriftstellern und Dichtern der Vergangenheit und Gegenwart. Kenntnisreich und phantasievoll illustrierte er eine ganze Reihe von Werken, und zwar von Friedrich II., Goethe, Kleist, Chamisso, Kugler, Emilie Feige und Auerbach, und er bestimmte mit diesen Arbeiten die Höhe deutscher Buchkunst des 19. Jahrhunderts. Menzel kannte bedeutende Schriftsteller persönlich, so Turgenjew, Storm, Fontane und Heyse. Ihnen brachte er hohe Wertschätzung entgegen. Skeptisch war er hingegen gegenüber jenen Publizisten, die sich über zeitgenössische Kunst ausließen. Freilich wußte er innerhalb dieser Fraktion der schreibenden Zunft die Spreu vom Weizen zu scheiden, und er billigte einigen, die selbst zugleich auch als bildende Künstler in Erscheinung getreten waren, Sachkompetenz zu, so Pietsch und Pecht.

Menzel hatte sich im Laufe seines Lebens eine Unmenge von Büchern angeschafft. »Ich muß viele Bücher haben, denn es ist mir zu umständlich, jedesmal erst nach der Königlichen Bibliothek zu schicken, wenn ich etwas nachschlagen muß«, äußerte der greise Menzel in einem Gespräch mit dem Schriftsteller und Publizisten Ottomar Beta.[2] Sein starkes Interesse an literarischen Fragen wie generell an Kunstdiskussionen belegt allein schon die Tatsache, daß er Mitglied der literarisch orientierten Vereinigungen des »Tunnels« und »Rütlis« gewesen ist. Bereits 1854 schrieb Friedrich Eggers über ihn: »Vielseitig gebildet, erfreut er auch im literarischen Kreise durch Schärfe, Prägnanz und Originalität seines Urteils.«[3] Menzel hatte also etwas einzubringen, was Theodor Fontane 1885 in einem Brief an Ludwig Pietsch bekannte. In ihm äußerte er über Menzel und Turgenjew: »... zu beiden blicke ich als zu meinen Meistern und Vorbildern auf.«[4]

Turgenjew, Storm und Fontane, diese wunderbare Trinität realistischer Erzählkunst, schätzte Menzel sehr. Der russische Schriftsteller Iwan Turgenjew, der seit der Mitte der sechziger Jahre in Deutschland als Inbegriff der neuen russischen Literatur galt, suchte Menzel am 1. Juni 1865 im Atelier auf. Die Verbindung hatte der Publizist und Zeichner Ludwig Pietsch hergestellt, der den Schriftsteller schon seit 1847 kannte und sich leidenschaftlich für die Propagierung seiner Werke einsetzte. Turgenjew war Menzel sehr zugetan und achtete dessen Streben nach Wahrheit, Natürlichkeit und subtiler Charakterzeichnung. Aber auch Menzel schätzte den Schriftsteller, dessen Werke er gelesen hatte und in denen er verwandte Bemühungen fand. Pietsch schrieb bald nach dieser Begegnung über Turgenjew: »Er hat hier unsern Kreis völlig bezaubert, wie ihm denn auch Menzel als der größte in neuer Kunst erschien, was er je und irgendwo gefunden.«[5] Später meinte Pietsch in seinen »Erinnerungen an Iwan Turgenjew«: »... das Genie, der Ernst, die innere

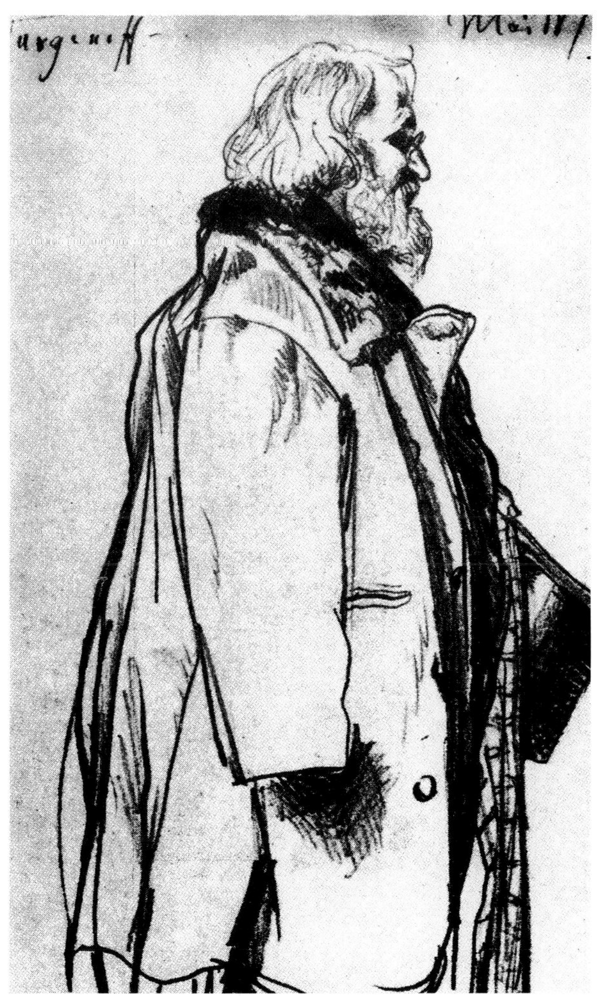

59 Turgenjew, Bleistift

Wahrhaftigkeit, der offene, sichere Blick für das Leben, die er in Menzels Schöpfungen vereinigt fand, begeisterten Turgenjew und machten ihn zu einem der wärmsten Verehrer der Kunst wie der Person dieses unvergleichlichen Meisters.«[6] Und in den »Persönlichen Erinnerungen an Adolf v. Menzel« [1905] vermerkte Pietsch, daß Menzel bei seiner ersten Begegnung mit Turgenjew ein Porträt von dem Dichter gezeichnet habe, und zwar »in stehender Kniefigur mit umgehängtem derbem Paletot, von vortreffender Charakteristik.«[7]

Über Jahre hinweg bat Turgenjew in den an Pietsch adressierten Briefen, Menzel Grüße auszurichten. Menzel hat sogar selbst dem Dichter geschrieben, so zum Jahreswechsel 1875/76. In diesem Brief fragte er an, ob ihm Turgenjew den Ankauf des Kasseler Kartons für eine Moskauer Zeichenschule vermitteln könne.[8]

Viele Fäden laufen zwischen Menzel und Fontane hin und her. Zu etlichen ihrer Geburtstage besuchten sie sich, und zudem hielt sich der Dichter häufig in Menzels Atelier auf.[9] Sie trafen sich in den Sitzungen des »Tunnels« und »Rütlis«, gelegentlich auch während der Ferienaufenthalte in Kissingen. Über Begegnungen in diesem Kurort schrieb Fontane 1889 dem befreundeten Stadtgerichtsrat Karl Zöllner: »Die Menzelei war vergleichsweise von einer hervorragenden Liebenswürdigkeit, und es wäre schändlich, wenn ich hier mäkeln und nörgeln wollte. Fiel doch ein Abglanz von ihm auch auf mich, da ich gewürdigt wurde, halbe Stunden lang und länger mich mit dem kleinen Mann und der großen Berühmtheit auf der Promenade herumzuspazieren.«[10]

Offensichtlich unterhielt sich Fontane gern mit Menzel. Zumindest deutet ein Brief vom 18. Juni 1884 an Friedrich Stephany, den Chefredakteur der »Vossischen Zeitung«, darauf hin. Diesem schrieb er nämlich nach Kissingen über Menzel: »Wenn Sie den treffen und ... ein Gespräch führen könnten, so würden Sie sehr auf Ihre Kosten kommen. Denn er spricht nie Blech. Es ist immer – auch noch da, wo's nicht so aussieht – was Apartes dahinter. Selbst seine Trivialitäten sind keine.«[11]

Gewiß empfanden beide Hochachtung und Sympathie füreinander, dennoch sind keine festen Freundschaftsbande von ihnen geknüpft worden. Fontane ist von mehreren zeitgenössischen Malern porträtiert worden, so beispielsweise von Fritz Werner und Hanns Fechner, aber Menzel hat kein Bildnis von ihm gemalt. Als Rückenfigur hat er ihn auf einer Einladungskarte zu einem »Rütli«-Treffen wiedergegeben, und vielleicht stellt die in den neunziger Jahren entstandene Zeichnung »Der Kunstkritiker« [Abb. 60] den Schriftsteller dar, jedoch auf einem Gemälde hat er ihn nicht verewigt. Allerdings zeichnete er meh-

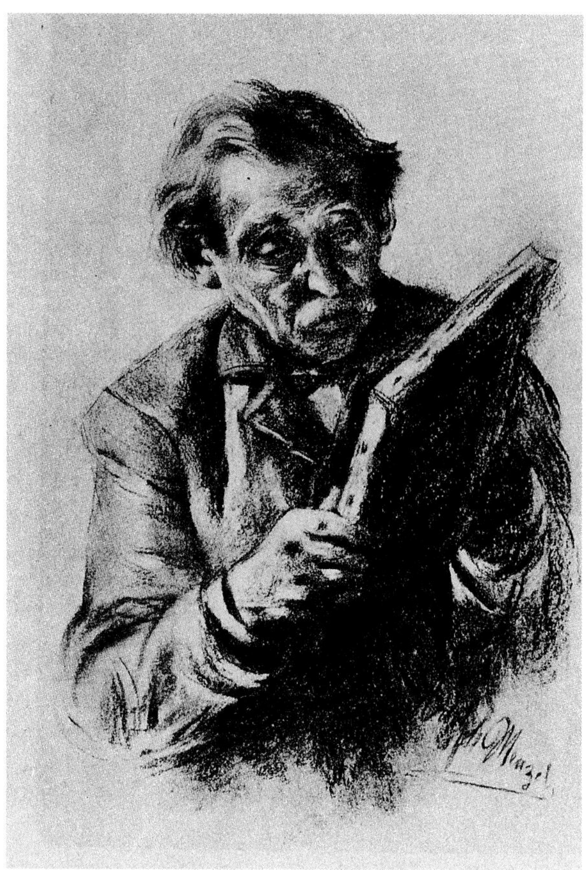

60 Der Kunstkritiker [Theodor Fontane?], um 1890, Bleistift und Kohle

rere Blätter für ihn. Als die Rütlionen 1855 an den damals in London lebenden Fontane schrieben, verzierte er den Brief mit einer Wiedergabe des tagenden »Rütli«-Kreises. 1889 schuf er zum 70. Geburtstag des Dichters ein Widmungsblatt[12], und 1872 zeigte er auf einem Deckfarbenbild dessen Frau [»Lesende Dame«, Berlin, Privatbesitz], das, wie aus einem Brief Menzels vom 16. März 1872 hervorgeht, als »Vielliebchengeschenk« für die Dargestellte angefertigt worden ist. Außerdem besaßen Fontanes das »Wirtshaus zur Douglashütte« [1850/60, Wasserfarben] und das Albumsblatt »Der Alte Dessauer« [1852, Kreide und Wasserfarben, Cambridge, Massachusetts, Harvard Collections]. Als Menzel die Nachricht vom Tode Fontanes erreichte, soll er nach längerem Schweigen gesagt haben: »Wieder einer, der mir fehlt. Und ich habe deren wenige, die eine Lücke lassen.«[13]

Das Interesse an der preußischen Geschichte, den Glauben an die deutsche Einigung unter Preußens Führung und die Sympathien gegenüber der Regierung der »Neuen Ära« teilten beide gleichermaßen. Aber auch im Bereich der künstlerischen Gestaltung legten sie eine verwandte Detailfreude und liebevolle Erhebung von scheinbar Nebengeordnetem zu selbständiger Bedeutung an den Tag. Und natürlich war das Bemühen um genaue Erfassung des Psychischen von Menschen in bestimmten Situationen dem einen wie dem anderen von allerhöchster Bedeutung. »Meine ganze Produktion ist Psychographie...«, schrieb Fontane 1884 seiner Frau in einem Brief.[14] Nicht von ungefähr schätzte der Dichter besonders das »Leuthen«-Bild, wenngleich Menzel es gerade wegen der in seinen Augen noch unzureichenden psychologischen Ausdeutung der Szene unvollendet ließ.

Vielfältig erwies Fontane dem Künstler seine Reverenz. In einem Distichon »Unter ein Bildnis Adolph Menzels« heißt es: »Gaben, wer hätte sie nicht? Talente – Spielzeug für Kinder. Erst der Ernst macht den Mann, erst der Fleiß das Genie.«[15] Am 13. Dezember 1895 schrieb er dem wortgewaltigen Publizisten und Schriftsteller Maximilian Harden über Menzel: »Das Schöne war nie seine Sache. Dennoch halte ich ihn ... für den größten lebenden Maler. Was wir in Deutschland haben, reicht nicht an ihn heran, und die besten Nummern der drei romanischen Völker, die im einzelnen ihn übertreffen [mitunter sehr], haben doch keine Spur von der Allumfassenheit des kleinen Mannes.«[16] Schöne Zeichen seiner Menzel-Verehrung sind zwei Gedichte. Das spätere, »Auf der Treppe von Sanssouci«, das er dem Künstler zum 70. Geburtstag gewidmet hat, ist weithin bekannt geworden, währenddessen das andere, weitaus weniger brillant geschriebene Gedicht, das Fontane 1855 in London verfaßt und einem Brief an das »Rütli« hinzugefügt hat, ein Schattendasein führt. Menzel freilich hat offensichtlich das Londoner

Gedicht, in dem er vor allem als Schöpfer von Wandbildern in der Marienburg gerühmt wird, mehr zugesagt, denn auf die schwache Resonanz auf das andere hat Fontane in einem an Georg Friedlaender gerichteten Brief hingewiesen: »Menzel selbst gab kein Lebenszeichen und kam erst am 10. oder 11. Tag, um sich zu bedanken. Es kann Zufall gewesen sein, will sagen unbeabsichtigt, aber selbst dann ist es starker Tabak. Wenn man jemanden so feiert, so muß der Gefeierte auf der Stelle Zeit zu einem Telegramm oder einer Rohrpostkarte finden und nicht zehn Tage vergehen lassen. Es wird aber wohl anders liegen und der Grund seiner Säumnis in einem gewissen Mißfallen zu suchen sein. Irgendein Wort hat ihm nicht zugesagt oder ihn geradezu verdrossen, und er hat Zeit gebraucht, sich

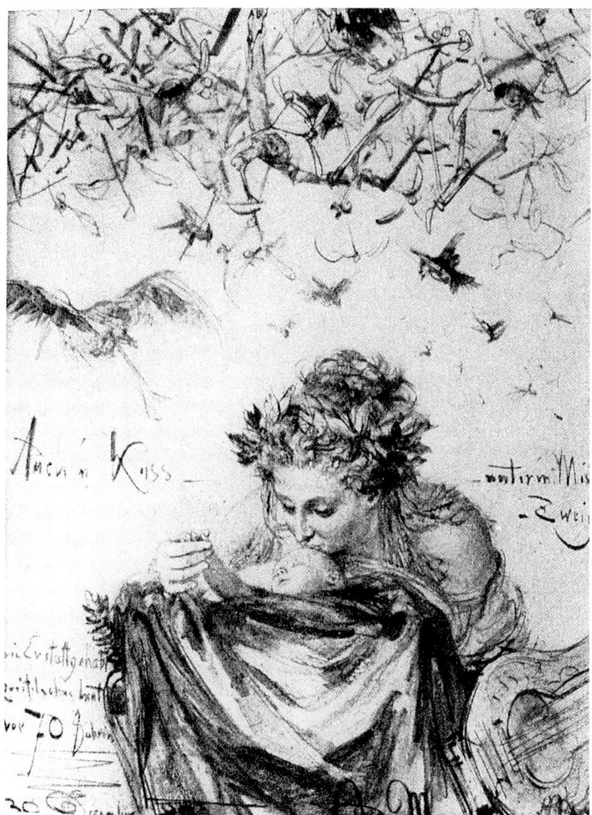

61 Kuß der Muse unter dem Mistelzweig; Allegorie auf die Geburt Theodor Fontanes, 1889, Bleistift

zu recolligieren.«[17] Und in der Tat lag es an den Worten, die Fontane Friedrich den Großen über Menzel sagen ließ:

> »Ich lüd ihn ein [er mag die Zeit bestimmen
> Ein Jahrer zehne will ich gern noch warten]«.

Der Künstler war verstimmt, daß ihm hier eine Lebensfrist von einem Dezennium gesetzt wurde.[18]

Fontane war als Kunstkritiker und Kunstberichterstatter der »Neuen Preußischen [Kreuz-] Zeitung« mehrfach für Menzel eingetreten. So hatte er 1863 über »Die Menzelsche Ausstellung in der Kunstakademie« geschrieben und in dieser Rezension »zu einem zahlreichen Besuch« aufgefordert.[19] Im selben Jahr verfaßte er auch den Aufsatz »Das Krönungsbild von Adolph Menzel«, in dem er betonte, »daß die Arbeit rüstig fortschreitet und ein Krönungsbild zu werden verspricht, wie ... wohl noch kein zweites gemalt worden ist.«[20] Er endigte dort seine Ausführungen mit dem Satz: »Wir bitten aber zugleich, sich's vorläufig an dieser Notiz genug sein zu lassen, da alle Kunst ihre Weile, ihre Muße, ihre Ungestörtheit verlangt und neugierigen Einblicken während der Arbeit wahrscheinlich dasjenige sein dürfte, wodurch unserem trefflichen Künstler am wenigsten ein Dienst geschähe.«[21] Damit war er Menzel hilfreich zur Seite gesprungen, denn der Künstler arbeitete mittlerweile schon zwei Jahre an dem großformatigen Gemälde, und die Vollendung war noch immer nicht absehbar. Am Hofe gab es jedoch bereits Unmut über diese langsame Verrichtung des Staatsauftrages. Als dann das Bild nach vierjähriger Arbeit endlich zum Abschluß gebracht worden war, würdigte Fontane sogleich Menzels Leistung: »Er hat aus einer großartigen Hof- und Staatsfeierlichkeit ein in Komposition wie in Farbengebung ausgezeichnetes Kunstwerk gemacht, in dem er es verstanden hat, den Eindruck des Ganzen in einer persönlichen Erscheinung zu konzentrieren; der belebende Mittelpunkt der malerischen Darstellung ist der König.«[22] Er hob weiter hervor, daß es Menzel gelungen sei, »einem zeitgenössischen Hergang den Stempel und das Interesse eines historischen

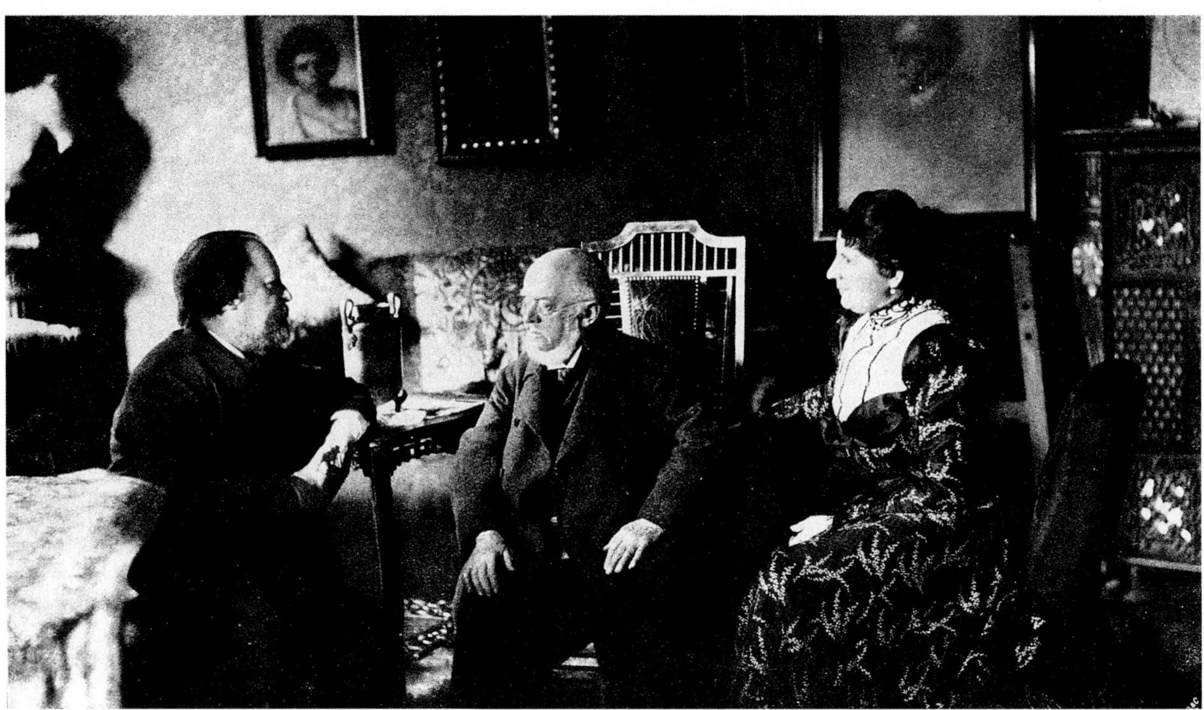

62 Menzel im Kreise der Heyseschen Familie in München, 1902, Foto

Bildes zu leihen«.[23] Damit verwies er auf die zwei Zeitschichten des Gemäldes, auf die Wiedergabe eines bestimmten Augenblicks und zugleich eines Fortwirkens.

Darüber hinaus verfaßte Fontane biographische Aufsätze über Menzel, und zwar 1859/60 für das bei Carl B. Lorck in Leipzig unter dem Titel »Männer der Zeit« erschienene »Biographische Lexikon der Gegenwart« und 1895 für die Zeitschrift »Die Zukunft« anläßlich des 80. Geburtstages des Künstlers.[24]

Im Vergleich zu Fontane besaß der Lyriker und Novellist Theodor Storm nicht so viel Sinn für die bildende Kunst, und er hatte nicht so geschulte Augen für die zeitgenössische Malerei und Graphik wie jener. Aber ein gewisses Interesse muß er doch Menzel und seinem Schaffen entgegengebracht haben. In mehreren Briefen an Ludwig Pietsch und Friedrich Eggers hat er den Künstler und dessen Schwager Krigar grüßen lassen. Andrerseits muß Menzel Storm geschätzt haben, zumindest berichtete Pietsch am 7. März 1864 dem Dichter: »Zumal Menzel, Bleibtreu, Konewka [Dohms habe ich seitdem noch nicht gesprochen] sind in vollem Enthusiasmus für Dich.«[25] Nicht zuletzt über einige »Rütli«-Sitzungen war die Bekanntschaft etwas gefestigt worden. Auf einer solchen Veranstaltung, die im Atelier Menzels stattfand, sah Storm beispielsweise die für die Zarin bestimmten Deckfarbenbilder zu dem Album »Das Fest der Weißen Rose« [1854].[26] Wenngleich der Dichter etwas verstimmt war, weil ihm Menzel »nicht einmal ein paar Striche für Constanzens Album gegeben« hatte, so zollte er ihm doch Respekt.[27]

Der Dichter und Schriftsteller Paul Heyse berichtete in seinen Memoiren von einer launigen Aufführung seines »Erstlingswerks« »Der dankbare Räuber«, in der Menzel »in Kinderkleiderchen am Boden kauerte und sehr ernsthaft mit einem hölzernen Pferde spielte.«[28] Daß Menzel, der sehr unter seiner Zwergwüchsigkeit litt, eine derartige Rolle

77 übernommen hat, läßt sich nur damit erklären, daß das Spiel im engsten Bekanntenkreis und zur Ehrung eines Freundes erfolgt ist. In der Tat kannten sich Menzel und Heyse sehr gut, gehörten doch beide dem Kreis um den vielseitigen Kunsthistoriker und Schriftsteller Franz Kugler sowie dem »Tunnel« an. Den Kontakt zwischen ihnen erleichterte einerseits das literarische Interesse Menzels und andrerseits das Verständnis des Dichters für die bildende Kunst. Heyse zeichnete im übrigen selbst und hatte sogar eine Zeitlang daran gedacht, bildender Künstler zu werden. In seinen »Jugenderinnerungen und Bekenntnissen« erwähnte er sein freundschaftliches Verhältnis zu Menzel: »Mit Geibel gemeinsam gab ich dann im Jahre 1852 ein ›spanisches Liederbuch‹ heraus, geschmückt mit einer reizend übermütigen Umschlagvignette von der Hand meines teuren Adolph Menzel, mit dem ich außer den Tunnelsitzungen gute Freundschaft hielt.«[29]

Heyse war gebürtiger Berliner, hatte in seiner Vaterstadt sowie in Bonn klassische Philologie studiert und 1852 den Doktortitel erworben. 1854 heiratete er Margarete, die Tochter Franz Kuglers, und im selben Jahr folgte er einer Berufung des bayerischen Königs Maximilian II. nach München, wo er bis ans Lebensende wirkte. Doch durch den Weggang aus Berlin riß die Verbindung nicht ab. So schrieb Heyse am 17. November 1860 an Fontane: »Und nun tu mir doch den Gefallen, mache meinen Menzel wieder gut. ... daß ich an einer chronischen Treue gegen alte Freunde leide und insbesondere diesen kurz und guten Prachtmenschen ins Herz geschlossen habe, weißt Du so gut wie er selber. Ich komme wohl noch in diesem Jahr zu Atem, dann will ich ihm ein langes Lied singen.«[30] Darauf antwortete ihm Fontane: »Menzel hab' ich Deinen Brief gezeigt; wenn Du noch nicht an ihn geschrieben hast, so tue es nur bald.«[31] Menzel hat Heyse des öfteren in München aufgesucht, und von einer dieser Begegnungen haben sich sogar Fotos erhalten.

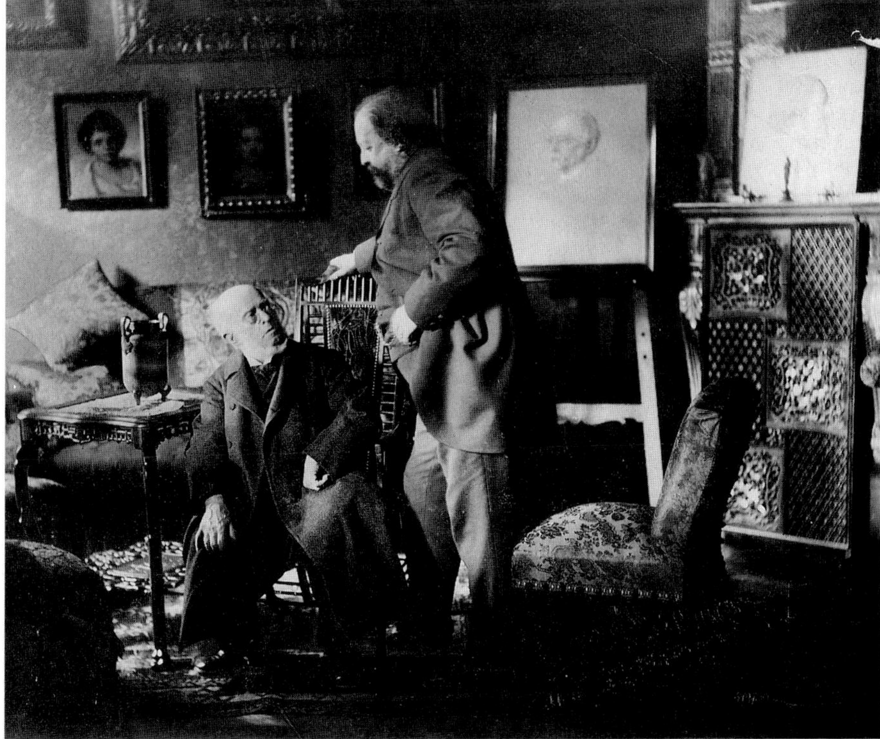

63 Menzel und Paul Heyse in München, 1902, Foto

Als schönstes Zeugnis von Menzels Verehrung des Dichters mag das mit Pastellkreide und Deckfarben angefertigte Porträt Heyses gelten [Farbtafel 2]. Es ist von großer Überzeugungskraft und Lebendigkeit. Lässig sitzt der Dichter mit beiden Händen in den Hosentaschen da, die Jacke aufgeknöpft und die Krawatte leicht verschoben. Doch zu dieser ungezwungenen Haltung befindet sich das Antlitz, das in hohem Maße Konzentration und geistige Spannung verrät, im Kontrast. Dieser wird auch formal betont, indem das Gesicht prägnant vor neutralem Hintergrund herausgearbeitet worden ist, während die Kleidung mit lockerer Hand angedeutet erscheint. Der Dargestellte befindet sich in einer Höhe mit dem Betrachter. Ein wacher Gesprächspartner fordert hier zum Dialog auf.

Außer zu Fontane, Storm und Heyse besaß Menzel Kontakt zu weiteren Schriftstellern und Dichtern des »Tunnels«, so zu Heinrich Smidt, Bernhard von Lepel und Christian Friedrich Scherenberg.

1850 porträtierte Menzel aus Dank für die zum Gemälde »Die Tafelrunde Friedrichs des Großen in Sanssouci« gewährten Modellsitzungen den Schriftsteller und Dichter Heinrich Smidt [Abb. 64]. Dieser war in jungen Jahren zur See gefahren, hatte dann Jura studiert und schließlich eine Anstellung als Bibliothekar im preußischen Kriegsministerium gefunden. Fontane äußerte einmal über ihn: »So langweilig und unbedeutend er war, er war doch ein Talent, beinah ein großes. ... Heinrich Smidts Dramen und Gedichte sind weit mehr unter Durchschnitt, aber wenn er sich seine Blätter zurechtschob und nun seine Feder in zierlicher Handschrift darüber gleiten ließ, so gab das gelegentlich doch unterhaltliche Dinge, deren man sich freuen konnte.«[32] Nach Fontanes Ansicht soll ihm das Nacherzählen von aus Chroniken entnommenen Berichten am besten gelungen sein. Ob es nun das lebensvolle Heraufbeschwören von Historischem oder nur die Hilfsbereitschaft des gütigen und kunstsinnigen Poeten gewesen ist, die Menzel an ihm geschätzt hat, sei dahingestellt, auf jeden Fall strahlt jenes mit farbigen Kreiden geschaffene Porträt viel menschliche Wärme aus und bezeugt Sympathie für den Dargestellten.

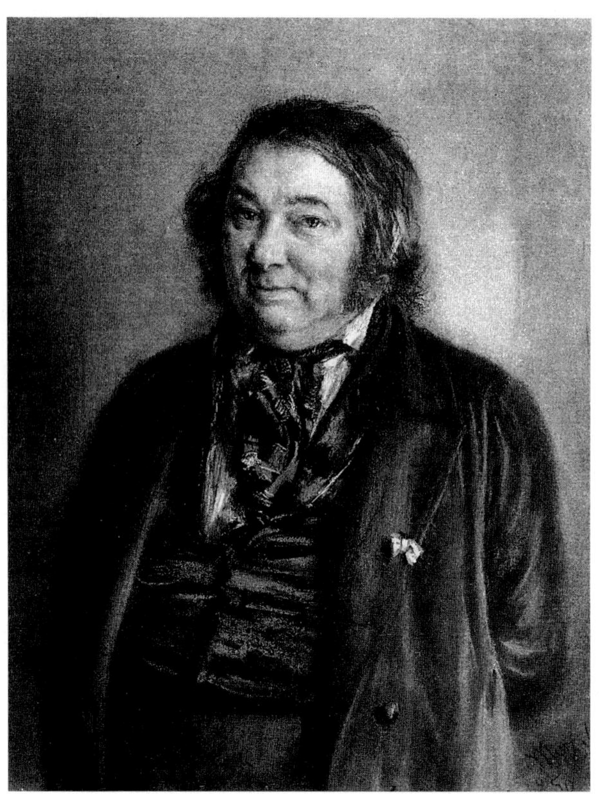

64 Der Schriftsteller Heinrich Smidt, 1850, farbige Kreiden auf braunem Papier

Der Schriftsteller und Offizier Bernhard von Lepel, ein langjähriger Freund Fontanes, bewunderte besonders Menzels Frideriziana. Als im Oktober 1856 vom Künstlerverein eine Feier anläßlich der ersten Ausstellung des Hochkirch-Bildes durchgeführt wurde, trug er selbst sein aus zehn Strophen bestehendes Gedicht »Menzels Überfall bei Hochkirch« vor. In ihm ließ er Friedrich den Großen sagen:

»An Malern fehlt's nicht, wie ich seh,
Ihr habt hier jedes den seinen:
Landschaft und Genre und Porträt –
Und ich – ich habe den meinen!«[33]

Lepel besaß selbst eine starke Neigung zur bildenden Kunst und bewies durchaus einiges Geschick im Zeichnen. Inwieweit Menzel Lepel geschätzt hat, läßt sich schwer sagen.

Der Balladendichter und Epiker Christian Friedrich Scherenberg befaßte sich intensiv mit der friderizianischen Zeit und plante ein aus mehreren Gesängen bestehendes »Kolossalepos« über Friedrich den Großen. 1852 erschien als Teil dieses Vorhabens das Epos »Leuthen«. 1853/54 arbeitete er mit Menzel an dem Erinnerungsalbum zum »Fest der Weißen Rose«, einem Auftragswerk des Hofes. Scherenberg verfaßte die Verse und Menzel schuf großformatige Deckfarbenbilder.[34]

In diesem Zusammenhang ist gleichfalls Berthold Auerbach zu sehen, der jedoch weder dem »Tunnel« noch dem »Rütli« angehört hat. Dieser seit 1859 vorwiegend in Berlin lebende Schriftsteller gilt als Repräsentant der Dorfgeschichte. Wenngleich Menzel mehr das städtische Leben künstlerisch gestaltete, so gab es durchaus Berührungspunkte, nämlich zum einen die liberale und demokratische Haltung und zum andern das Bemühen um realistische Gestaltungsweise. Freilich bewegten sich beide auf unterschiedlichem künstlerischem Niveau, und zweifellos war Menzel der Bedeutendere. Seinerzeit aber war Auerbach ein Erfolgsautor, und der Schriftsteller und Literarhistoriker Eduard Engel, der ihn persönlich gekannt hatte, meinte über ihn: »Er starb 1882, auf der Höhe seines damals noch unerschütterten Ruhmes; er starb ohne den fernsten Zweifel an dessen Unverwelkbarkeit. Um jene Zeit galt Auerbach für einen der größten deutschen Erzähler.«[35] Für Auerbachs Erzählung »Der Blitzschlosser von Wittenberg« zeichnete Menzel zwölf Illustrationen, die als Holzstiche in »Auerbach's Deutschen Volkskalender auf das Jahr 1861« im Verlag von Ernst Keil in Leipzig erschienen.

Offensichtlich haben sich Auerbach und Menzel gut gekannt. Mit großem Interesse verfolgte beispielsweise der Schriftsteller die Arbeiten am »Eisenwalzwerk«. So berichtete er am 28. Februar 1874 dem Vetter Jacob Auerbach: »Ich habe Dir vorgestern geschrieben, lieber Jacob, ehe ich ging, um ein vollendetes Bild meines Freundes Adolph Menzel zu sehen, das er in seiner Wohnung ausgestellt hatte. Ich habe den Beginn des Bildes gesehen, vor bald zwei Jahren, aber das fertige macht einen bewältigenderen Eindruck in der Ausführung wie im Thema.«[36] Und noch ganz unter dem Eindruck dieses Erlebnisses meinte er: »Ich kann das sogenannte Arbeiterleben nicht voll darstellen, dazu fehlt mir die Personenkunde und ein Feststehen in der Arbeiterfrage, d. h. der Fabrikarbeiter. Aber der eben hier tagende Kongreß der Landwirte hat mir die Frage der ländlichen Arbeiter neu erweckt, und da kann ich anfassen, und das will und werde ich, und diese Aufgabe und Pflicht wurde mir wieder neu belebt durch das grandiose Bild Menzels.«[37]

Zu Menzels Freundeskreis gehörte auch der Schriftsteller und Übersetzer Dr. Karl Eitner. Der Schlesier hatte in Breslau Theologie und Philosophie studiert und war später als Privatgelehrter nach Weimar gegangen, wo er auch verstarb. Sein literarisches Werk, so die Novellen »Der moderne Lazarus« und »Der Titanide«, hatten wenig Bestand. Menzel hatte den Freund mehrfach dargestellt, 1848 mit Pastellkreide als Sitzfigur [Berlin, Nationalgalerie] und zwei Jahre darauf mit Deckfarben. Letzteres Porträt überarbeitete er 1900.[38]

Um die Jahrhundertwende nahmen mehrere Schriftsteller und Publizisten Verbindung mit dem greisen Künstler auf, um über den mit Ruhm Überschütteten zu berichten und seine Äußerungen über die eigenen Bilder und die zeitgenössische Kunst festzuhalten. Anregungen erhielt er jetzt nicht mehr von den Leuten der schreibenden Zunft, zumal es sich um Vertreter handelte, die nicht gerade zu den Spitzenkräften ihres Metiers gehörten. Zu erwähnen sind in diesem Zusammenhang vor allem Beta, Norden und Delmar, die sich bemüht haben, die Ansichten des alten Menzel zu überliefern.

Ottomar Beta notierte etwas weitschweifig und selbstgefällig seine Gespräche mit Menzel und veröffentlichte sie in der »Deutschen Revue«.[39] Sie enthalten durchaus Überraschendes. So wurde ihnen zufolge Menzel lange Zeit in dem Glauben belassen, er dürfe entscheidend an der bildkünstlerischen Ausstattung des Neuen Rathauses in Berlin mitwirken. Gleichfalls aufschlußreich sind die dort

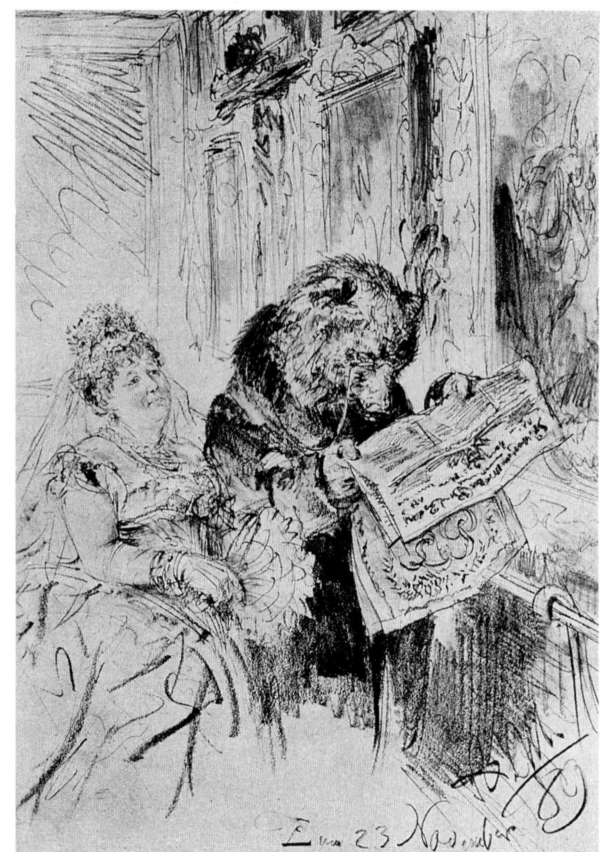

65 Festkarte für Ludwig Pietsch, 1889, photolithographische Reproduktion einer Kreidezeichnung

festgehaltenen Bemerkungen des Künstlers über die Nichtvollendung des Leuthenbildes und über die Entstehung des Krönungsbildes. Da Beta selbst als Maler und Zeichner dilettierte, besaß er ein Gespür für Schaffensfragen.

Betas Entwicklung war recht kompliziert verlaufen. Sein Vater, der Publizist Heinrich Beta, war nach der 48er Revolution wegen einer politischen Broschüre der Anstiftung zum Hochverrat angeklagt worden und deshalb nach England geflüchtet. Ottomar Beta zog 1853 als Achtjähriger zum Vater nach London und kehrte erst 1862, nachdem Wilhelm I. eine Amnestie erlassen hatte, mit ihm nach Berlin zurück. Nach Beschäftigung mit praktischer Ökonomie sowie Studien in Chemie und Landwirtschaft in Halle und Leipzig lebte er seit 1868 als freier Schriftsteller in der preußischen Metropole. Er verfaßte eine Reihe von Dramen, Novellen, Romanen und Essays, die mittlerweile der Vergessenheit anheimgefallen sind.[40]

Julius Norden hatte neben zahlreichen Erzählungen für Kinder und Jugendliche mehrere Schauspiele verfaßt, die ebenfalls kaum noch bekannt sind.[41] Lediglich seine »Berliner Künstler-Silhouetten« [Leipzig 1902] finden noch heute ein gewisses Interesse. Sie enthalten auch jenen Aufsatz »Bei Adolf von Menzel«, der zwei Jahre zuvor in der Zeitschrift »Die Gegenwart« veröffentlicht worden ist.[42] Bemerkenswert sind die dort wiedergegebenen Kommentare Menzels über seine Arbeitsweise.

Auch das literarische Schaffen Axel Delmars ist heute nahezu unbekannt. Seine Libretti und Schauspiele sind gewiß zu Recht von der Nachwelt unbeachtet geblieben.[43] Er besaß eine Vorliebe für die darstellende Kunst. Als Zwanzigjähriger war er Schauspieler geworden. Nach Auftritten in verschiedenen Provinzen kam er 1888 an das Königliche Schauspielhaus in Berlin, wo er kleine Rollen und dann auch die Stelle eines Regieadjunkten erhielt. Mit dem Wechsel in der Direktion gab er diese Tätigkeit auf und begann sich ganz auf die Schriftstellerei zu werfen. Später kehrte er jedoch wieder zur Regiearbeit zurück. Von Oktober 1902 bis Juli 1903 war er, wie bereits an anderer Stelle erwähnt, Menzels Bevollmächtigter in Ausstellungsangelegenheiten, und aus dieser Arbeit resultierten auch die überlieferten Gespräche, die er jedoch im Gegensatz zu Beta und Norden erst nach dem Tode des Künstlers veröffentlicht hat.[44] In ihnen erfahren wir etwas über Menzels Einstellung zum Tode, seine Haltung zu den Friderizíana und seine Meinung über seine frühen Ölskizzen, die er als unfertige Bilder angesehen hat.

Abschließend soll in diesem Zusammenhang noch auf zwei Publizisten und Schriftsteller von beachtlicherem Rang eingegangen werden, die sich größtenteils mit der zeitgenössischen Kunst und selbstverständlich auch mit dem Werk und Wirken Menzels auseinandergesetzt haben. Gemeint sind Ludwig Pietsch in Berlin und Friedrich Pecht in München, die beide als bildende Künstler begonnen, aber sich dann mehr und mehr aufs Schreiben verlegt haben.

Ludwig Pietsch gehörte jahrzehntelang zum Freundeskreis Menzels. 1861 war der Kontakt zustande gekommen, nachdem Pietsch in der Haude- und Spenerschen Zeitung einige Berichte über die erste große Berliner Menzel-Ausstellung geschrieben hatte. 1868 veröffentlichte er dann das »Menzel-Album« im Verlag Gustav Schauers und bedachte auch in der Folgezeit in zahlreichen Aufsätzen und Rezensionen Menzels Kunst mit lobenden und einfühlsamen Worten. Im Jahre 1879 erschien von ihm in der von Paul Lindau herausgegebenen Monatsschrift »Nord und Süd« ein umfänglicher Essay über Menzel, in dem er ihn in die realistische Tradition der Berliner Kunst stellte und kenntnisreich die künstlerische Laufbahn schilderte.[45] Die Freundschaft der beiden Wahlberliner währte bis zu Menzels Lebensende. Zum Geburtstag erhielt Pietsch zumeist eine Zeichnung von dem Künstler, und in den »Persönlichen Erinnerungen an Adolph Menzel« meinte er: »Noch am letzten 25. Dezember [1904] sandte er mir ein solches Blättchen...«[46]

Ein schönes Zeichen der Freundschaft zwischen Menzel und Pietsch ist jene 1889 gezeichnete Festkarte anläßlich von Pietschs 25jähriger Mitarbeiterschaft an der »Vossischen Zeitung« [Abb. 65]. Der Geehrte meinte wenig später zu dieser Darstellung: »Sie zeigt die Verkörperung der ›Tante Voss‹ [der populäre Name für die Vossische Zeitung] in der Gestalt einer mit der Silbermyrte bekränzten Jubelbraut, die am Arm des Berliner Bären eine Kunstausstellung durchwandert. Statt die Gemälde selbst an den Wänden ringsum zu betrachten, vertieft sich der Bär, die Verkörperung von ›Ganz Berlin‹, in die Lektüre des Ausstellungsberichtes von L. P. in der ›Vossischen Zeitung‹, die er in seiner Pranke hält.«[47]

Die Meinungen der Zeitgenossen über Pietsch gingen ziemlich weit auseinander. Iwan Turgenjew, der ihm freundschaftlich verbunden war, nannte ihn einen »Koloß von Geduld und Gutmütigkeit«[48], währenddessen Theodor Fontane über ihn äußerte: »Als Charakter steht er ganz tief, ist Null, zählt nicht mit, aber sein Journalistisches ist nicht bloß ersten Ranges, sondern ganz einzig in seiner Art.«[49] Aber Fontane wies auch auf die Bedeutung Pietschs für Menzel hin: »... wenn sich Menzel auch in erster Reihe selbst gemacht hat, in zweiter Reihe ist er durch L. P. das, was er ist.«[50]

Pietsch wurde als Sohn eines Regierungsrates in Danzig geboren. 1841 ging er nach Berlin und nahm dort an der Kunstakademie das Studium auf. Seit den frühen fünfziger Jahren setzte seine publizistische Tätigkeit ein und schrieb er zahlreiche Kommentare für die »Leipziger Illustrierte Zeitung«. Seit etwa 1858 wandte er sich mehr und mehr der

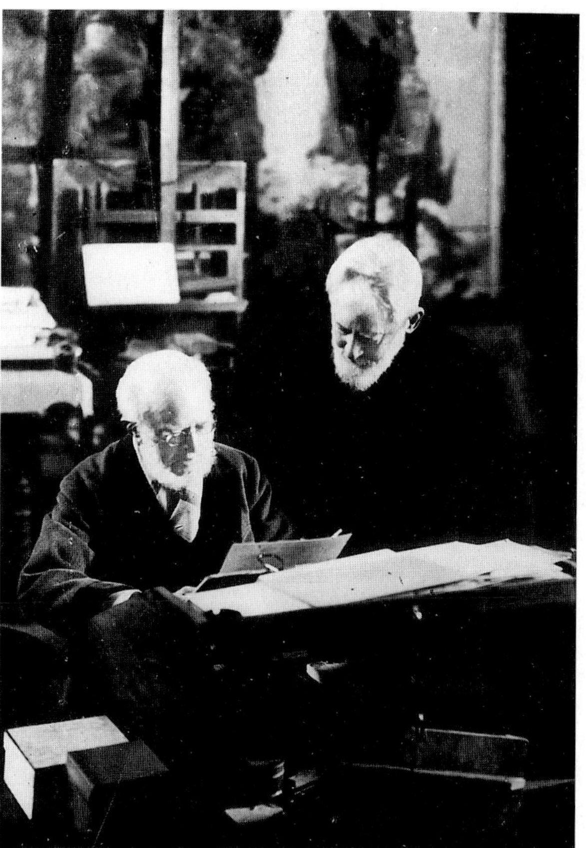

66 Menzel und Ludwig Pietsch, Foto

Kunstschriftstellerei zu, und seit 1864 war er als Mitarbeiter der »Vossischen Zeitung« für Kunstkritik, Gesellschafts- und Reiseberichte zuständig. Als Korrespondent verschiedener Zeitschriften bereiste er viele Länder in Europa, Afrika und Asien. 1870/71 erlebte er den Deutsch-Französischen Krieg im Hauptquartier des Kronprinzen. 1874 begleitete er den Kronprinzen nach Rußland und im Jahr darauf Kaiser Wilhelm I. nach Mailand. In Paris hielt er sich mehrere Male auf, so 1863, wo er bei Charles Gleyre Malstudien trieb, sowie 1867 und 1889, wo er Berichte über die Weltausstellung verfaßte. Auf bildkünstlerischem Gebiet war er vornehmlich als Pressezeichner und Buchillustrator in Erscheinung getreten. Hervorzuheben sind hier seine Illustrationen zu Theodor Storms »Immensee« [1856] und Fritz Reuters »Ut mine Stromtid« [1864/65] sowie seine Zeichnungen für die Zeitschriften »Daheim« und die »Gartenlaube«. Pietsch war ein geselliger Mensch und führte in den siebziger Jahren regelmäßig Sonntagsempfänge durch, zu denen sich etliche bildende Künstler und Schriftsteller einfanden.[51]

Ebenso einflußreich wie Pietsch war seinerzeit der Kunstkritiker und -schriftsteller Friedrich Pecht. 1863 hatte er Menzel persönlich kennengelernt, jedoch schon einige Jahre zuvor mit ihm im Briefwechsel gestanden.[52] In seinem 1879 erschienenen Buch »Deutsche Künstler des neunzehnten Jahrhunderts. Studien und Erinnerungen« widmete er Menzel breiten Raum und wies ihm in der zeitgenössischen Kunst eine herausragende Stellung zu. So meinte er: »Niemals haben wir in Deutschland einen energischeren und glänzenderen Versuch zur Gestaltung einer solch wahrhaft volkstümlichen und lebendigen Kunst gesehen, als er in Berlin gegenüber der herrschenden antikisierenden wie der romantischen Schule durch Menzel gewagt wurde.«[53]

Wie schon angedeutet, war Pecht von Haus aus Maler und Graphiker. In den Jahren von 1839 bis 1841 hatte er in Paris im Atelier von Paul Delaroche gearbeitet. Seit 1854 war Pecht als Kunstreferent der »Augsburger Allgemeinen Zeitung« in München tätig, und seit 1885 gab er die Zeitschrift »Kunst für Alle« heraus. Zweifelsohne zählte er zu den produktivsten Kunstschriftstellern seiner Zeit, wenngleich er in vielem an der Oberfläche blieb.

Am 5. März 1836 schrieb Menzel dem befreundeten Carl Heinrich Arnold: »... ich habe mir seit einiger Zeit viele bedeutende Kunstgenüsse verschafft, ich habe ... eine Symphonie von Mozart, dann die ›Zauberflöte‹ und ›Figaros Hochzeit‹« erlebt. Und weiter meinte er: »Ich bin durch das Hören aller dieser herrlichen Werke zu der Überzeugung gekommen, daß Musik, wenn sie nicht vielleicht die erste Kunst, so doch unstreitig die am unmittelbarsten aufs Herz wirkende ist.«[54] Viele Jahre später äußerte Ottomar Beta in den »Gesprächen mit Anton von Werner« [1898]: »Wir sprachen über die Musik und namentlich über Menzels merkwürdige Empfänglichkeit gegenüber ihren Reizen. Er ist nicht ausübend, aber um so musikalischer auf dem Ohre.«[55] In der Tat, obgleich Menzel nicht tanzte, nicht sang und auch nicht musizierte, war für ihn das Hören von Musik zum festen Bestandteil seines Lebens geworden.

Zunächst erscheint es verwunderlich, daß Menzel im Gegensatz zu seinen Geschwistern, die Klavier spielten, kein Musikinstrument beherrscht hat. Aber wahrscheinlich lag es in erster Linie an der fehlenden Zeit, denn als Kind mußte er zum Broterwerb der Familie beitragen und dann nach dem frühen Tod des Vaters für den Unterhalt der Familie sorgen. Als sich die finanzielle Situation gebessert hatte, trieb ihn der Ehrgeiz weiterhin zur Konzentration auf die bildende Kunst, so daß ihm nur Zeit zum Aufnehmen dargebotener Musik blieb.

Menzel liebte besonders die Kompositionen von Haydn, Mozart, Beethoven und Schubert, und er hörte auch gern Werke von Mendelssohn, Spohr und Brahms. Im Opernhaus war für ihn Mozart, im Konzertsaal Beethoven das Nonplusultra. Im Laufe der Zeit fühlte er sich mehr und mehr den Instrumentalkonzerten verbunden. Er ging regelmäßig in die Symphoniesoireen der Königlichen Kapelle und besuchte bis ins hohe Alter die Konzerte des

Joachim-Quartetts in der Singakademie. Auch während seiner Sommeraufenthalte in Süddeutschland und Österreich nahm er jede Gelegenheit zu Konzertbesuchen wahr. So erinnerte sich der Münchner Orchesterleiter und Hofrat Kaim: »Als das Kaim-Orchester in München zur Freude der Fremden mitten im Sommer 1896 zweimal alle neun Sinfonien Beethovens aufführte, da wurde mir häufig die Anwesenheit von Böcklin, Menzel u. a. gemeldet, und ich ließ mir die Ehre nicht entgehen, die Großen in meiner Eigenschaft als Hausherr zu begrüßen. ... In den folgenden Jahren war Menzel der treueste Besucher der Beethoven-Konzerte des Kaim-Orchesters in Bad Kissingen. Sein Billett erwarb er sich stets sehr zeitig, um sich den gewohnten Eckplatz am Mittelgang zu sichern...«[56]

Doch auch bei Freunden sowie in hochherrschaftlichen Salons hörte er oft Musik. In seiner Wohnung spielten die Geschwister und später der Schwager Krigar Klavier, und ab und an musizierte dort auch das aus Paul Meyerheim, Carl Becker und den Brüdern Begas bestehende Quartett. Gern ging er zu diesen Künstlerkollegen, wenn sie Hausmusik machten, und des öfteren erlebte er in den Vereinen, denen er angehörte, Musik. Im »Tunnel« wurden beispielsweise anläßlich der Festsitzungen Quartette und Chorgesänge dargeboten. Zu den herausragenden Musikern dieser Vereinigung gehörte Wilhelm Taubert, der 1842 zum Direktor der Oper in Berlin ernannt worden war und die Symphoniekonzerte der Königlichen Kapelle initiiert hatte. Er war Klaviervirtuose, Dirigent, Komponist und Musikpädagoge.

Adolph Menzel porträtierte einige Persönlichkeiten aus dem Berliner Musikleben. So malte er 1854 das Bildnis von Professor Siegfried Dehn [Halle, Galerie Moritzburg]. Dieser war Sohn eines Altonaer Bankiers und hatte seit 1819 in Leipzig Jura studiert. 1823 war er nach Berlin gegangen, wo er zunächst an der schwedischen Gesandtschaft arbeitete. Als er 1829 sein Vermögen verlor, widmete er sich ganz der Musik. Durch Fürsprache von Giacomo Meyerbeer wurde er 1842 Kustos der Musiksammlung der Königlichen Bibliothek. 1849 wurde er zum Professor ernannt und als Mitglied in die Akademie der Künste aufgenommen. Dehn hatte sich als Lehrer für Musiktheorie und als Redakteur der Musikzeitschrift »Cäcilia« [von 1842 bis 1848] sowie durch zahlreiche Publikationen einen Namen gemacht. Menzel hielt ihn auf dem etwas konventionell wirkenden Brustbild als freundlich Dreinschauenden fest. Über Dehn war übrigens Menzels Verbindung zu dem Komponisten Bernhard Scholz zustande gekommen. Dieser überlieferte in seinen Memoiren die persönlichen Kontakte mit dem Künstler während seines 1866 begonnenen zweiten Berlinaufenthaltes: »Natürlich knüpfte ich die früher durch Dehn angebahnte Beziehung zu Adolph Menzel und seinem Schwager Krigar wieder an. Menzel kam gern, wenn bei mir musiziert wurde; der später so zugeknöpfte Meister verbrachte damals manchen gemütlichen Abend im kleinen Kreis bei uns.«[57]

Menzel kannte eine ganze Reihe hochberühmter Musiker und Komponisten persönlich, so Ludwig Spohr, Johannes Brahms, Richard Wagner, Joseph Joachim und Paoline Viardot. Den Geigenvirtuosen, Komponisten und Dirigenten Ludwig Spohr lernte er 1847/48 im Hause von Carl Heinrich Arnold in Kassel kennen. Spohr, der von 1822 bis 1857 dort als Hofkapellmeister und Generalmusikdirektor tätig war, prägte das Musikleben der Residenz. Menzel hatte in Kassel mehrfach Gelegenheit, ihn als Dirigenten zu erleben, jedoch beurteilte er dessen Leistung recht kritisch. So berichtete er in einem am 26. September 1847 verfaßten Brief dem Bruder Richard: »Das Theater habe ich auch viel gesehen, ... die ›Zauberflöte‹, ›Don Juan‹. ... das Orchester ist gut, aber was mich bedeutend mehr frappiert und schockiert hat: Spohr scheint kein Gefühl von Tempo zu haben. Nur ein Beispiel von vielen: die Tränen-Arie ging im Trabe!«[58] Gelegentlich muß Spohr wohl auch Konzerte mit schlechten Musikern geleitet haben. Zumindest ist in einem Brief Menzels an die Geschwister eine darauf gerichtete Kritik enthalten. Darin berichtete er nämlich über das am 24. Januar 1848 anläßlich der 25. Stiftungsfeier des Kasseler Cäcilienvereins gegebene Konzert: »Die Wahl der Stücke sehr schön, nur allein Mozart, Haydn, Beethoven, Spohr, Mendelssohn; das half aber alles nichts, es war trotzdem alles nur seer scheene! Polyphem Spohr stand in der Mitte und tachtelte die Luft. Die Sopräne pfiffen entweder 2 Löcher zu hoch oder zu tief, die Bässe aber hatten, soviel ich erkennen konnte, zusammen volle 32 Zähne. Den Kelch voll zu machen, trat noch eine extrafette Schauspielerin auf und suchte Mendelssohns Namen zu beflennen, – wäre ich ein Kater gewesen, ich hätte mich beim Schwanze aufgehangen.«[59]

Am 1. April 1861 schrieb Menzel ironisch an Dr. Wilhelm Puhlmann: »Ich habe nämlich, durch die ganze neuere hiesige ästhetische Presse zum Idealen hingedrängt, auch meinerseits in einer kleinen Arbeit mich unabhängig erklärt von jenem ideenarmen Streben nach gemeiner Realität und ein lebensgroßes Porträt Robert Schumanns gezeichnet, ohne ihn je bei seinem Leben gesehen zu haben.«[60] Als besagtes Bild dem Dichter Storm gesandt wurde, bemerkte dieser in einem an Ludwig Pietsch gerichteten Brief: »... ich weiß nicht recht, wem ich zu danken habe für das Schumann-Bild. Es ist interessant, aber wenig erquicklich. Übrigens sieht es mir gar nicht wie eine Menzelsche Arbeit aus.«[61]

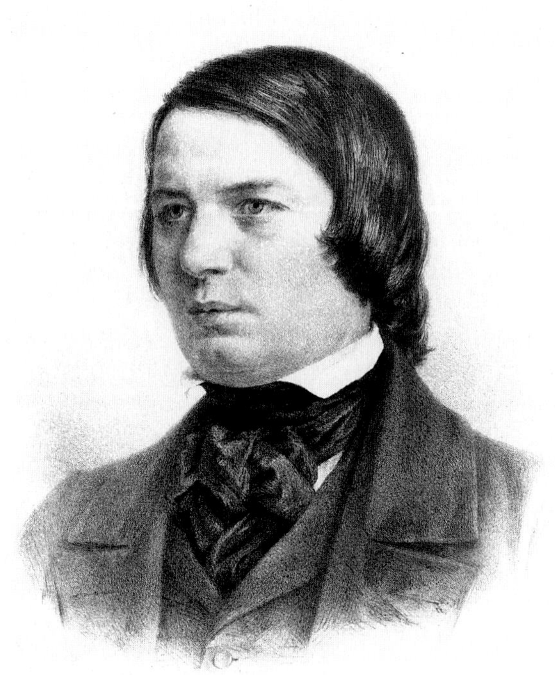

67 Gustav Heinrich Gottlob Feckert, Robert Schumann, Lithographie nach einer Zeichnung Menzels

Gesehen hat Menzel jedoch Clara Schumann, und zwar anläßlich eines Konzerts im Jahre 1854, als sie mit dem Geiger Joseph Joachim in Berlin auftrat. Auf einer Pastellzeichnung gab er das Spiel der beiden wieder [Abb. 68]. Es ist anzunehmen, daß Menzel sie noch des öfteren in Berlin erlebt hat. Eine engere Verbindung bestand allerdings nur zu Joachim.

Joseph Joachim war schon 1853 als Geigenvirtuose aufgetreten. Damals war er noch in Weimar angestellt. 1854 war er jedoch nach Hannover gegangen, und als die Residenz nach Preußens Sieg über Österreich preußische Provinz wurde, übersiedelte er mit seiner Frau, einer begabten Oratorien- und Liedersängerin, nach Berlin, wo er bald zu einer Lichtfigur des Musiklebens aufstieg. Hier gründete er das Joachim-Quartett, das über Jahrzehnte hinweg Musikinteressierte in aller Welt begeisterte und deren Berliner Konzerte Menzel regelmäßig besuchte. 1869 wurde Joachim Direktor der neugegründeten Hochschule für Musik. Die persönliche Bekanntschaft mit ihm hatte Menzel wohl dem Schwager Krigar zu verdanken, in dessen Wohnung Joachim mehrfach geprobt hat. Als Zeichen seiner Verehrung übersandte Menzel dem berühmten Musiker zum 58. Geburtstag eine Bleistiftzeichnung, die einen Herrn an der Tür zum Kammermusiksaal zeigt. Der offensichtlich zu spät Gekommene lauscht dem bereits begonnenen Konzert durchs Schlüsselloch. Unter diese Szene schrieb Menzel: »Herzliche Wünsche zum 28. Juni 89 von einem der mehr als einmal um den ersten Satz gekommen [siehe oben] Adolph Menzel.«[62]

Sein Schwager Krigar wußte ihn für die Musik von Brahms zu gewinnen. Seit 1890 bestand zwischen Menzel und dem Komponisten persönlicher Kontakt[63], der im folgenden Jahr gefestigt wurde, als Brahms nach Berlin reiste, um dort am 12. Dezember der Uraufführung seines Klarinetten-Trios und -Quintetts unter Joseph Joachims Leitung beizuwohnen. 1894 hatte dann Menzel während seines Wiener Aufenthaltes den Komponisten besuchen wollen, ihn aber nicht angetroffen. So ließ er sich wenigstens von der Vermieterin, Frau Dr. Truxa, die in der Karlsgasse gelegene Wohnung zeigen und hinterließ auf einem Zettel die Notiz: »Wollte mich nur einmal in Eurem Dunstkreis baden.«[64] Doch schon wenig später kam in Ischl das erwünschte Zusammentreffen zustande. Acht Tage lang sahen sie sich dort und disputierten ausgiebig. Brahms hatte daran gedacht, im folgenden Jahr Menzel zum 80. Geburtstag persönlich zu gratulieren, aber schließlich kam er doch erst einige Wochen später, nämlich im Januar 1896, nach Berlin. Menzel ließ es sich nicht nehmen, nur mit Brahms allein eine Nachfeier im Atelier durchzuführen. Von zehn Uhr vormittags bis zum späten Nachmittag verbrachten sie bei Austern, Rheinwein und Sekt angenehme Stunden.[65] Auch in den nachfolgenden Tagen sahen sie sich noch mehrfach, vor allem in Frederichs Weinstuben. Bald darauf, am 4. Februar 1896, schrieb Brahms an Clara Schumann: »Ich wollte versuchen, Dir einiges zu plaudern von Menzel, dem großen Künstler [wohl dem größten unserer Zeit] und dem prächtigen Menschen, da fällt mir ein, daß es einfacher ist, Dir beifolgendes Heft zu schicken. Magst Du es durchblättern, so erzählt es doch mehr, als ein Brief kann. Mir ist es ein besonderes Pläsier, daß er der einzige unserer berühmten Männer ist, der in bescheidenen bürgerlichen Verhältnissen lebt. Seine Zimmer sind nicht halb so hoch und groß wie die Deinen, und ein so übereinfaches Atelier hast Du noch nicht

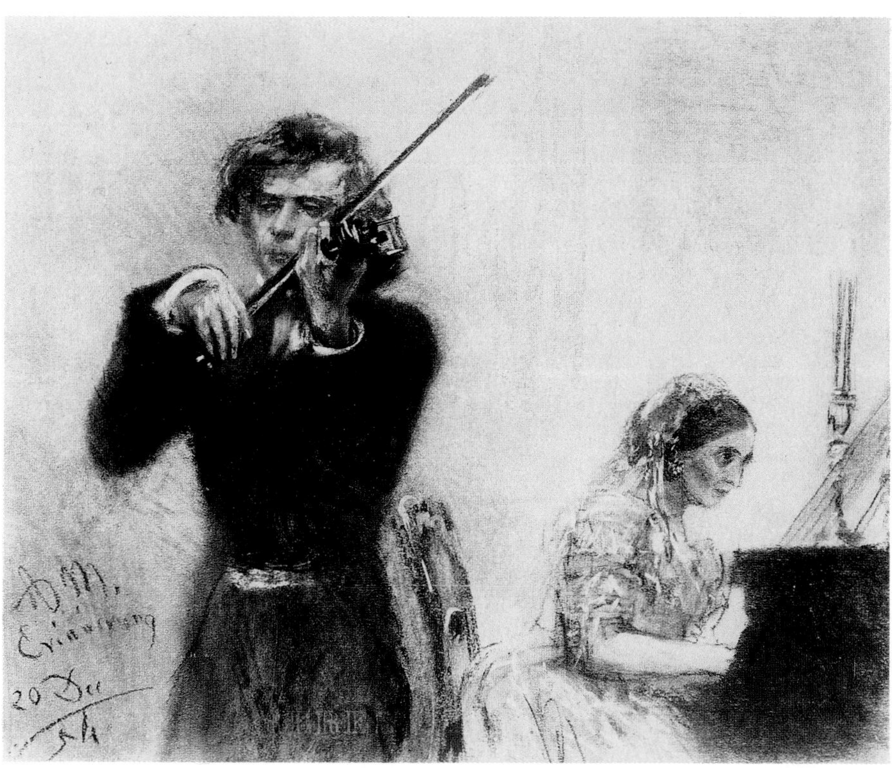

68 Clara Schumann und Joseph Joachim, 1854, Pastell

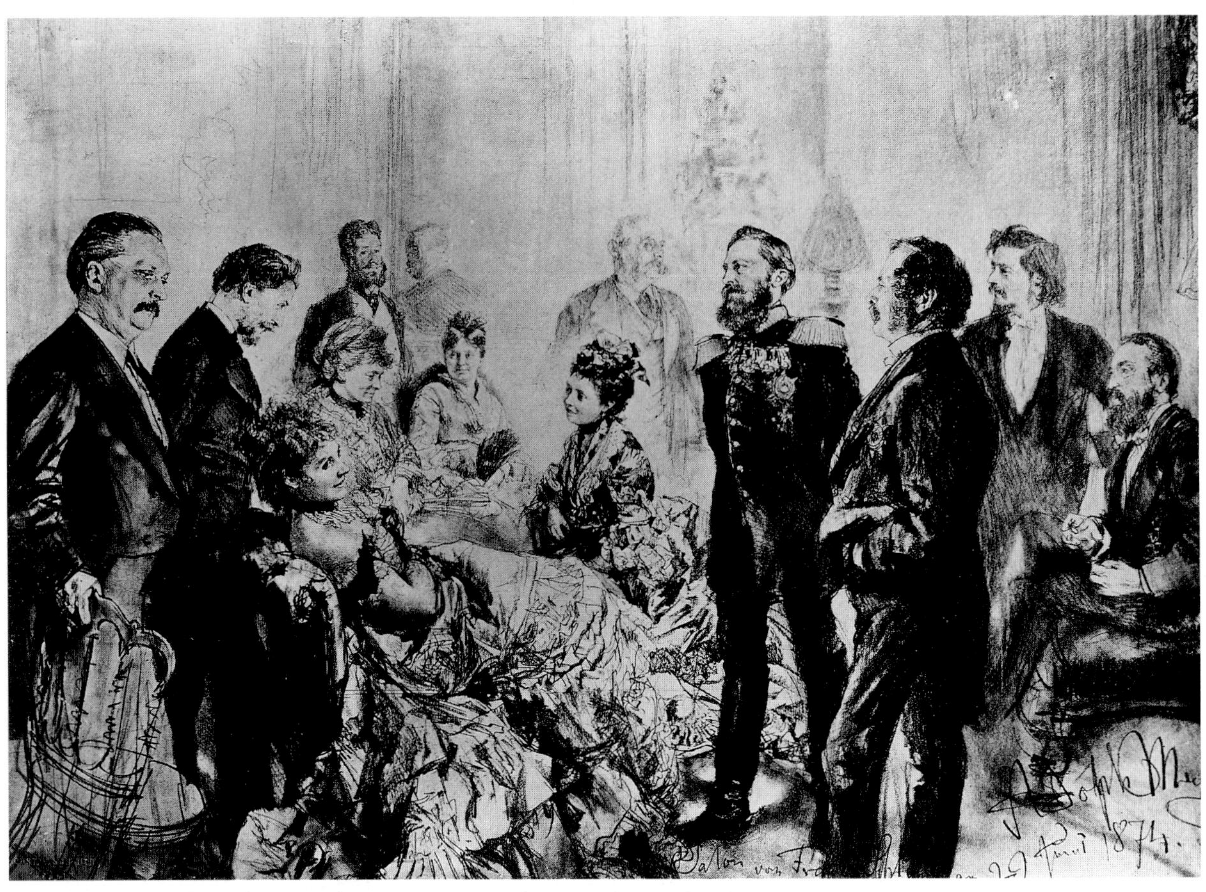

69 Salon der Frau von Schleinitz am 29. Juni 1874, 1874, Bleistift

gesehen. Die Lebenslust und -kraft des 80jährigen kleinen Mannes würde Dich gewiß amüsieren. Wenn ich in Berlin bin, kommt er immer gegen Mitternacht in das Wirtshaus oder, wo ich sonst bin, ... andere möchten gern gehen!«[66] Über die Verbindungslinien zwischen Brahms und Menzel schrieb später Konrad Huschke: »Beide grimmige Verächter allen hohlen Scheins und leeren Phrasentums, beide von kernigem, knorrigem, ja borstigem Wesen, wahr bis zur Schroffheit, nach schwerer Jugend durch eigene Kraft zu Großem emporgestiegen, dabei voller Humor und auch der Schlagkraft des Witzes von Herzen zugetan, dazu Hagestolze [wenn auch unfreiwillige] von ausgeprägtem Typ und nicht zum wenigsten Freunde eines guten Tropfens, fanden sie, geistig und seelisch, so viele Berührungspunkte, daß sie, nun außerdem durch die Liebe zur Kunst und die gegenseitige Bewunderung verbunden, sich nur immer wieder anregen, erheben und erfreuen konnten.«[67] Aber ein Brahmsporträt von Menzels Hand ist nicht bekannt.

Obgleich der Schwager Krigar ein glühender Wagner-Verehrer war, hielt sich Menzels Interesse für diesen Komponisten in sehr engen Grenzen. Menzel hatte Wagner mehrere Male gesehen. Ob dabei Gespräche zustande gekommen sind, sei dahingestellt. Am 17. Januar 1873 begegneten sie sich im Hause des preußischen Staatsmannes Alexander Freiherr von Schleinitz, als Wagner vor einem Kreis Musikinteressierter aus der »Götterdämmerung« las. Vor allem die Gräfin von Schleinitz, die der Wagner-Bewegung in Berlin kräftige Impulse vermittelte, hatte schon über Jahre in diesem hochherrschaftlichen Haus in der Wilhelmstraße 73 allwöchentlich Gelehrte, Künstler und Kunstinteressierte zu Gesprächsrunden zusammengeführt.[68] An ihnen hatten sich des öfteren auch der Kronprinz und die Kronprinzessin beteiligt. 1874 hielt Menzel eine solche Abendgesellschaft in einer großformatigen Zeichnung fest. Anton von Werner, der auf ihr gleichfalls verewigt worden war, meinte später in seinen Memoiren: »Menzel stiftete die Zeichnung zugunsten des Festspielhauses in Bayreuth, für das auf Anregung der Gräfin Schleinitz auch von einer Reihe anderer Berliner Künstler Arbeiten gestiftet worden waren. Menzels Zeichnung erwarb H. v. Angeli. Die Gräfin Schleinitz war eine ebenso große Verehrerin von Richard Wagner wie eine tatkräftige Protektorin seines Unternehmens, das sie auf jede Weise zu unterstützen und zu fördern suchte.«[69] Zu weiteren Begegnungen zwischen Menzel und Wagner kam es dann 1875 in Bayreuth, wo der Künstler am 7. und 8. August den Komponisten bei der Arbeit zeichnete. Hierüber schrieb der österreichische Porträtmaler Heinrich von Angeli: »Und ein anderesmal war es im Halbdunkel einer Probe im Festspielhaus zu Bayreuth. Richard Wagner saß am Dirigentenpult. Ich sah, wie Menzel plötzlich zu stricheln begann, und bat ihn später, mir das Blatt zu zeigen. Es gibt wohl wenige Bildnisse Wagners, die den Meister so charakteristisch vorführten wie die entstandene Skizze Menzels.«[70] Im darauffolgenden Jahr erlebte Menzel auch die Bayreuther Erstaufführung des Ringes der Nibelungen.

Durch Vermittlung von Ludwig Pietsch machte Menzel 1865 die Bekanntschaft mit der Spanierin Paoline Viardot-Garcia, die in den Jahren von 1835 bis 1861 eine berühmte Mezzosopranistin gewesen und auch als Komponistin in Erscheinung getreten war. In ihrem Baden-Badener Hause war übrigens auch Turgenjew häufiger Gast. Wahrscheinlich hatte Ludwig Pietsch sie über ihn kennengelernt. Ihr zu Ehren gab Pietsch in seiner in der Bendlerstraße gelegenen Wohnung mehrere Abendgesellschaften, auf denen sie u. a. Arien von Händel, Gluck und Mozart, Lieder von Schubert und Schumann sowie spanische Volkslieder vortrug. Menzel erlebte sie dort und war begeistert. Pietsch schrieb darüber in den »Persönlichen Erinnerungen an Paoline Viardot«: »Menzel, der für Frauen und Künstlerinnen sonst so wenig übrig hatte, war von dieser doch im Innersten gepackt und eingenommen. Er gab für sie dann eine wahre Elitegesellschaft in seiner und seines Schwagers Krigar Wohnung. Er zeichnete ihren Kopf, den er später auch in seiner prachtvol-

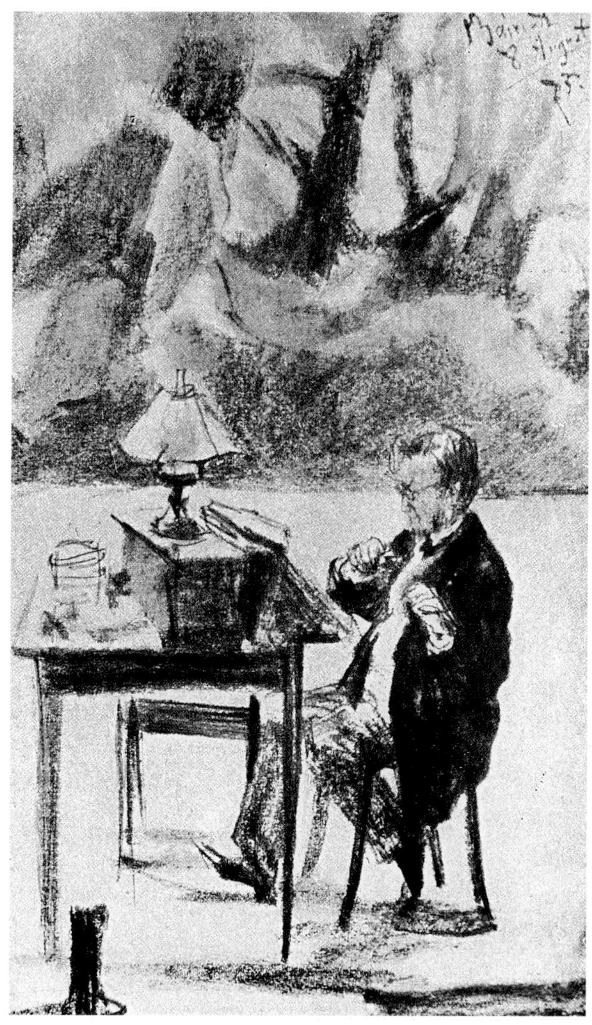

70 Richard Wagner auf der Probe zu Bayreuth, 8. August 1875, Bleistift

len Titelblattkomposition zu den ihr gewidmeten ›Spanischen Liedern‹ seines Schwagers Krigar angebracht hat.«[71] [Siehe Abb. 15].

Menzels Verehrung von Musikern sowie seine Liebe zur Musik haben vielfältigen Niederschlag in seiner Kunst gefunden. Mit dem Leben von Mozart und Beethoven hat er sich mehrfach in Zeichnungen auseinandergesetzt. Als er sich 1852 erstmals in Salzburg aufhielt, brachte er sogleich das Geburtshaus Mozarts in der Getreidegasse zu Papier. Später hielt er in dieser Stadt den Aufstieg zum Zauberflöten-Häuschen auf dem Kapuzinerberg fest.[72] Zudem fertigte er eine Bleistiftzeichnung an, die »Mozart als Knaben am Klavier« zeigt.[73] Den Spuren Beethovens ist er gleichfalls gefolgt. Als er im Sommer 1874 in Wien weilte, zeichnete er das Sterbezimmer im ehemaligen Schwarzspanierhof und ein Jahr darauf das Treppenhaus dieses Gebäudes. Er hat auch ein Porträt des Komponisten sowie dessen Grab gezeichnet.[74]

Eines der bekanntesten Gemälde Menzels, »Das Flötenkonzert«, ist dem Thema Musik gewidmet. Allenthalben lassen sich im Œuvre des Künstlers auch Darstellungen zum zeitgenössischen Musikleben finden. Musizierende Freunde und Bekannte gab er ebenso wieder wie berühmte Solisten, und er schuf Bilder von Haus-, Salon- und Orchesterkonzerten sowie von Aufführungen des Musiktheaters.

1851 malte er ein Salonkonzert [Farbtafel 3], wobei ihn besonders die Publikumsreaktionen und Lichtwirkungen interessierten. In seiner erst spät bekannt gewordenen Ölstudie »Théâtre du Gymnase« [1856, Berlin, Nationalgalerie] entwarf Menzel ein äußerst lebendiges und einprägsames Bild von der Atmosphäre zwischen Zuschauern, Musikern und Schauspielern sowie von dem Gegensatz von erleuchteter Bühne und dunklem Zuschauerraum. Und 1862 schuf er das Ölbild »Im Opernhaus« [Hamburg, Kunsthalle], das den Blick auf eine offenstehende Loge zeigt. Im Vordergrund der Komposition geleitet ein Herr im Frack und mit Ordensbändern um den Hals eine Dame zum Platz. Das Bild wirkt wie ein Schnappschuß: Menschen werden in Bewegung erfaßt und Figuren angeschnitten, und neben stärker ausgeführten Partien stehen skizzenhaft anmutende. 1871 gab dann Menzel mit Deck- und Wasserfarben ein Bilse-Konzert wieder [Farbtafel 4]. Der Militärkapellmeister Benjamin Bilse hatte mit seinem Orchester in den siebziger Jahren starke Resonanz vor allem beim Bürgertum gefunden. Die Auftritte erfolgten im Konzerthaus am Dönhoffplatz zu Berlin. Gerhart Hauptmann war in jungen Jahren häufig dorthin gegangen und erinnerte sich später: »Dort saßen die Männer hinter Bierseideln, die Frauen hinter Strickstrumpf und Kaffeetasse, Mutter brachte die Kinder mit ... die Banalität hörte auf, sobald der Meister den Taktstock erhob, um das Mittelstandspublikum des geräumigen Vergnügungsetablissements mit großer Musik zu speisen. Während die Klänge rauschten, wurde der Wirtschaftsbetrieb nicht abgestellt, nur daß die Kellner, wenn sie Bier oder Speisen brachten, auf leisen Sohlen einherschritten und sich mit den Gästen nur pantomimisch verständigten. ... Durch den befrackten, ordensbesternten Militärkapellmeister, der sogar den Bogenstrich seiner Geiger exakt und einheitlich regelte, haben wir Haydn, Mozart, Gluck, Beethoven, Schubert, Weber, Wagner und Brahms kennengelernt. Und manche der Sinfonien, Ouvertüren und sonstigen Musikstücke konnten wir wieder und wieder genießen, bis sie uns vertraut waren.«[75] Von der hier beschriebenen Atmosphäre hat Menzel zweifelsohne sehr viel eingefangen.

Schließlich sei in diesem Zusammenhang noch auf das 1884 entstandene Deckfarbenbild »Matinée« [Verbleib unbekannt] hingewiesen, auf dem eine elitäre musikalische Unterhaltung wiedergegeben worden ist. Eine kleine Gesellschaft folgt dort der Darbietung einer Pianistin und eines Sängers.

Menzels Verhältnis zum Theater ist schwerer als das zur Musik und Literatur zu rekonstruieren. Seine Aussagen über Theaterbesuche sind vergleichsweise rar, und zudem irritieren einige widersprüchliche Überlieferungen. Auf jeden Fall wandelten sich seine Theaterinteressen. Als er sich beispielsweise 1847/48 in Kassel aufhielt, sah er sich im dor-

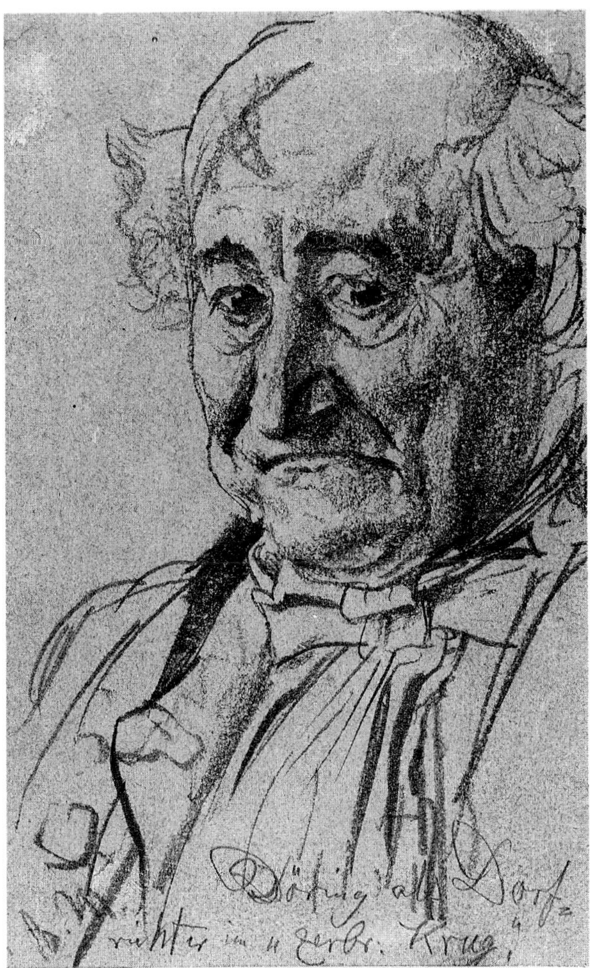

71 Der Schauspieler Theodor Döring, Bleistift auf blauem Papier

tigen Hoftheater die Trauerspiele »Uriel Acosta« von Karl Gutzkow und »Monaldeschi« von Heinrich Laube an. Im Alter hatte er hingegen nur noch wenig Sinn für Stücke zeitgenössischer Autoren. So schrieb Paul Meyerheim: »Jedoch blieb er der modernen Theaterliteratur gegenüber fremd und ging nur in klassische Stücke, welche ihm schon bekannt waren. Wenn ich versuchte, ihn zu einem neuen Stück, etwa von Gerhart Hauptmann, zu überreden, so meinte er: ›Ich kann der Sache gar nicht folgen, ich beobachte immer, was die Leute anhaben, wie sie beleuchtet sind und was für Gruppen sie bilden, und darüber geht mir das Stück verloren.‹«[76] Der fast 86jährige Menzel vertrat die Ansicht: » – überhaupt, zum Theatergenießen tauge ich nicht mehr. Im ›Lachstück‹ lache ich nicht – «.[77]

Nach Joachim von Kürenberg soll sich Menzel gern im Wallner-Theater Possen mit der Schauspielerin Anna Schramm angeschaut haben, und er meinte: »Mehreremal hat er sie in ihrer Glanzrolle als ›Madam Bonivard‹ gesehen, später auch als Königliche Hofschauspielerin im Grand Hotel Alexanderplatz, wo sie mit ihrem weißen Kakadu im vierten Stock hauste, besucht.«[78] Aber das muß wohl während ihres ersten Engagements an dieser Spielstätte [das bis Anfang des Jahres 1868 währte] gewesen sein, denn als dort die Schauspielerin Ernestine Wegner unter Theodor Lebrun populär wurde, muß Menzel nicht mehr hingegangen sein. Wenigstens überliefert Ottomar Beta eine Begegnung von dem Künstler mit ihr, bei der er gesagt haben soll, daß er weder sie noch das Wallner-Theater kenne.[79]

Menzel besaß zu einigen namhaften Theaterleuten persönlichen Kontakt, so zu der italienischen Schauspielerin Eleonora Duse, die zu den bedeutendsten Tragödinnen ihrer Zeit zählte und 1893 in Berlin in Sudermanns »Heimat« die Magda spielte, des weiteren zu Richard Kahle, der von 1870 bis 1899 am Königlichen Schauspielhaus wirkte, und zu dem volkstümlichen Charakterdarsteller Theodor Döring. Letzteren studierte er im Hinblick auf die Kleist-Illustrationen in der Rolle des Dorfrichters Adam. Damals zeichnete er auch den betagten Interpreten [Abb. 71]. Mit Theaterdirektoren und Regisseuren stand Menzel gleichfalls in Verbindung, so mit Ludwig Barnay, der von 1888 bis 1894 das Berliner Theater leitete, des weiteren mit Siegmund Lautenburg, dem Direktor des Residenztheaters in Berlin von 1887 bis 1904[80], und mit Max Reinhardt, den er beriet, als dieser seine erste Berliner Inszenierung von Lessings »Minna von Barnhelm« vorbereitete.

Neben den Illustrationen zu Kleists »Zerbrochenem Krug« sind die Gemälde »Théâtre du Gymnase« [1856] und »Bauerntheater in Tirol« [1859] die wichtigsten bildkünstleri-

schen Zeugnisse von Menzels Auseinandersetzung mit dem Theater.[81] Hatte er sich bei dem erstgenannten Tafelbild auf den Besuch eines Großstadttheaters, so bei letztgenanntem auf den einer ländlichen Spielstätte bezogen. In Kufstein hatte er nämlich die Aufführung eines Passionsspieles in einer Bretterscheune miterlebt und seine Beobachtungen ins Bild gesetzt. Bei dem »Bauerntheater« [Hamburg, Kunsthalle] interessierten ihn nicht die Akteure, sondern die Reaktionen der einfachen Leute auf die Darbietung. Einige 90
vom Licht getroffene Zuschauer sind prägnant herausgearbeitet worden, andere wiederum verlieren sich in der Dunkelheit. Menzel hat eine Störung des Ablaufs festgehalten. Offensichtlich ist die Tür geöffnet worden, so daß grelles Sonnenlicht in den Raum dringt. Einige wenden sich deshalb vom Theatergeschehen ab und schauen auf den Störenfried, der sich ebenso außerhalb des Bildes befindet wie die Schauspieler.

Menzels Verhältnis zu Auftraggebern

Monographien und Aufsätze über Menzels Schaffen sagen generell erstaunlich wenig über das Verhältnis des Künstlers zu Auftraggebern aus und merken kaum etwas zur Einflußnahme von Bestellern auf die Bildfindungen und -gestaltungen an. Die Kunstgeschichtsschreibung des späten 19. und über weite Strecken auch die des 20. Jahrhunderts richtete sich zu sehr auf das Werk an sich und den Kampf der Kunstrichtungen und -strömungen, so daß bei kunstwissenschaftlichen Untersuchungen die Kunstverhältnisse und insbesondere die Beziehungen zwischen Auftraggeber und Künstler leicht an die Peripherie oder ganz aus dem Auge gerieten.

Auch im 19. Jahrhundert wurde von Auftraggebern die Entstehung von Bildern initiiert und beeinflußt, wenngleich, insgesamt gesehen, die Bereitschaft unter den Künstlern nachließ, auf Auftraggeberwünsche einzugehen. Einige künstlerische Aufgaben im Bereich der Bildkunst brachten nach wie vor eine ganz beträchtliche Mitsprache des Auftraggebers mit sich, so beispielsweise bei Porträts, architekturgebundenen Bildern und gebrauchsgraphischen Arbeiten. Das immer mehr um sich greifende Schaffen für einen fremden Markt, das Erarbeiten von Bildern für potentielle Käufer, hatte zwangsläufig zur Folge, daß die direkte Einflußnahme auf die Bildgestaltung nachließ. Dafür reagierten Künstler immer sensibler auf Kunsterwartungen und Kauftrends. An dieser Entwicklung hatten Kunstvereine erheblichen Anteil. Sie organisierten Ausstellungen, die für den Bildverkauf wichtig wurden, kauften Werke an und gaben auch einige Arbeiten in Auftrag. Daneben spielten für den Kunstmarkt Kunsthändler und Verleger eine immer größer werdende Rolle.

Ein Blatt der lithographischen Folge »Künstlers Erdenwallen« [1833], das Menzel mit der Unterschrift »Wirklichkeit« versehen hat, zeigt einen Künstler, der finsteren Blicks und ganz verbissen eine neben ihm thronende häßliche Frau porträtiert [Abb. 72]. Hinter ihm steht selbstgefällig der Auftraggeber des

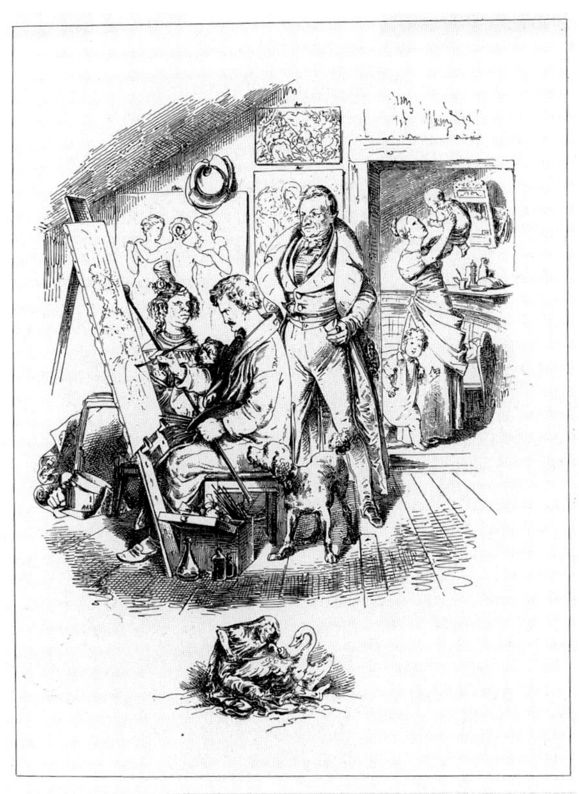

72 »Wirklichkeit«, aus »Künstlers Erdenwallen«, 1833, Federlithographie

Bildnisses und wacht darüber, daß seine Vorstellungen gehörig berücksichtigt und entsprechende Verschönerungen vorgenommen werden. Wegen dieser Brotarbeit mußte der arme Künstler in seiner Dachkammer anderes, seinem hohen Berufsethos Gemäßeres, vernachlässigen. Der Auftraggeber erscheint als Übeltäter, der seine Auffassungen dem Bildschöpfer oktroyiert und vom eigentlichen Wege abdrängt. Es mutet freilich wie ein Treppenwitz der Kunstgeschichte an, wenn man bedenkt, daß Menzel die Blätter dieser Folge unter Regie seines Auftraggebers Louis Friedrich Sachse geschaffen hat.

Menzel besaß zu Aufträgen keineswegs eine ablehnende Haltung. In einem Brief, den er 1890 an den Maler und Graphiker Otto Greiner gerichtet hat, steht demgemäß: »Im Leben heißt das bittere Kraut ›Muß‹, auch ›Friß Vogel oder stirb‹. Man weiß von Leuten, und zwar die heute ziemlich was gelten, an die in ihren hilflosen Jugendtagen noch andere Ansinnen gestellt wurden. Und mußte alles als Gelegenheit zum Üben und Lernen mitbenützt werden. Es ist kein anderer Weg als der da heißt, ›sich aus allem eine künstlerische Aufgabe machen‹ – sofort hält man nichts mehr für seiner unwürdig, auch ›süßes Zeug‹ wird interessant, lehrreich, sogar schwer. Das Leben hat für verneinende Gesinnungstüchtigkeit der Jugend wenig übrig nach solcher Seite hin. Unverdrossene Leistung ist wertvoller, früher oder später auch fördernder.«[1]

Für Menzel war es eine überaus glückliche Fügung, daß er schon in den dreißiger Jahren des 19. Jahrhunderts mit einflußreichen Persönlichkeiten des geistig-kulturellen Lebens der Stadt bekannt wurde, so mit Louis Friedrich Sachse, Ignaz von Olfers, Julius Eduard Hitzig, Franz Kugler und Eduard Magnus, und daß er mit kunstsinnigen Unternehmern außerhalb Berlins Kontakt hatte, vor allem mit dem Tapetenfabrikanten Carl Heinrich Arnold in Kassel und dem Verleger Johann Jakob Weber in Leipzig. Sie hatten erheblichen Anteil an Ankäufen und Bestellungen von Werken Menzels.

Ein Blick auf verschiedene Zeitspannen seiner künstlerischen Laufbahn ergibt, daß sich die Struktur der Auftraggeber und Käufer seiner Bilder verändert hat. Im Vormärz [also von etwa 1830 bis 1848/49] arbeitete Menzel fast ausschließlich für bürgerliche Auftraggeber, und zwar für Verleger, Kunsthändler und Besitzer lithographischer Werkstätten, nämlich für Sachse, Bechtold und Hartje, E. H. Schröder, C. G. Lüderitz, E. Dettmers, George Gropius sowie Winckelmann und Söhne in Berlin und für Johann Jakob Weber in Leipzig. Vom preußischen Hof bekam er erst in den frühen vierziger Jahren einen bedeutenden Auftrag: das Illustrieren der Werke Friedrichs II. [1843 bis 1849 zweihundert Zeichnungen für Holzstiche]. In den Jahren von 1849 bis 1871, also zwischen niedergeschlagener bürgerlicher Revolution und Reichsgründung, erhielt er sogar die einträglichsten Aufträge vom preußischen Herrscherhaus. Für dieses fertigte er 1854 zehn großformatige Deckfarbenbilder zum »Fest der Weißen Rose« an, die der Kaiserin Alexandra von Rußland übergeben wurden, und ein Jahr darauf führte er zwei Bilder in Wasserglasmalerei im Großen Remter der Marienburg aus; 1857/58 malte er dann das großformatige Ölbild »Blüchers Begegnung mit Wellington nach der Schlacht bei Belle-Aliance« [München, Neue Pinakothek] für eine Lünette im Berliner Kronprinzenpalais, und in den Jahren von 1861 bis 1865 schuf er schließlich das Gemälde »Die Krönung Wilhelms I. zu Königsberg 1861« [Potsdam-Sanssouci, Neues Palais]. Zudem wurde von Friedrich Wilhelm IV. das Bild »Friedrich II. und die Seinen bei Hochkirch« [1850-1856, 1945 verbrannt] angekauft.

Nach der gescheiterten Revolution von 1848 traten auch weiterhin Verleger und Kunsthändler als Auftraggeber und Käufer von Werken Menzels in Erscheinung, namentlich Carl Meder, Louis Friedrich Sachse und Rudolph Lepke in Berlin und Ernst Keil in Leipzig. Daneben wurden für ihn gleichfalls Kunstvereine, insbesondere der Berliner und Schlesische, sowie die 1854 gegründete »Verbindung deutscher Kunstvereine für historische Kunst« wichtig. Der Berliner Magistrat und einige Großkaufleute und Industrielle wie Louis Ravené und die Familie Heckmann gaben bei ihm ebenfalls Bilder in Auftrag. Eine ganze Reihe von Gemälden schuf er jedoch für den freien Markt. Allein von den zehn Tafelbildern zum Leben und Wirken Friedrichs des Großen [zwischen 1849 und 1861 entstanden] malte er die Hälfte ohne Bestellung.

Nach 1871 nahm die Zahl der Auftragswerke Menzels rapid ab. Er war nun vermögend und hatte es gar nicht mehr nötig, solcherart Arbeit zu übernehmen. Zu den wichtigsten Auftragswerken, die er nach der Reichsgründung geschaffen hat, zählen die Illustrationen zu Kleists »Zerbrochenem Krug« für die Berliner Verlagsbuchhandlung A. Hofmann und Co. [1877 veröffentlicht], die Vorlagen zum Schmuck des Tafelgeschirrs der Königlichen Porzellan-Manufaktur [Wasser- und Deckfarben, 1882, Berlin, Nationalgalerie], das dem Kronprinzen und seiner Frau anläßlich ihrer Silberhochzeit übergeben wurde, sowie einige Ehrendiplome und Adressen, so 1887 der Ehrenbürgerbrief der Stadt Hamburg für den Wollhändler Gustav Christian Schwabe und im selben Jahr auch das Ehrendiplom für Dr. Gustav von Gossler, der von 1881 bis 1891 als Kulturminister tätig war. Der Hof spielte also als Auftraggeber nur noch eine geringe Rolle für Menzel, und es ist aufschlußreich, daß er den 1873 vom Kronprinzen Friedrich Wilhelm vermittelten Auftrag über die Schaffung eines Gemäldes, das die Parade vor Viktor Emanuel am Stadtschloß in Potsdam wiedergeben sollte, wahrscheinlich bewußt aufs Spiel gesetzt hat, um die Arbeiten am »Eisenwalzwerk« fortführen zu können, das er aus eigenem Antrieb begonnen und für das er dann den Bankier Adolph von Liebermann interessieren konnte, der es für 11 000 Taler erwarb.

Nach 1871 kauften insbesondere Bankiers Menzels Arbeiten, so W. Itzinger die »Erinnerung an den Luxembourggarten« [1872, Moskau, Puschkin-Museum], Adolph Thiem »Das Ballsouper« [1878, Berlin, Nationalgalerie] und Hans von Bleichröder, Sohn und Teilhaber von Gerson Bleichröder, dem seinerzeit reichsten Mann Berlins und Bankier Bismarcks, das Bild »Nach Abschluß des Hoffestes« [1889, Poznań, Muzeum Narodowe]. Mit Fug und Recht schrieb Ottomar Beta 1898 in der »Deutschen Revue«: »Soweit also die ›Menzels‹ nicht bereits öffentlichen Sammlungen eingereiht wurden, befinden sie sich meist in den Händen der haute finance.«[2] Für etliche wurden Menzels Werke mit Beginn der siebziger Jahre auch eine Wertanlage, da die Preise für sie einen starken Aufwärtstrend zeigten. Seit 1880 wickelte Menzel seine Verkäufe fast ausschließlich über den Kunsthändler Hermann Pächter ab, der die Berliner Kunsthandlung R. Wagner leitete.

Wie gesagt, waren Menzels bedeutendste Auftraggeber im Vormärz Gropius, Sachse und Weber. Auf des Künstlers Beziehungen zu ihnen soll im folgenden näher eingegangen werden.

George Gropius und seine Brüder Carl und Ferdinand waren im vormärzlichen Berlin stadtbekannt. 1827 hatten sie in der Georgenstraße eine »Kunst-Anstalt« eröffnet, in der ein reichhaltiges Sortiment von »geschmackvollsten Mode-, Luxus- und Bequemlichkeitsartikeln« sowie Kinderspielzeug angeboten wurden.[3] Die Attraktion dieses Hauses bildete jedoch das Diorama, das ganz in den Händen von Carl Gropius, einem fähigen Theaterausstatter und Dekorationsmaler, lag. George Gropius hatte seine anfänglich im Diorama-Gebäude untergebrachte Buch- und Kunstwarenhandlung 1835 in der im Erdgeschoß der Schinkelschen Allgemeinen Bauschule befindlichen Geschäftszone etabliert. In dem Geschäft vertrieb er Berliniana: Bücher, Karten, Veduten, Bildnisse von Prominenten, Darstellungen zum städtischen Leben usw.

Der Gropiussche Verlag hatte sich seit den späten zwanziger Jahren vor allem mit der Herausgabe populärer Graphik einen Namen gemacht. So erschienen in ihm um 1830 die »Berliner Witze und Anecdoten, bildlich dargestellt«, »Berliner Redensarten«, »Berliner Ausrufer, Kostüme und lokale Gebräuche«, »Tagesbegebenheiten« und »Berliner Volksscenen nach der Natur gezeichnet«. An diesen Folgen von kolorierten Lithographien waren Künstler wie Gottfried Schadow, Franz Krüger, Theodor Hosemann, Adolf Schroedter und Franz Burchard Dörbeck beteiligt, die dafür sorgten, daß diese »Massenware« ein

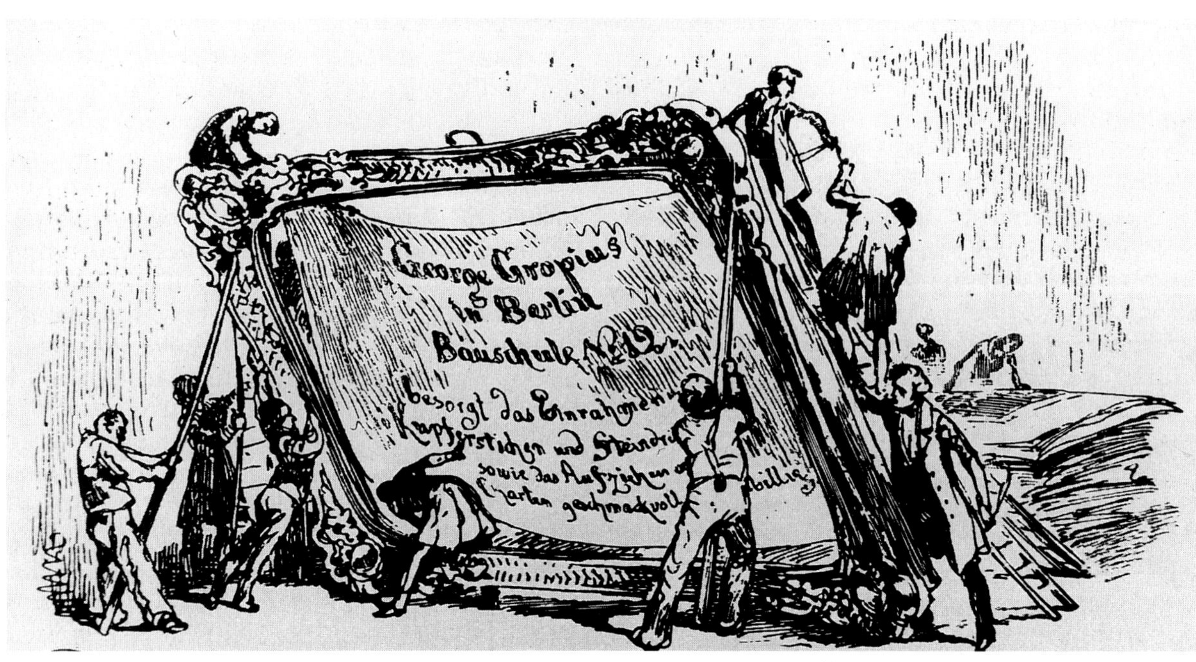

73 Kopf einer Geschäftsdrucksache für George Gropius, um 1840, Federlithographie

ansehnliches künstlerisches Niveau aufwies. Um 1831 lieferte auch Menzel solche humorvolle Darstellungen.[4] Derjenige, der am meisten für diesen Verlag gearbeitet hatte, war ohne Zweifel der mit Menzel befreundete Dörbeck gewesen. Mit viel Witz und gediegenem handwerklichen Können führte er Szenen großstädtischen Lebens vor Augen und charakterisierte er zahlreiche Volkstypen. Mit seinen genau erfaßten lebensnahen Bildfiguren gab er Menzel manche Anregung. Ob er ihn jedoch als Lithographen und Zeichner an George Gropius vermittelt hat, sei dahingestellt.[5]

Menzel schuf für George Gropius eine Reihe von Arbeiten, so mehrere Kreidelithographien für das »Berliner Kinder-Wochenblatt« der Jahrgänge 1832 und 1833 sowie dreißig Federlithographien zu Emilie Feiges »Der kleine Gesellschafter für freundliche Knaben und Mädchen im Alter von 5 bis 10 Jahren« [1836]. Ende der dreißiger Jahre fertigte er für ihn auch Geschäftsanzeigen an, lithographierte Reklamezeichnungen.

Als Auftraggeber spielte jedoch Louis Friedrich Sachse eine wichtigere Rolle für Menzel. Er war ein Verleger und Kunsthändler von Format, der den Berliner Kunsthandel wesentlich zu verbessern und zu erweitern verstand. Der Kunsthistoriker Guido Josef Kern meinte sogar, daß er »der Begründer und Organisator des Berliner Kunsthandels« gewesen sei.[6] Unstreitig prägte er ganz wesentlich die Kunstverhältnisse dieser Stadt mit.

Begonnen hatte Sachse mit einem lithographischen Institut, aber schon bald eine Kunsthandlung eingerichtet, in der vor allem zeitgenössische Berliner und internationale Kunst ausgestellt und zum Verkauf angeboten wurde. Das war insofern eine Großtat, da Werke ausländischer lebender Künstler in der preußischen Metropole verhältnismäßig selten zu sehen waren. Großes Aufsehen machte die Einrichtung einer »Permanenten Kunstausstellung« im Jahre 1853 in der Jägerstraße.[7] In den ersten zwölf Jahren wurden dort mehr als 4 000 Arbeiten von 1 207 Künstlern gezeigt[8], darunter Werke von Adolph

Menzel, Ludwig Knaus, Ferdinand von Rayski, Ferdinand Waldmüller und Moritz von Schwind, von Paul Delaroche, Ernest Meissonier, Constant Troyon, Théodore Rousseau und Camille Corot, von Edouard de Bièfve, Louis Gallait und Alfred Stevens. Von Menzel wurden in dieser Zeitspanne sieben Bilder ausgestellt, davon zwei unverkäufliche.[9]

Menzels künstlerische Entwicklung im Vormärz ist äußerst eng mit dem Auftraggeber Sachse verbunden. Dieser übertrug ihm nicht nur künstlerische Aufgaben, sondern gab ihm eine Fülle von Anregungen und sorgte dafür, daß Menzels Arbeiten schon sehr frühzeitig auf den Pariser Kunstmarkt kamen.

Sachse war hochintelligent. 1819 stellte ihn Wilhelm von Humboldt als Privatsekretär ein, und es eröffneten sich ihm gute Aussichten für eine wissenschaftliche Laufbahn. Doch seine Entwicklung wurde jäh unterbrochen, da er in das Netz der Karlsbader Beschlüsse geriet. Wegen seiner einjährigen Mitgliedschaft in der geheimen Verbindung »Pánta Koiná« wurde er im Februar 1821 verhaftet und zu sechs Jahren Festungshaft verurteilt.[10] Diese Gruppierung, die ihm zum Verhängnis geworden war, bildete ein Seitenstück der 1817 in Warschau gegründeten »Gesellschaft der Freunde«, die sich auch nach ihrem Losungswort »Pánta Koiná« [griechisch »alles gemeinsam«] nannte. 1824, nach Verbüßung der Hälfte der ihm auferlegten Haft, wurde er begnadigt. An eine Universitätslaufbahn war jedoch nicht mehr zu denken. So wandte er sich dem Lithographenhandwerk zu. Nach einjähriger Lehre in dem von Major L. von Reiche geleiteten »Königlichen Lithographischen Institut«[11] in Berlin setzte er seine Ausbildung in der von Alois Senefelder eingerichteten und von Knecht geführten lithographischen Anstalt in Paris fort.[12] Im Herbst 1827 ging er schließlich mit Empfehlungsschreiben von Alexander von Humboldt, Rühle von Lilienstein und Knecht zu Senefelder nach München, wo er zwei Monate an der Seite des Erfinders der Lithographie arbeitete. Später meinte Sachse über diesen Studienaufenthalt bei Senefelder: »Sein Bedauern und Mitgefühl darüber, daß ich mit Gewalt aus der aussichtsvollen Stellung eines Privatsekretärs des Ministers von Humboldt herausgerissen worden war, und zwar einzig und allein durch die unselige Politik eines Metternich, nahm kein Ende und sprach sich immer von neuem auf das herrlichste aus. Er konnte kaum fassen, daß ich drei volle Jahre in Gefängnissen Berlins und in den Kasematten Magdeburgs herumgeschleppt sei, und hörte nicht auf, die Karlsbader Beschlüsse, den Deutschen Bund und die heillose österreichische Politik zu verwünschen.«[13] Und des weiteren vermerkte er in seinen »Erinnerungen aus dem Kunstleben« zu Senefelder und der Lithographie: »Ich bin stolz darauf, sein recht eigentlicher Schüler zu sein und mir seine Freundschaft erworben zu haben; glaube auch, nach besten Kräften eifrig in seinem Sinn und Geiste in meiner Vaterstadt weitergewirkt zu haben.«[14]

Schon 1828 gründete Sachse in Berlin eine eigene lithographische Werkstatt, in der zuerst vornehmlich gebrauchsgraphische Arbeiten wie Geschäftspapiere, Gratulations-, Speise- und Tischkarten gedruckt wurden, doch bald in rasch steigendem Maße auch Künstlerlithographien. Gleich in der Anfangsphase des Unternehmens beschäftigte er hochqualifizierte französische Drucker, die den deutschen überlegen waren. In der »Vossischen Zeitung« vom 18. April 1829 betonte er deshalb, »daß wir bereits seit dem Bestehen unseres Instituts einen bewährten Kunstdrucker besitzen und daß der für unsere dritte Kunstpresse eben berufene der dritte französische Drucker überhaupt ist, welchen wir aus Paris kommen lassen.« Zweifelsohne hatte Sachse ganz erheblichen Anteil an der Verbesserung der Lithographie in Berlin sowie an der rasch zunehmenden Nutzung des Flachdruckverfahrens für die reine Künstlergraphik. Neben Sachses Werkstatt gehörten in den dreißiger Jahren das bereits erwähnte »Königliche Lithographische Institut« sowie die lithographischen Betriebe von Winckelmann und Söhne und der Herren Kuhr zu den leistungsfähigsten dieser Art in der preußischen Metropole.[15]

Der vielseitige Unternehmer Sachse hatte aber auch große Verdienste bei der Einführung der Daguerreotypie in Berlin. Als erster in Deutschland bezog er Aufnahmeapparate aus Frankreich, und zwar von der Firma Giroux und Co. aus Paris, die den Vertrieb der Daguerreotypie übernommen hatte. Leider war diese erste Sendung verunglückt und unbrauchbar in Berlin angekommen. Einige Jahre war Sachse auch selbst als Fotograf tätig. Im September 1839 fertigte er eine Daguerreotypie vom Französischen Dom in Berlin an, und in den ersten Tagen des Aprils 1840 gelang ihm als Erstem in Berlin eine Porträtaufnahme einer lebenden Person. Menzel wird Sachses Bemühungen um die Fotografie gewiß mit wachen Augen verfolgt haben.[16]

Obgleich Sachse aus politischen Gründen inhaftiert gewesen war, gelang es ihm, gute Verbindungen zum Hof herzustellen. So wurde er am 30. September 1839 ins Schloß Charlottenburg beordert, wo er dem König Friedrich Wilhelm III. sowie anderen hochgestellten Persönlichkeiten des Hofes Daguerres Erfindung erörterte und fünf Park- und Schloßansichten anfertigte. Im Laufe der Zeit brachte es Sachse immerhin zum Königlich Preußischen Kommerzienrat und Ritter des Roten Adlerordens. Besondere Wertschätzung wurde ihm von Friedrich Wilhelm IV. entgegengebracht. Bereits 1835, als dieser noch Kronprinz war, bestanden Kontakte.[17] Später besuchte der König häufig Sachses Kunstsalon und kaufte etliche der dort ausgestellten Werke. Andrerseits lieh ihm Friedrich Wilhelm IV. Arbeiten aus seinem Hausbesitz für Ausstellungen.[18] Im Nachlaß des Kunsthändlers und -verlegers befand sich im übrigen »eine sehr geistreiche Bleistiftskizze von Friedrich Wilhelm IV., die der König an Sachse adressiert hatte«[19]. Ebenso kaufte Wilhelm I. von Sachse Kunst. So meldete die »Kunst-Correspondenz von Sachse's Internationalem Kunstsalon« im November 1875: »Seine Majestät hat zu einem Geschenk nach Italien eine vortreffliche Marmorbüste von Allerhöchstdemselben in dem Sachseschen Kunstsalon ankaufen lassen.«[20]

Sachse interessierte sich sehr für die Kunst und Kunstverhältnisse in Frankreich. Zum einen war das seiner Herkunft und auch der seiner Frau geschuldet, gehörte doch seine Familie der Französischen Kolonie Berlins und die seiner Frau Nanni geb. L'Hermet der Französischen Kolonie Magdeburgs an. Sachse fuhr häufig nach Paris, so 1835 mit Carl Blechen und 1846 mit Franz Krüger. Als er vom 18. Juni bis 4. Juli 1835 in der Seinemetropole weilte, ging er nicht nur in Kunsthandlungen und Ausstellungen, sondern auch in zahlreiche Ateliers, so in die von Vernet, Isabey, Giroux, Cogniet und Delaroche. Seine Kontakte zum Pariser Kunstmarkt müssen sehr vielfältig gewesen sein. Bereits in dem von Ludwig Schorn herausgegebenen »Kunst-Blatt« vom 17. November 1835 wurde vermerkt: »Herr Sachse hatte den löblichen Einfall, auf seiner letzten Reise nach Paris eine Anzahl von Aquarellen hiesiger Künstler mitzunehmen. Diese, nebst einigen Düsseldorfern, waren auf der Frühjahrsausstellung hier zu sehen.«[21] Es handelte sich vor allem um Arbeiten von Wilhelm Schirmer, August Wilhelm Julius Ahlborn, Julius Schoppe, Franz Krüger, Carl Blechen und Adolph Menzel. Von Letztgenanntem hatte Sachse das Blatt »Der König von Thule« nach Goethes Gedicht mitgenommen.[22]

Der Kontakt zwischen Menzel und Sachse muß bald nach dem Eintreffen in Berlin [1830] zustande gekommen sein. Auf jeden Fall war diese folgenreiche Verbindung über den Vater hergestellt worden. Der Publizist Ludwig Pietsch äußerte in einem 1879 veröffentlichten Menzel-Aufsatz über die Übersiedlung der Familie Menzel von Breslau nach Berlin: Sie war »zum Teil auch durch den Wunsch bestimmt, in der lithographischen Anstalt der Sachseschen Hofkunsthandlung sich über manche neuere Fortschritte in der Kunst und Technik des Steindrucks zu unterrichten.«[23] Adolph Menzel meinte in einem an diesen Autor gerichteten Schreiben aus dem selben Jahr über des Vaters Tätigkeit in Berlin: »... und so hat er hier die letzten [nicht mehr vollen] zwei Jahre bis zu seinem schnellen Tod Januar 1832 ganz privatim als Lithograph [unter wesentlich meiner Mitwirkung] gelebt, auch für Sachse nur gearbeitet wie für jedermann.«[24]

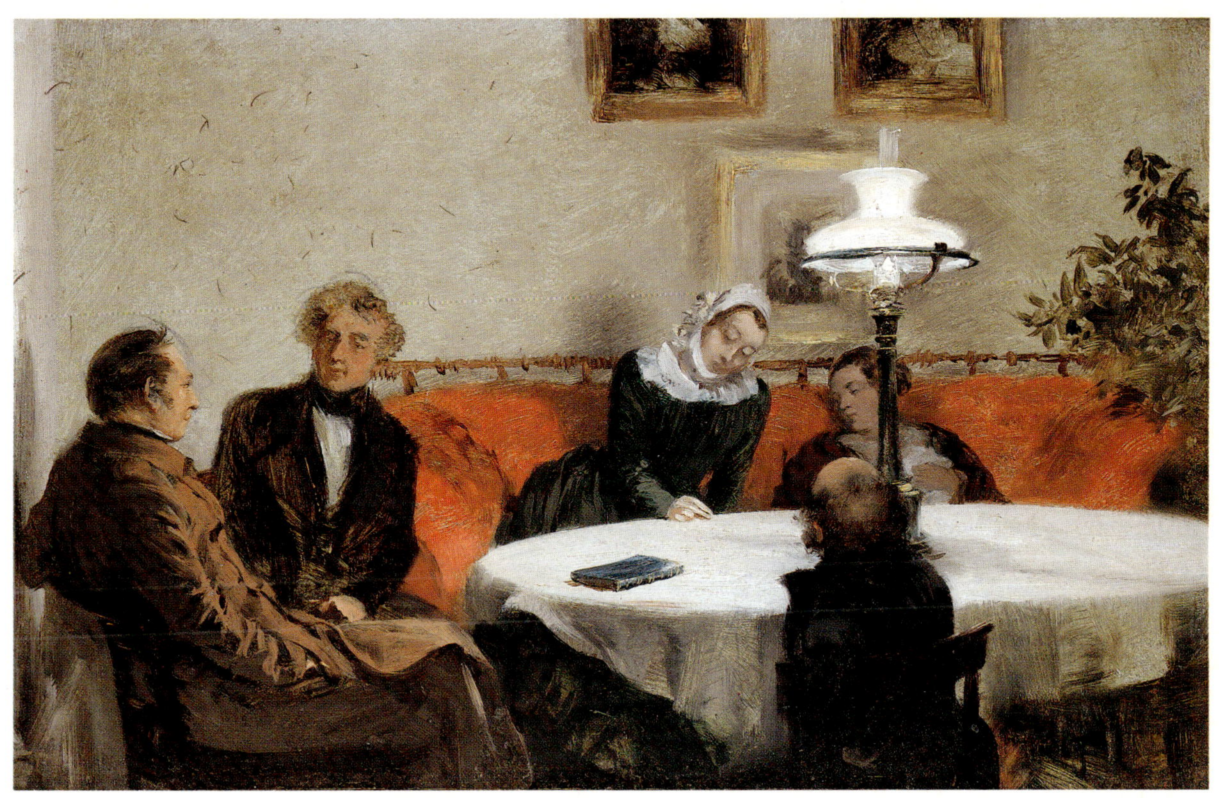

1 Abendgesellschaft, um 1847, Öl auf Papier

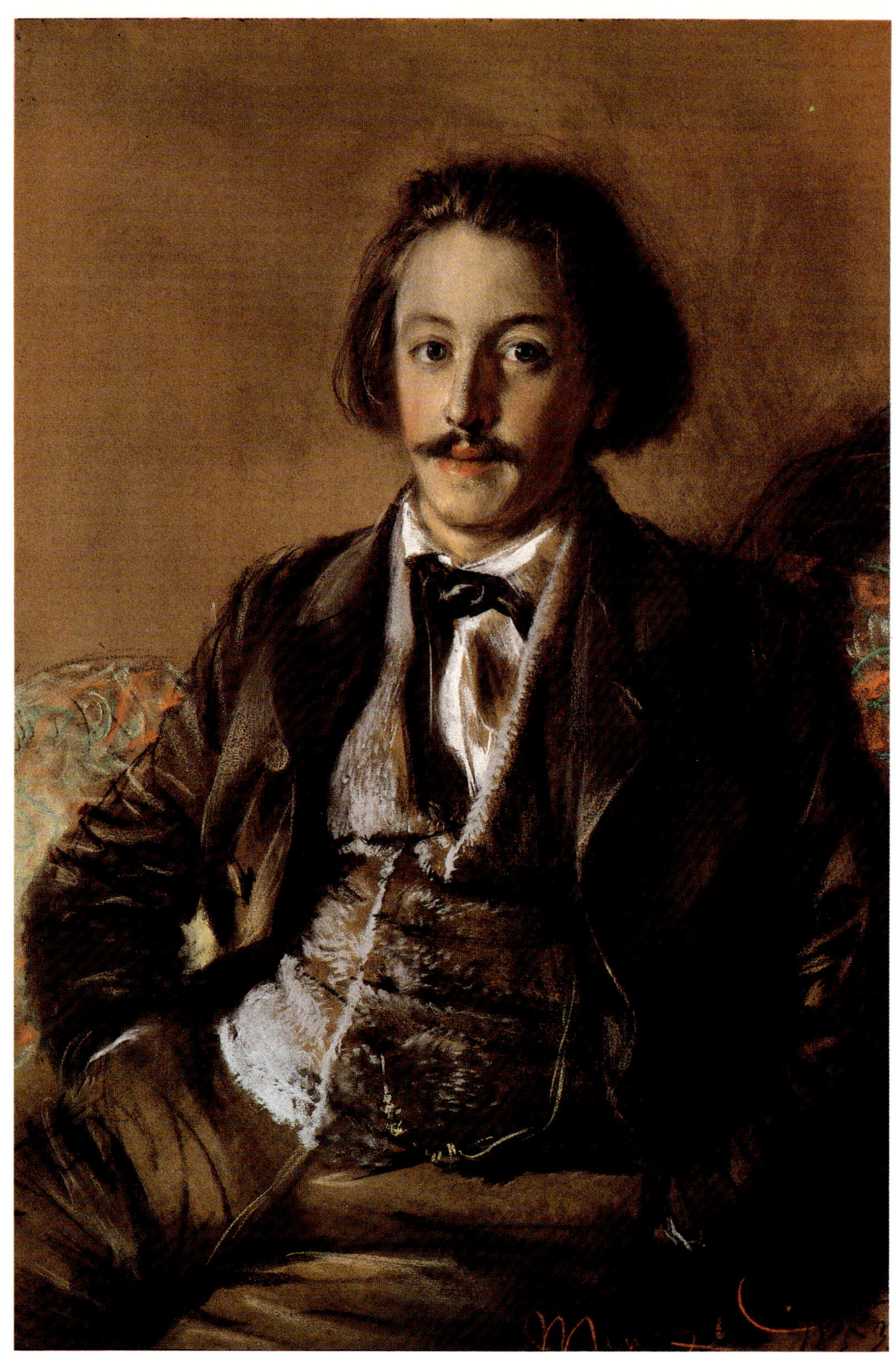

2 Bildnis des Dichters Paul Heyse, 1853, farbige Kreiden auf Papier

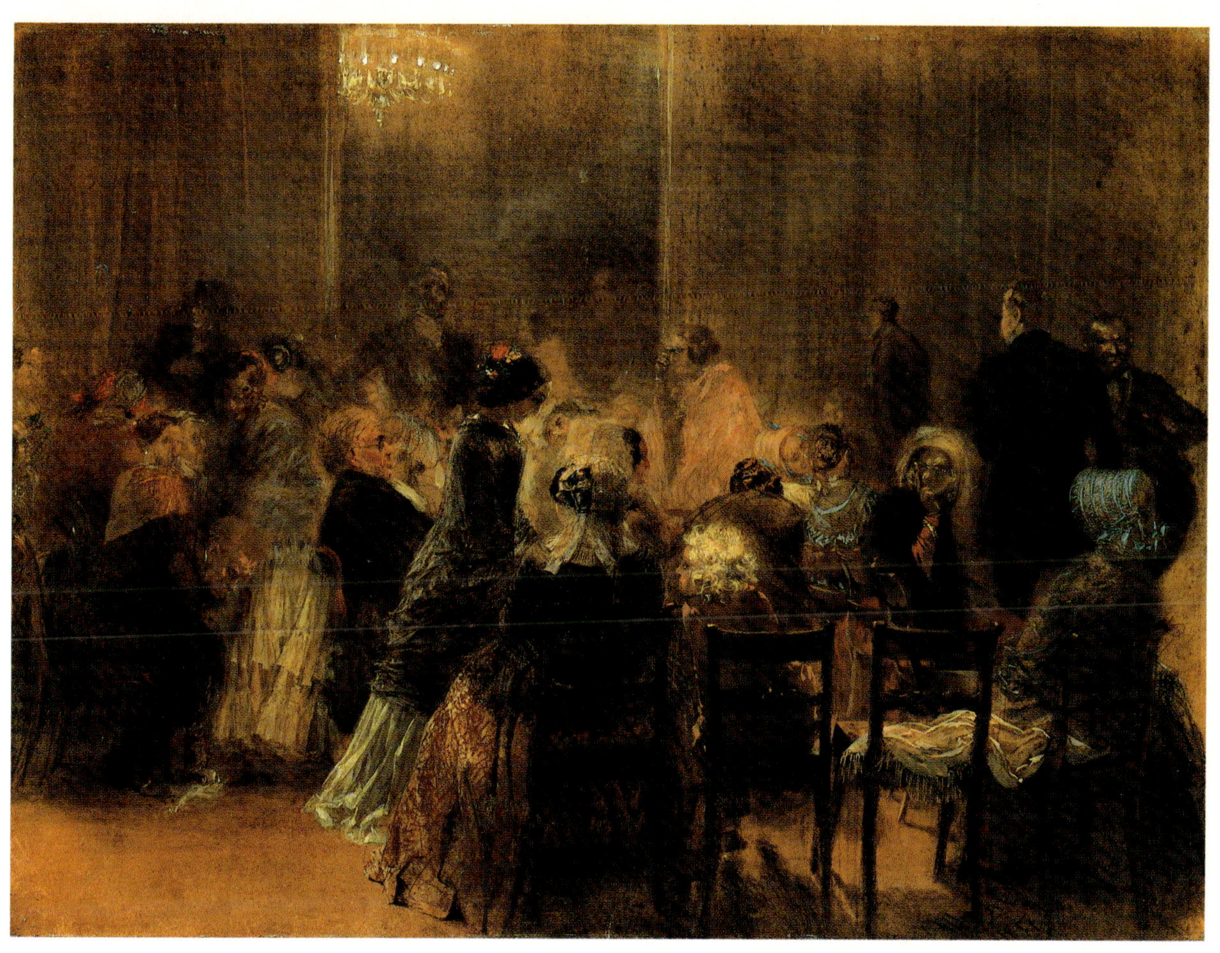

3 Salonkonzert, 1851, Mischtechnik auf Papier

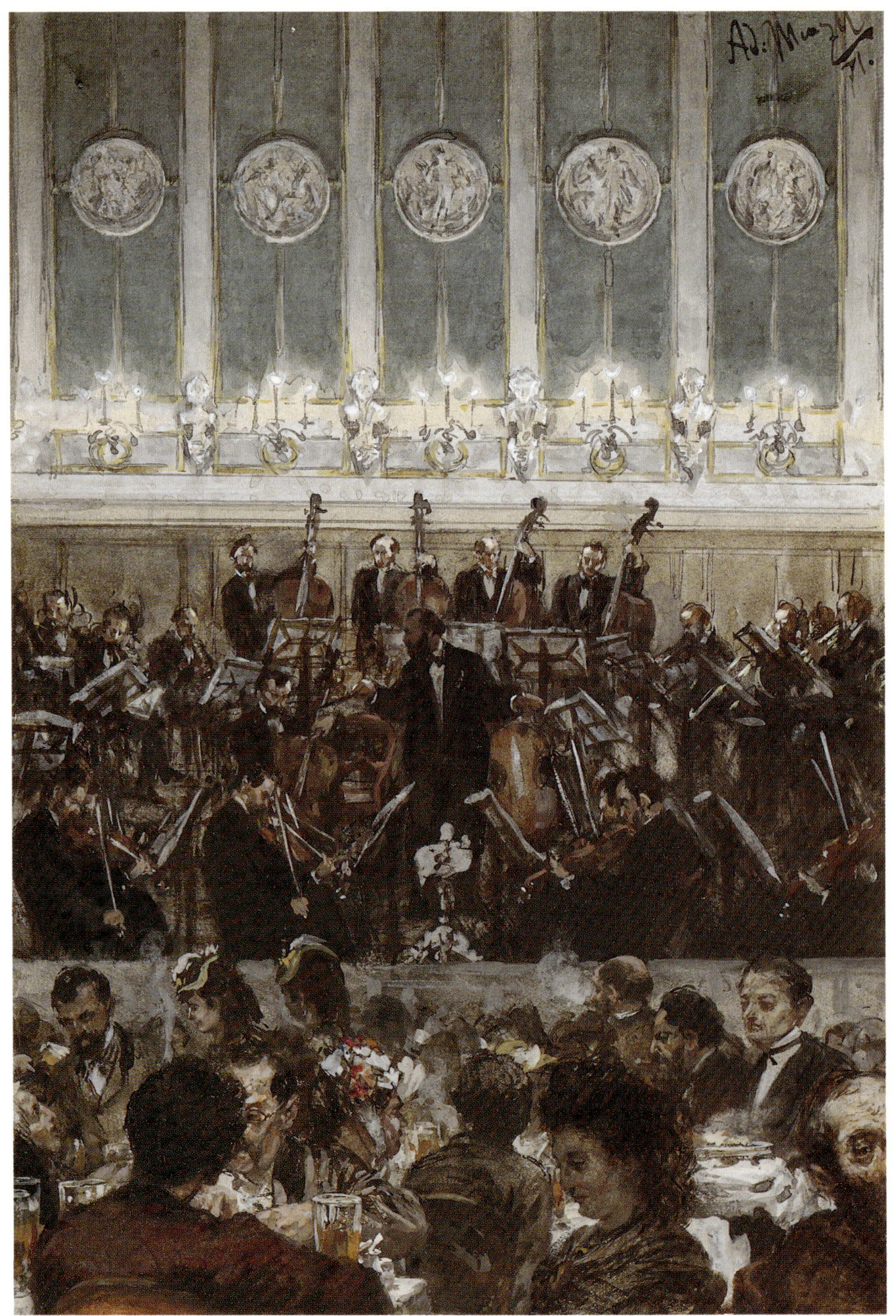

4 Bilse-Konzert, 1871, Deck- und Wasserfarben

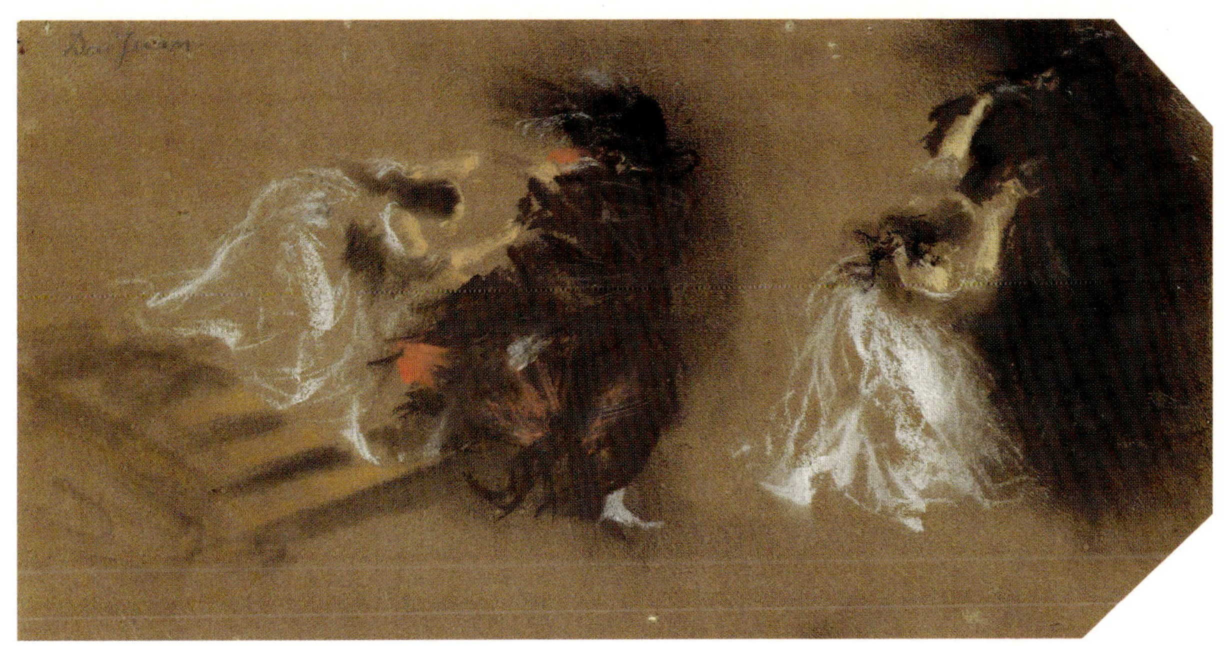

5 Zwei Szenen aus Mozarts »Don Giovanni«, um 1850,
farbige Kreiden auf braunem Papier

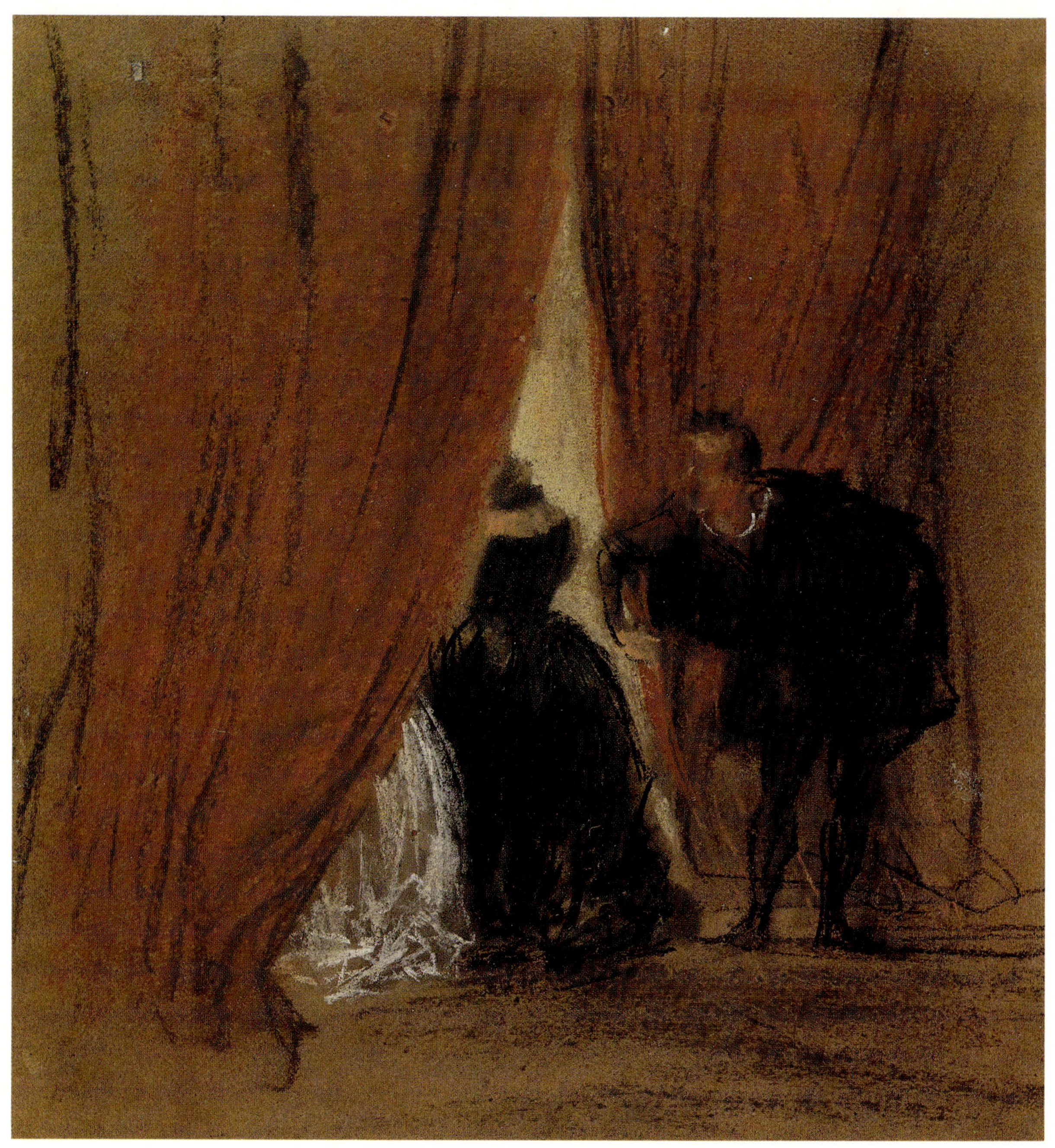

6 Schauspieler vor einem Vorhang, Pastell auf Papier

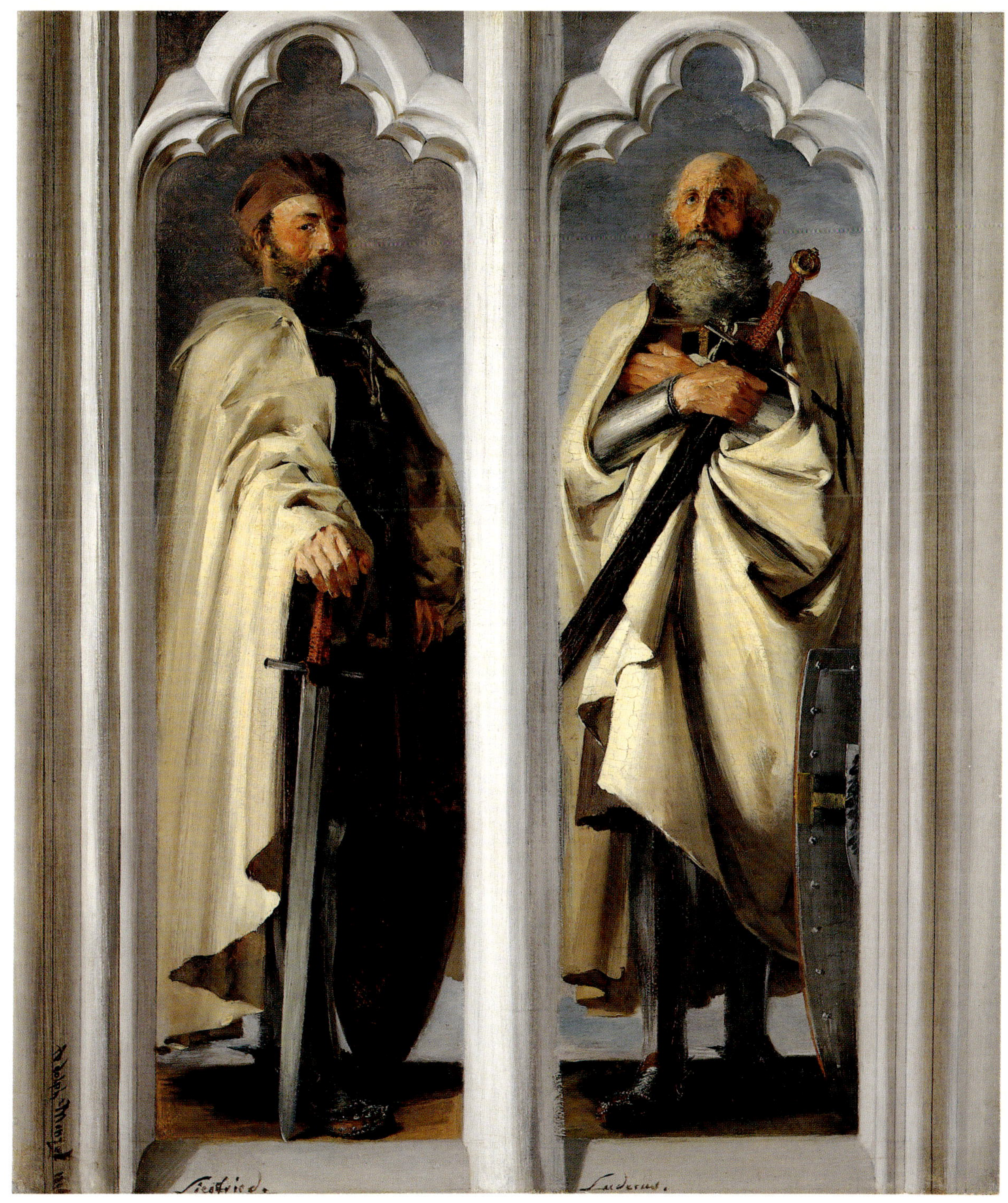

7 Die Hochmeister Siegfried von Feuchtwangen und Ludger von Braunschweig, 1846, Öl auf Leinwand

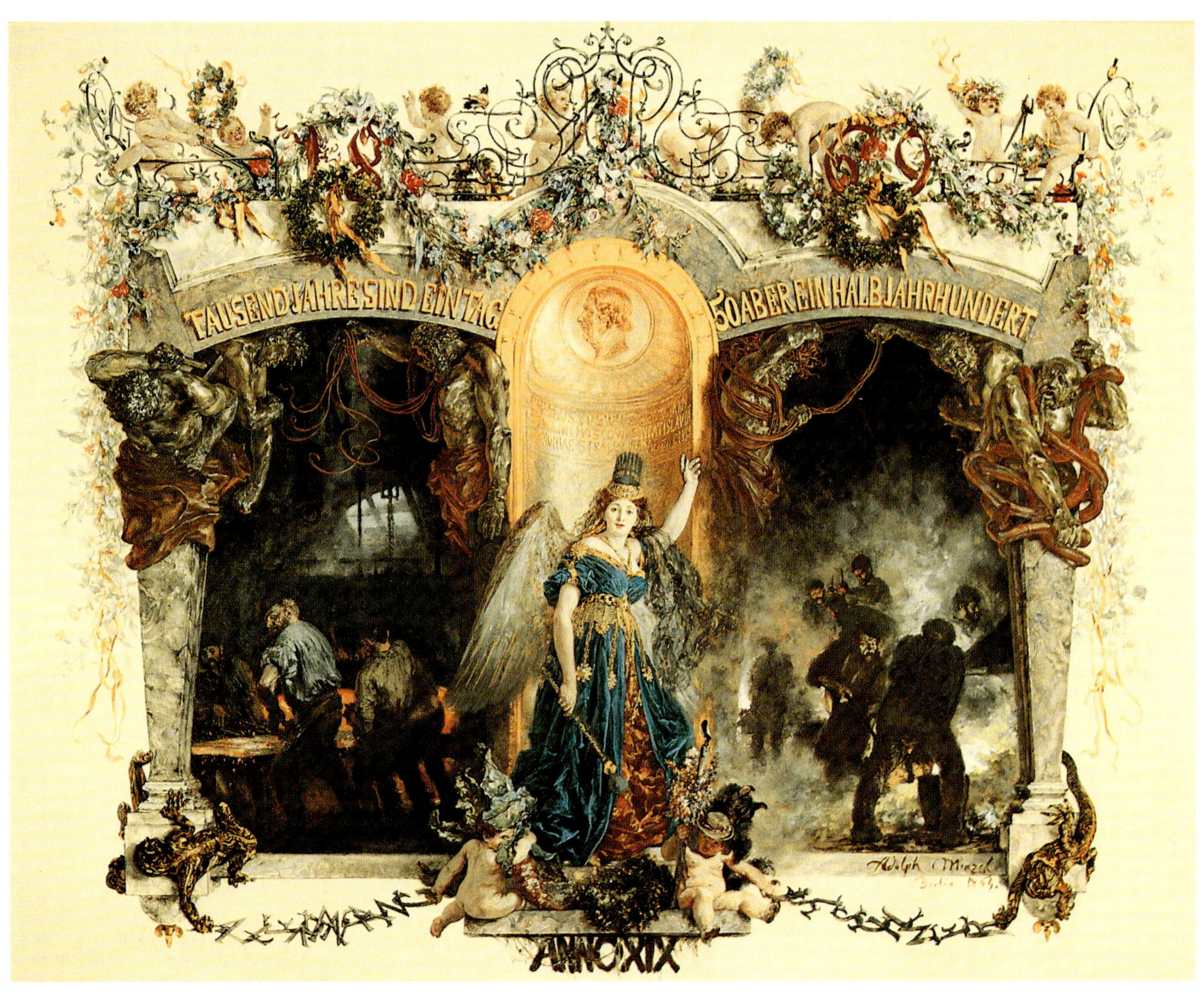

8 Gedenkblatt zum fünfzigjährigen Jubiläum
der Firma C. Heckmann, 1869, Deckfarben

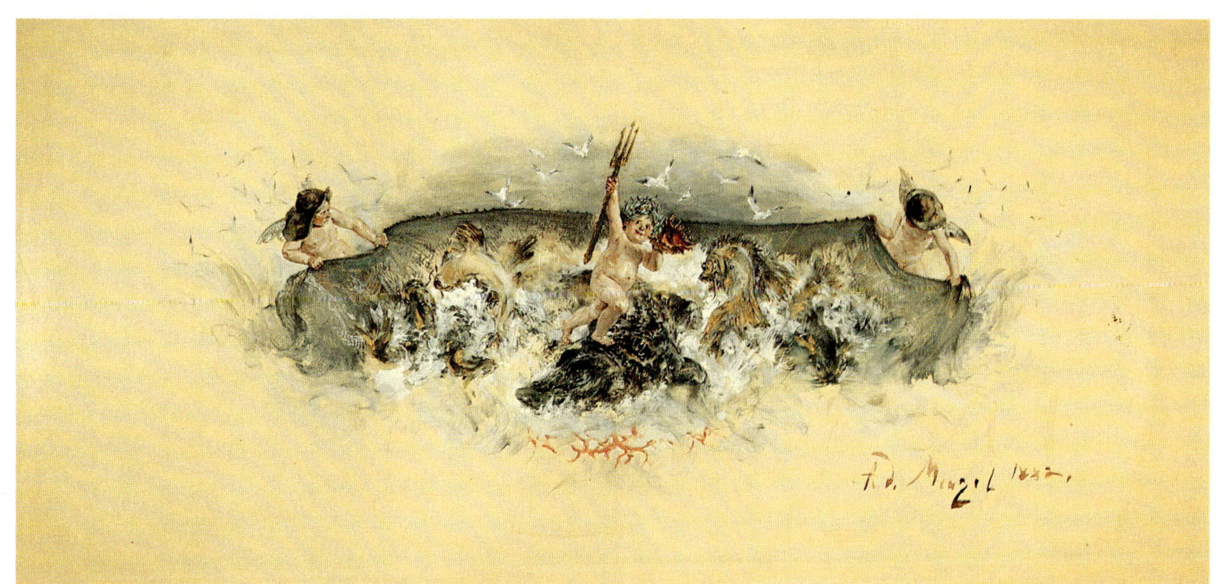

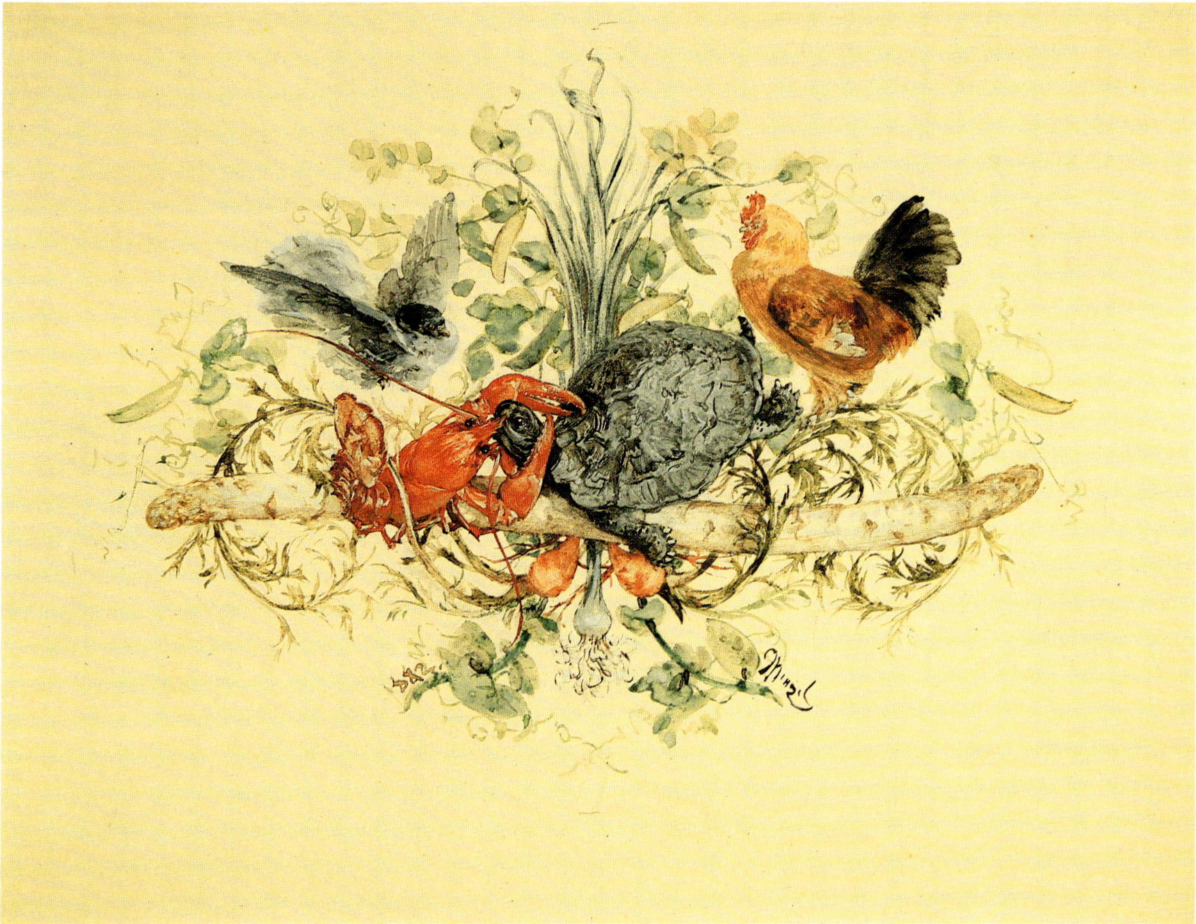

9 Zwei Vorlagen zum Schmuck des Tafelgeschirrs der Kgl. Porzellanmanufaktur, 1882, Wasser- und Deckfarben

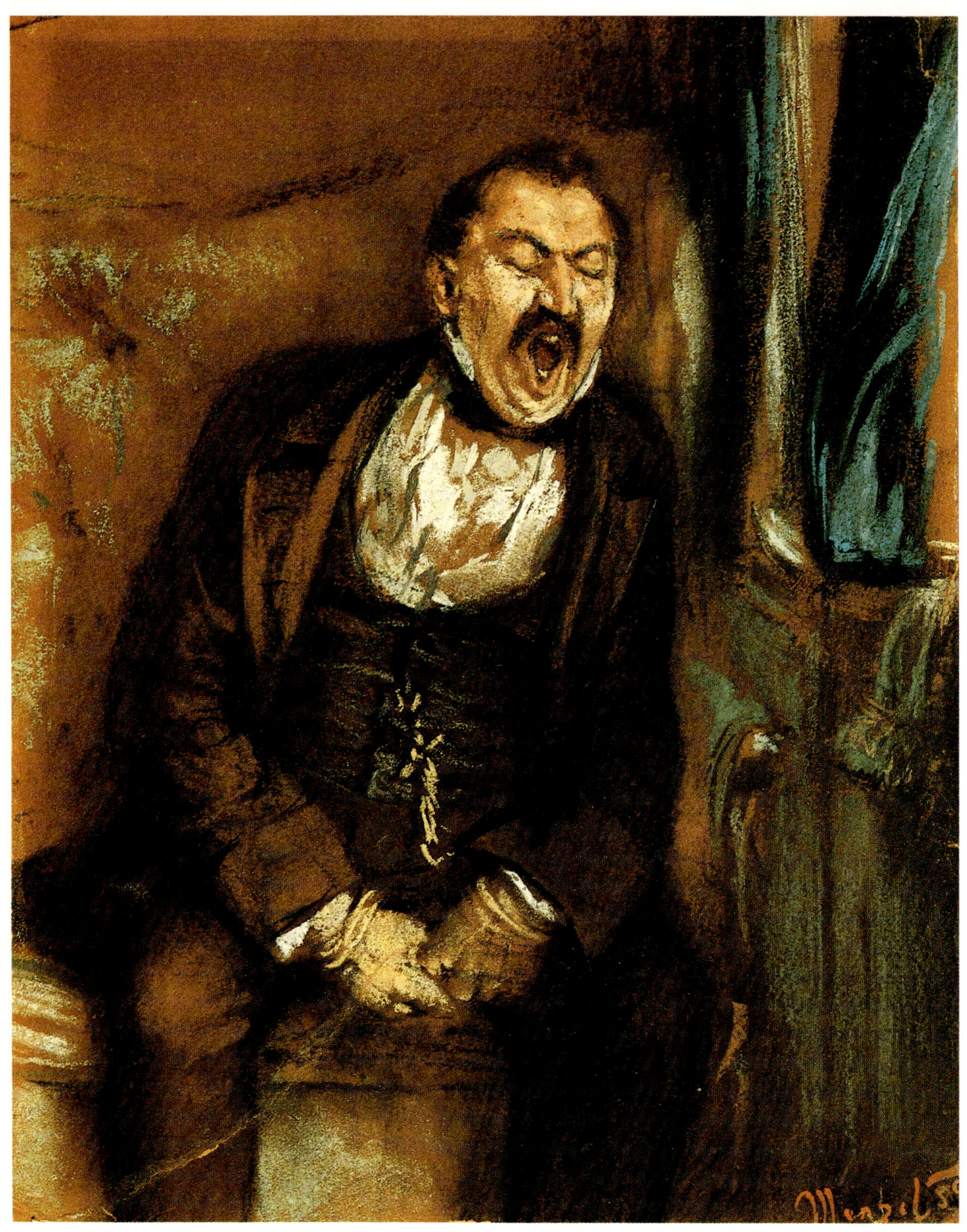

10 Herr im Coupé,
1859, farbige Kreiden und Deckfarben auf braunem Papier

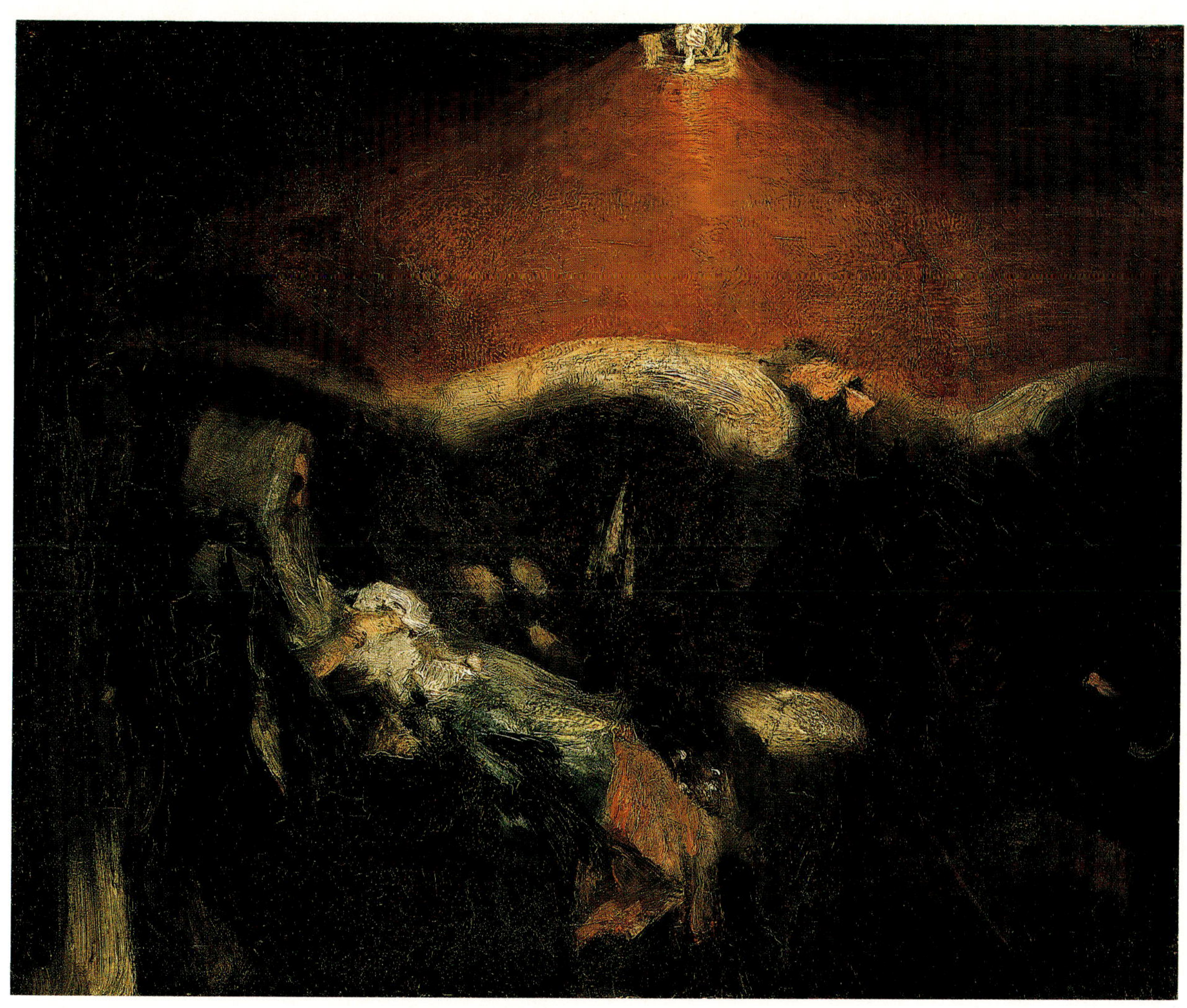

11 Im Eisenbahncoupé, um 1848, Öl auf Leinwand

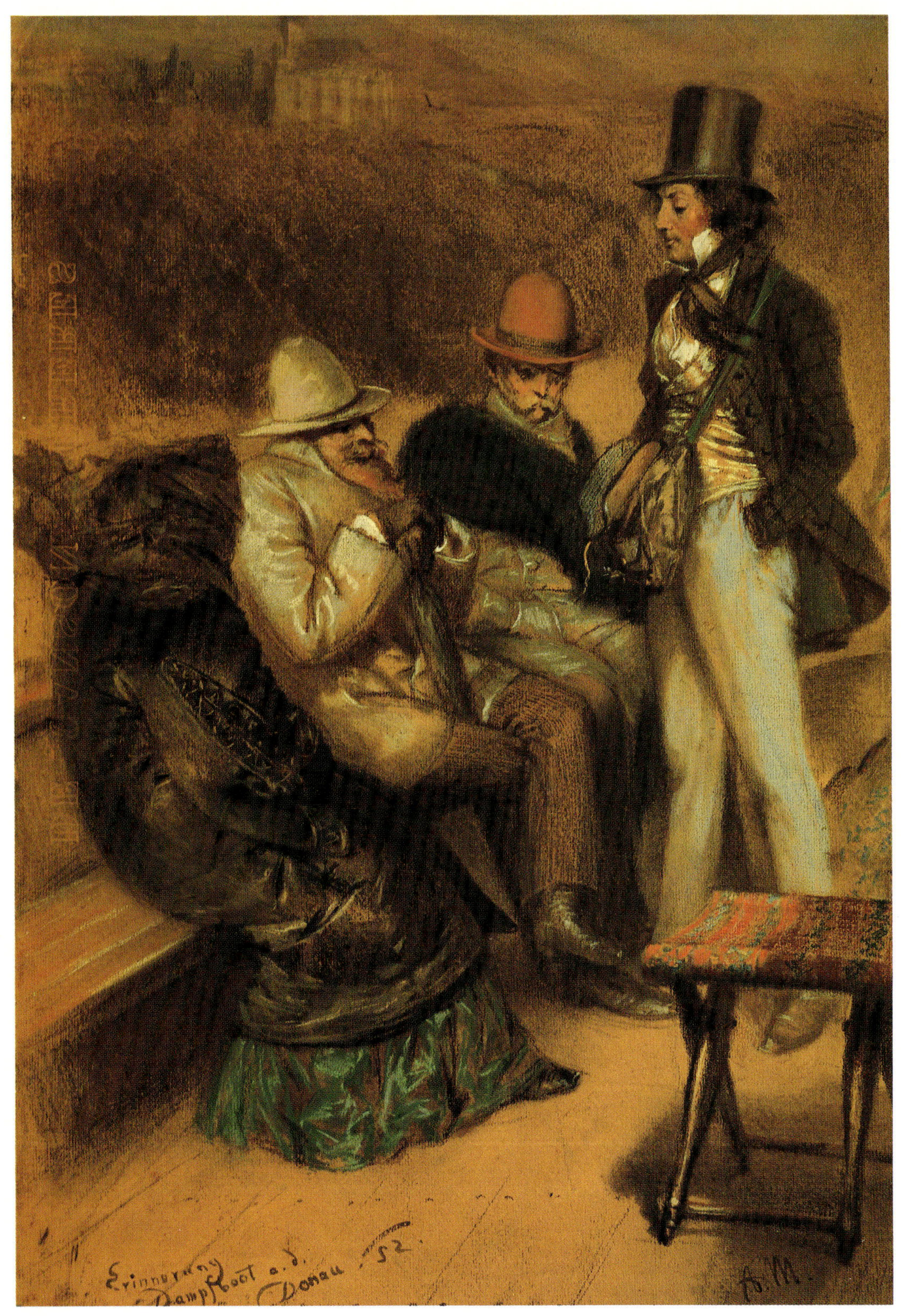

12 Passagiere auf einem Donaudampfer, 1852, Pastell auf Papier

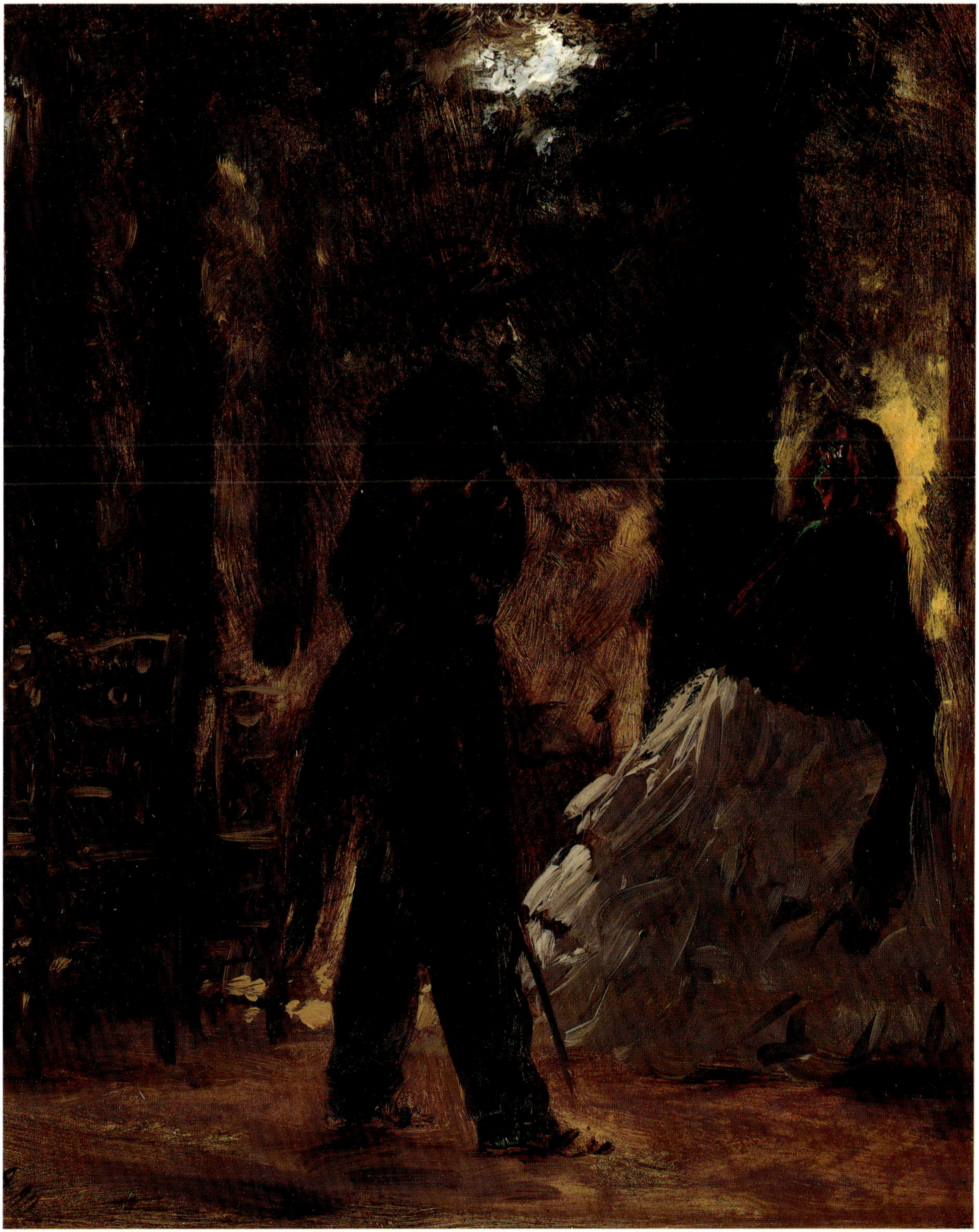

13 Polizist und Dame im Tuileriengarten, 1856, Öl auf Pappe

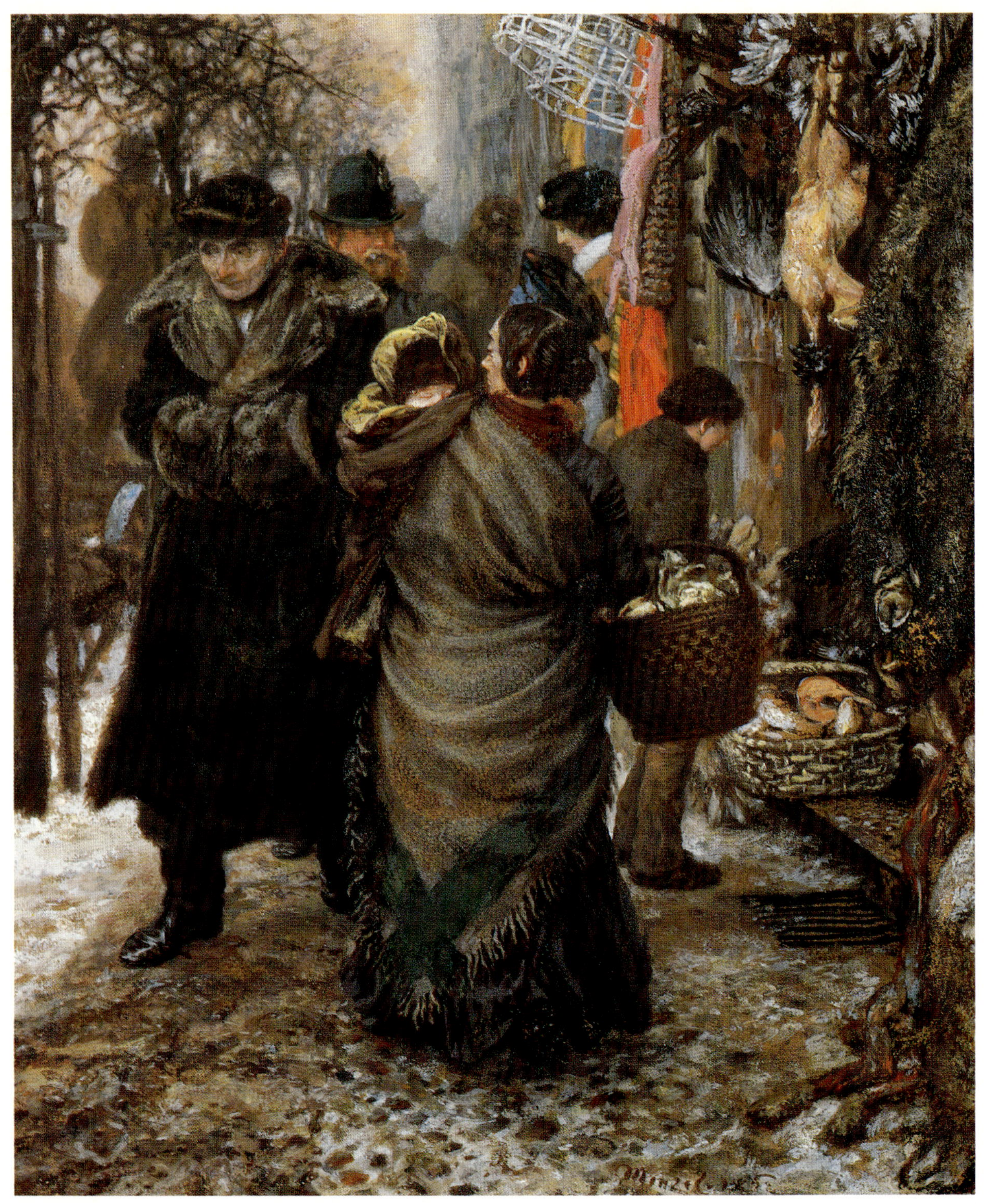

14 Wintermarkt, 1862, Öl und Pastell auf hellbraunem Tonpapier

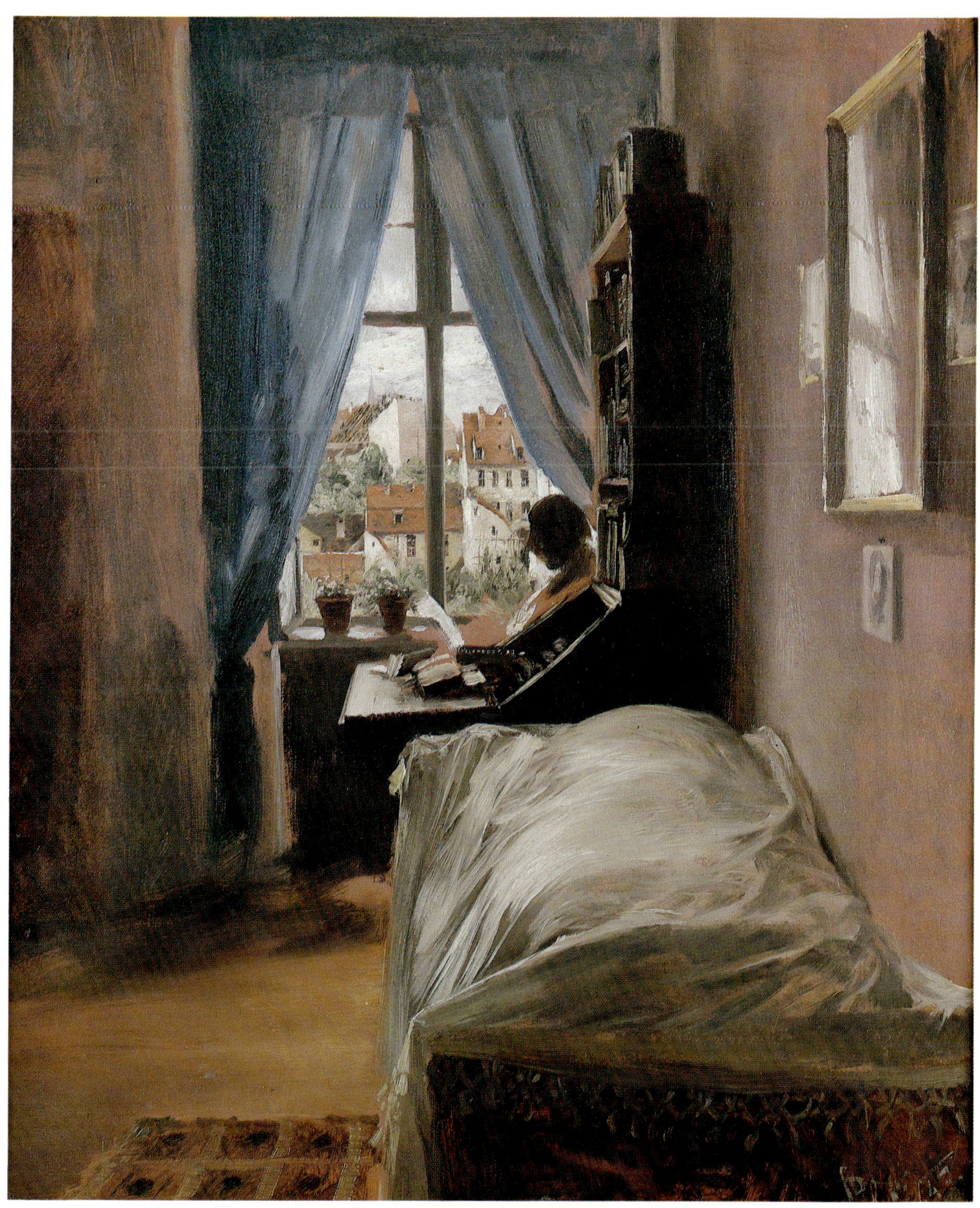

15 Schlafzimmer des Künstlers, 1847, Öl auf Papier

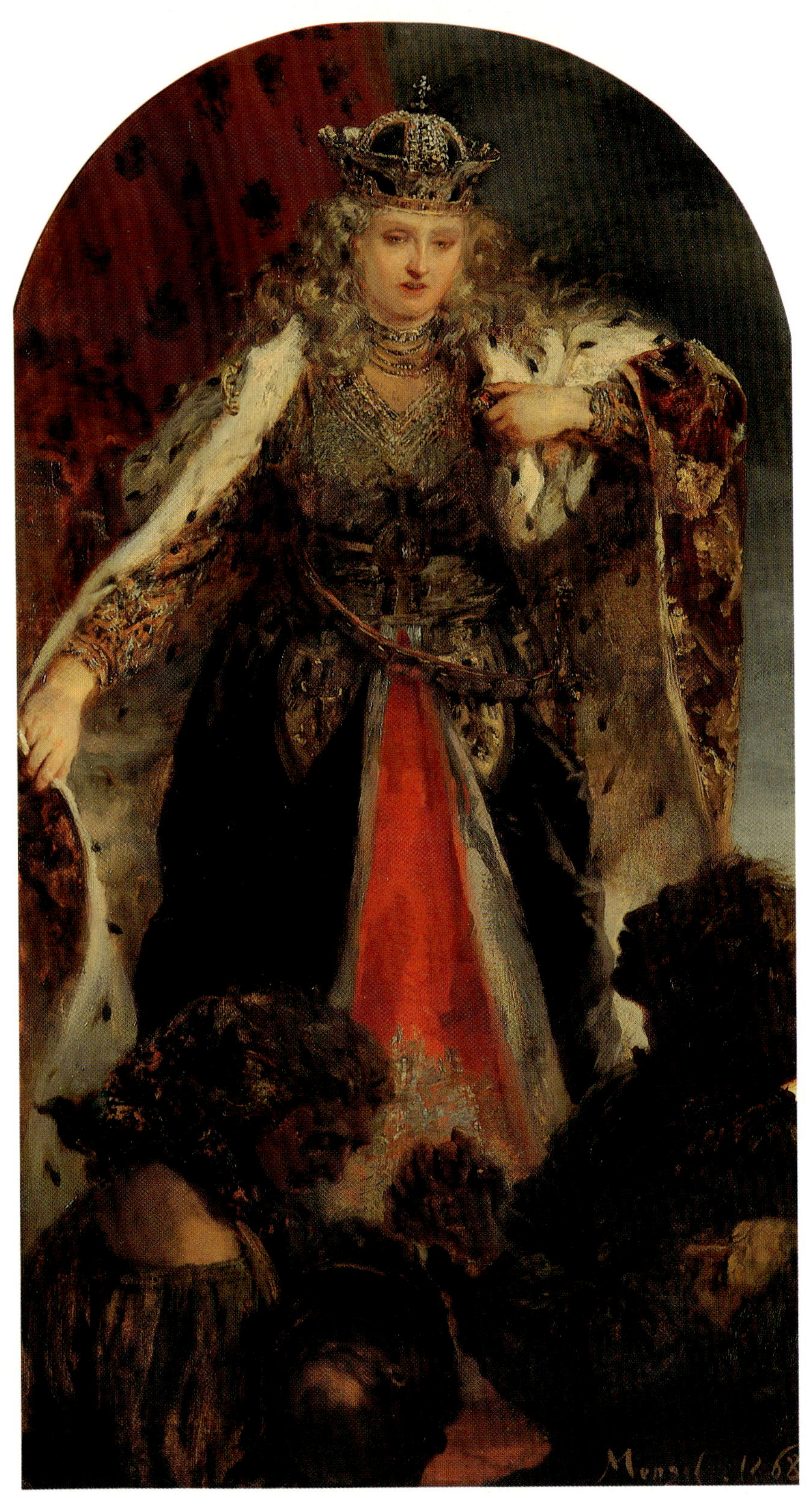

16 Borussia, 1868, Öl auf Leinwand

Sachse war für Menzel nicht nur ein Auftraggeber schlechthin, er war ein Partner, der ihm in geistiger, künstlerischer und handwerklicher Hinsicht alles abverlangte. Sachse erkannte sehr frühzeitig die außerordentliche Begabung des Künstlers und nutzte sie natürlich entsprechend. Zielstrebig baute er Menzel als Graphiker auf. Als erste größere Arbeit übertrug er ihm die Anfertigung von sieben Blättern einer 13 Lithographien umfassenden Folge zu Luthers Leben.[25] Dabei mußte er sich an einer Lutherlebenfolge orientieren, die seit 1827 bei Wilhelm Baron von Löwenstern erschienen war. Exakte Kopien waren aber nicht verlangt, so daß sich Menzel die Freiheit nahm, die Vorlagen zu korrigieren und etwas abzuändern.[26] Als erste selbständige lithographische Folge führte Menzel 1833 »Künstlers Erdenwallen« aus, die 11 Darstellungen auf sechs Blättern und eine Titelbordüre enthält. Menzel bezeichnete später dieses Werk als »erstes Produkt eigener Komposition, das öffentlich erschien«[27] Freilich war hier, wie bereits angedeutet, der Einfluß Sachses sehr stark gewesen. Menzel äußerte darüber: »Zu ›Künstlers Erdenwallen‹ hatte mir Sachse wie den Auftrag, so auch die Idee und den Plan für die einzelnen Darstellungen gegeben.«[28] Diese Arbeit fand sogleich gute Resonanz. Kein Geringerer als der Akademiedirektor Johann Gottfried Schadow schrieb in der »Allgemeinen Preußischen Staatszeitung« vom 14. Januar 1834 anerkennend: »Im Verlag von L. Sachse & Co. erschien soeben unter dem Titel ›Künstlers Erdenwallen‹ ein Heft von sieben Blättern mit Federzeichnungen von A. Menzel, einem jungen Mann von 17 Jahren. Im Künstlerverein vorgelegt, haben dieselben allgemeine Verwunderung und Vergnügen erregt. Selten wohl wird in diesem Alter eine so geistvolle Art, die Erscheinung der Phantasie hinzustellen, angetroffen. Dem Karikaturgenre sich nähernd, sieht man jetzt mehrere junge Künstler gelungene Entwürfe machen, aber hier ist ein der wirklichen Natur abgesehener Künstlerblick, edel und gemein im Wechsel, wie sie erscheint. ... Gelingt es einer solchen Phantasie mit dieser Leichtigkeit alle Geheimnisse des Clair-obscur, der Farben, der Rundung, durch Ausdauer zu erlangen und fertig hinzustellen, was hier entworfen ist – denn die Natur ist keine Skizze –, so entsteht ein Meister in der Kunst.«[29] Der gleichfalls in Berlin tätige Graphiker und Schriftsteller Friedrich Wilhelm Gubitz meinte wenige Wochen darauf im »Gesellschafter« über diese Arbeiten Menzels: »Die Ausführung dieser Ideen zeugt von einem tüchtigen Blick, in der Zeichnung und Lithographie von künstlerischer Fertigkeit, und der Druck auch macht der Verlagshandlung Ehre.«[30] Viele Jahre später schrieb Menzel über die wichtige Rolle, die diese lithographierte Folge für seine künstlerische Entwicklung gespielt hatte: »Gegenüber dem, was ich Größeres und Schwereres im Hinterhalt hatte, war diese Arbeit nur eine Fühlung, aber für mich von aufmunternstem Erfolg: einstimmige Aufnahme in die Künstlerschaft – ich war in mein Element gelangt!»[31] Am 22. Februrar 1834 war er, wie schon gesagt, Mitglied des »Jüngeren Künstlervereins« geworden. Das gab ihm Auftrieb und stärkte sein Selbstbewußtsein, was nach dem Abbruch seines Akademiestudiums im Vorjahr auch sicherlich nötig war, denn er hatte nicht die Absicht, bis ans Lebensende als Gebrauchsgraphiker und Kopist zu arbeiten.

In unmittelbarer zeitlicher Nähe zu »Künstlers Erdenwallen« entstanden 12 Neujahrskarten für verschiedene Stände, gleichfalls Federlithographien, die im Aufbau verwandt erscheinen. Auch hier sind auf den Blättern Titel, Szene und Vignette, nur daß darüber hinaus noch Verse einbezogen worden sind. Solcherart Graphiken waren damals sehr gefragt, und Sachse ging auf diese Bedürfnisse mit einem breiten Angebot ein. So erschienen beispielsweise bei ihm in den dreißiger Jahren auch die »Beroliniana« mit Lithographien von C. F. Cretius und Burchard Dörbeck.

Besonders wichtig für Menzels künstlerische Laufbahn wurde Sachses Auftrag über die lithographische Folge »Denkwürdigkeiten aus der Brandenburgisch-Preußischen Geschichte« [12 Blätter und eine Titelzeichnung, 1834-1836]. Mit Feuereifer ging er an diese Aufgabe. Anfang 1834 hatte er die Arbeit an dem Werk aufgenommen, und schon im

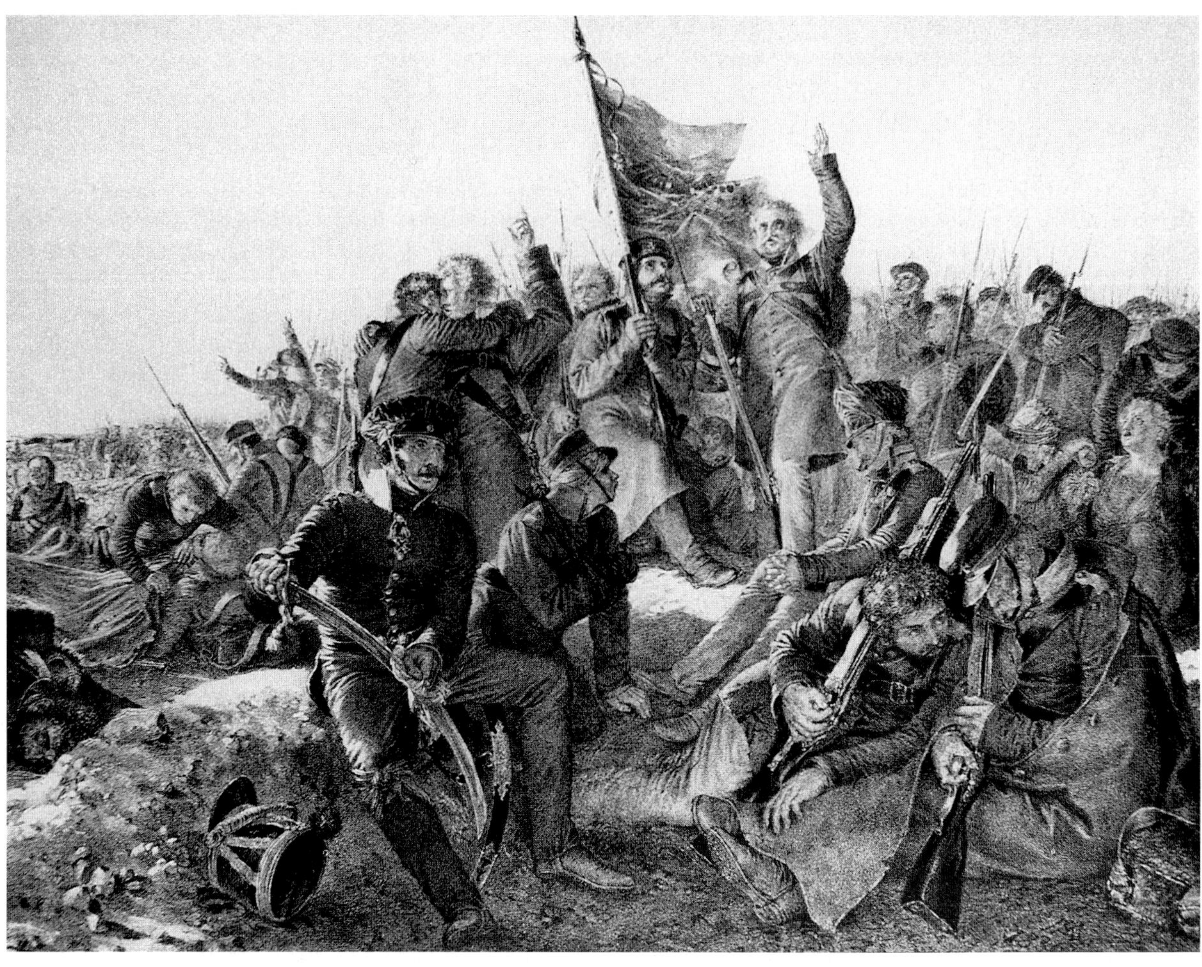

74 »Victoria!«, aus »Denkwürdigkeiten aus der Brandenburgisch-Preußischen Geschichte«, 1836, Kreidelithographie

Herbst desselben Jahres zeigte er in der Akademieausstellung die ersten vier Kreidelithographien der Folge. Menzel stellte hier seine Fähigkeiten als Geschichtsillustrator unter Beweis. Diese Bilder überzeugten auch Franz Kugler, so daß er dann wenige Jahre darauf den Künstler als Illustrator für die »Geschichte Friedrichs des Großen« empfahl. Sachse kam im übrigen dem sich immer lebhafter regenden Interesse für die regionale Geschichte und Kultur in vielfältiger Weise entgegen. Eduard Meyerheim erteilte er den Auftrag, »Architektonische Denkmäler der Altmark Brandenburg« [1833] in einer lithographischen Folge wiederzugeben, und mit Hilfe einer ganzen Reihe von Künstlern gab er 1840/41 den »Bildersaal der vaterländischen Geschichte« heraus, ein Album, das 13 Lithographien zur brandenburgisch-preußischen Geschichte enthält.[32]

Zu den wichtigsten Auftragsarbeiten, die Menzel im Vormärz für Sachse geschaffen hat, zählen auch die beiden großformatigen Federlithographien »Die fünf Sinne« [1835] und »Vater unser« [1837]. Erstere birgt viel Ironie in sich und deutet die Diskrepanz von Ideal und Wirklichkeit an, und letztere zeigt den »Versuch, den bis jetzt nur von der positiven Seite aufgefaßten Gegenstand zugleich von der negativen zu behandeln«[33], wie Menzel

1838 dem Königlich Preußischen Hofrat Dr. Wilhelm Dorow mitteilte. In Sachses Verlag erschien übrigens gleichfalls die von Dr. Adolf Schöll verfaßte Schrift »Vater unser. Eine Betrachtung nach A. Menzels Zeichnung« [Berlin 1838].

Von Sachse erhielt Menzel schließlich auch seinen aufwendigsten Auftrag auf dem Gebiet der Lithographie, nämlich den über die Anfertigung der 437 Lithographien, die zu dem dreibändigen Kompendium »Die Armee Friedrichs des Großen in ihrer Uniformierung« zusammengefaßt wurden.[34] Dieses Militärwerk, in nur 30 Exemplaren erschienen, war eine immense Fleißarbeit, die seine schöpferische Energie in eine künstlerisch fruchtlose Unternehmung abzog. Von 1842 bis 1857 nahm ihn dieses Projekt immer wieder in Anspruch. Eingelassen hatte er sich darauf, weil er nach den Illustrationen für Kuglers »Geschichte Friedrichs des Großen« keinen größeren Auftrag in Aussicht hatte. Andrerseits lag ihm an der »Spurensicherung«, an der bildlichen Überlieferung gefährdeten kulturhistorischen Materials. So meinte Menzel später darüber: »Die Betrachtung, daß die jetzt noch vorhandene Anzahl Originaluniformen, Armaturstücke und sonstige Forschungsquellen, Zeitdokumente etc. früher oder später dem Zahn der Zeit zum Opfer fallen dürften und dadurch im Hauptmaterial für die bildende Kunst unwiederbringlich verlorengehn, ließ mich die langwierige Mühsal nicht scheuen und zu Ende führen.«[35]

Sachses Interesse war keineswegs nur auf die Lithographie gerichtet. 1844 erschienen bei ihm [sowie bei Goupil und Vibert in Paris] Menzels »Radicrversuche« [sechs Blätter und Titel]. Dreißig Jahre danach bot er sie erneut zum Verkauf an.[36] Die Platten waren nach der ersten Auflage bei Sachse verblieben und später bei Aufräumungsarbeiten wieder aufgefunden worden.[37]

Wie sehr Sachse Menzel geschätzt hat, bezeugt auch die Tatsache, daß er ihn gebeten hat, für seine Kunsthandlung den Briefkopf zu entwerfen. Um 1838/39 fertigte Menzel zwei Federlithographien an, von denen Sachse eine akzeptierte, die er später [1871] von H. Baudin in den Holzschnitt übertragen ließ, um damit vom Oktober 1871 bis Oktober 1875 die »Kunst-Correspondenz für die Mitglieder von Sachse's Internationalem Kunstsalon« [Nr. 1 bis 31] zu zieren, Hefte, die in loser Folge erschienen, jeweils etwa 10 Seiten umfaßten und den Kunstinteressierten unentgeltlich gegeben bzw. zugestellt wurden.[38]

Als 1872 die Gründerzeit ihren Höhepunkt erlangte, kaufte Sachse das Grundstück Taubenstraße 34 [in unmittelbarer Nähe des

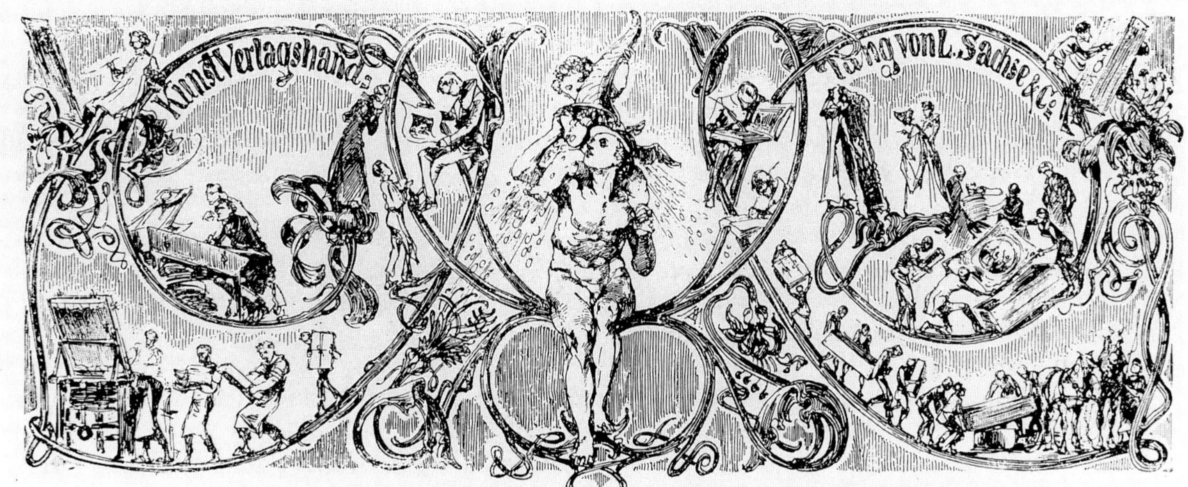

75 Briefkopf für Louis Friedrich Sachse, 1837, Federlithographie

Königlichen Schauspielhauses], um dort ein repräsentatives Kunstausstellungsgebäude errichten zu lassen. Ursprünglich sollte der Neubau schon im April 1873 eröffnet werden, aber erst im Herbst des Jahres konnte in einem provisorisch hergerichteten Raum Hans Makarts Kolossalbild »Venedig huldigt der Catherina Cornaro« [1872/73, ehem. Berlin, Nationalgalerie] gezeigt werden. Die eigentliche Eröffnung fand jedoch erst im April des darauffolgenden Jahres statt, zu der die beiden großformatigen Gemälde »Gastmahl des Platon« und »Amazonenschlacht« von Anselm Feuerbach ausgestellt wurden. In der »Neuen Preußischen Kreuz-Zeitung« vom 3. Juni 1874 hieß es in einem Bericht über den neu eröffneten Kunstsalon: »Somit ist diese neu erbaute Kunsthalle wohl eine der schönsten, die es gibt, jedenfalls aber die schönste in Berlin.«[39] In der Tat war der Neubau funktionsgerecht und gediegen. Er besaß zwei Säle im Erdgeschoß, die alle Oberlicht hatten, und enthielt auch einen Leseraum und eine kunstwissenschaftliche Bibliothek. Aber Sachse hatte sich mit dem neuen Haus übernommen. Der »Gründerkrach« des Jahres 1873 war ihm zum Verhängnis geworden. Während des Bauens waren die Preise für Baustoffe hochgeschnellt. Hinzu kam freilich noch, daß die einsetzende Wirschaftskrise den Kunsthandel erschwerte.

Sachse war ein Kunsthändler und -verleger mit hohem Berufsethos. Ihm lag daran, die Berliner Kunstverhältnisse zum Nutzen der Künstler und ihrer Adressaten zu verbessern. Er hatte sich nicht nur für eine Kunstrichtung eingesetzt, sondern für Werke unterschiedlicher Auffassung und Gestaltungsweise, wobei er ein entwickeltes Gespür für künstlerische Qualität besaß. Als Kunsthändler mußte er natürlich vielen Bestrebungen Rechnung tragen und unterschiedlichsten Kunsterwartungen und Käuferinteressen entgegenkommen. Doch zu denen, die er selbst besonders schätzte, zählten Menzel, Blechen, Krüger und Wilhelm von Kaulbach.[40] Ein leidenschaftlicher Kunstsammler war Sachse jedoch nicht; solche Neigung hätte seinen Kunsthandel beeinträchtigt. Dennoch brachte er im Laufe der Jahre eine bemerkenswerte Kunstsammlung zusammen, die besonders durch die zahlreichen Widmungsbilder und -skizzen ein eigenartiges Gepräge besaß. Mit großer Zielstrebigkeit führte er allerdings eine sehr bedeutende Sammlung von Autographen zusammen.

Wenngleich die Kontakte zwischen Menzel und Sachse am engsten im Vormärz waren, so rissen die Verbindungen niemals ab. So zeigte der Kunsthändler »Die Begegnung Friedrichs II. mit Kaiser Joseph II.« [Berlin, Nationalgalerie] 1858 in seiner »Permanenten Kunstausstellung« und führte er im Februar 1871 eine Menzel-Auktion durch. Menzel zollte Sachse zeitlebens Hochachtung. Er muß sich in dessen Hause wohl gefühlt haben. Sachses Enkel, der Kursmakler Alfred Sachse, überlieferte: »Menzel selbst hat sich zu mir, als ich ihn ein halbes Jahr vor seinem Tode besuchte, höchst erfreut über seine langen freundschaftlichen Beziehungen zu seinem ersten Verleger Sachse ausgesprochen, in dessen Familie er viel verkehrte; er hatte sogar eine freundschaftliche Schwärmerei für die älteste Tochter Sachses, die fast zur Verlobung geführt hätte.«[41]

Menzels Arbeitskontakte zu dem in Leipzig ansässigen Verlag Weber währten vom Ende der dreißiger bis tief in die fünfziger Jahre. Der Schweizer Johann Jakob Weber war ein Buchhändler und Verleger von Format, der im mittleren Jahrhundertdrittel zu den bekanntesten Persönlichkeiten seines Berufsstandes gehörte und der stets mit wachen Augen neue Tendenzen auf dem Buch- und Zeitschriftensektor verfolgte und mitbestimmte. Sein Rüstzeug hatte er bei Buchhändlern in Genf, Paris, Leipzig und Freiburg erworben. 1830 ließ er sich schließlich für immer in Leipzig nieder. 1832 arbeitete er als Geschäftsführer der Leipziger Filiale der Pariser Verlagsbuchhandlung Bossange père und leitete dort 1833 die Herausgabe des »Pfennig-Magazins«. Schon im darauffolgenden Jahr, am 15. August 1834, gründete er sein eigenes Unternehmen. Von Anbeginn war er bemüht, mit seinem Verlagsprogramm weite Kreise zu erreichen. Aus diesem

117 Grunde lag ihm an reicher Bebilderung der Publikationen. Da für hohe Auflagen der Holzstich besonders gut geeignet war, bezog er zahlreiche Zeichner und Xylographen in seine Unternehmung ein. Sehr eng arbeitete er mit der Xylographischen Werkstatt Eduard Kretzschmars zusammen, die er nach dessen Tode 1858 erwarb. Vor allem zwei Publikationen machten Webers Verlag weithin bekannt: die von ihm 1843 begründete »Illustrierte Zeitung« und Franz Kuglers »Geschichte Friedrichs des Großen« mit den Illustrationen Adolph Menzels.

Über das Zustandekommen und die Arbeiten an dem besagten Friedrichbuch sind wir durch die Aufzeichnungen von Carl Berend Lorck, dem Teilhaber des Verlages Weber bis 1845, sowie durch zahlreiche Briefe Menzels und Kuglers gut unterrichtet.[42] Ihnen zufolge wollte Weber ein Gegenstück zu dem von P.-M. Laurent de l'Ardèche verfaßten und Horace Vernet illustrierten Buch »Histoire de l'Empereur Napoléon«, das 1839 bei J.-J. Dubochet in Paris und noch im selben Jahr in deutscher Übersetzung in seinem Verlage erschien.[43] Der Verleger hatte ein »Volksbuch« zu Friedrich dem Großen im Auge und sah sich nach einem dafür geeigneten Schriftsteller um. Sein Blick fiel auf den ihm bestens bekannten Berliner Dr. Julius Eduard Hitzig. Dieser hatte in den Jahren von 1808 bis 1814 selbst eine Verlagsbuchhandlung geführt, war jedoch dann in den Staatsdienst getreten. Seit 1827 arbeitete er sogar als Direktor des Kammergerichts-Inquisitoriats, und als er 1835 – insbesondere wegen der Erblindung eines Auges – in den Ruhestand trat, wurde ihm der Rote Adlerorden verliehen. Gegen Ende des Jahres 1839 übernahm er die Leitung der »Allgemeinen Buchhändlerzeitung« [seit 1840 »Allgemeine Preßzeitung« genannt], die in Webers Verlag erschien. Auch als Schriftsteller war Hitzig in Erscheinung getreten, und was in diesem Zusammenhang von besonderem Interesse ist: Er gab 1839 bei Johann Leonhard Schrag in Nürnberg »Peter Schlemihls wundersame Geschichte« von Adelbert von Chamisso mit den Illustrationen Menzels heraus.[44] Nachdem ihn Weber wegen des Friedrich-Buches angesprochen hatte, wandte sich Hitzig an den Historiker Professor Johann David Erdmann Preuß, der wenige Jahre zuvor eine vierbändige Biographie über den Preußenkönig verfaßt hatte. Jedoch dieser sah sich außerstande, das gewünschte »Volksbuch« zu schreiben, und schlug wiederum Franz Kugler, den Schwiegersohn Hitzigs, als Autor vor. Um den Eindruck von familiärer Protektion abzuschwächen, gab Hitzig dem an Weber gerichteten Antwortschreiben die schriftliche Befürwortung von Preuß bei. Der Leipziger Verleger ging auf den Vorschlag ein, und wenige Zeit darauf unterbreitete Kugler seine Vorstellungen über das ins Auge gefaßte Buch. In dem wohl Anfang Februar 1839 verfaßten Schreiben führte er aus: »Die Herausgabe einer Geschichte Friedrichs des Großen, durch Holzschnitte von höherem künstlerischem Wert illustriert, ist gewiß eine ebenso interessante wie zeitgemäße Unternehmung. ... Die Illustration eines solchen Werkes durch eine bedeutende Anzahl künstlerischer Darstellungen muß natürlich sehr bedeutend zur Vergrößerung von dessen Popularität beitragen. ... Als denjenigen, dem die ganze Arbeit zu übertragen sein würde, weiß ich keinen besseren zu nennen als Herrn A. Menzel [Maler und Lithographen] in Berlin. Herr Menzel gehört zwar noch zu den jüngeren Künstlern Berlins, und er ist erst seit wenigen Jahren öffentlich aufgetreten; gleichwohl hat sich in ihm ein Reichtum der Phantasie, eine Sicherheit in allen Elementen körperlicher Darstellung, eine gründliche wissenschaftliche [namentlich historische] Bildung, eine belebende poetische Kraft entwickelt, wie alles dies vereinigt nur sehr selten gefunden werden dürfte. Ich halte dafür, daß gerade er sowohl für die Art der Gegenstände, deren Darstellung im vorliegenden Falle erfordert wird, als auch für die Menge der Darstellungen, welche zu liefern ist, als endlich auch in der Rücksicht, daß der Verleger mit einem reellen Manne, der seine Versprechungen erfüllt, zu tun habe, – ganz vorzüglich geeignet ist. ... Herrn Menzels Darstellungsweise, die entschieden auf Charakteristik und Individualisierung ausgeht, ist ganz besonders für historische Szenen geeignet. Zugleich aber hat er auch ein ganz vorzügliches Talent für eine symbolische, arabeskenartige Kompositionsweise. ... So bin ich der Meinung, daß auch schwerlich jemand zu finden sein dürfte, der die emblematischen und symbolischen Darstellungen für eine Geschichte Friedrichs besser als er würde liefern können, – dies besonders in Rücksicht auf die großen Anfangsbuchstaben der Kapitel. Unbedingt würde er hier viel Geistreicheres, viel mehr Poetisches liefern können als die Franzosen und selbst H. Vernet [soweit mir von letzterem Beispiele vorliegen] geliefert haben ... Überhaupt aber scheint es mir im allerhöchsten Grade wünschenswert, daß – wie die schriftstellerische Arbeit – so auch die künstlerische ganz einer einzelnen Person übertragen werde. So nur kann Einheit des Gedankens, des Stiles, der Behandlung und Ausführung hervorgebracht werden, ohne welche keine höhere Vollendung eines Ganzen möglich ist.«[45] In dem Schreiben nannte Kugler die wichtigsten Arbeiten Menzels und legte Probedrucke von dessen Illustrationen zu Chamissos »Peter Schlemihls wundersame Geschichte« bei.[46]

Weber war von Kuglers Ausführungen angetan und beauftragte den Teilhaber seiner Firma, Carl Berend Lorck, mit Kugler und Menzel persönlichen Kontakt aufzunehmen. Lorck, übrigens fast gleichen Alters wie Menzel, fuhr im Februar 1839 nach Berlin. Am 11. Februar berichtete er Weber: »Soeben komme ich von einer dreistündigen Konferenz mit Herrn Menzel und Kugler. Beide gehen mit großer Liebe ans Werk. Menzel denkt, in acht Wochen anfangen zu können und wenigstens die Hälfte der Arbeit im Laufe des Jahres vollenden zu können. Wenn es gewünscht wird, will er gleich aufs Holz zeichnen und gleich so, daß der Holzschneider nicht hinter den Vernetschen Bildern zurückbleiben kann. Ein Probebild will er Anfang nächster Woche liefern. Er fügt sich in jeder Hinsicht und bedingt sich nur aus, nachdem die Anzahl der großen Bilder bestimmt worden ist, die Sujets für diese selbst zu wählen. Den Vernetschen Napoleon findet er meisterhaft. Den Preis möchte er erst nach einigen Proben feststellen. Er will die Abbildungen je nach Bedeutung und Notwendigkeit ihrer Größe in vier Klassen einteilen und für jede Klasse einen festzustellenden einheitlichen Preis normieren. Die Anzahl der Bilder schätzt er zwischen 3 – 400. Der Eindruck von Menzels Persönlichkeit ist ein solcher, daß es nicht möglich ist, etwas anderes als das unbedingte Vertrauen zu ihm zu haben, und das hat man auch hier allgemein, und trotz seiner Jugend genießt er in den ihm näher stehenden Geschäftskreisen die höchste Anerkennung und Achtung.«[47]

Das Honorar für die Illustrierung des Friedrich-Buches schlug Menzel dem Auftraggeber vor. In einem Brief vom 14. März 1839 unterbreitete er Weber das Angebot, vierhundert Zeichnungen für 4 300 Preußische Taler zu liefern, was dieser im wesentlichen akzeptierte. Der Gesamtabrechnung, die Menzel am 2. Juni 1844 dem Verleger gesandt hat, ist zu entnehmen, daß der Künstler für das Buch 413 Zeichnungen geschaffen und dafür 4 130 Taler erhalten hat.[48]

Es war ein Glücksumstand, daß Verleger, Autor und Illustrator so verständnisvoll miteinander umgehen konnten und sehr beweglich und mit enormem persönlichem Einsatz um ein Ergebnis rangen, das sich auf dem Buchmarkt behaupten und in die Geschichte des illustrierten Buches eingehen konnte. Auch war es der Unternehmung förderlich, daß das Werk in Leipzig zur Drucklegung gelangte. Kugler wies in seinem Brief vom 1. März 1839 an Weber darauf hin, und er meinte, daß damit das geplante Werk »von den ängstlichen Rücksichten der hiesigen Zensur befreit bleiben wird.«[49] Freilich traf das in vollem Maße nur auf die erste Ausgabe zu, denn in den seit 1842 erfolgten Editionen fehlten zwei Illustrationen, die den jungen Friedrich zeigten, wie er bei Besuch des sächsischen Hofes am lockeren Hofleben teilnahm.[50]

Kugler stellte das Manuskript bis zum 15. August 1839, also binnen eines halben Jahres, fertig. Beim Schreiben dachte er immer auch an den Illustrator. Sein Brief vom 1. März an Weber belegt das sehr anschaulich. In ihm heißt es u. a.: »Das Leben Friedrichs des

Großen besteht nämlich aus sehr ungleichen Teilen: manche Perioden hindurch rollt es sich wie das lebendigste Drama auf, in anderen dagegen fließt es ruhig in mehr oder weniger gleichmäßigem Gange fort. Besonders ist letzteres bei den letzten 23 Jahren seines Lebens der Fall, die zu der gewaltigen Tragödie des Siebenjährigen Krieges einen sehr bemerklichen Kontrast machen. Aber gerade diese Perioden der Ruhe sind die Zeiten seiner großartigsten Wirksamkeit, wenn auch die Äußerungen derselben nicht in so kühnen Bil-

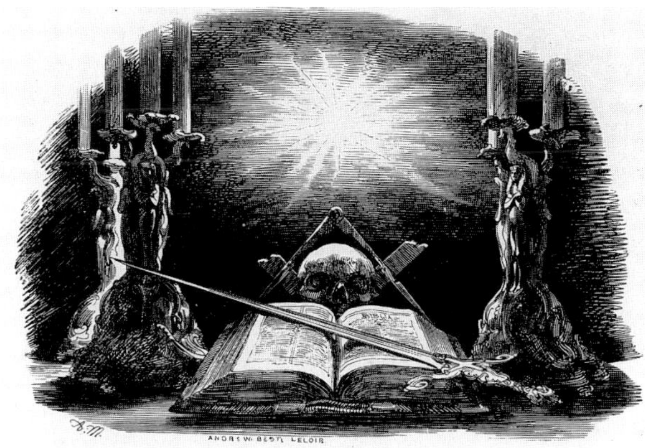

76 Zwei Leuchter und die Insignien des Freimaurertums, Illustration zu Franz Kuglers »Geschichte Friedrichs des Großen«, 1840/42, Holzstich

dern nebeneinander stehen. Diese Perioden nun mit gleichmäßigem Interesse wie die bewegteren zu behandeln, dem Leser für dieselben ein gleichmäßiges Interesse einzuflößen und namentlich dem Zeichner eine gleichmäßig fortlaufende Gelegenheit zu bildlichen Darstellungen zu geben, wird sehr viel Sorgfalt und Umsicht erfordern.«[51] In dem am 25. Juni 1839 verfaßten Brief teilte er Weber die Fertigstellung des zweiten Teils des aus vier Teilen bestehenden Buches mit: »Es ist darin viel köstlicher Stoff für Menzel. Die Arbeit hat mich aber so an das Zimmer gefesselt, daß ich nicht einmal zu Menzel gekommen bin; doch will ich ihn nächsten Tages aufsuchen, mit ihm über das Titelbild sprechen.«[52] Der Einfluß Kuglers auf Menzels Illustrationen war verhältnismäßig gering. Zweifelsohne wußte der selbst als Zeichner dilettierende Schriftsteller die überragende Begabung einzuschätzen. Kugler ließ gegenüber dem Verleger nie Zweifel darüber aufkommen, daß Menzel mit den Illustrationen zum Friedrich-Buch Außerordentliches leistete. Aber Weber erkannte wohl selbst den Wert dieser bildkünstlerischen Arbeit und unterstützte sie in vielfältiger Weise. So setzte er sich beispielsweise für Menzel ein, als dieser im Dresdener Historischen Museum, das damals im Zwinger untergebracht war, Studien treiben wollte, und schrieb am 22. Juni 1840 dem Minister von Lindenau, dem die Dresdener Museen unterstanden: »Um wie bisher in allen historischen Darstellungen mit größter Treue zu verfahren, wünscht Herr Menzel die zur Zeit des Siebenjährigen Krieges in Sachsen üblichen Waffen nach eigener Ansicht wiederzugeben, und da die Sammlungen in Berlin für diesen Zweck nur wenig Brauchbares darbieten, so hat sich derselbe entschlossen, das historische Museum in Dresden durch Autopsie kennenzulernen, und will die Reise dahin mit seinem Besuche der hiesigen Feier des Jubelfestes der Buchdruckerkunst verbinden. Inwiefern es jedoch nicht möglich sein würde durch das bloße Ansehen die alten Waffen so tief sich einzuprägen, wie dies zur Wiedergabe im Holzschnitt erforderlich ist, wagen wir an Ew. Exzellenz, gestützt auf die vielen Tatbeweise von Ew. Exzellenz seltener Humanität und von der nie genug zu rühmenden Bereitwilligkeit in Förderung literarischer und artistischer Bestrebungen, die gehorsamste Bitte zu richten, daß Hochdieselben Herrn Menzel gnädigst gestatten wollen, bei seinem Aufenthalte in Dresden von denjenigen Stücken des historischen Museums, welche seinem Zwecke dienen, Abzeichnungen zu nehmen und ihm deshalb die am meisten geeignete Zeit zu bestimmen, und wenn dazu eine schriftlich Erlaubnis erforderlich sein sollte, solche hochgeneigtest ausfertigen zu lassen.«[53] Auch bei dem erbitterten und beharrlichen Kampf um die Verbesserung der Holzstichqualität zeigte sich Weber letztlich einsichtig.

Da die Xylographie in England und Frankreich damals einen höheren Stand aufwies als in deutschen Landen, hatte Weber anfangs die meisten der von Menzel mit Zeichnungen versehenen Druckstöcke zu Sears nach London und vor allem zu der Pariser Firma Andrew, Best & Leloir gegeben, die kurz zuvor Vernets Illustrationen zum Napoleon-Buch geschnitten hatte. Aber Menzel war mit den Leistungen der ausländischen Xylographen höchst unzufrieden, da sie bei aller technischen Versiertheit seine zeichnerische Individualität weitgehend mißachteten. Unter ihren Händen wurden die meisten seiner Zeichnungen blutleer, formelhaft und in vielen Details sogar verformt. In dem am 27. Januar 1840 an Weber gerichteten Brief brach sich seine Empörung über die französischen Holzstecher Bahn: »... denen Monsieurs, welche die Sachen geschnitten oder vielmehr verschnitten, bitte ich, von meinetwegen wissen zu lassen, daß ich mir eine solche schlingelhafte Mißhandlung meiner Zeichnungen ein für allemal verbitte. Nun die Herren die Bestellung haben, meinen sie wohl, liederlich arbeiten zu dürfen? Was nützt meine Liebe und mein Studium, die ich an die Sache wende, wenn sie in einer solchen Gestalt vor das Auge der Welt treten. Was wird das gebildete Publikum zu einer solchen Fortsetzung eines Unternehmens denken, das, wie die soeben gedruckten ersten Bogen zeigen, mit solchen Ansprüchen aufgetreten ist. Schnell und billig haben bei Unternehmungen der Art doch nur so lange Wert, als sie eine gute Arbeit liefern.«[54] Zweifellos war für Weber auch der verhältnismäßig niedrige Preis ein Grund gewesen, die Stöcke in die Hände der Pariser Xylographen zu geben. Wie dort gearbeitet wurde, schilderte Friedrich Eggers 1854 im »Deutschen Kunstblatt«: »Abgesehen von allen andern, hinderte schon der fabrikmäßige Betrieb der Sache eine harmonische Ausführung der gegebenen Zeichnung. Da gab es Haupt- und Nebensachen. Die eine Hand schnitt jene, die andere diese, von einer treuen Hingabe an das Original, von einem Sichaufgeben an die Schöpfung des andern, wie Menzel es verlangte, war vollends nicht die Rede, die dazu nötige Selbstverleugnung und Beharrlichkeit konnte doch nur Deutschen zugemutet werden.«[55] Menzel war daran interessiert, daß so viele Illustrationen wie möglich von den deutschen Holzstechern bearbeitet wurden, konnte er doch auf sie ungleich besser Einfluß nehmen. Hinzu kam freilich noch das Nationalbewußtsein. So schrieb er am 21. Dezember 1839 an Weber: »... ich kann Ihnen nicht verbergen, daß es meinem Nationalgefühl wehetut, wenn an einem so nationalen Werk die Einheimischen allen Anteil verlören...«[56] Kugler hatte Menzel in dieser Sache sogleich unterstützt und am 11. Februar 1840 Lorck geschrieben [da Weber zu diesem Zeitpunkt erkrankt war]: »Ich bin moralisch vollkommen überzeugt, daß Menzel im guten Rechte ist und daß alle Schuld einzig und allein auf die Pariser Holzschneider fällt. ... Ich beschwöre Sie, alles anzuwenden, daß solch Unheil nicht aufs neue geschehe; ... Und Menzel werden Sie gewiß seinen Ingrimm verzeihen, wenn Sie bedenken, wie wichtig für ihn diese Sache ist, wie man solche Fehler großenteils nicht den Holzschneidern, sondern ihm zur Last legen wird, und nun ein so mangelhaftes Auftreten über einen guten Teil seiner Zukunft den Stab brechen kann. Ich an seiner Stelle – ich wüßte nicht, ob ich unter solchen Umständen in der Arbeit würde fortfahren können. Aber auch ich persönlich [ich kann nicht umhin, dies zu bemerken] bin bei dieser Angelegenheit interessiert.«[57] Er betonte, daß es ihm nicht gleichgültig sei, ob seine Arbeit »mit geistreichen Illustrationen oder mit Handwerkerware verziert wird.«[58]

Aufschlußreich ist in diesem Zusammenhang ein Brief, den Menzel am 6. September 1840 dem Freund Carl Heinrich Arnold geschrieben hat und der erahnen läßt, welche Energie er in dieses Projekt gesteckt hat. In ihm heißt es: »Aber das muß ich beibringen, daß, wer sich nicht selbst je mit so was, dergleichen ich nun vorhabe, beschäftigte, keinen Begriff hat, mit wieviel Mühen, Weitläufigkeiten und bei aller Aufmerksamkeit und Promptheit des Unternehmers [diese Gerechtigkeit muß ich ihm widerfahren lassen] unausweichbaren Verdrießlichkeiten so etwas verknüpft ist. Diese Erklärung bin ich mir selbst bei meinen Freunden schuldig. Ich wünschte bloß, ich könnte sie allen denen sagen, die bei leider mancher schlecht geschnittenen Zeichnung den Stein auf mich werfen. Wie oft habe ich ohnehin schon denselben Gegenstand zweimal gezeichnet, weil er das erstemal in unachtsame oder ungeschickte Klauen geraten war ...«[59] Ein Vierteljahr zuvor hatte Menzel, unbefriedigt über die Leistungen der Pariser Xylographen, dem Verleger Weber gegenüber geäußert, daß es doch empfehlenswert für dieses Unternehmen wäre, ein »Corps« deutscher Holzstecher heranzuziehen, »was allerdings sowohl für die Beschleunigung als auch die Kontrolle das Beste wäre.«[60]

Weber war keineswegs untätig in dieser Sache. Zum einen gab er die Beschwerden und Korrekturen Menzels an die Pariser Holzschneider weiter [fuhr auch selbst zu ihnen, so im Herbst 1840], zum andern bemühte er sich um deutsche Xylographen. Als er einen geeigneten Holzstecher in Stuttgart ausfindig gemacht und Menzel davon in Kenntnis gesetzt hatte, meinte dieser sogleich: »... nur schärfen Sie dem Manne die größte Gewissenhaftigkeit ein. Wenn das eine Möglichkeit werden könnte, die Pariser Schweineschneider nach und nach ganz zu entbehren!! Aber das können vorläufig nur fromme Wünsche sein.«[61]

Mit dem Jahre 1840 erhielten tatsächlich mehr und mehr die deutschen Xylographen die mit Menzels Zeichnungen versehenen Holzstöcke, vor allem Eduard Kretzschmar in Leipzig und Friedrich Unzelmann, Albert und Otto Vogel sowie Rudolph Bethge in Berlin. Menzel setzte bei ihnen durch, daß sie wirkliche Faksimilestiche lieferten, die also die Zeichnung nahezu originalgetreu wiedergaben. Unstreitig trug er somit ganz erheblich zu einem enormen Qualitätsschub in der deutschen Xylographie bei. Doch ebenso wichtig war hierfür das leidenschaftliche Eintreten Webers für den Holzstich, der mit zahlreichen Publikationen, insbesondere mit der »Illustrierten Zeitung« großen Anteil daran hatte, daß deutsche Künstler in den vierziger Jahren in der Buch- und Zeitschriftenillustration den Anschluß an die fortgeschrittenste europäische Entwicklung gewannen.

Bald nachdem am 25. Februar 1840 die erste, 32 Seiten umfassende Lieferung zu Kuglers »Geschichte Friedrichs des Großen« erschien, setzte eine Kritik ein, die sich vor allem gegen die populäre, an weite Kreise wendende Form, die überaus reiche Bebilderung mittels des Holzstichs und die Auswahl der ins Bild gesetzten Szenen wie auch gegen die starke Individualisierung von Bildfiguren und die reportagehaften Elemente richtete. Für einiges Aufsehen sorgte der greise Akademiedirektor Gottfried Schadow mit seinem Artikel »Zu Ehren Friedrichs des Großen von einem Veteranen«, der am 26. März 1840 in der »Spenerschen« und »Vossischen Zeitung« erschien. Angesichts der ersten Lieferung fragte er laut tönend: »Sollten in Berlin nicht genugsam Künstler und Historiographen vorhanden sein, um ein dem Ruhme unseres Königs Friedrich würdiges und angemessenes Souvenir oder Album zustande zu bringen? Ich sollte meinen und auch ausführbar, wenn man sich nicht einfallen läßt, ein entreprisenartiges Pfennig-Magazin zu liefern.«[62] Zum Gebrauch der Xylographie merkte er an: »Schon haben Engländer und Franzosen in diesem Kunstzweig Gutes gegeben, bei uns Deutschen ist wenig dem an die Seite zu stellen, und schon sieht man solche Ausartungen, die man Griffonagen oder Kritzeleien nennen kann, und dieses von denselben Künstlern, welche sich mit der Radiernadel gut und geistreich ausgedrückt haben. Auf diese möge man zurückkommen! Statt hierbei der heurigen Mode zu folgen, die Gestalten in phantastisch arabesken Windungen schwebend erscheinen zu lassen, sollte hier alle Erfindung wegbleiben und ist genugsamer Vorrat vorhanden an Bildwerk und Schrift, um den Zeitgenossen die Gestalten und Gedanken jener Zeit in solchem Verein auszustellen, daß dem Leser und Beschauer jene alten Tage sich in treuem Spiegelbilde vergegenwärtigen.«[63] Menzel erwiderte auf diese unsachliche und scharfe Kritik zwei Tage darauf in den beiden Zeitungen: »Die in der Geschichte Friedrichs des

Großen [von Hrn. Prof. Kugler] enthaltenen bildlichen Darstellungen sind nicht, wie Hr. Direktor Schadow rügt, die Produkte phantastischer Erfindung, sondern gründen sich auf ein Studium alles dessen, was in das Jahrhundert Friedrichs gehört und dasselbe charakterisiert. Hiervon ist noch ein bedeutender Nachlaß auf uns gekommen; vorzugsweise in den Königl. Schlössern zu Berlin, Charlottenburg und Potsdam, welche mir zu diesem Zwecke durch die Liberalität des Königl. Hofmarschallamts zugänglich geworden sind.

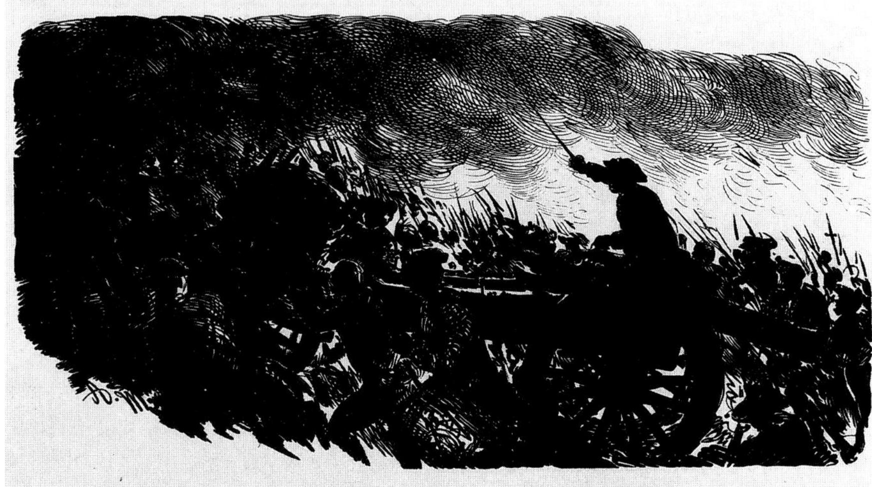

77 Nächtlicher Kampf bei Torgau, Illustration zu Franz Kuglers »Geschichte Friedrichs des Großen«, 1840/42, Holzstich

Ebenso ist aus Friedrichs Kriegen eine bedeutende Anzahl von Kleidungsstücken und Waffen jeder Art im hiesigen Montierungs-Depot und Zeughause erhalten. Durch deren Studium auf dem lebenden Modell und durch die Benutzung aller übrigen erreichbaren Quellen bin ich, wie ich hoffe, imstande, in meinen Arbeiten der historischen Wahrheit möglichst nahezukommen, und wenigstens näher als dies in den früheren bildlichen Darstellungen zur Geschichte Friedrichs, deren Benutzung Hr. Direktor Schadow zu wünschen scheint, der Fall ist; [wie sich dies nach Durchsicht der hiesigen Königlichen Kunst-Kammer befindlichen großen Sammlung solcher bildlichen Darstellungen und nach Vergleichen meiner Studien – die ich jedermann in den Abendstunden vorzulegen erbötig bin – leicht ergeben dürfte]. – Herr Direktor Schadow scheint mir in seinem Aufsatze ferner den gütigen Rat zu erteilen, auf die Radiernadel ›zurückzukommen‹; ich muß bedauern, denselben nicht befolgen zu können, indem ich [abgesehen davon, daß die Radiernadel für den Zweck unseres Unternehmens durchaus unpassend wäre] nie mit einer Radiernadel gearbeitet habe. Sollte Herr Direktor Schadow vielleicht einige meiner Federzeichnungen für radiert gehalten haben? Schließlich stelle ich es dem Scharfblick eines resp. Publikums anheim, die ›nach der heutigen Mode in phantastisch arabesken Wendungen schwebenden Gestalten‹ in dem in Rede stehenden Hefte aufzufinden.«[64] Außerdem erschien in der »Spenerschen Zeitung« vom 28. März eine anonyme [mit »r« unterzeichnete und wohl von Franz Kugler verfaßte] Entgegnung auf Schadows Angriff: »Es scheint nicht Veranlassung, auseinanderzusetzen, worin der Wert des Werkes besteht, vielmehr kam es dem angreifenden Teil an, seine Anklage, einstweilen auch nur auf dem Felde des Künstlerischen, zu begründen, und zwar: 1. Die deutschen Werke ähnlicher Art zu nennen, welche diesem gleichzustellen oder gar vorzuziehen wären. 2. Diejenigen älteren Kunstwerke namhaft zu machen, durch welche alle spätere Erfindung bei Darstellung des großen Königs überflüssig geworden sein sollte. 3. Näher anzugeben, wie er sich sein ›Souvenir oder Album‹ vorstellt. 4. Die aufgestellte Behauptung auch zu beweisen, daß die alte Zeit in diesem Werk nicht charakterisiert sei – ein Tadel, der für den Künstler besonders verletzend sein muß, welcher gerade in dieser Hinsicht die vollständigsten [und erfolgreichsten] Studien gemacht hat und auf Verlangen vorzeigen kann. 5. Das Verfahren anzugeben, wie man von radierten Blättern auch nur 5000 Exemplare abziehen und die Darstellungen bequem dem Text einfügen könne. Bevor diese Punkte nicht näher erörtert werden, kann dem direkt und indirekt ausgesprochenen Tadel keine Gültigkeit beigemessen werden.«[65] Doch damit nicht genug, auch Julius Eduard Hitzig verfaßte eine lange Gegenkritik, die am 30. März in der »Vossischen Zeitung« zu lesen war und in der es u. a. hieß: »Nur so viel sei mir zu bemerken erlaubt, daß nach meiner individuellen Erfahrung der Veteran der einzige ist, dem es nicht gefällt; alle andern, die ich darüber gesprochen, habe ich – es ist nicht zu viel gesagt – entzückt davon gefunden. Auch wird es gewiß allgemeines Interesse erregen, bei dieser Gelegenheit die Tatsache zu vernehmen, daß der Vorsteher der Pariser Kunstanstalt, wo die Holzstöcke geschnitten werden, dem Verleger schreibt: ›man habe dort geglaubt, seit Albrecht Dürers Zeiten sei die Kunst, für den Holzschnitt zu zeichnen, in Deutschland ganz untergegangen; die Menzelschen Zeichnungen lehrten das Gegenteil‹. Ein Werk solcher Art wie das vorliegende, an welches der Verleger – kein Preuße – aus reinem Enthusiasmus für den einzigen König den größten Teil seines Vermögens setzt, freilich in der Hoffnung, die Nation, deren Stolz Friedrich ist, werde sein Opfer anerkennen; ein solches Werk behandelt der Veteran nun geringschätzig als ›entreprisenartiges Pfennigmagazin‹. – Warum? – Darüber, gestehe ich gern, nach mehrmaliger Durchlesung des fraglichen Aufsatzes nicht auf das Klare gekommen zu sein. Ich finde nichts darin als subjektive Mißstimmung ohne objektive Motivierung des abfälligen Urteils.«[66] Schadow erkannte schließlich, daß sein Urteil unbegründet und somit nicht haltbar war. In der »Spenerschen Zeitung« vom 1. April erschien folgende Erklärung von ihm: »Der Aufsatz in der ›Vossischen Zeitung‹ Nr. 77 [und in der Beilage zum heutigen Stück dieser Zeitung] von Herrn Dr. Eduard Hitzig tut dar, daß ich Unrecht habe, und liegt mir mehr an dem Ruhme des großen Königs als dem meinen. Dr. G. Schadow, Direktor.«[67]

Am 3. April 1840 schrieb Menzel erleichtert dem Verleger Weber: »Die Schadowschen Kämpfe sind, hoffe ich, beendigt, es ist ihm von unserer und mehreren Seiten geantwortet worden, und er hat sein Unrecht wenigstens öffentlich eingestanden.«[68] Jedoch die mißliebigen Stimmen verstummten nicht. Am 8. April selbigen Jahres schrieb ein anonymer Rezensent in der von Dr. Karl Heinrich Brandes, des Assistenten der Königlichen Bibliothek, herausgegebenen Berliner »Literarischen Zeitung« über die erste Lieferung zu Kuglers Buch: »Die Zeichnungen an sich sind alle vortrefflich; nur ist es für den Zweck dieser Unternehmung ein Übelstand, daß unter Herrn Menzels Feder jeder Zug eine Hinneigung zum Komischen annimmt; dieses Element müßte, wenn es sich in den folgenden Teilen fortpflanzte, mit der Würde des Gegenstandes in Widerspruch treten, die selbst dem gemütlichen Humor einer solchen Volksschrift scharfe Grenzlinien zieht.«[69] Auch in der »Literarischen Zeitung« vom 9. September 1840 wurde in einer Rezension über die zweite und dritte Lieferung des Friedrich-Buches auf die Neigung Menzels zur satirischen Überzeichnung von Szenen und Physiognomien gewiesen und nachdrücklich herausgestellt, daß es sich um Produkte handelt, an die man nicht die Maßstäbe für die hehre Kunst legen kann, die jedoch in ihrer Art ganz beachtlich sind. So heißt es dort: »Nachdem sich beim Erscheinen des ersten Heftes nicht ohne Streit der Standpunkt ergeben hat, aus welchem dies Werk betrachtet sein will, und man nicht mehr, von der Ankündigung verleitet, ein würdiges Ehrendenkmal des großen Königs erwartet wird, sondern eine populäre Schrift nach der Art der Pfennigmagazine, so darf man die neu erschienenen Hefte mit Freude willkommen heißen. Auch hier zeigt sich das Talent und die Gewandtheit des Künstlers, und wenn die Neigung zum Karikierten und Komischen bei den ernsten Szenen des Zwiespaltes zwischen Vater und Sohn, der Gefangenschaft Friedrichs, des Todes von Katte und der endlichen Aussöhnung besonders auffällt, so leidet wenigstens das Frappante des Eindruckes nicht darunter, um das es ja hier zu tun ist.«[70]

Auf den Artikel in der »Literarischen Zeitung« vom 8. April Bezug nehmend, schrieb Kugler im Frühjahr 1840 dem Verleger Weber: »Auf gewisse Weise ist allerdings unter der sehr albernen Spreu jenes Rezensenten ein Körnchen Wahrheit versteckt: nämlich, daß Menzel bei seiner Neigung zur scharfen Charakteristik hin und wieder Gefahr läuft, des Guten zu viel zu tun. Nach meiner Ansicht sind aber Fehler, die aus löblicher Eigenschaft entspringen, ganz leicht zu ertragen, so lange sie nur nicht eben im Übermaß hervordringen – auf jeden Fall viel leichter, als wenn die Darstellungen wegen Mangels an Charakteristik flau und gehaltlos werden. Auch sollte ich meinen, daß ein billiges Publikum wissen wird, welchen Maßstab es an Skizzen zu legen hat, und daß – ich wiederhole meine ersten Äußerungen – keiner in Deutschland ähnlich Gutes zu leisten imstande ist, soweit wenigstens bis hierher Kunde über deutsche Kunst gekommen ist. Ich sage dies alles nur, um Sie zu beruhigen, falls Sie durch jene Rezension sollten unruhig geworden sein; ich glaube, es ist in Ihrem Interesse, Menzel dergleichen nicht geradezu und nicht zu oft merken zu lassen. Ich will damit nicht sagen, daß er nicht besser als viele andere könnte mit sich sprechen lassen; aber ich habe viel zu großen Respekt vor der künstlerischen Produktion [zumal, wenn sie, wie hier, eben nur im skizzenhaften Entwurfe tätig sein muß] als daß ich mich unterfangen möchte, sie durch unzeitige Kritik zu stören. Viel lieber suche ich beiläufig, zufällig, durch einzelne hingeworfene Worte zu wirken, wo es mir nötig erscheint: und wenn ich nicht irre, so hat dergleichen auch schon bei Menzel, wenn auch ihm selbst unbewußt, mehrfach seine gute Wirkung geäußert.«[71] Kugler bewies viel Feingefühl, um Menzel bei dieser umfangreichen und unter beträchtlichem Zeitdruck zu vollbringenden Arbeit zu unterstützen. Berechtigter Kritik hat sich Menzel keineswegs verschlossen. Ein Beispiel mag das bezeugen: Am 11. Februar 1840 teilte Kugler dem Verleger mit, der mit Menzels Pferdedarstellungen, die er natürlich an denen Vernets maß, unzufrieden war: »Nur in einem Punkte kann ich Ihren Befürchtungen in Bezug auf Menzel Recht geben, darin nämlich, daß er wohl kein geübter Pferdezeichner ist. Ich hatte bis auf die Titelvignette nie Pferde von seiner Hand gesehen. Bei deren Ansicht sagte ich ihm auch unumwunden meine Meinung, und er sagte, ich hätte Recht. Da er selbst diesen Mangel einsieht, so glaube ich [wie ich einmal seinen unermüdlichen Eifer kenne], daß er auch alles tun wird, dem abzuhelfen. – Ich kann Ihnen nicht genug sagen, wie höchst eifrig er bei der Sache dabei ist und wie er ganz darin lebt und ganz darin aufgeht.«[72] Als Adolph Menzel am 28. August 1840 seinem Freund Dr. Wilhelm Puhlmann die vierte Lieferung des Kugler-Buches schickte, meinte er in dem beiliegenden Brief: »... mit meiner Roßtäuscherei gings da noch nicht sehr, aber das soll schon besser werden, ich bleibe jetzt vor jeder Sandkrake stehen und untersuche sie ...«[73]

Weber hatte das Friedrich-Buch mit großer Risikobereitschaft in Angriff genommen. Obzwar es ihm schließlich viel Beifall und sogar die »Preußische Goldene Medaille für Kunst und Wissenschaft« einbrachte, hielt sich der kommerzielle Erfolg in Grenzen. Wie später sein Teilhaber Lorck überlieferte, war das Napoleon-Buch mit Vernets Illustrationen viel gewinnträchtiger für den Verlag. Betrug die Auflagenhöhe vom Friedrich-Buch 6000, so die des Napoleon-Buches 11 500, und 1845 befand sich von ersterem »noch eine größere Anzahl von Exemplaren auf Lager«[74]. Im Preis gab es im übrigen keine Unterschiede, sie kosteten beide jeweils $6\,^{2}/_{3}$ Taler.[75]

Schon 1842 war von Weber zu Kuglers »Geschichte Friedrichs des Großen« ein Ergänzungsband geplant, der eine »Heerschau der Soldaten Friedrichs des Großen«

bieten sollte. Auch hier nahm der Verleger Anregungen von französischer Seite auf. Bereits der zweiten 1840 erfolgten Ausgabe der »Histoire de l'Empereur Napoleón« von Paul-Matthieu Laurent de l'Ardèche wurden zusätzlich fünfzig kolorierte Holzschnitte von Hippolyte Bellangé beigegeben, die charakteristische Vertreter der napoleonischen Kriegsvölker vor Augen führten. Wenig später erschienen diese Darstellungen Bellangés, mit einem umfänglichen neuen Text versehen, als eigenständige Publikation mit dem Titel »Die Soldaten der französischen Republik und des Kaiserreichs«, die 1843 in deutscher Übersetzung in Webers Verlag herauskam. Analog dazu wollte Weber zum Friedrich-Buch eine Publikation zur friderizianischen Armee herausgeben, und er dachte natürlich daran, Menzel mit der Schaffung des Bildteils zu betrauen. Den Text sollte der Berliner Schauspieler und Schriftsteller Louis Schneider besorgen. Anfang des Jahres 1845 fand eine Unterredung zwischen diesem und Menzel statt, in der Schneider vorschlug, anstatt der ursprünglich ins Auge gefaßten Publikation über die Soldaten Friedrichs des Großen eine Geschichte der preußischen Armee in Angriff zu nehmen. Eine solche Ausweitung lehnte Menzel jedoch ab, und am 20. März 1845 schrieb er Weber: »Und ich erkläre hiermit: [was ich ihm auch sagte] ich kann und will mich nicht so, wie ich es nenne, zersplittern.«[76] Daraufhin wurde Eduard Lange, Bibliothekar des Königlichen Theaters in Berlin, vom Verleger als Autor für »Die Soldaten Friedrichs des Großen« gewonnen. Die Verhandlungen von Verlagsseite führte nun gänzlich Lorck, der nach der 1845 erfolgten Trennung von Weber die meisten der Buchprojekte übernommen hatte und sie fortsetzte. Menzel schickte ihm am 21. März 1846 die erste der insgesamt 32 Zeichnungen für diese Publikation und am 4. Juni 1849 die beiden letzten. Sie wurden in der Xylographischen Anstalt Eduard Kretzschmars geschnitten, und wie bei den Illustrationen zu Kuglers Buch achtete Menzel auch jetzt auf die exakte Wiedergabe seiner Zeichnungen. So schrieb er auf den Probedruck der »Reitenden Artillerie« die Anweisung: »Dem Verfertiger dieser Gesichter darf keine meiner Zeichnungen ferner übergeben werden; warum steht noch dazu gerade unter diesem schlechtesten Schnitt der Name der Anstalt? Korr. in sämtlichen Gesichtern. Daran muß noch, was möglich ist, aufgehalten werden. Die nur mit mattem Weiß gedruckten Stellen in der Montierung dieses vordern Kanoniers, das Kanonenrohr, der Schatten unter den Lafetten sollen nur aufgestochen werden, bis sie den grauen Effekt machen, wie da angegeben. Namentlich am Kanonenrohr sollen die Striche in derselben runden Richtung durchgerissen werden. Der Hintergrund, nämlich der durchs Rad vorderste Kanonier, der Zieler, der Offizier ganz hinten, der richtende Kanonier, der Schatten unter der Kanone müssen sehr leicht drucken.«[77] Bei den Darstellungen war Menzel um Einfachheit bemüht, da ein Teil der Auflage koloriert werden sollte. Den Vorschlag Lorcks, noch zusätzlich Vignetten in das Buch zu geben, akzeptierte er jedoch nicht. Er teilte ihm brieflich mit: »Auf eine Ausdehnung der Bilderausstattung bis zu Kapitelanfangs- und Schlußvignetten kann ich nicht eingehen, dazu fehlt es mir allermeist an Zeit. Andernteils halte ich es auch für überflüssig, da Detailbelehrungen über das Kostüm ganz außer dem Zweck und der Genießbarkeit des Werks liegen; und sollte es mehr aus dem Fach der Komposition hergenommen werden, so würde ein Hinübergreifen ins Friedrich-Buch oft kaum vermeidlich sein und also mehr oder weniger eine Verwässerung herbeigeführt werden.«[78] Menzel verlangte auch jetzt als »Honorar für jede Zeichnung auf dem Klotz [einschließlich die nachherige Anfertigung des Originals für den Illuminierer]« dreißig Taler.[79] Das Buch wurde allerdings nicht mehr von Lorck herausgebracht, sondern erschien bereits im Verlag von Avenarius und Mendelssohn in Leipzig, der das fertige Projekt übernommen hatte. Es kam dort von 1851 bis 1853 in Lieferungen und 1853 als neue Titelauflage heraus.[80]

Auf Anregung und im Auftrag des Weberschen Verlags nahm Menzel auch die großformatige Holzstichfolge »Aus König Friedrichs

Zeit. Kriegs- und Friedens-Helden« in Angriff. Am 17. Dezember 1849 schickte er Lorck die erste Zeichnung, Zieten darstellend. Bereits damals dachte Menzel an eine zwölf Blätter umfassende Porträtreihe.[81] Da dem Verlag aber an einer umfangreicheren Folge gelegen war, realisierte Menzel seine Vorstellungen über dieses Projekt mit dem Berliner Verleger und Hofbuchhändler Alexander Duncker, der die in der Xylographischen Werkstatt von Eduard Kretzschmar gestochenen Zeichnungen in den Jahren 1854/55 herausgab.[82]

Für die zweite große Unternehmung Webers, die »Illustrierte Zeitung«, steuert Menzel wenig bei. Zu nennen ist hier die Porträtzeichnung von Dr. Julius Eduard Hitzig »nach der Natur und auf den Block«, die Menzel mit 34 Talern in Rechnung gestellt hat.[83] Sie wurde von Unzelmann gestochen und erschien in der Ausgabe vom 4. Mai 1844. In diesem Jahr erreichte diese erste deutsche Bildzeitschrift bereits eine Auflagenhöhe von 12 000.[84] Wie für das Friedrich-Buch und »Die Soldaten Friedrichs des Großen« hatte Weber auch für die »Illustrierte Zeitung« die Anregung durch ein ausländisches Vorbild erhalten. Am 4. März 1843 war von Jacques Dubochet in Paris die erste Nummer der »L'Illustration« erschienen, die wiederum als das französische Gegenstück zu der seit dem 14. Mai 1842 bestehenden Bildzeitschrift »The Illustrated London News« entstanden war. Anfangs hatte Weber viele Klischees aus London und Paris kommen lassen müssen, um eine reiche Bebilderung seiner Zeitung zu gewährleisten. Aber von Anbeginn arbeiteten deutsche Zeichner und Xylographen für ihn. Im ersten Jahr warb er im Namen der Redaktion in der »Illustrierten Zeitung« um die Beteiligung an Bildreportagen: »Die Unterzeichnete ladet alle diejenigen Maler, welche sich tüchtig und berufen fühlen, die Tagesereignisse und Zustände der Gegenwart in lebendiger Auffassungsweise den Lesern der ›Illustrierten Zeitung‹ bildlich vor Augen zu führen, ein, sich als Mitarbeiter an dieser Zeitung zu beteiligen und sichert denselben zu, alle geeigneten Beiträge auf das Anständigste zu honorieren.«[85] Das der Zeitung angeschlossene Zeichenatelier, das die Umsetzung eingereichter Zeichnungen in den Holzstich zur Aufgabe hatte, wurde bis 1849 von Johann Jakob Kirchhoff, bis 1857 von Robert Kretzschmar und bis 1860 von Ernst Hartmann geleitet. Daneben beanspruchte Weber die Xylographische Anstalt des ihm befreundeten Eduard Kretzschmar, der im Laufe der Zeit dadurch 40 bis 50 Holzstecher beschäftigen konnte.[86] Somit hatte Weber unstreitig erheblichen Anteil an der raschen Entwicklung der Xylographie und der lebensnahen Bildreportage. Die »lebendige Auffassungsweise«, die Weber für die Bildbeiträge in der »Illustrierten Zeitschrift« forderte, hatte Menzel schon in den Illustrationen zum Friedrich-Buch an den Tag gelegt. Er konnte seine Auffassung und Gestaltungsweise bei den Aufträgen Webers ungehindert entfalten, da der Verleger sich – nicht zuletzt auf

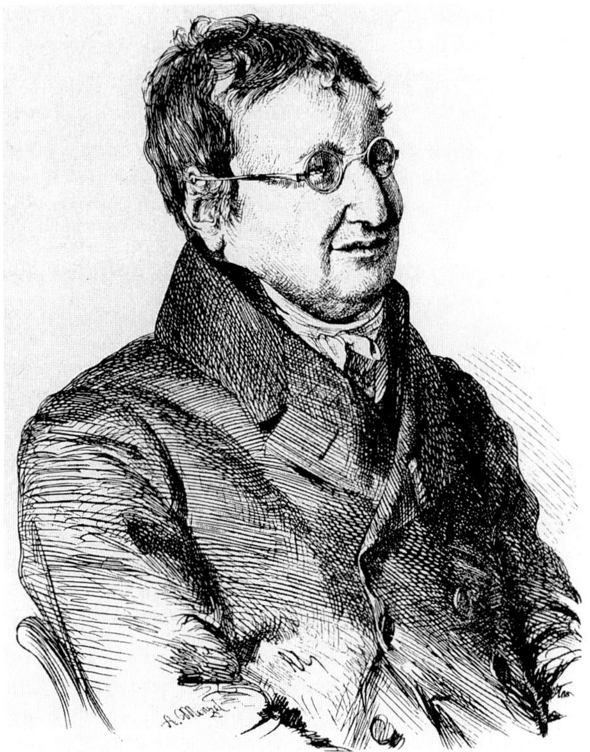

78 Dr. Eduard Hitzig, 1844, Holzstich

Grund seiner Einsichten in französische und englische illustrierte Bücher und Zeitschriften – zu seinen künstlerischen Angeboten sehr aufgeschlossen verhielt.[87]

In der ersten Hälfte des 19. Jahrhunderts waren im deutschen Staatengefüge die Kunstvereine wie Pilze aus der Erde geschossen. Sie waren in der Regel stark bürgerlich orientiert und prägten im Laufe der Zeit durch Ausstellungen, Aufträge und Ankäufe immer entschiedener die Kunstverhältnisse mit. Schon in Brockhaus' Conversations-Lexikon von 1845 heißt es: »Die Kunstvereine sind gegenwärtig unleugbar die wesentlichsten materiellen Träger der Malerei; sie zuerst haben ihr wieder ein größeres Publikum gewonnen und somit bei aller Einseitigkeit, die sich zuweilen hineinmischt, mit dem schwierigen Werke, die Kunst von neuem mit dem Leben zu vermitteln, einen kühnen und erfolgreichen Anfang gemacht.«[88] Besonders waren die Kunstvereine an Historienbildern zur nationalen Geschichte interessiert, um auf diese Weise zur Förderung des Nationalbewußtseins beizutragen, stand doch damals die Schaffung eines bürgerlichen Nationalstaates und damit eines geeinten Deutschlands auf der Tagesordnung.

Im Vormärz und in den fünfziger Jahren traten mehrere Kunstvereine als Auftraggeber Menzels in Erscheinung, insbesondere die von Berlin, Potsdam und Kassel sowie der Schlesische Kunstverein und die »Verbindung für historische Kunst«. Menzels Kontakt zu diesen Einrichtungen wurde in der Regel durch einflußreiche Mitglieder hergestellt. So vermittelte Ignaz von Olfers dem Künstler einen Auftrag des 1825 gegründeten Berliner Kunstvereins, dessen genaue Bezeichnung »Verein der Kunstfreunde im preußischen Staat« lautete.[89] Olfers, als Sohn des geadelten Hofrates und Bankiers Franz Theodor von Olfers in Münster [Westfalen] geboren, promovierte an der Göttinger Universität zum Dr. med. 1823 heiratete er, obwohl selbst katholischer Konfession, die evangelische Hedwig von Staegemann, deren Vater, der Geheime Staatsrat Friedrich August von Staegemann, aufs engste mit Hardenberg zusammengearbeitet hatte. Olfers war seit 1815 als Geheimer Legationsrat im Preußischen Kultusministerium und vom 31. Juli 1839 bis 31. März 1869 als Generaldirektor der Königlichen Museen in Berlin tätig. Die Berufung zum Generaldirektor verdankte er größtenteils der Fürsprache Alexander von Humboldts. Olfers betrieb jedoch eine recht unglückliche Ankauf- und Sammlungspolitik. Anstatt wichtige Originale zu erwerben, die damals noch verhältnismäßig preiswert zu haben waren, legte er sein Hauptaugenmerk auf den Ausbau einer Kopiensammlung.[90] Seine Dienstwohnung auf der Spreeinsel hinter dem Museum [an der Cantianstraße], die ihm bis ans Lebensende zur Verfügung stand, war eine wichtige Begegnungsstätte für Künstler und Kunstinteressierte. Dort waren gelegentlich der Philosoph Schelling und der Historiker Ranke, des öfteren die Bildhauer Rauch und Tieck, der Maler und Zeichner Hensel und ab und zu auch Menzel anzutreffen. Vor allem Hedwig von Olfers lag an der Verbindung des Hofes zu Künstlern. Ihr Mann, Ignaz von Olfers, besaß zweifelsohne starkes Interesse für die bildende Kunst: Er befaßte sich selbst mit dem Holzschnitt und verfaßte einige kunstwissenschaftliche Arbeiten, so eine Schrift über Rauchs Denkmal Friedrichs II. In dem Brief, den Menzel am 24. Dezember 1879 Ludwig Pietsch schrieb, heißt es, daß Olfers »für Holzschnitt passioniert, unter Leitung Otto Vogels selbst darin dilettierte«[91]. Otto Vogel wiederum schnitt zahlreiche Zeichnungen Menzels zu Kuglers »Geschichte Friedrichs des Großen« und zu den Werken Friedrichs II. ins Holz. Im Winter 1838/39 erwirkte Olfers, daß der »Verein der Kunstfreunde im preußischen Staat« Menzel beauftragte, die Zeichnung für einen als Vereinsblatt gedachten Holzschnitt anzufertigen.[92] Das Thema war »Franz von Sickingens Tod zu Landstuhl« [Abb. 79]. Zusammen mit dem 1839/40 ebenfalls von Menzel geschaffenen »Gedenkblatt an die Erfindung der Buchdruckerkunst« [1840 wiederum von Unzelmann ins Holz geschnitten] wurde diese Arbeit anläßlich des vierten Säkularfestes der Erfindung der Buchdruckerkunst

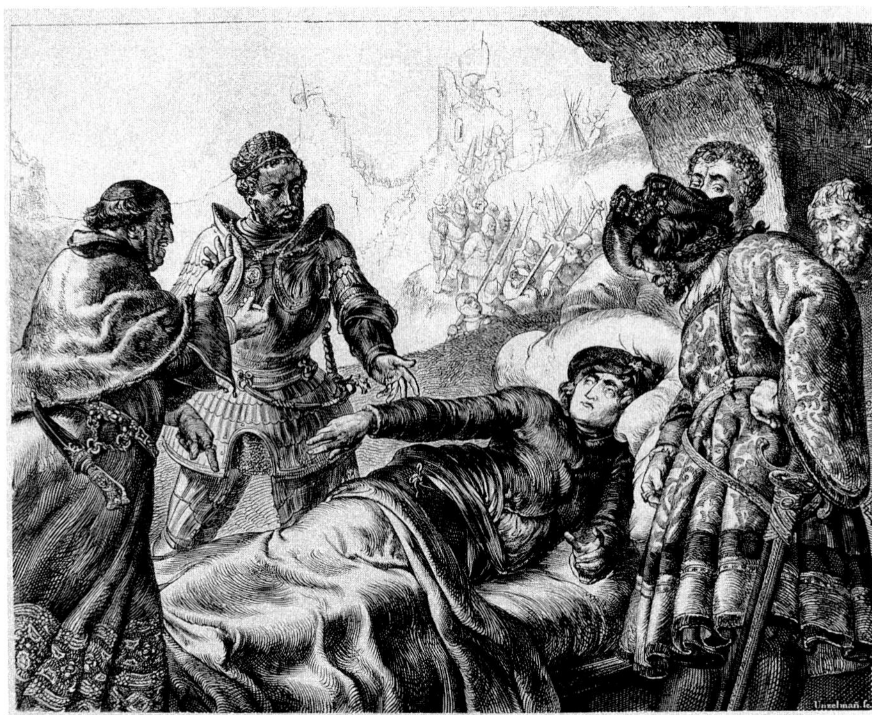

79 Franz von Sickingens Tod zu Landstuhl, 1838/39, Holzstich

in einer Ausstellung im Berliner Universitätsgebäude gezeigt. Diese Ehrungen Gutenbergs wurden damals für die Propagierung nationalstaatlicher Ziele genutzt.

Im Vormärz wurde Sickingen mit der Reformation in Verbindung gesehen und damit wie Luther und Hutten als ein Vorbild für Bemühungen um die nationale Einigung in Anspruch genommen. Sickingen hatte Ulrich von Hutten unterstützt und ihm auf seiner Burg Asyl gewährt. 1522 griff er mit seinem 7000 Mann starken Heer den Kurfürsten Richard von Trier an, was ihm die Reichsacht eintrug. Im darauffolgenden Jahr erlag er den Streitkräften der Koalition, die die Kurfürsten von Trier und von der Pfalz mit dem Landgrafen von Hessen gebildet hatten, und tödlich verletzt, mußte er seine Burg zu Landstuhl übergeben.

Eine für Menzel wesentlich einträglichere Verbindung zum Berliner Kunstverein kam ein reichliches Jahrzehnt später zustande. Als der Hof keinerlei Anstalten machte, das Gemälde »Die Tafelrunde Friedrichs II. in Sanssouci« zu erwerben, kaufte es der Kunstverein für 2000 Taler, um es in seine im Aufbau begriffene Galerie zu geben.

1836 erhielt Menzel von dem zwei Jahre zuvor gegründeten Potsdamer Kunstverein den Auftrag, ein Vereinsblatt zu schaffen. Wie auch bei anderen gebrauchsgraphischen Arbeiten war er bereit, Auftraggeberwünsche zu ermitteln und zu berücksichtigen. Obgleich die bestellte Lithographie ihm sicherlich nur ein mäßiges Honorar einbrachte, ging er mit der ihm eigenen Gewissenhaftigkeit an die Lösung der bescheidenen Aufgabe und ersann eine Komposition, die das Wirken des Kunstvereins phantasievoll andeutete. Sein Verhandlungspartner in dieser Sache war Dr. Wilhelm Puhlmann, der Vorsitzende des Vereins. Ihm schrieb Menzel am 17. Oktober 1836: »Ew. Wohlgeboren übersende ich hiermit eine vorläufige Skizze der mir bestellten Randverzierung. Die respektiven Herren werden sich, hoffe ich, in den Hauptsachen daraus zu vernehmen wissen, daß die Gruppen rechter Hand vom Bilde aus sich auf die Beförderung der Kunst und die linker Hand auf die der Wohltätigkeit beziehen, braucht wohl nicht

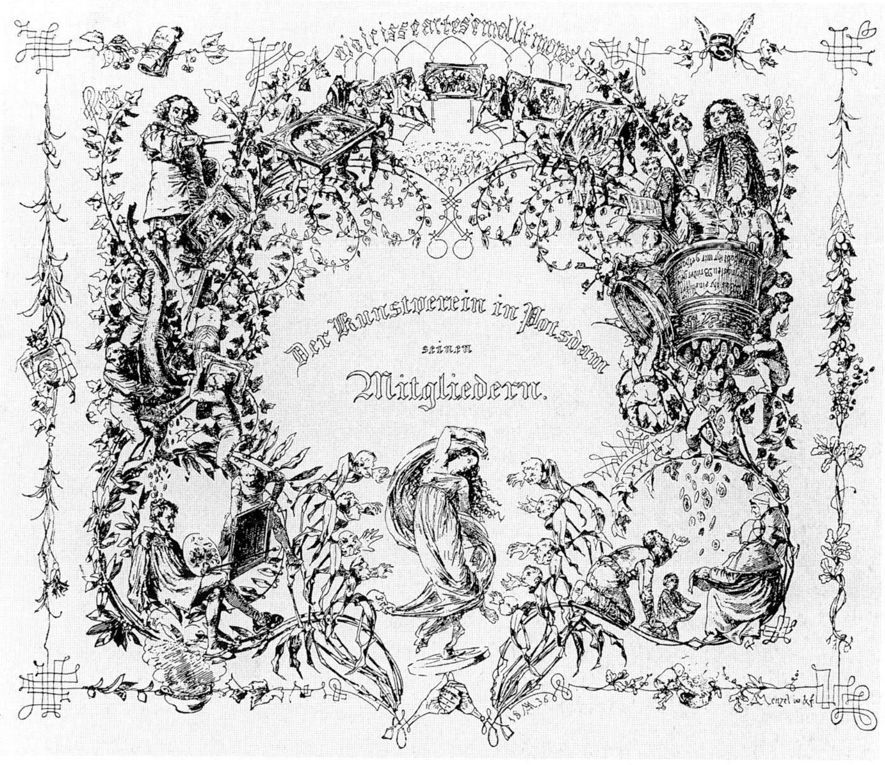

80 Mitgliederkarte [»Aktie«] des Potsdamer Kunstvereins, 1836, Federlithographie

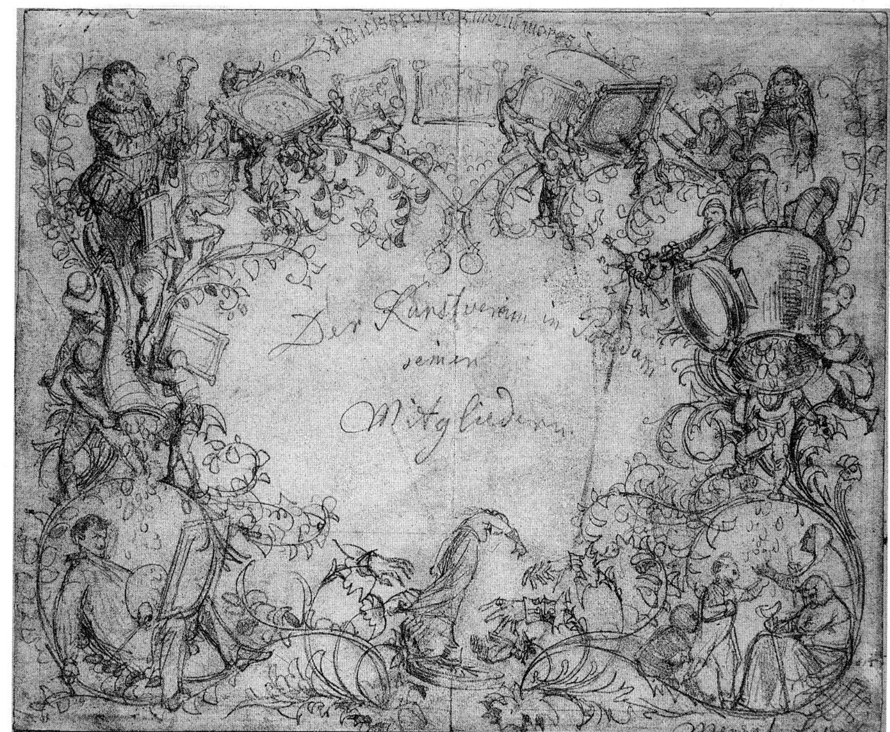

81 Entwurf der Mitgliederkarte [»Aktie«] des Potsdamer Kunstvereins, 1836, Bleistift auf bläulichem Papier

erst erinnert zu werden, es erklärt sich, denk ich, alles selbst; die Arabeske beabsichtige ich als Immergrün auszuführen. So ersuche ich Sie denn, Beikommendes gefälligst vorzulegen und mir etwaige Wünsche von Änderungen mitteilen zu wollen, da das alles jetzt noch berücksichtigt werden kann; auf der vollständig ausgeführten Zeichnung ist dies dann oft nicht mehr möglich. Wenn ich hierbei eine Bitte wagen dürfte, welche vielleicht auch dem Interesse des resp. Vereins entgegenkommt, so wäre es die, mich durch Zurücksendung des Bescheids und der Skizze in den Stand zu setzen, die Arbeit baldigst vornehmen zu können, da ich in diesem Augenblick durch anderes weniger gedrängt bin. Noch muß ich um eine genaue Bestimmung der Größe des zu benutzenden und des nicht zu überschreitenden Raums bitten, um nachmalige Unannehmlichkeit vorzubeugen.«[93] Bereits am 5. November desselben Jahres schickte er die ersten Drucke von dem Auftragswerk.[94]

Ein Vergleich der erhaltenen Bleistiftskizze mit der ausgeführten Arbeit macht kenntlich, daß die Bildgedanken Menzels akzeptiert worden sind [Abb. 8].[95] Einige Abweichungen sind nicht zu übersehen. So gestaltete er den Tanz Fortunas gefälliger, schwächte er das begierige Haschen nach der Glücksgöttin ab und veränderte er die Gruppe der Bedürftigen. Zudem fügte er noch eine feine Rankenbordüre hinzu, die das phantasievolle Arabeskenwerk umläuft und sich teilweise mit ihm verbindet. Ob die Änderungen vom Auftraggeber erwünscht oder bloß der Fabulierlust des Künstlers geschuldet waren, bleibt ungewiß. Jedenfalls muß Dr. Puhlmann mit dem Ergebnis sehr zufrieden gewesen sein, denn fortan blieb er mit Menzel in ständigem Kontakt.

Vom Potsdamer Kunstverein erhielt Menzel aber wohl keine weiteren Aufträge. Lediglich ein Mitglied desselben, der Kommerzienrat und Stadtrat Ludwig von Jacobs, bestellte 1851 bei ihm das Gemälde »Das Flötenkonzert Friedrichs II. in Sanssouci« [Berlin, Nationalgalerie]. Jacobs gehörte in den Jahren von 1858 bis 1861 auch der »Verbindung für historische Kunst« an.

Den ersten bedeutenden Auftrag eines Kunstvereins erhielt Menzel durch Vermittlung eines Freundes, des Malers und Tapetenfabrikanten Carl Heinrich Arnold in Kassel. Am 23. Juli 1847 unterzeichnete Menzel den vom Kurhessischen Kunstverein gesandten Vertrag über die Anfertigung eines großformatigen Kartons zum »Empfang der Herzogin Sophie von Brabant mit ihrem Sohn Heinrich zu Marburg im Jahre 1248« für das Honorar von 800 Talern [Abb. 82].[96] Am 11. August desselben Jahres traf der Künstler in Kassel ein und begann mit den Arbeiten, die sich bis zum 25. Februar 1848 hinzogen. Während dieser Zeit wohnte er bei Arnold, der ihm auch den geeigneten Arbeitsraum besorgt hatte. Das Thema, das es zu gestalten galt, nahm Bezug auf das bevorstehende sechshundertjährige Regierungsjubiläum des Hauses Hessen.

Als 1247 die Thüringer Landgrafen mit Heinrich Raspe im Mannesstamm ausgestorben waren, setzte Sophie von Brabant, Landgräfin von Thüringen und Tochter der hl. Elisabeth von Thüringen, ihre Erbansprüche zugunsten ihres Sohnes Heinrich I. von Hessen durch, womit die Dynastie der hessischen Landgrafen begründet wurde.[97] Das Thema konnte also nicht mit bürgerlich-liberalen Bemühungen des Vormärz um Reformen und nationale Einigung in Einklang gebracht werden. Auch hatten die hessischen Landgrafen keine bedeutende Rolle in der deutschen Geschichte gespielt. In der Tat wurde hiermit ein »allenfalls dynastiegeschichtlich interessierender Stoff«[98] ausgewählt. Der ganz in der Tradition höfischer Historienmalerei stehende Auftrag erscheint sonderbar. Wie erklärt sich diese tiefe Verbeugung des Kurhessischen Kunstvereins vor dem Fürstenhause?

1835 war dieser Kunstverein von Lehrern der Kasseler Kunstakademie ins Leben gerufen worden.[99] Von Anbeginn übten der Fürst und sein Hofstaat in ihm einen starken Einfluß aus.[100] Es ist sehr aufschlußreich, wie sich das Fürstenhaus um die Wahrung seiner Interessen in dieser Einrichtung bemüht hat. Im November 1840 kündigte der Kurprinz das Protektorat über den Kunstverein, weil er glaubte, ihn zu wenig in seiner Hand zu haben.

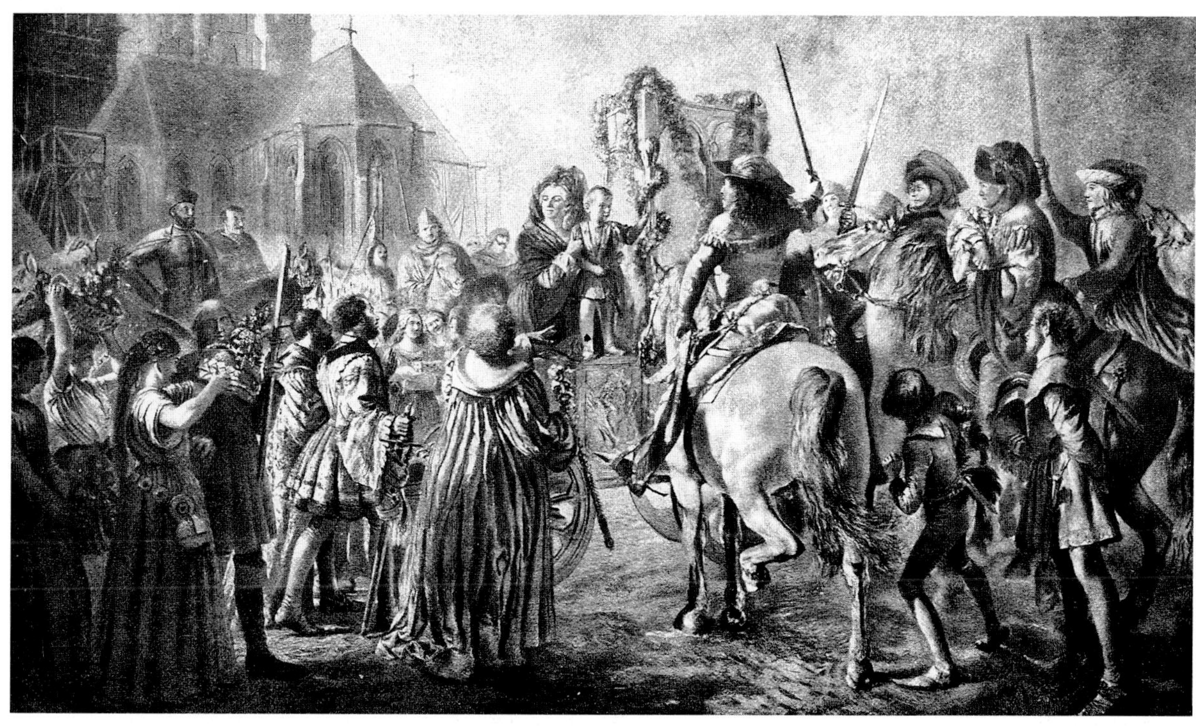

82 Empfang der Herzogin Sophie von Brabant mit ihrem Sohn Heinrich zu Marburg im Jahre 1248, 1847/48, Kreide auf Karton

Darauf passierte folgendes: »Der Verein beteuerte seine konservative Haltung, betonte seine Ergebenheit, versicherte, daß ihm jede unruhige Neuerungssucht fern läge und bat am 6. Dezember ›in einer untertänigsten Vorstellung um Wiederaufnahme des Protektorats‹, die aber nichts erreichte.[101] Der Kurprinz bestand auf Änderung der Satzungen. Zum einen verlangte er, daß nicht mehr der Konservator die zu den Vereinsausstellungen eingereichten Arbeiten nur einfach registriert und entsprechend den Hinweisen der Ausstellungskommission hängt, sondern fortan die Ausstellungskommission »unwürdige Kunstwerke der Ausstellung ausschließen«[102] soll, und zum andern, daß eine Statutenänderung nicht mehr wie bislang durch eine Zweidrittelmehrheit, sondern nur mit Genehmigung des fürstlichen Protektors vorgenommen werden darf. Nachdem der Kunstverein diese Forderungen akzeptiert hatte, übernahm der Kurprinz am 23. Juni 1841 wieder das Protektorat.

In diesem Zusammenhang ist ebenso bemerkenswert, daß in den nun folgenden anderthalb Jahrzehnten Adlige den Kunstverein leiteten. Hatte bis 1840 der Direktor der Kasseler Kunstakademie, der Architekt Johann Konrad Bromeis, ihn geführt, so im Anschluß daran [bis 1844] Freiherr von Waitz und nach ihm [bis 1855] der Archivdirektor Christian von Rommel. Diese Entwicklung zum Konservativen ist jedoch auch in Verbindung mit jenem stärker bürgerlich-liberal ausgerichteten Gegenverein zu sehen, der am 7. April 1839 in Kassel gegründet worden ist: mit dem »Verein zur Beförderung der bildenden Kunst«, dessen Vorsitz immerhin der Oberbürgermeister Schomburg übernommen hat und in dessen Ausschuß daneben Menzels Freund Arnold, der Bankier Feidel jun., der Apotheker Krüger sowie die Maler Primavesi, Lingelbach und Kumpe mitgewirkt haben. Der neue Verein war allerdings nur von geringer Lebensdauer; schon 1846 löste er sich auf, »weil fast alle

Künstler, welche bisher Werke zur Ausstellung gebracht hatten, abwesend waren«, wie es in den Akten der Stadt heißt.[103] Arnold arbeitete dann aber im Kurhessischen Kunstverein ebenso engagiert mit. Offensichtlich verstand er diesen auf Grund seiner sozialen Stellung und seiner Sachkompetenz zu überzeugen, daß Menzel der richtige Künstler sei, um eine Arbeit zur hessischen Geschichte zu schaffen.[104]

Mit dem Gedanken, einen derartigen Auftrag zu erteilen, muß sich der Kunstverein längere Zeit befaßt haben, wie ein an Arnold gerichteter Brief Menzels vom 19. April 1845 vermuten läßt.[105] Aber erst am Anfang des Jahres 1847 erneuerte der Freund die Offerte, auf die der Künstler am 13. Februar 1847 antwortete: »Ist das, was Sie mir von der Intention des dortigen Kunstvereins schreiben, noch dieselbe Angelegenheit, von der Sie mir schon einmal vor längerer Zeit geschrieben? Ich will auf Ihre freundliche Aufforderung, falls ich ein Sujet finde [was ich wohl glaube], eine Skizze machen, und sobald ich sie vollenden kann, hinschicken: Gehen die dort drauf ein, gut, im andern Fall male ich sie gelegentlich für mich.«[106]

Menzel malte nun als Angebot das Bild »Gustav Adolf empfängt seine Gemahlin vor dem Schlosse zu Hanau« [Abb. 83]. Er hatte eine Episode auf hessischem Boden gestaltet, die die menschliche Seite jenes Regenten betont, der seit 1630 der Führer der Protestanten im Dreißigjährigen Krieg gewesen ist. Doch die eingereichte Ölskizze entsprach nicht den Vorstellungen des Kunstvereins von einem Historienbild zur hessischen Geschichte, wurde hier doch lediglich einem ausländischen Akteur auf hessischem Boden gehuldigt, zudem noch in einer genrehaft wirkenden Szene.[107] In jüngeren Untersuchungen ist darauf hingewiesen worden, daß die Hinwendung zur protestantischen Geschichte im Vormärz aufs engste mit der Entwicklung des Liberalismus verbunden gewesen ist.[108] Die Ablehnung der Ölskizze Menzels und die neue Aufgabenstellung entsprachen mithin den konservativen Kräften, die im Kurhessischen Kunstverein das Sagen hatten.

Der Kasseler Karton war von Anbeginn als eigenständige Arbeit, also nicht als Vorarbeit für ein auszuführendes Bild gedacht.[109] Als Menzel ihn vollendet hatte, wurde er nicht in den Räumen gezeigt, in denen der Kunstverein in den vierziger und fünfziger Jahren seine Ausstellungen, Generalversammlungen und Arbeitssitzungen durchführte[110], sondern, wie der Künstler seinen Geschwistern in einem Brief mitteilte, »in dem Saal im Palais der verstorbenen Gräfin Hessenstein, der von den Erben hierzu eingeräumt« worden war.[111] Der dort im März ausgestellte Karton »fand den vollsten Beifall des Kunstvereins«, und Menzel erhielt noch einen Zuschuß von 400 Talern.[112] Kurz darauf war diese Arbeit zusammen mit der erwähnten Ölskizze zu Gustav Adolf, einem Interieur und drei Studien in der seit dem 9. April 1848 geöffneten Berliner Akademieausstellung zu sehen. Hier stieß der Karton jedoch auf Ablehnung. Inzwischen hatte die März-Revolution stattgefunden! Die Darstellung der Begründung einer Dynastie paßte schlecht zur bürgerlichen Revolution!

Es bleibt die Frage: Warum hat der liberal eingestellte Menzel diesen Auftrag angenommen? Er mußte sich doch darüber im klaren gewesen sein, daß ein derartiges Thema nicht mit den Erfordernissen der Zeit in Einklang zu bringen war. In erster Linie war es wohl sein künstlerischer Ehrgeiz, der ihn zu dieser Arbeit getrieben hatte. Am 20. Januar 1848, als sich der Karton seiner Vollendung näherte, schrieb er den Geschwistern: »Bedeutende Zwecke und Entschlüsse fordern auch ebensolche Anstrengungen und, wenn Gott will, Opfer, will ich nicht bloß wie bisher die Leute in Berlin und anderswo, die es verstehen, stillschweigend glauben lassen, daß ich größere Dimensionen ebenso überwinden würde, wie kleine Holzschnitte und Bilder, sondern dies alles auch den Leuten unter die Nase beweisen, die es nicht verstehen, gleichwohl aber eine Stimme führen, so muß ich handeln, wie ich handle.«[113]

Im »Deutschen Kunstblatt« vom 14. Januar 1847 hatte Friedrich Eggers in einer Rezension über die Berliner Akademieausstellung

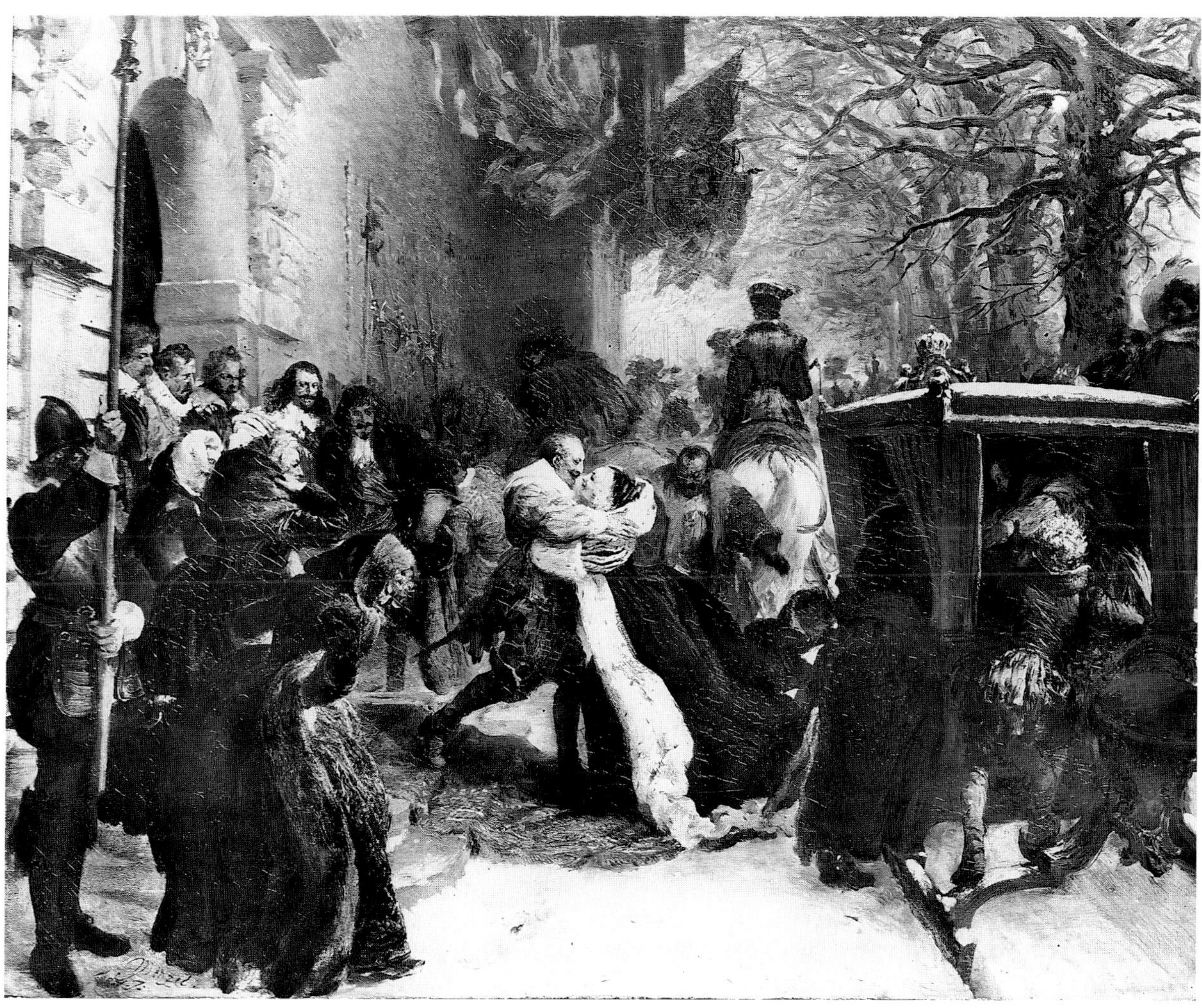

83 Gustav Adolf empfängt seine Gemahlin vor dem Schloß zu Hanau im Jahre 1632, 1847, Öl auf Leinwand

des Vorjahres [sie war vom 1. September bis 14. November 1846 gezeigt worden] Menzels Illustrationen zu Kuglers Friedrich-Buch und zu den Werken Friedrichs II. gelobt und im Hinblick auf das dort ebenfalls zu sehen gewesene Ölbild »Die Störung« geäußert: »Ein von Menzel selbst ausgestelltes größeres Genrebild legte sein technisches Vermögen in Betreff der künstlerischen Ausführung auf sehr entschiedene und beachtenswerte Weise dar. Mit großen Aufgaben aus der vaterländischen Geschichte versehen, würde dieser Künstler ohne Zweifel wesentlich neue Erfolge anzubahnen imstande sein.«[114] Mit dem Kasseler Auftrag wurde ihm die Chance geboten, mit einer großformatigen Arbeit die Aufmerksamkeit auf sich zu lenken und potentiellen Auftraggebern zu signalisieren, daß er durchaus auch für aufwendige Historienbilder in Frage kam, die sich seinerzeit der höchsten Wertschätzung erfreuten. So hatte dann Menzel mit diesem großformatigen Karton ein unübersehbares Ausstellungsbild geschaffen.

Wie wichtig es für Menzel war, mit einer Geschichtsdarstellung von beachtlichen Abmessungen aufzuwarten, bemerkte bereits Friedrich Pecht, der über dessen Entwürfe zu den »Denkwürdigkeiten aus der Brandenburgisch-Preußischen Geschichte« schrieb: »Übrigens beging er den Kardinalfehler, keine jener Kompositionen groß auszuführen, wahrscheinlich aus Armut, da wurden sie denn freilich übersehen. Im Jahre 1836 als blutjunger Mensch zum ersten Male in Berlin und die eben stattfindende Kunstausstellung besuchend, ist mir dasselbe begegnet: die Söhne Eduards von Hildebrandt, Sohns Urteil des Paris, Begas' Lorelei und andere Kunststücke geplagter Modellmalerei, ebenso Meyerheims Kegelspieler, noch das gesundeste von allen, ließen mir keine Aufmerksamkeit für anspruchslose Handzeichnungen übrig.«[115]

1843 hatte der preußische König Friedrich Wilhelm IV. große Aufträge an Peter von Cornelius und Wilhelm von Kaulbach vergeben. Ersteren betraute er mit der Schaffung der Kartons für die Wandelgänge des fürstlichen Friedhofs am ins Auge gefaßten Domneubau und letzteren mit der Ausmalung des Treppenhauses des Neuen Museums. Der Verleger Gustav Kirstein überliefert: »Ja, Menzel hat noch in alten Tagen, wenn die Rede auf die staatliche Kunstpflege zur Zeit seiner besten Jahre kam, manchen Groll ausgepackt. Auch ihn brannte die Sehnsucht nach der ›Wand‹ auf der Seele; und es ist ihm – wie er dann bekannte – bitter angekommen, Geister wie Kaulbach und noch mindere breit an der Staatskrippe zu sehen.«[116]

In den Jahren 1845/46 hatte Menzel vergeblich versucht, Aufträge für baugebundene Bilder zu erhalten. Sein Entwurf für ein farbiges Glasfenster im nördlichen Querschiff des Magdeburger Doms zu dem Thema »Die Begegnung Tillys mit dem Prediger Bake vor dem Dom zu Magdeburg im Mai 1631« wurde von Friedrich Wilhelm IV. vor allem aus kirchenpolitischen Erwägungen abgelehnt[117], und der ein Jahr darauf geschaffene Entwurf für ein Blendfenster im Großen Remter der Marienburg, die Hochmeister Siegfried von Feuchtwangen und Ludger von Braunschweig wiedergebend, konnte erst 1855 in teilweise abgeänderter Form ausgeführt werden.

Schließlich ist zu fragen: Hat Menzel beim Kasseler Karton hinsichtlich der Gestaltungsweise Erwartungen des Auftraggebers berücksichtigt? Es ist zu vermuten, daß jene »Belgomanie«[118] der vierziger Jahre auch den Kurhessischen Kunstverein erfaßt hat. 1844 waren endlich auch in Kassel der »Kompromiß des niederländischen Adels« von Edouard de Biëfve und »Die Abdankung Karls V.« von Louis Gallait ausgestellt. Die beiden großformatigen Gemälde, im Auftrag des belgischen Staates entstanden, waren seit 1842 in zahlreichen deutschen Städten gezeigt worden, Ende des Jahres 1842 in Berlin, wo sie sicherlich auch Menzel in Augenschein genommen hatte. Sie hatten bei Fürsten wie bei Exponenten des Bürgertums starke Resonanz gefunden. Honorierten erstere generell die Aufarbeitung von Geschichte in Riesenformaten und die effektvolle malerische Behandlung sowie das gründliche Eingehen auf Kostüme und Handlungsort, so sahen letztere darüber hinaus in den genannten belgischen Werken Beispiele einer staatlichen Kunstförderung und einer bürgerlich orientierten und national gestimmten Geschichtsmalerei. Biëfve und Gallait erhielten zahlreiche Aufträge von deutschen Fürsten, auch von Friedrich Wilhelm IV., und beide wurden zu Mitgliedern der Akademien von Berlin, Dresden, München und Wien ernannt.

Daß Menzel während seiner Arbeit am Karton an die zeitgenössische belgische Malerei und besonders an die Gallaits gedacht hat, bezeugt der am 20. Januar 1848 an die Geschwister gesandte Brief. In ihm heißt es: »Was meint Ihr, wie z. B. Gallait gearbeitet haben mag, um sich auf eine Stufe zu schwingen, wo er dann solche Arbeiten übernehmen und resp. so ausführen konnte.«[119] In der Tat strebte Menzel beim Kasseler Karton eine Gestaltungsweise an, die Erfahrungen der fortgeschrittensten europäischen Historienmalerei, nämlich der französischen und belgischen, einbezog. Die Gestaltungsweise läßt am ehesten seine vormärzlich-demokratische Gesinnung erkennen. Nicht ein steifes Zeremoniell mit wohlgeordneten Gruppen, sondern spontane Reaktionen auf das Ereignis interessierten ihn. Er suggerierte dem Betrachter Dabeisein. Unübersehbar ist Menzels Bemühen um Individualisierung und Charakterisierung, um eine lebensnahe Gestik und Mimik der Bildfiguren.[120] Er entwickelte die Szene rational begründet, dabei die Tiefe des Bildraums und die Plastizität der Figuren betonend. Er bot dem Auge eine reiche Helldunkeldifferenzierung, die sich weitgehend der empirischen Verteilung von Licht und Schatten fügte. Solcherart weit getriebene sinnliche Formerfassung läßt sich innerhalb der großformatigen Historiendarstellungen deutscher Künstler jener Zeit kaum finden! Konventionell mutet freilich an, daß Menzel die Hauptperson, Heinrich das Kind, in die Bildachse gegeben hat, den Betrachter zu ihr aufblicken und ihr ungeteilte Aufmerksamkeit zukommen läßt.

Menzel hat mit dem Karton nicht die erstrebte Anerkennung als Historienmaler erreichen können. Besonders schmerzlich muß ihn die Rezension im »Kunstblatt« [Nr. 45 von 1848] getroffen haben, die Franz Kugler [unter dem Pseudonym T.L.S.] verfaßt hatte. In ihr wurde außer dem Betrachterstandpunkt hinter »Rückenansichten von Pferden und Personen« bemängelt, »daß die Physiognomie des Ganzen nicht recht dem Charakter des 13. Jahrhunderts entspricht«. Der Rezensent kritisierte: »Die hier Dargestellten reichen höchstens bis in den Anfang des 16. Jahrhunderts zurück«. Der Künstler habe also »den spezifischen Charakter der ausgewählten Zeit« nicht erfaßt. Und er beschloß seine Ausführungen über Menzel und diese Arbeit: »Und was also sagt uns der Karton über dies Talent, auf dem so große Hoffnungen ruhen sollen? – Ich weiß es nicht und will einstweilen mich mit dem Gedanken befreunden suchen, daß der Künstler selbst seine Fehlgriffe eingesehen haben wird.«[121] Zu ergänzen wäre in diesem Zusammenhang, daß auch die Kennzeichnung des Handlungsortes nicht ganz richtig erfolgt ist, denn die Architektur links im Hintergrund, die Marburger Elisabethkirche, war im Jahre 1248 noch nicht so weit gediehen.[122] In seinen Illustrationen zu Kuglers »Geschichte Friedrichs des Großen« hatte Menzel unter Beweis gestellt, daß er einen hohen Grad von Authentizität bei der Gestaltung eines historischen Stoffes erlangen konnte. Zudem war dort sein Ringen um glaubwürdige Vergegenwärtigung des Historischen deutlicher mit liberaler Gesinnung einhergegangen. So wird Kugler die Kritik am Karton sicherlich nicht leichtgefallen sein.

1861 schrieb Menzel dem ihn nahestehenden Maler und Graphiker Fritz Werner über den Karton: »Und Ungehöriges ist auch wirklich darin, z. B. die ganze Ausführungsweise. Um vieles nicht mißzuverstehen, müßte man ein Stück meines damaligen Lebenszustandes wissen.«[123] Als Menzel 1866 nach 18 Jahren seinen Karton in der Kasseler Landesbibliothek wiedersah, schrieb er dem Schwager und der Schwester: »Bergen will ich nicht, daß ich bei seinem Anblick mir eine Röte des Unwillens ins Gesicht steigen fühlte. ... Ich habe Einleitung getroffen, daß ... er auch fotografiert wurde, vielleicht kommts dann dort zu der Kirchenbuße, zu der ich eigentlich damals so gut wie reif war.«[124] Noch im selben Jahr kaufte er die Arbeit vom Auftraggeber zurück und verkaufte sie 1896 an den Züricher Kunstsammler Henneberg. Den Erlös übergab er den Kindern des inzwischen verstorbenen Tapetenfabrikanten Arnold.[125]

Zusammenfassend läßt sich zu Menzels Arbeit für den Kurhessischen Kunstverein sagen, daß der Künstler anfänglich geglaubt hat, protestantische Historie ins Spiel bringen zu können. Die Ausführung des Kartons aber übernahm er in erster Linie aus »Kunstkarrieregründen«.[126] Er hatte Thema, Bildgröße und Technik akzeptiert und war z. T. auch hinsichtlich der Gestaltungsweise Kunsterwartungen entgegengekommen, dabei neue Tendenzen europäischer Geschichtsmalerei berücksichtigend. Menzel hat in diesem Fall nur eine mäßige Leistung zuwege gebracht, die weder historische Treue noch den bürgerlich-nationalen Gedanken aufweist. Seine Anpassung an den Auftraggeber ist ihm hier zum Verhängnis geworden.

Menzel zog aus der Arbeit am Kasseler Karton einige Lehren. Fortan begab er sich bei aufwendigeren historischen Darstellungen

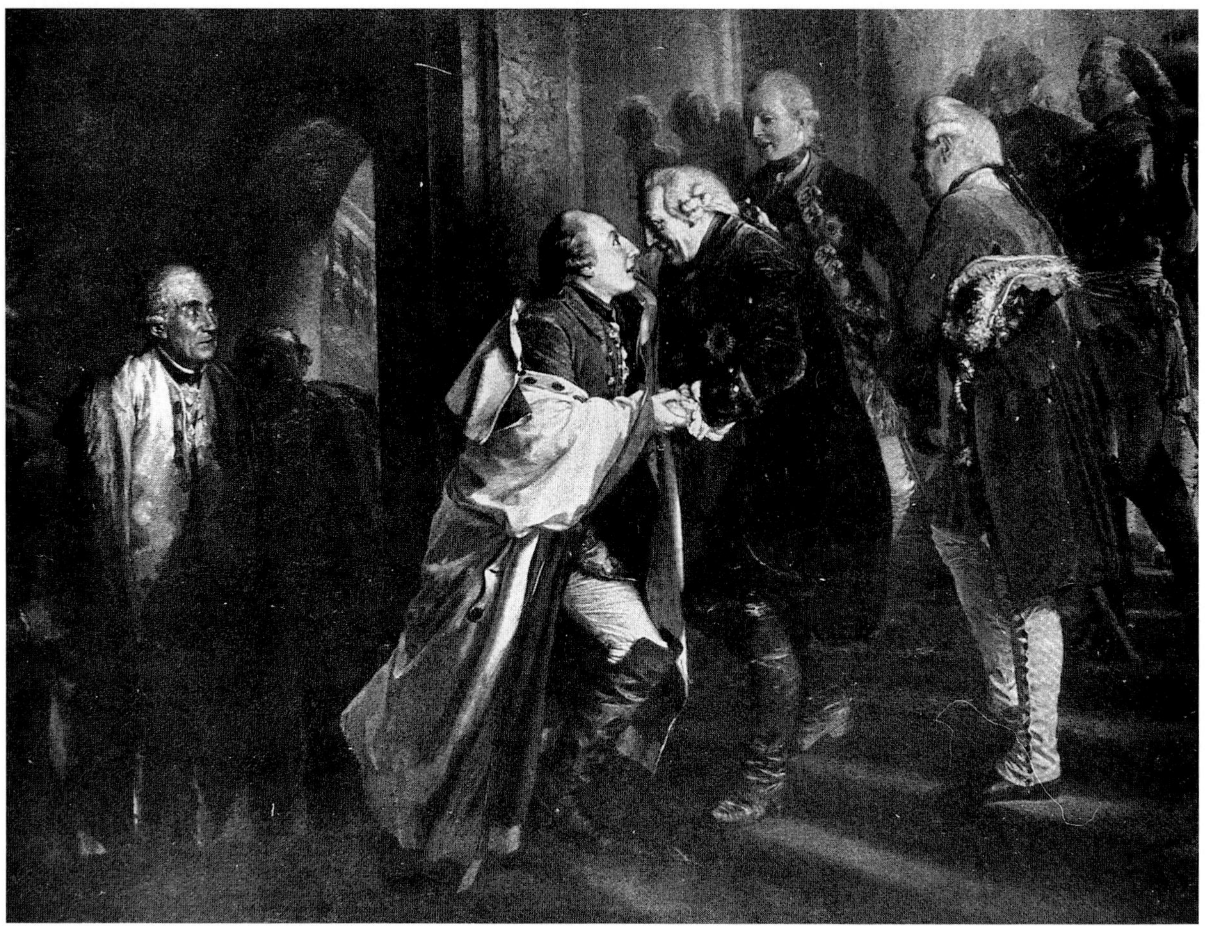

84 Begegnung Friedrichs II. mit Kaiser Joseph II. in Neiße im Jahre 1769, 1855-1857, Öl auf Leinwand

nur noch auf Terrain, auf dem er sich sicher bewegen konnte, d. h., er griff nur noch Stoffe auf, bei denen solide historische und kunsthistorische Recherchen für ihn möglich waren. So begab er sich wieder in die friderizianische Zeit, mit der er sich wie kein anderer Künstler befaßt hatte. Zum Jahreswechsel 1848/49 begann er mit seinem ersten Gemälde zum Wirken Friedrichs des Großen: mit der »Bittschrift« [1849, Burg Hohenzollern bei Hechingen, Hohenzollernmuseum]. Er schuf es, wie noch vier weitere der Gemäldefolge, ohne Auftraggeber. 1849 arbeitete er bereits an den Bildern »Die Tafelrunde Friedrichs II. in Sanssouci« und »Das Flötenkonzert Friedrichs II. in Sanssouci«. Ein Gemälde dieser Reihe, die »Begegnung Friedrichs II. mit Kaiser Joseph II. in Neiße im Jahr 1769« [Abb. 84], entstand jedoch für die »Verbindung deutscher Kunstvereine für historische Kunst«. Diese 1854 gegründete Einrichtung hatte die Zielsetzung, Bilder in Auftrag zu geben, die das deutsche Nationalbewußtsein und Einigungsstreben förderten, und sie einem weiten Kreis zugänglich zu machen.[127] Auf den jährlichen Hauptversammlungen wurden die zu gestaltenden Themen festgelegt und die Auswahl der Künstler getroffen. Die fertiggestellten Gemälde wurden in den Ausstellungsräumen der Kunstvereine gezeigt und anschließend verlost. Bis Ende des Jahres 1855 wurden 41 Aktien ausgegeben, davon 30 an Kunstvereine, zwei an Könige, fünf an Großherzöge und eine an einen Herzog.[128] Auf der am 27. und 28. September 1855 in Dresden durchgeführten Hauptversammlung wurden Bildaufträge für Moritz von Schwind und Menzel beschlossen. Ersterer gestaltete das Thema »Der letzte Ritt Kaiser Rudolfs von Habsburg nach Speyer« [1855, Kiel, Kunsthalle], und letzterem wurde aufgetragen, ein Bild zum Wirken Friedrichs des Großen zu schaffen. Eine weitergehende thematische Einengung gab es für Menzel nicht, und auch hinsichtlich der Abmessungen des zu liefernden Gemäldes wurden keine Vorgaben gemacht. Zweifellos betrachtete Menzel diesen Auftrag als glückliche Fügung, und mit großem Eifer arbeitete er an dem gewünschten Werk.[129] Im Protokoll der zweiten Hauptversammlung der »Verbindung deutscher Kunstvereine für historische Kunst«, die vom 29. September bis 1. Oktober 1856 in Berlin stattgefunden hat, heißt es: »Menzel hat sich sogleich bereit erklärt, die Zusammenkunft Kaiser Josephs II. mit Friedrich dem Großen in Neiße zu malen. Das Bild ist so weit vorgerückt, daß die gemeinsame Besichtigung auf den morgigen Tag angesetzt wird. Der Berichterstatter legt einen Kontraktentwurf vor, wonach das Bild 7 Fuß 10 Zoll hoch, 19 Fuß breit, zum 1. September 1857 vollendet sein soll, gegen eine Summe von 3 000 Talern in Ratenzahlung, wovon die letzte nach Vollendung des Bildes zu leisten ist.«[130] Im Protokoll der vierten Hauptversammlung, sie wurde am 24. und 25. September 1858 in München durchgeführt, ist zu lesen: »Das Menzelsche Bild wurde im vorigen Jahre zu Nürnberg übergeben und dann ausgestellt zu Leipzig, Dresden, Prag, Pest, Wien, Breslau, Danzig, Königsberg, Stettin, Berlin, Schwerin, Neustrelitz, Rostock und Lübeck, wovon es über Hamburg, Kiel, Bremen, Oldenburg, Münster noch die Vereinsstädte des mittleren, südwestlichen und südlichen Deutschlands durchläuft.«[131] Das Bild erfuhr mancherlei Kritik. Vor allem Max Schasler, der Herausgeber und Chefkritiker der Kunstzeitschrift »Die Dioskuren«, attackierte diese Arbeit. So fragte er: »Oder ist das Menzelsche Bild ›Zusammentreffen Friedrichs II. mit Kaiser Joseph‹ etwas anderes als die Karikatur eines Zeremonienbildes?«[132] Bereits 1858, als das Gemälde in der permanenten Kunstausstellung von Louis Friedrich Sachse hing, sprach er ihm die Qualität eines Historienbildes ab und meinte abfällig: »... es läßt doch kalt, da es weder hinlängliche Bedeutsamkeit des Motivs, noch besondere Originalität der Auffassung, noch endlich genugsame Treue der Darstellung besitzt, um ein näheres Interesse zu erregen.«[133] Die genrehafte, lebensnahe und unpathetische Gestaltung erregte den Zorn des alten Denkmustern verhafteten Kritikers, und aufgebracht griff er angesichts dieses Bildes die Menzelsche Auffassung von Historienmalerei an: »Er, ein Feind aller Abstraktion, kümmert sich um das Allgemeine gar nicht; er malt nur das Besondere, Persönliche, Individuelle, Zufällige – mit ungemeiner Drastik, das ist wahr, aber ohne Spur von jener höheren Charakteristik, welche in der betreffenden Person den Vertreter einer historischen Idee ahnen läßt. Er geht in seiner konkreten Schilderung bis zur Liebhaberei des Häßlichen; ein beschmutzter Stiefel ist für seine Art der Charakteristik wichtiger als eine Andeutung des ideellen Moments, um den es sich handelt.«[134] Wahrscheinlich waren auch einige in der »Verbindung deutscher Kunstvereine für historische Kunst« ganz ähnlicher Ansicht, denn am 12. Mai 1859 schrieb Menzel dem Freund Adolf Schöll: »Ganz unerwartet kam mir obenein Dein Applaus zu meinem Fritz-Joseph-Bilde; mir umso wohltuender, als mancherlei im nachträglichen Verhalten derer Herren Besteller sehr dazu angetan ist, mir die ganze Rückerinnerung an das Opus zu vertrüben; wenn ich auch zu öffentlich darüber erschollenen Gutachten resp. Bedenken weiter nichts empfinden will, welche freilich, soweit mir davon Kunde zugekommen, meist mehr meine allgemeine Weltkenntnis erweitern konnten, als daß sie gerade für Läuterung meiner Kunstbegriffe viel fruchtbare Winke enthalten hätten.«[135]

Den Auftrag für dieses Bild verdankte Menzel sicherlich der Vermittlung von Friedrich Eggers, dem Mitbegründer und Vorstandsmitglied der »Verbindung deutscher Kunstvereine für historische Kunst«. Wie bereits an anderer Stelle angedeutet, kannten sich die beiden gut, und der rührige Redakteur des »Deutschen Kunstblattes« besaß einige Arbeiten des Künstlers, u. a. die lithographische Folge »Denkwürdigkeiten aus der Brandenburgisch-Preußischen Geschichte«.

In der zweiten Jahrhunderthälfte schuf Menzel für den Magistrat und die Stadtverordneten von Berlin sowie für die Stadt Hamburg mehrere Ehrenbürgerbriefe und Grußadressen. Derartige gebrauchsgraphische Arbeiten waren damals zur Blüte gelangt und reflektierten auch das gewachsene Selbstbewußtsein des erstarkten Bürgertums. Menzels künstlerisch gestaltete Urkunden markierten unstreitig die Leistungsspitze auf diesem Gebiet. Er verband auf solchen Blättern Allegorisches und Symbolisches mit wirklichkeitsnahen Szenen und Porträts und verstand es, wie keiner neben ihm, vielfältige inhaltliche Bezüge geistvoll ins Bild zu bringen.

1887 schuf Menzel für die Stadt Hamburg den Ehrenbürgerbrief für den in England lebenden Wollhändler Gustav Christian Schwabe, der seiner Vaterstadt Hamburg eine Sammlung von 128 Gemälden gestiftet hatte. Den Auftrag hatte ihm Alfred Lichtwark vermittelt, der seit 1886 die Hamburger Kunsthalle leitete.[136] Er führte auch im Namen der Stadt die Verhandlungen mit dem Künstler. Im Dezember 1886 hatte Menzel zugesagt, eine Vignette für 3000 Mark zu liefern, doch die Arbeit weitete sich aus, so daß er schließlich ein großformatiges Deckfarbenbild fertigstellte, für das er 18000 Mark forderte. Diese Summe wurde ihm auch bewilligt, da sie keineswegs den damaligen Marktwert seiner größeren Deckfarbenblätter überstieg.[137] Wie sehr solcherart Arbeit damals geschätzt wurde, ist den Zeitschriften zu entnehmen. In »Die Kunst für Alle« hieß es beispielsweise: »Es wäre dringend wünschenswert, daß dieses bedeutende Werk des greisen Meisters in Deutschland zur Ausstellung gelangt.«[138]

Die meisten Aufträge für repräsentative Ehrenurkunden erhielt Menzel vom Magistrat und den Stadtverordneten Berlins. Bereits

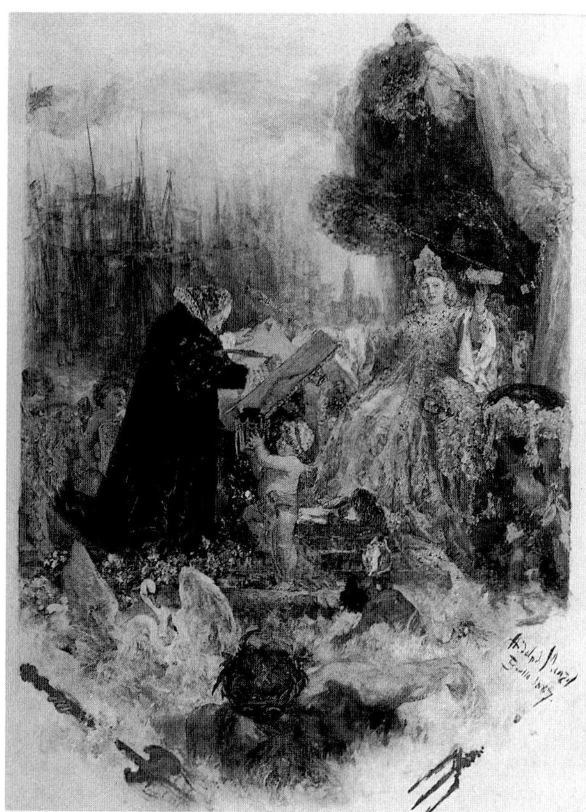

85 Ehrenbürgerbrief der Stadt Hamburg für G. C. Schwabe, 1887, Deck- und Aquarellfarben auf Pergament

1850 wurde ihm angetragen, eine Adresse an den Prinzen Wilhelm [seit 1861 Kronprinz und 1888 deutscher Kaiser] anläßlich seiner Großjährigkeit zu gestalten.[139] Er mußte sich schriftlich verpflichten, den festgesetzten Abgabetermin einzuhalten.[140] Bereits im »Deutschen Kunstblatt« vom 29. Juli 1850 war eine umfängliche Würdigung dieser Arbeit, wohl von Friedrich Eggers verfaßt, enthalten.[141]

In den Jahren von 1861 bis 1865 hatte Menzel im Auftrage des Königs das Krönungsbild geschaffen. Es lag nahe, daß der Magistrat ihm nun 1866 übertrug, die Huldigungsadresse der Stadt Berlin anläßlich der Rückkehr Wilhelms I. von Sodowa anzufertigen.[142] Ottomar Beta überlieferte eine Äußerung des greisen Menzel über diesen Auftrag: »Oberbürgermeister

Seydel und einige andre Herren kamen zu mir und forderten mich auf, zu dem Siegeseinzug des Königs nach dem Kriege 1866 eine Begrüßungsadresse künstlerisch zu gestalten. Und da ich wegen der kurz bemessenen Frist Bedenken trug, so übten sie einen gelinden Druck auf mich aus. Sie versicherten, einen andern als mich mit dem Auftrage nicht betrauen zu wollen. Sollte es nun heißen, an meinem Widerstande wäre diese verdienstvolle Absicht gescheitert? Schon im Interesse unsrer Kunst, wenn nicht aus Loyalität, mußte ich also an die Arbeit gehen.«[143]

Als am 27. März 1871 Otto Fürst von Bismarck und Helmuth Graf von Moltke das Ehrenbürgerrecht der Stadt Berlin erhielten, wurde wiederum Menzel beauftragt, die Urkunden zu gestalten. Die für Bismarck schuf er noch im selben Jahr, die für Moltke im folgenden.[144]

Bei der Ausführung solcherart Ehrenurkunden und Grußadressen ist Menzel gewiß ein nur verhältnismäßig geringer Gestaltungsspielraum verblieben, und in der Tat wirken sie auf den heutigen Betrachter sehr konventionell. Doch der Künstler erhielt für sie reichliches Lob und Honorar. In einem Gespräch mit Ottomar Beta meinte Menzel: »... auch habe ich bei jeder solchen Gelegenheit bei der Übergabe dabei sein müssen.«[145] Weiter äußerte er über diese Arbeiten: »Die Ehrenbürgerbriefe für den Fürsten Bismarck und den Feldmarschall Moltke sind mir gebührend honoriert worden, ebenso wie schon im Jahre 1850 die Glückwunschadresse an den Kronprinzen gelegentlich seiner Volljährigkeit. Und das gute Einvernehmen, welches damals entstand, fand später sogar Ausdruck in dem Gedanken, mir die gesamte Ausmalung des 1861 begonnenen neuen Rathauses zu übertragen.«[146] Über diese großartige Offerte, das nach Plänen von Hermann Friedrich Waesemann errichtete Gebäude mit Bildern auszustatten, soll er nach Beta geäußert haben: »Anordnung und Art der Ausführung, alles wurde mir überlassen. Und da habe ich dann gemessen und gezeichnet und viele Entwürfe in mir herumgewälzt. Ich fühlte aufs neue die Hoffnung, Werke zu schaffen von kulturhistorischer Bedeutung, nach der Art, aber nicht nach dem wenig empfehlenswerten Vorbilde der Kaulbachschen im neuen Museum. In der Tat, daß ich jene Gelegenheit verlor, ist die größte Bekümmernis meines Lebens.«[147] Es scheint wirklich so, als habe sich Menzel von 1866 bis 1871 für diese große Aufgabe, zumindest aber für die Mitwirkung bei ihrer Lösung, freigehalten, denn in diesen Jahren arbeitete er an keinem größeren Bild. Von Beta nach den Gründen für das Ausbleiben des Auftrags befragt, soll der Künstler gesagt haben: »Die Zeiten wurden andre, lieber Herr. Es kam 1870, noch ehe das Rathaus vollendet war. Dies wurde erst 1871 fertig, und meine Entwürfe, zum Teil eine Apotheose für Friedrich den Großen und König Wilhelm, verfielen dem Fluch der Inopportunität. Die Österreicher waren nun mit Recht unsere lieben Freunde, und die Siege über sie verloren ihre Bedeutung nach Sedan in der neuen Kaiserstadt.«[148] Über das repräsentative Bildprogramm für das Rathaus waren sich Magistrat und Stadtverordnete bis in die achtziger Jahre hinein noch nicht einig.[149] Menzel wurde älter und älter, und er war sicherlich gar nicht mehr in der Lage, einen aufwendigeren Plan zu realisieren.[150] Als durch die Aufwertung Berlins zur Kaiserstadt und auf Grund der veränderten Kunsterwartung seine Gedanken über ein Bildprogramm für das Rathaus hinfällig wurden, suchte er sich selbst eine große Aufgabe, die ihn forderte: die Darstellung der Arbeit in einem Eisenwalzwerk. Wenn Friedrich Pecht in seinem 1879 erschienen Menzel-Aufsatz schrieb, daß man es bedauern müsse, »daß er der deutschen Kunst und Preußen vorab nicht alles das hat werden können, was er ohne Zweifel geworden wäre, wenn man sein Talent besser auszunützen verstanden«,[151] so wandte sich seine Kritik in erster Linie an den Magistrat und den Staat.

In der zweiten Jahrhunderthälfte waren Großkaufleute, Industrielle und Bankiers eine wichtige Auftraggebergruppe für Menzel. Insbesondere Ravené, Heckmann, Liebermann, Herrmann und Arnhold gaben Werke in Auftrag.

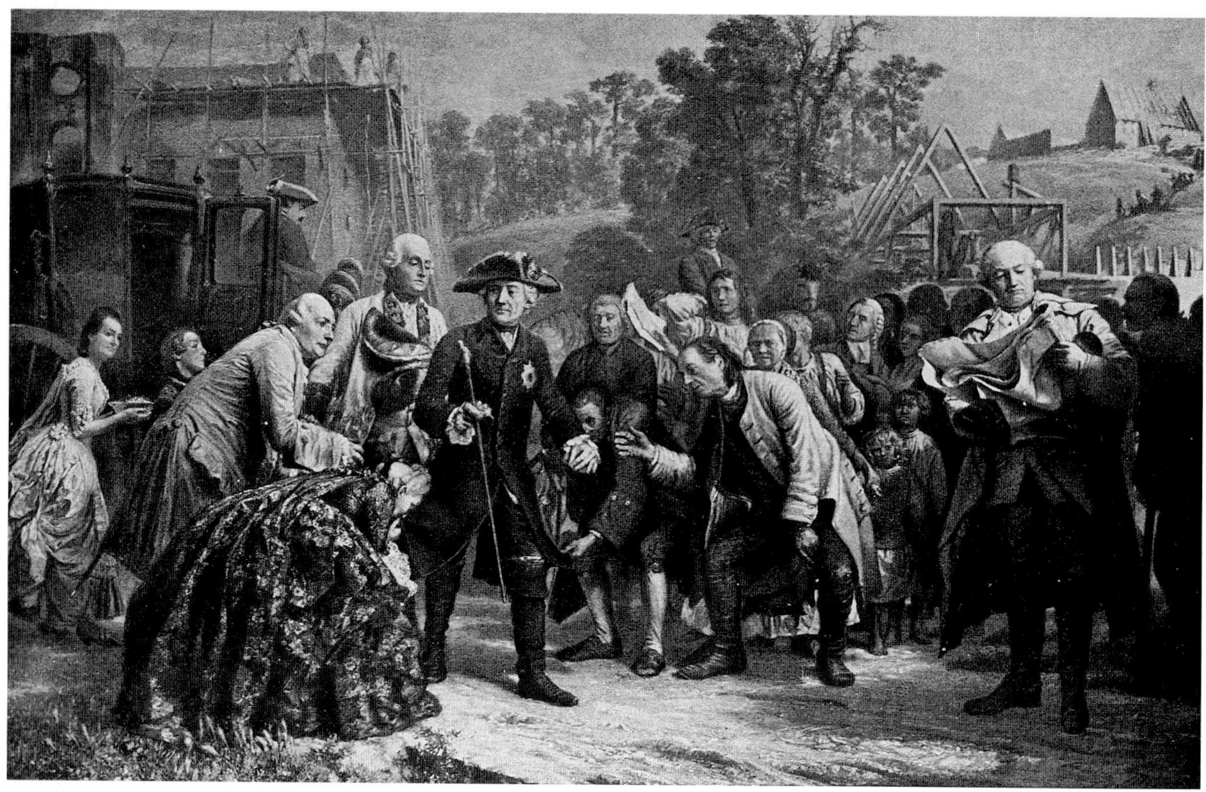

86 Friedrich der Große auf Reisen, 1853/54, Öl auf Leinwand

Der einer Hugenottenfamilie entstammende Berliner Eisengroßhändler und Kunstsammler Peter Louis Ravené bestellte nach Menzels Ölskizze »Friedrich II. auf Reisen« [1853, Öl auf Papier auf Leinwand, Berlin, Nationalgalerie] das großformatige Gemälde, das der Künstler 1854 vollendete. Die seit 1850 von Ravené aufgebaute und im Dachgeschoß seines Geschäftshauses in der Wallstraße untergebrachte Sammlung zeitgenössischer Kunst gehörte bald zu den bedeutendsten dieser Art in Deutschland.[152] In ihr waren Gemälde von Gallait, Meissonier, Stevens, Troyon, Hasenclever, Knaus, Krüger, Eduard Meyerheim und Menzel vereinigt.

Einen folgenreichen Auftrag erhielt Menzel von der Familie Heckmann, deren Vemögen um 1860 zu den größten Berlins zählte.[153] Sie übertrug dem Künstler, zu Ehren des fünfzigjährigen Jubiläums des Unternehmens von Carl Justus Heckmann ein Gedenkblatt als Frontispiz eines Festalbums zu gestalten [Farbtafel 8]. Der aus Eschwege stammende Kupferschmied hatte 1819 in Berlin einen Betrieb begründet, in dem er Apparate für Brennereien und Zuckerraffinerien herstellte. Im Laufe der Jahre entwickelte er ihn zu einem der größten der Metallindustrie. 1837 hatte er in der Schlesischen Straße ein leistungsfähiges Messing- und Kupfer-Walzwerk errichten lassen, in dem Menzel dann 1869 im Hinblick auf das Jubiläumsblatt Studien trieb. Im Jahre des fünfzigjährigen Bestehens seiner Firma zog sich Heckmann weitgehend ins Privatleben zurück und übergab die Geschäfte den beiden Söhnen.

Menzel schied auf seinem mit Deckfarben ausgeführten Bild die Würdigung des Firmeninhabers und die der Arbeiter in zwei Bereiche und kombinierte Phantastisches mit Wirklichkeitsnahem. Die beiden Szenen mit Arbeitsdarstellungen rahmte er mit einer mit Ziergitter, Blumen, Kränzen und Buchstabengirlanden geschmückten Architektur, die zahlreiche sinnbildhafte Elemente enthält. So erscheint dort Fortuna mit dem Heroldstab des Merkur. Sie trägt eine eiserne Krone auf dem Haupt, und ihr Gewand ist mit Zahnräderdekor versehen. Salamander weisen auf die Rolle des Feuers hin. Putti treiben ein munteres Spiel mit Werkzeugen, und Zyklopenhermen kämpfen laokoongleich mit Kupfer- und Messingbändern.

Nach der Erfüllung dieses Auftrages, er brachte Menzel die stattliche Summe von 1983 Talern und 20 Silbergroschen ein, bestand ein enger Kontakt zu den Heckmanns fort, insbesondere zu August Heckmann und seiner Familie.[154] Durch die Arbeit an dem Gedenkblatt ist der Künstler wahrscheinlich angeregt worden, 1872 im Eisenwerk von Königshütte Studien für die Darstellung der Arbeit in einem Eisenwalzwerk zu treiben.[155]

Daß der Berliner Bankier Adolph von Liebermann das »Eisenwalzwerk« [1872-1875, Berlin, Nationalgalerie] bei Menzel in Auftrag gegeben hat, dürfte kaum zu bezweifeln sein. In der »Kunst-Correspondenz von Sachse's Internationalem Kunstsalon«, die Anfang November 1875 erschienen ist, heißt es: »Der

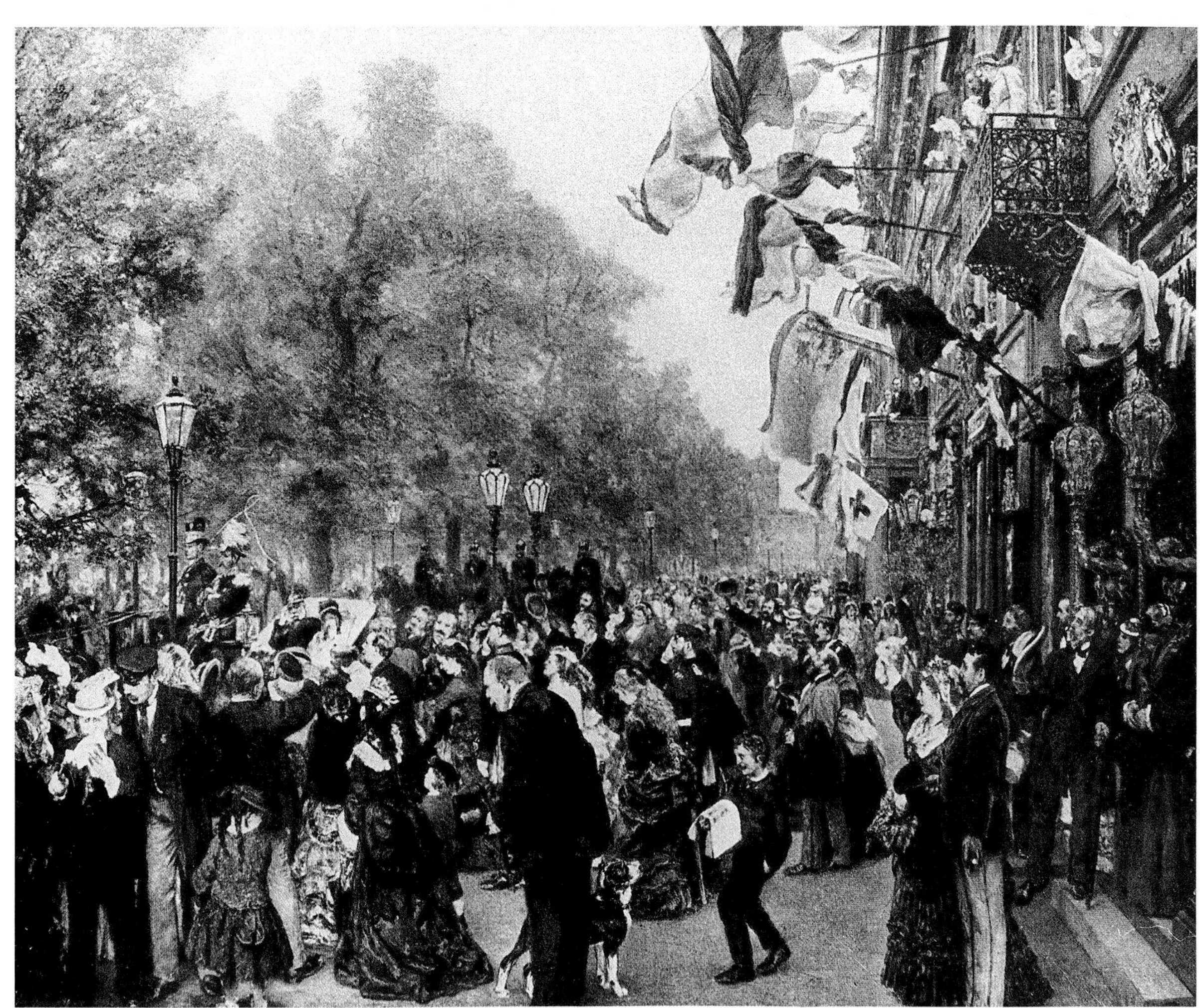

87 Abreise König Wilhelms I. zur Armee am 31. Juli 1870, 1871, Öl auf Leinwand

bekannte Kunstmäzen Adolph Liebermann hat das jüngst für ihn gemalte Menzelsche Bild der Nationalgalerie verkauft.«[156] Vier Jahre später schrieb Ludwig Pietsch über das Gemälde, daß es durch die Auflösung der Sammlung seines ersten Bestellers und Besitzers Eigentum der Nationalgalerie geworden ist.[157] Anton von Werner bemerkte in seinen Memoiren, daß Menzel das »Eisenwalzwerk« für den »kunstsinnigen Börsianer, Herrn von Liebermann, der sich in der Tiergartenstraße 16 ein prächtiges Haus mit einer Bildergalerie gebaut hatte«, geschaffen hatte.[158] Auf jeden Fall verhandelte Menzel frühzeitig mit Liebermann über dieses ins Auge gefaßte Bild. Eine Äußerung des Künstlers, von Ottomar Beta überliefert, bekräftigt diese Annahme: »Noch als ich 1872 dem mich um ein Bild angehenden Bankier Liebermann [dem Onkel des Malers] das ›Eisenwalzwerk‹ zu malen vorschlug, welches vom Geheimrat Jordan später den Titel ›Moderne Zyklopen‹ erhielt, war er zunächst ganz erstaunt.«[159] Wahrscheinlich hatte Liebermann erst eine Vorstellung von dem Bild gewinnen wollen, was aber verhältnismäßig spät möglich war, da Menzel keine vorbereitende Farbskizze angefertigt hatte, die die Komposition hätte erkennen lassen. So erhielt der Künstler die erste Rate des Gesamtbetrages von 11 000 Talern erst im November 1874 und die zweite im Februar des folgenden Jahres. Auf Grund geschäftlicher Schwierigkeiten mußte Liebermann das am 22. Februar 1875 vollendete Bild bereits im Oktober desselben Jahres verkaufen. In seiner Sammlung befanden sich übrigens noch weitere Arbeiten Menzels: das Gemälde »Der Gerichtstag« [1839, Verbleib unbekannt] und das Deckfarbenbild »Badende Knaben an der Saale bei Bad Kösen« [1865, Privatbesitz].

Engen Kontakt hatte Menzel zu dem in Berlin lebenden Kaufmann, Bankier und Kunstsammler Magnus Herrmann. Der Künstler soll einmal über ihn gesagt haben, daß dieser »eine feine Zunge« für Kunst besessen habe.[160] Herrmann zählte nach Ansicht seiner Tochter Agathe »zu den frühesten Verehrern Menzels«[161]. Er kaufte von ihm zwei Deckfarbenbilder [Kircheninterieurs aus Innsbruck] und gab 1870 bei ihm das Gemälde »Die Abfahrt Wilhelms I. zur Armee« [Abb. 87] in Auftrag.[162] Auftraggeber wie Künstler hatten die Abreise

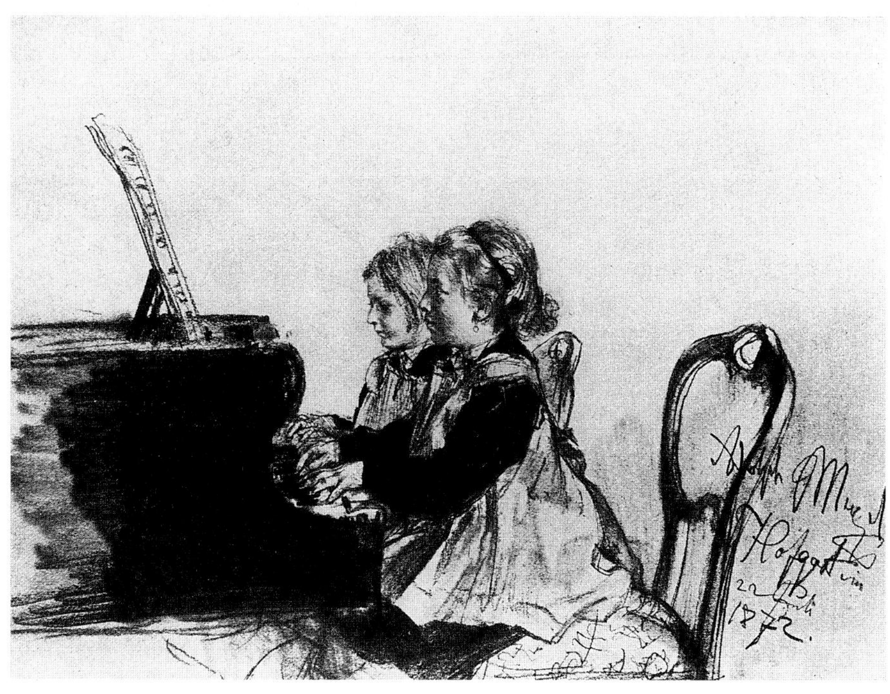

88 Therese und Grete Herrmann beim Klavierspiel in Hofgastein, 1872, Bleistift

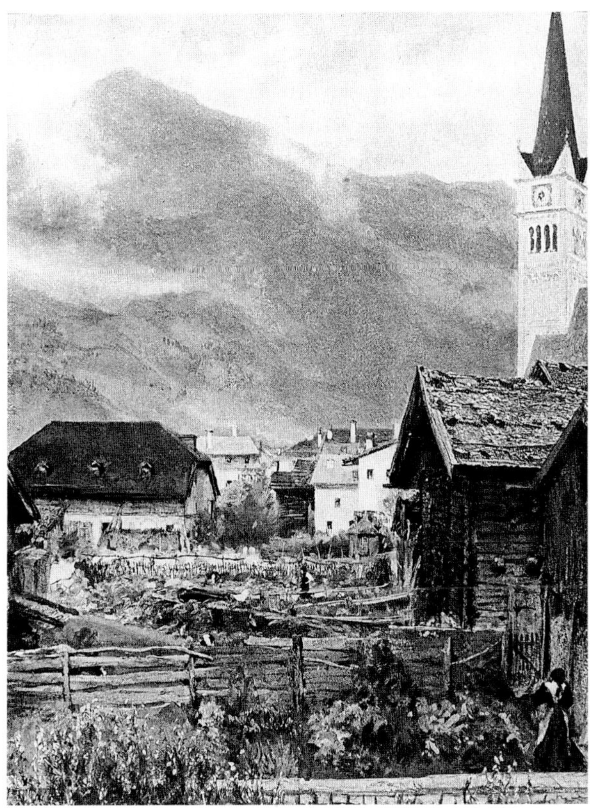

89 Hofgastein, 1874, Deckfarben

des Kaisers am 31. Juli 1870 Unter den Linden miterlebt. Agathe Herrmann überlieferte: »Erschüttert von dem Ereignis der Abfahrt des Kaisers Wilhelm zum Kriegsschauplatz 1870, dessen Augenzeuge er war, veranlaßte meinen Vater, dieses Motiv für ihn zu malen.«[163] Menzel hatte an diesem Tage in einem Restaurant Unter den Linden gespeist, als es hieß: Der Kaiser kommt! Er hatte damals auf die dichtbevölkerte Straße geblickt und den König in Begleitung seiner Frau zum Potsdamer Bahnhof fahren sehen.[164] Auf dem Gemälde zeigte Menzel auf dem im Vordergrund befindlichen Balkon den Berliner Maler Albert Hertel mit seiner Frau Clara, der ältesten Tochter des Auftraggebers.

Hermann erwarb auch aus dem Nachlaß des Potsdamer Stadtrats Jacobs für 17000 Taler Menzels »Flötenkonzert Friedrichs II. in Sanssouci«, das er 1875 zum selben Preis an die Nationalgalerie weitergeben mußte, da er durch Grundstücksspekulationen in finanzielle Schwierigkeiten geraten war.[165]

Um 1870 hatte sich Magnus Herrmann in Hofgastein im Gasteiner Tal ein Landhaus gekauft. In ihm wohnten Menzel mit Schwester, Schwager, Neffen und Nichte in den Sommern der Jahre 1872, 1873 und 1874. Dort musizierten des öfteren der kunstsinnige Herrmann – er soll ausgezeichnet Violine gespielt haben – mit seinen Töchtern, dem Schwiegersohn Hertel und Menzels Schwager Krigar, während Menzel, der selbst kein Instrument beherrschte, zuhörte und skizzierte. So zeichnete er am 22. Juli 1872 Therese und Grete Herrmann beim Klavierspiel.[166]

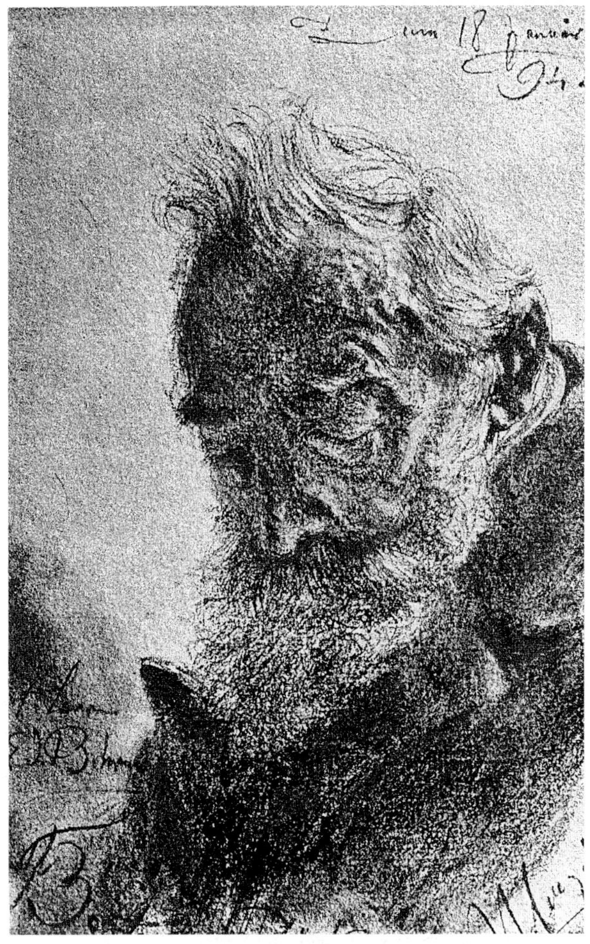

90 Kopf eines niederblickenden Mannes, 1893, Bleistift

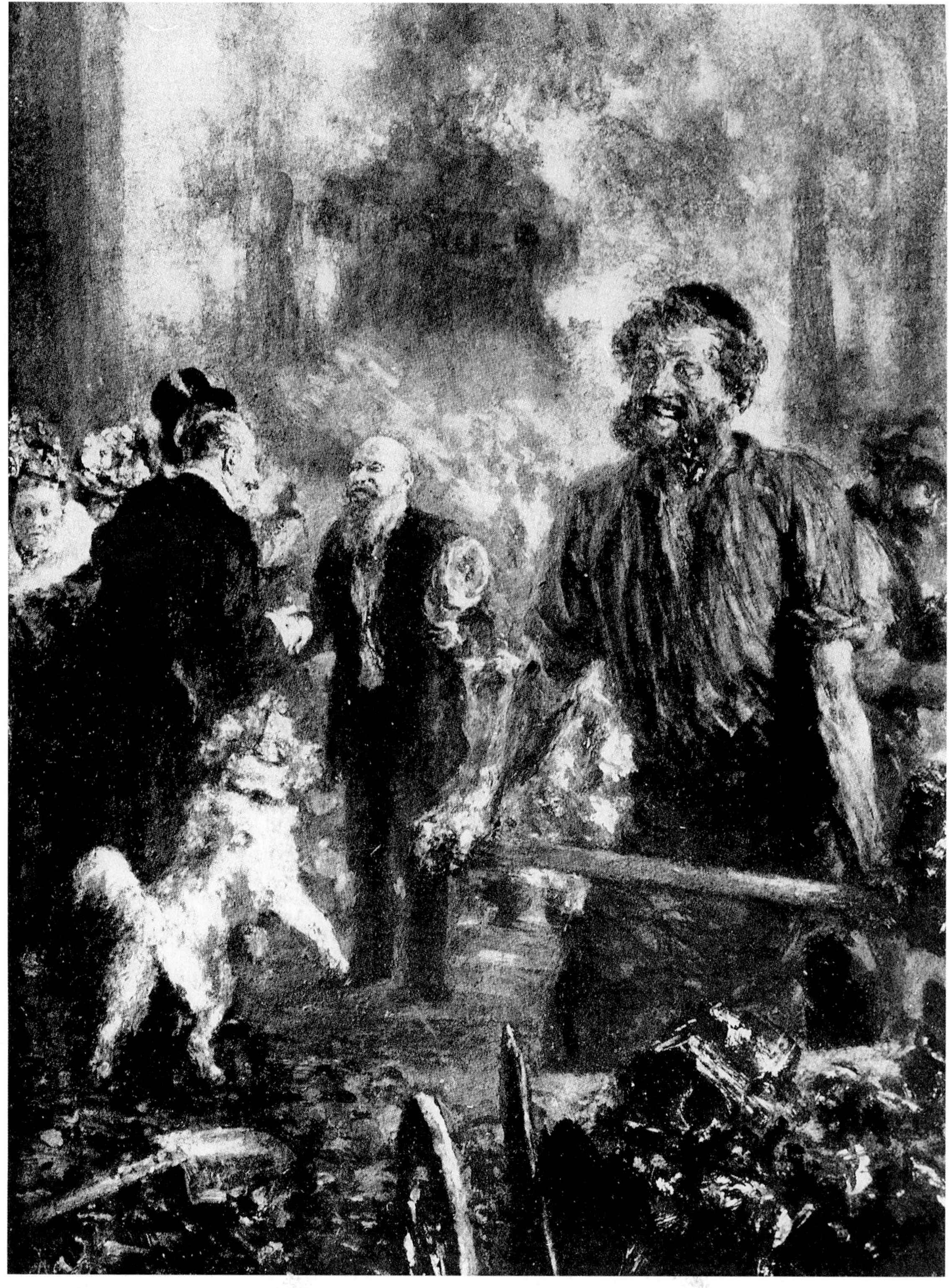

91 Besuch im Eisenwalzwerk, 1900, Deckfarben

145 *92* Neuer Schiffahrtskanal in Berlin, 1863, Deckfarben

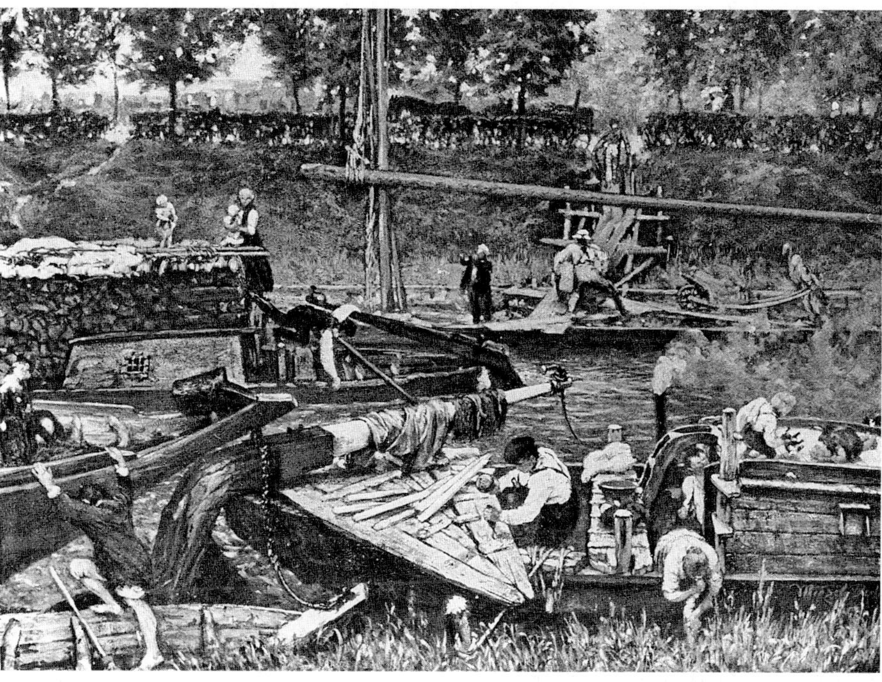

Für Magnus Herrmann und dessen Frau malte Menzel mit Wasserfarben eine Reihe von Gratulationskarten. Zahlreiche Abende verbrachte er in ihrem Berliner Haus am Pariser Platz Nr. 6. Von dort aus verfolgte er übrigens auch am 26. Februar 1881 jenen Festzug durch das Brandenburger Tor, der anläßlich der Hochzeit des Prinzen Wilhelm und der Prinzessin Auguste Viktoria veranstaltet wurde.[167]

In einem guten Verhältnis muß Menzel ebenfalls zu dem Hamburger Bankier und Kunstsammler Eduard Ludwig Behrens gestanden haben. Darauf deutet auch eine 1893 entstandene Bleistiftzeichnung mit dem Kopf eines niederblickenden Mannes [Abb. 90], denn auf ihr ist Menzels Widmung zu lesen: »Zum 18. Januar 94 Herrn Ed. Behrens. Beste Glückwünsche«.[168] Offensichtlich hatte der Künstler ihm das Blatt zum 70. Geburtstag übersandt. Behrens besaß in seiner Sammlung eine stattliche Zahl von Arbeiten Menzels, darunter die Gemälde »Inneres der Alt-Neu-Synagoge zu Prag« [1853, Köln, Wallraf-Richartz-Museum] und »Pariser Wochentag« [1869, Düsseldorf, Kunstmuseum].[169]

Zu Menzels spätesten Auftragswerken zählte das Deckfarbenbild »Besuch des Aufsichtsrats im Walzwerk« [Abb. 91], das der 85jährige für Frau Johanna Arnhold geb. Arnthal geschaffen hat, die es ihrem Mann, Eduard Arnhold, anläßlich seines 25jährigen Jubiläums als Chef der Berliner Firma Cäsar Wollheim überreichen wollte.

Eduard Arnhold, seit 1863 in Berlin tätig, war ein einflußreicher Großkaufmann und Kunstmäzen sowie ein leidenschaftlicher Sammler von Kunstwerken. Zu Beginn des 20. Jahrhunderts besaß er, wie Hugo von Tschudi meinte, »die künstlerisch wertvollste Privatsammlung moderner Kunst« in Deutschland.[170] Sie war größtenteils in seinem Berliner Wohnhaus in der Regentenstraße 19 untergebracht und enthielt Arbeiten von Knaus, Leibl, Lenbach, Liebermann, Böcklin und Thoma, von Degas, Manet, Monet, Pissarro, Renoir und Sisley sowie von Menzel. Von letztgenanntem Künstler besaß Arnhold das Gemälde »Die Botenfrau« [1855, Schweinfurt, Slg. G. Schäfer] sowie die Deckfarbenbilder »Der Schiffahrtskanal« [»Der Landwehrkanal« Abb. 92] »Das türkische Café auf der Wiener

Weltausstellung« [1885], »In der japanischen Ausstellung zu Berlin« [1885], »Feinbäckerei in Kissingen« [1893] und das schon erwähnte Blatt »Besuch des Aufsichtsrats im Walzwerk«.

Arnhold hatte eine erstaunliche Karriere gemacht: 1849 als Sohn eines praktischen Arztes in Dessau geboren, ging er 1863 nach Berlin, wo er bis ans Lebensende wirkte. Er absolvierte eine Lehre in der Großkohlenfirma Cäsar Wollheim, die insbesondere den oberschlesischen Kohlenbergbau beherrschte. Seit 1875 war er Teilhaber in ihr, und nach dem Tode des Firmeninhabers übernahm er die Leitung des Unternehmens. 1891 wurde er zum Kommerzienrat ernannt. Seine Geschäftstüchtigkeit und sein Unternehmungsgeist ließen ihn zu einer wichtigen Persönlichkeit des Wirtschaftslebens der wilhelminischen Ära werden. Der preußische Handelsminister Dr. R. von Sydow schrieb über Arnhold: »Seit den 90er Jahren ist er außerdem als Aufsichtsratsmitglied bei einer Reihe hervorragender industrieller und finanzieller Unternehmungen, z. T. als Vorsitzender oder stellvertretender Vorsitzender tätig [Große Berliner Straßenbahn, Dresdner Bank, Berliner Anilinfabrik, Deutsche Waffen- und Munitionsfabriken, Berlin-Anhaltinische Maschinenbau A. G., Ludwig Loewe, A.E.G.]; außerdem gehörte er dem Vorstande zahlreicher gemeinnütziger Gesellschaften an.«[171] 1911 erwarb er die Villa Massimo in Rom und richtete dort eine Deutsche Akademie ein. Er kaufte nach dem Tode Böcklins dessen Villa Bellagio in Fiesole bei Florenz und machte aus ihr ein Böcklin-Museum. Er war Ehrenmitglied der Akademie der Künste und gehörte längere Zeit der Sachverständigenkommission der Nationalgalerie an. Wenngleich er von den zeitgenössischen Künstlern des deutschsprachigen Raums in besonderem Maße Böcklin und Liebermann mochte und förderte, so schätzte er doch auch Menzel sehr und besuchte ihn häufig im Atelier. Das Haus Sigismundstraße 3, in dem Menzel seit 1875 wohnte und arbeitete, gehörte im übrigen Arnhold. Menzel pflegte ihn deshalb auch immer mit »Herr Wirt« anzureden. Wie Johanna Arnhold überlieferte, verkaufte ihr Mann dieses Haus »noch zu Lebzeiten an die chemische Industrie, doch mit der Auflage, daß es, solange der Maler lebte, nicht abgerissen und Menzel nicht gekündigt werden dürfe.«[172] In diesem Zusammenhang bemerkte sie: »Arnhold fühlte sich besonders zu Menzel hingezogen aus seiner altpreußischen Einstellung heraus ... Das Friderizianische in Menzel, diese Mischung von hoher Sachlichkeit mit espritvollem Witz gefiel ihm, weil sie seinem eigenen Wesen verwandt war.«[173]

Über besagtes Deckfarbenbild aus dem Jahre 1900, für das der Künstler das Honorar von 700 Talern erhielt, schrieb Johanna Arnhold: »Es schildert den Besuch des Aufsichtsrats im Walzwerk des Unternehmens.«[174] Die Visite spielt sich auf dem Hof des Betriebes ab. Im Hintergrund erscheinen Essen und Kühltürme, im Mittelgrund schütteln sich zwei elegant gekleidete Herren die Hände. Der Aufsichtsrat wird von seiner Frau und Tochter sowie seinem Hund, einem Leonsberger, begleitet. Mit großer Wahrscheinlichkeit gab Menzel hier die Familie Arnhold wieder.[175] Im Vordergrund blickt ein kräftiger Arbeiter, der eine Karre mit Kohle belädt, zur Seite, um etwas von dieser Szene zu erhaschen. Ein weiterer Arbeiter erscheint hinter ihm, sich von der feinen Gesellschaft abwendend. Der soziale Gegensatz wurde von Menzel herausgearbeitet. Solcherart Kontrast von körperlich schwerer Arbeit und Leitungsfunktion im Betrieb wurde von ihm bereits im »Eisenwalzwerk« angedeutet, wo links im Hintergrund ein Inspizient zu sehen ist.

Max Jordan schrieb über Menzels Arbeit an dem Deckfarbenbild: »Seine Gründlichkeit verzögerte die Vollendung der Arbeit, dreinreden ließ er sich auch nicht, und so wurde denn dieses Jubiläumsbild eine ganz freie Erfindung, bei welcher er seine Erinnerungen aus der Laurahütte, die er zum Zwecke des ›Eisenwalzwerkes‹ studiert hatte, sich nutzbar machte.«[176] Demnach war der Einfluß der Auftraggeberin auf Menzel gering. Es ist jedoch wahrscheinlich, daß sie den Künstler gebeten hat, ein Bild zu schaffen, das eine Beziehung zum Wirken ihres Mannes hat. Auch darf angenommen werden, daß Eduard Arnhold als Adressat dem Blatt großes Verständnis entgegengebracht hat, obgleich Menzel mit der virtuosen Malerei auch die Andeutung sozialer Widersprüche mitgeliefert hat. Nach einem Gespräch mit dem greisen Künstler hatte er sich einige Äußerungen des Künstlers notiert, unter anderem auch die: »Ich male heute nicht anders und schlechter als früher – sehe und erfasse die Dinge nur schärfer.«[177]

Der hochbetagte Menzel soll einmal gesagt haben: »Es fehlt mir an Worten, zu sagen, wie tief durchdrungen ich bin von Dankesgefühlen gegen unsere Hohenzollernkönige, für all die Förderung, die die Kunst und ich durch sie genossen und immer wieder genieße.«[178]

Menzel ist von den Hohenzollern nicht zum Hofmaler ernannt worden, aber seit den vierziger Jahren führte er eine Reihe von Aufträgen für den Hof aus. Friedrich Wilhelm IV. schätzte Menzel als Illustrator und Gebrauchsgraphiker, jedoch nicht als Maler. Noch im ersten Regierungsjahr [1840] hatte der König der Veröffentlichung der Werke Friedrichs II. durch die Berliner Akademie zugestimmt und dann auch die Wahl Menzels zum Illustrator dieser Ausgabe genehmigt. Menzels Verhandlungspartner in dieser Sache war Ignaz von Olfers, der die Interessen des Hofes wahrzunehmen hatte und der im Spätsommer des Jahres 1843 den Vertrag über die Schaffung der Illustrationen aushandelte. In der Zeit von September 1843 bis Weihnachten 1849 zeichnete dann der Künstler die vereinbarten zweihundert Darstellungen auf die Holzblöcke, die von Friedrich Unzelmann, Hermann Müller, Albert Vogel und dessen Bruder Otto Vogel ins Holz gestochen wurden, und zwar mit einer Perfektion, die noch über die der Illustrationen zu Franz Kuglers »Geschichte Friedrichs des Großen« hinausging. Menzel schuf hier Bilder, die recht frei und äußerst geistreich auf die Texte Friedrichs II. Bezug nahmen. Sowohl die mehr gegenstandsbetonte Bildgestaltung und sorgfältigere Ausführung als auch die zahlreicheren Allegorien und feinsinnigeren Anspielungen auf historische Ereignisse deuten darauf hin, daß der Künstler hier einem anderen Auftraggeber und Rezipientenkreis entgegenkommen wollte. Und in der Tat, es war eine »Fürstenausgabe«, die nicht über den Buchhandel vertrieben, sondern vom König verschenkt wurde. Bemerkenswert sind in diesem Zusammenhang die Ausführungen Ottomar Betas über diesen Auftrag Menzels: »Besonders auch ist er stolz darauf, daß damals Friedrich Wilhelm IV. und sein Vertrauensmann, Geheimrat Olfers, ihm, dem noch so jungen Manne [er war dreißigjährig], völlig freie Hand in der Behandlung des Stoffes gaben. Er hat namentlich in den Zeichnungen zu den ›Œuvres‹ ganz gewagte Darstellungen sich erlaubt und dem königlichen Autor gegenüber ganz selbständige Kritik geübt. Er war der satirische Kommentator des hohen Autors.«[179] Und Beta zitierte auch die folgenden Sätze des Künstlers über diese Arbeit: »›Ich schwang mich wie der Zaunkönig über den Adler der Fabel noch um einiges empor ... aber in keinem Falle haben der von seiner Herrscherwürde ganz gewiß überzeugte König und der stramm katholische Kunstrat auch nur die mindeste Beeinträchtigung meiner selbständigen Gedankenflüge oder eine Zensur meiner Einfälle für nötig gehalten.‹«[180] Sich auf eine Mitteilung Menzels beziehend, schrieb der Historiker Heinrich von Treitschke in seiner »Deutschen Geschichte im neunzehnten Jahrhundert«: »Dem Monarchen aber war offenbar nicht recht geheuer bei dem Realismus und der kriegerischen Kraft dieser friderizianischen Bilder; er besprach sich niemals mit dem Künstler, ließ sich niemals einen Entwurf vorlegen, obgleich er doch sonst so gern in der Kunst dilettierte. Während der sechsjährigen Arbeit erhielt Menzel vom Hofe nur die einzige Weisung, daß keine Vignette die Höhe von 12 Zentimetern überschreiten dürfe.«[181] Zu dieser Einengung hinsichtlich des Formates lieferte Menzel später einen satirischen bildkünstlerischen Kommentar: jene Vignette, die er der Separatausgabe der Illustrationen zu den Werken Friedrichs II. [1882 in der Kunsthandlung R. Wagner erschienen] hinzufügte [Abb. 93][182]. Doch ganz reibungslos sind die Arbeiten an den Illustrationen zu den Werken Friedrichs II. doch

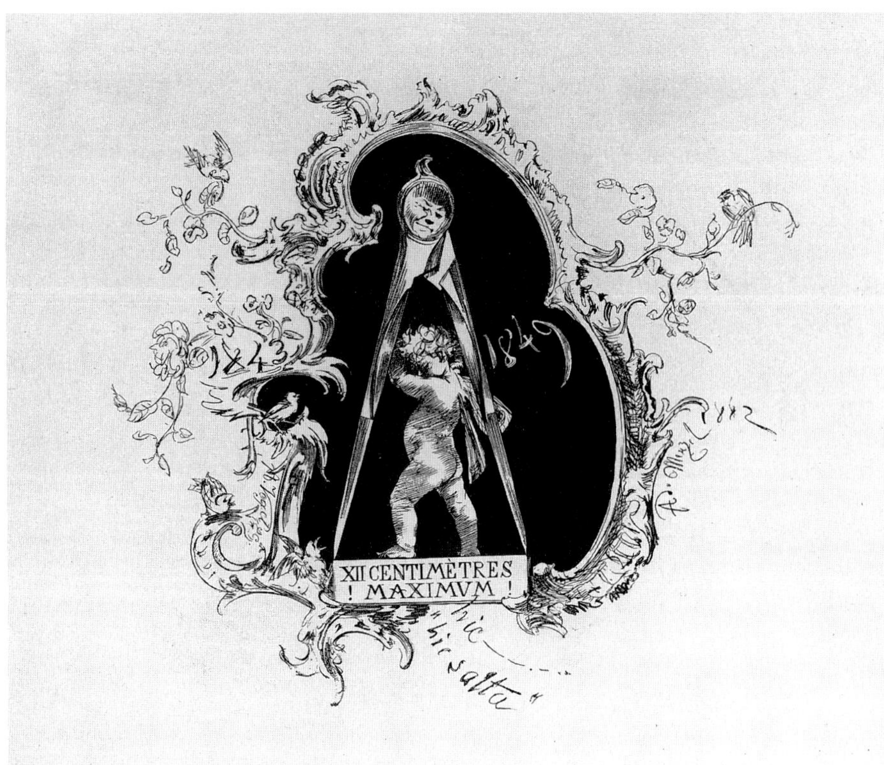

93 »XII Centimètres! Maximum!«, 1882, Holzstich

nicht verlaufen. Am 30. Mai 1850 schrieb Menzel dem Freund Dr. Wilhelm Puhlmann: »Zu all dem schickt mir gestern Olfers 2 alte Quadres, die er aus Bückeburg hat kommen lassen, um noch in den 16. Band, der nämlich jetzt angefangen wird zu drucken, eingeschaltet zu werden. Der eine ist jener Graf Albrecht Wolfgang von der Lippe [der Freimaurer, welcher Friedrich als Kronprinz persuadierte] zur Korrespondenz mit ihm. Die müssen nun noch über Hals und Kopf gezeichnet werden, damit der Schnitt noch zur rechten Zeit da ist. Ich habe geflucht, das änderte aber nicht alles, ich muß mich fügen...«[183] Es handelte sich hier also um einen von Olfers geforderten Nachtrag, denn die Arbeiten an den Illustrationen zu diesem Kompendium waren eigentlich Weihnachten 1849 abgeschlossen.

In den vierziger Jahren fertigte Menzel auch zwei Entwürfe für baugebundene künstlerische Arbeiten an, die im Zuge der vom Hofe veranlaßten Ausstattung zweier architektonischer Denkmäler entstanden. Über den einen Entwurf schrieb er am 19. April 1845 dem Freund Carl Heinrich Arnold: »Ich habe dieser Tage eine Farbenskizze vollendet zu einem großen Glasbilde in eins der breiten Seitenfenster im Magdeburger Dom, transparent auf Leinen, um gleich die Anschauung der Farbenwirkung in Glas zu geben. Sie ist vorläufig gegen 5 Fuß breit und gegen 3 Fuß hoch. In den Kartons, die ich dann später für die Ausführung in wirklicher Größe zeichnen werde, werden aber die Figuren an sich ca. 8 Fuß hoch. Es war mir eine interessante und lehrreiche Schmiererei. Es soll eigentlich ein Monument der Magdeburger Katastrophe vom 10. Mai 1631 werden. Der Moment ist der, wo die Bevölkerung, die sich, [nahe 1000 Menschen] in den Dom geflüchtet hatte, vor Tilly erscheint.«[184] Er hatte also für das Glasfenster im nördlichen Querschiff eine Szene aus der Zeit des Dreißigjährigen Krieges gewählt: die Begegnung des katholisch-ligistischen Feldherrn Tilly mit dem protestantischen Domprediger Bake vor dem Dom zu Magdeburg

[Abb. 94]. Tilly hatte die Stadt im Mai 1631 eingenommen. Durch den Angriff verursacht, hatte ein Brand Magdeburg eingeäschert. Viele Bürger waren in den seit der Reformation lutherischen Dom geflüchtet. Der Prediger Bake bat den Feldherrn der katholischen Liga, den in der Kirche Schutzsuchenden den Aufenthalt und die Durchführung evangelischer Gottesdienste zu gestatten. Beide Bitten wurden abgewiesen, und die nächste Messe wurde von einem Jesuiten gehalten. Am 29. Dezember 1845 teilte Menzel Arnold mit: »Da fällt mir ein, jetzt erst hat meine Skizze zu dem Fensterbild für Magdeburg ihre Runde vor sämtlichen allerhöchsten Blicken gemacht, sie ist soweit genehmigt und soll nun in kurzem nach Magdeburg an die Stände gehen, um denen zu Mitübernahme der Kosten plausibel gemacht zu werden.«[185] Menzels Entwurf ist jedoch nicht zur Ausführung gelangt. Zweifellos gehörte er zu seinen schwächsten Arbeiten. Die Figuren gehen schlecht mit der angedeuteten Domarchitektur zusammen, was auch nicht weiter verwundert, da sie von dem Architekten Beckmann ins Bild gebracht worden ist. Aber künstlerische Gesichtspunkte haben bei der Ablehnung wohl kaum eine Rolle gespielt. Der Maler Julius Engel hatte den Entwurf noch im Königlichen Institut für Glasmalerei in Berlin-Charlottenburg gesehen. Dort war ihm zu Ohren gekommen, daß Friedrich Wilhelm IV. ihn mit der Bemerkung zurückgewiesen haben soll: »Er wolle den Streit nicht in die Kirche tragen.«[186] In der Tat paßte diese Thematik nicht zur Kirchenpolitik dieses Monarchen, der sich um eine allgemeine deutsche christliche Kirche und die Überwindung der Kluft zwischen Katholiken und Protestanten einsetzte.

Seinen zweiten Entwurf für eine baugebundene künstlerische Arbeit vollendete Menzel 1846 [Farbtafel 7]. Er war für eins der sechs Blendfenster im Großen Remter der am Ufer der Nogat gelegenen Marienburg, dem ehemaligen Sitz der Hochmeister des Deutschen Ritterordens, bestimmt. Wiedergegeben wurden von ihm die beiden Hochmeister Siegfried von Feuchtwangen und Ludger von

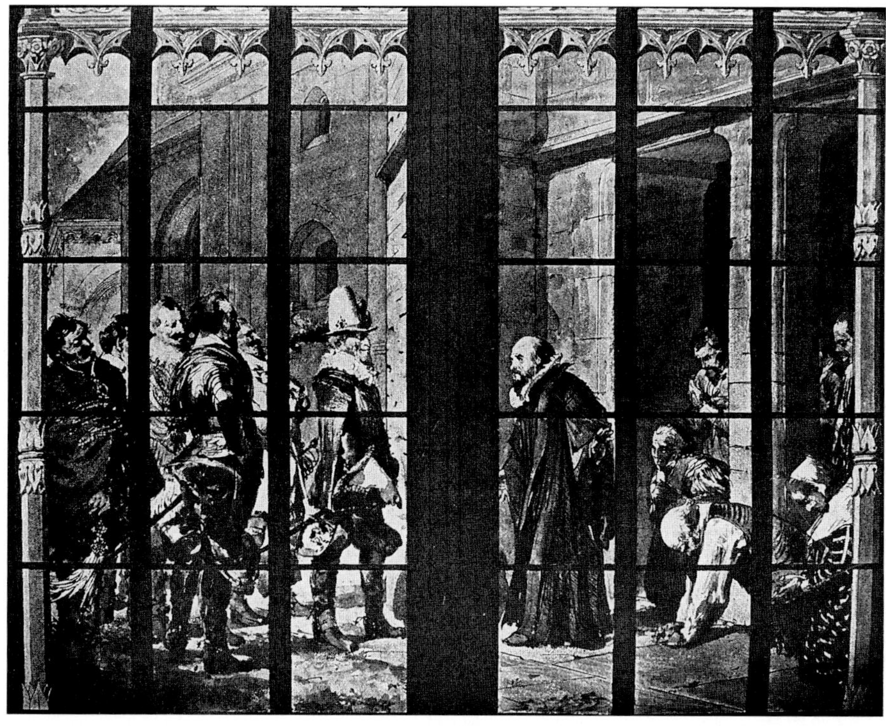

94 Die Begegnung Tillys mit dem Prediger Bake, Glasfensterentwurf, 1846, Aquarellfarben

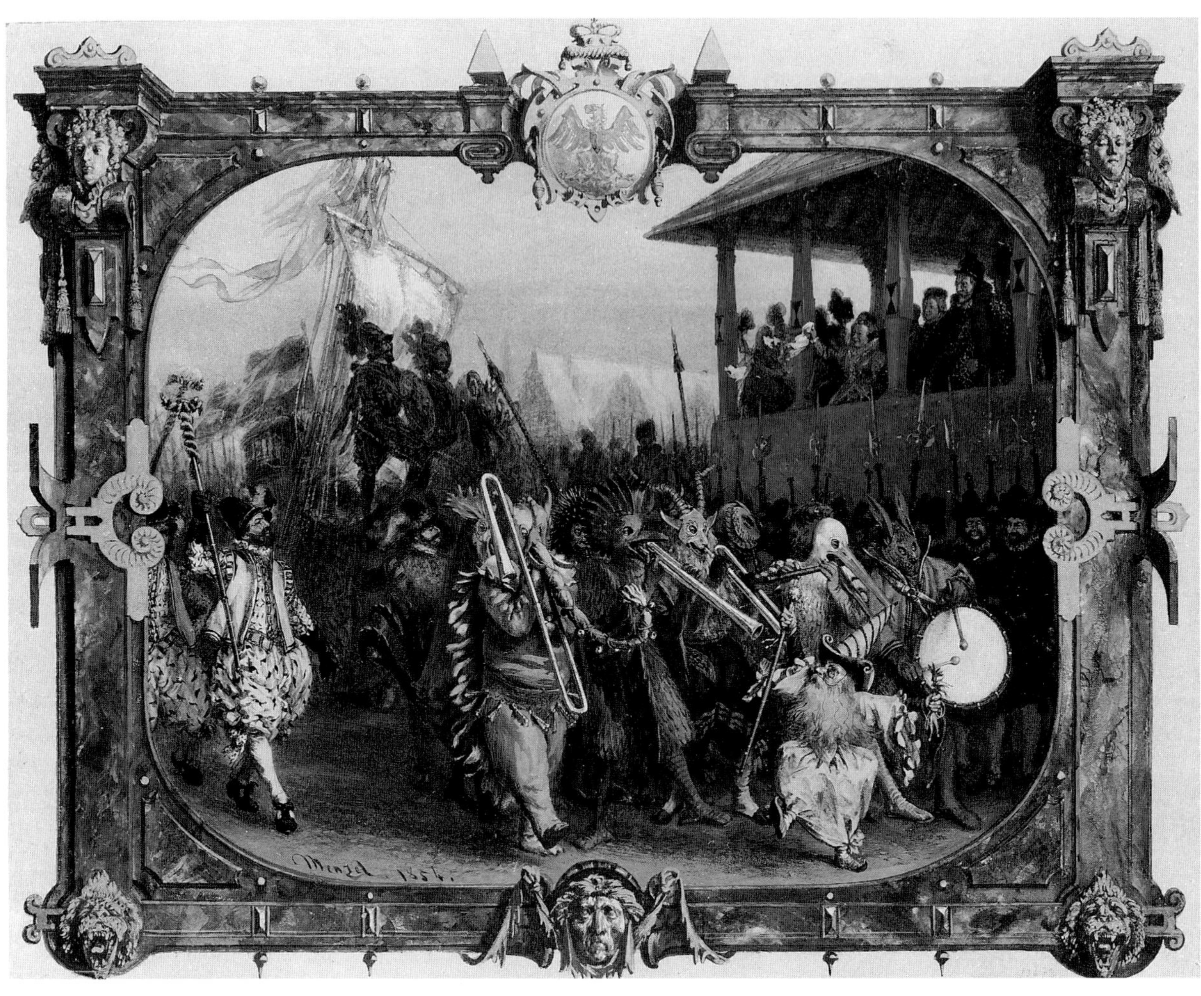

95 Schönbartspiel unter Johann Georg von Brandenburg 1592, aus »Das Fest der Weißen Rose«, 1854, Deckfarben

Braunschweig. Die Anweisung, die Blendfenster des Sommerremters mit Wandbildern zu versehen, war am 5. Juni 1843 von Friedrich Wilhelm IV. anläßlich eines Musikfestes in diesem Saal gegeben worden. Ignaz von Olfers wirkte dann an der Durchführung dieses Planes mit, die sich allerdings bis 1855/56 hinzog. Menzel brachte im Sommer 1855 die beiden Figuren auf die Wand [Wasserglasmalerei, im Zweiten Weltkrieg zerstört], wobei er ganz erheblich vom Entwurf abwich. In der Kunstzeitschrift »Die Dioskuren« wurde diese Arbeit sehr kritisch beurteilt.[187]

Für ein Album, das 1854 der russischen Zarin Alexandra [Prinzession Charlotte von Preußen], der Schwester des preußischen Königs, übersandt worden ist, hatte Menzel im Auftrage Friedrich Wilhelms IV. zehn großformatige Deckfarbenbilder geschaffen [Abb. 95 und 96], von denen fünf dem »Fest der Weißen Rose« gewidmet waren, das 1829 zu Ehren der Zarin Alexandra in Potsdam veranstaltet worden war. Max Jordan schrieb über diese Arbeiten: »Der Künstler, der diese Festlichkeiten nachträglich schildern sollte, war auf Erzählungen und den dürftigen Anhalt angewiesen, den ihm eine illustrierte Beschreibung zeitgenössischer Herkunft darbot. Um dem Ganzen erhöhten Reiz und einen geschichtlichen Hintergrund zu geben, schlug er vor,

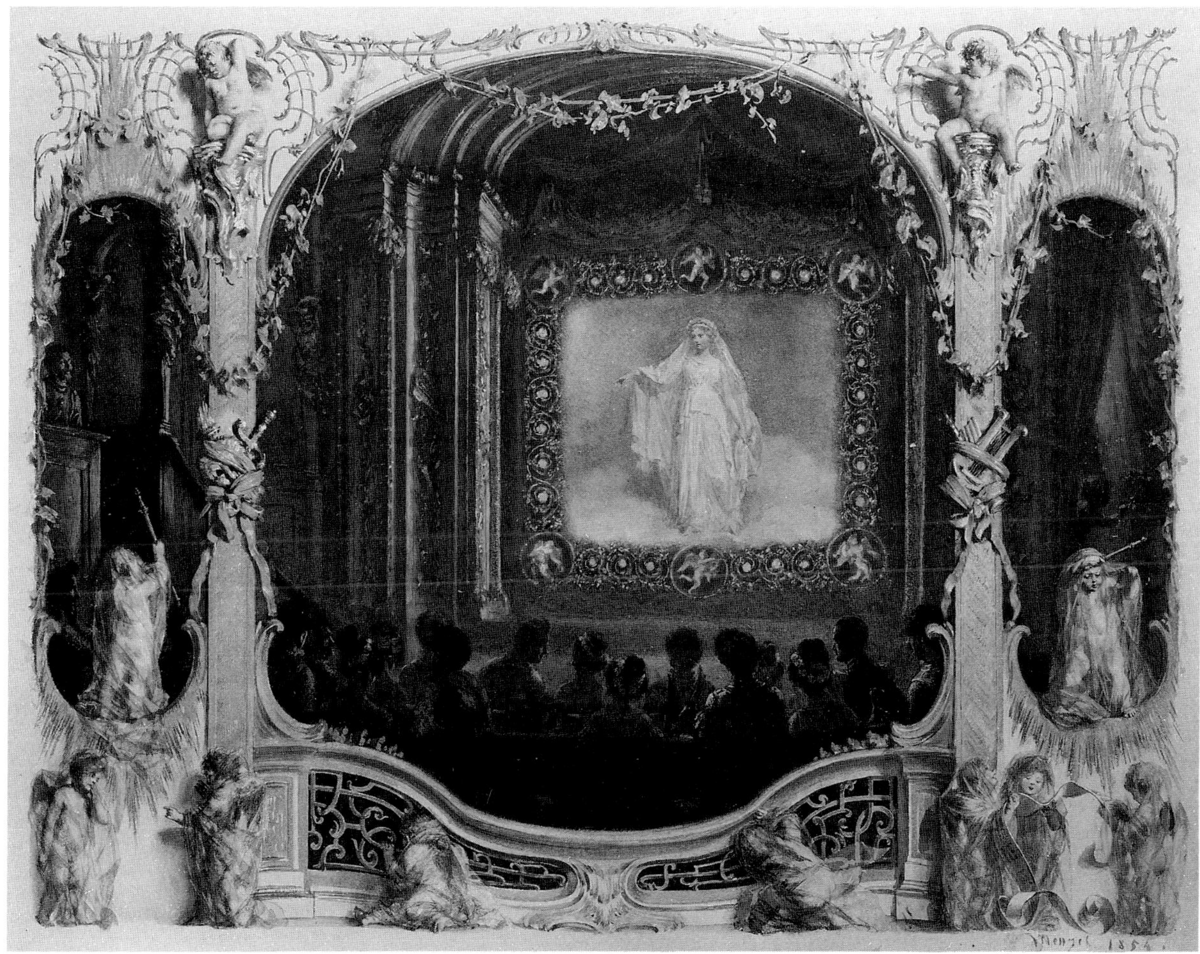

96 Festtheater, aus »Das Fest der Weißen Rose«, 1854, Deckfarben

einige Blätter ähnlichen, in früheren Zeiten gefeierten Festen zu widmen. Auf diese Weise erweiterte sich der Zyklus zu einem eigentümlichen reichhaltigen Werke.«[188]

1857 erhielt Menzel vom Hof den Auftrag, ein großformatiges Gemälde als Bogenfüllung im Festsaal des Berliner Kronprinzenpalais zur Begegnung von Blücher und Wellington nach der Schlacht bei Belle-Alliance zu schaffen. Es war als ein Hochzeitsgeschenk für Friedrich Wilhelm [den späteren Kaiser Friedrich III.] und die Prinzessin Viktoria von Großbritannien gedacht.[189] Menzel hat das Bild [es befindet sich heute in der Neuen Pinakothek in München] das Händereichen der beiden Feldherren nach jener Schlacht wiedergegeben, die die endgültige Entmachtung Napoleons brachte. Die Erinnerung an die wirkungsvolle deutsch-englische Koalition war sicherlich angesichts der bevorstehenden Vermählung zugleich ein Zeichen der Hoffnung auf gute preußisch-englische Verbindungen in Gegenwart und Zukunft. Daß Menzel diesen Auftrag erhielt, mag zum einen am Adressaten gelegen haben, denn Friedrich Wilhelm war ein Verehrer der Kunst Menzels, zum andern vielleicht an dem sich seit Herbst 1857 anbahnenden Regierungswechsel.[190]

Den bedeutendsten Auftrag des preußischen Hofes erhielt er jedoch in der Regierungszeit Wilhelms I. [seit 1861 König von Preußen und seit 1871 deutscher Kaiser]. Am 12. Oktober 1861 teilte der liberale Kultusminister Moritz August von Bethmann-Hollweg Menzel mit, daß Wilhelm I. ihn ernannt habe, das Krönungsbild zu malen.[191] Diese Arbeit nahm den Künstler vier Jahre in Anspruch. Menzels Bildlösung erfuhr nach der Vorzeichnung auf der Leinwand – sie ist durch ein Foto überliefert – noch erhebliche Veränderungen, die teilweise auf den Auftraggeber und seine Berater, teilweise aber auch auf den Künstler selbst zurückgehen. Trotz dieser Einflußnahme wußte Menzel seine grundsätzliche Auffassung im wesentlichen beizubehalten, und er versuchte, über dynastische Repräsentation hinauszugehen. Er zeigte entgegen dem tatsächlich abgelaufenen Vorgang den König mit erhobenem Schwert, ihn so als kämpferischen Herrscher gestaltend, der bereit ist, das nationale Problem zu lösen. Des weiteren gab er den Kronprinzen, der sich auf Grund seiner liberalen Auffassungen teilweise im Gegensatz zu seinem Vater und dann auch zu Bismarck befand, nicht – wie er es zunächst auf der Vorzeichnung angelegt hatte – rechts im Bilde vis-à-vis dem König wieder, sondern zur Rechten des Vaters, den Reichsapfel in den Händen haltend. Zweifelsohne wurde mit dem Platzwech-

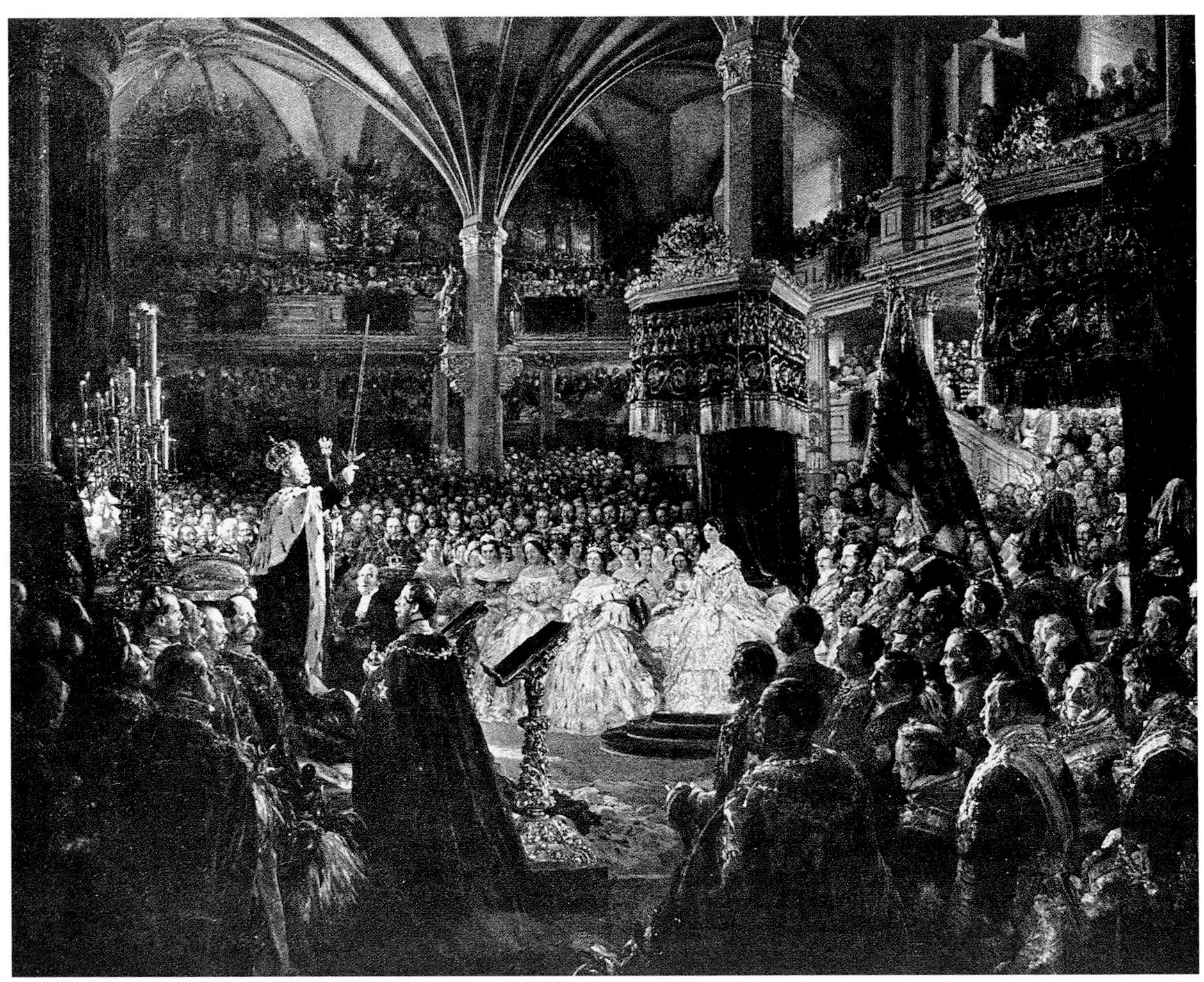

97 Krönung Wilhelms I. in Königsberg 1861, 1865, Öl auf Leinwand

153

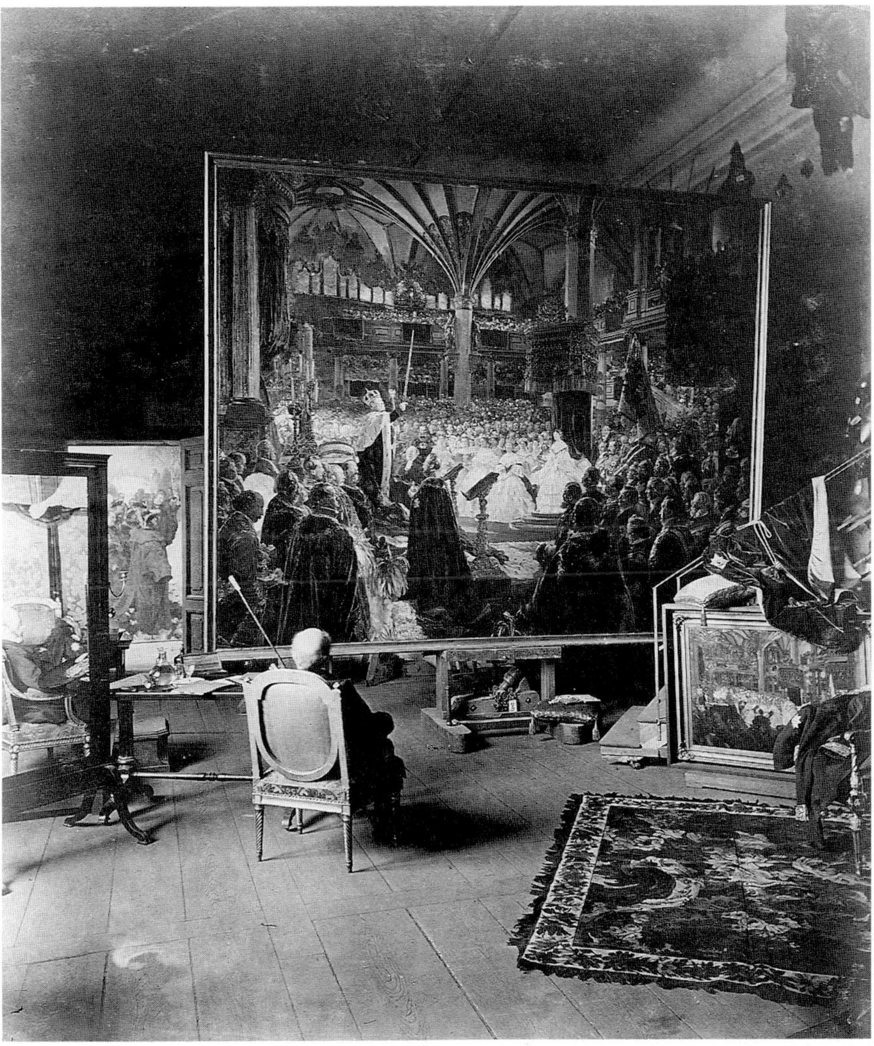

98 Menzel vor dem Krönungsbild, 1865, Foto

sel die Bedeutung des Kronprinzen im Bilde erhöht. Erwähnenswert ist gleichfalls, daß Menzel zunächst die Minister vor den Rittern des Schwarzen Adlerordens zeigen wollte. Auf Geheiß des Königs mußte er jedoch davon ablassen; dennoch bleibt allein der Versuch bemerkenswert, liberalen Ministern des Kabinetts der »Neuen Ära« eine wichtige Stelle zukommen zu lassen. Menzel nahm daraufhin zwar die Minister mehr zur Seite und räumte den Ordensrittern die dem König nähergelegene Position ein, aber er zeigte Liberale, die Wilhelm I. im März 1862 entlassen hatte, im Vordergrund: Auerswald, von Patow, Graf Schwerin, Bethmann-Hollweg und Pückler. Schließlich sei noch angemerkt, daß Menzel – sicherlich auf Wunsch des Königs – Bismarck auf dem Bilde wiedergab, da dieser seit September 1862 als Ministerpräsident die preußische Politik prägte. Zum Zeitpunkt der Krönung war er allerdings preußischer Gesandter in Petersburg und hätte in dieser Funktion gar nicht im Block der Mitglieder des Abgeordnetenhauses stehen dürfen.

Der Auftraggeber goutierte das Krönungsbild und gab es häufig in Ausstellungen. 1865/66 war es in der Akademie der Künste zu Berlin und 1867 in Königsberg, 1868 im Pari-

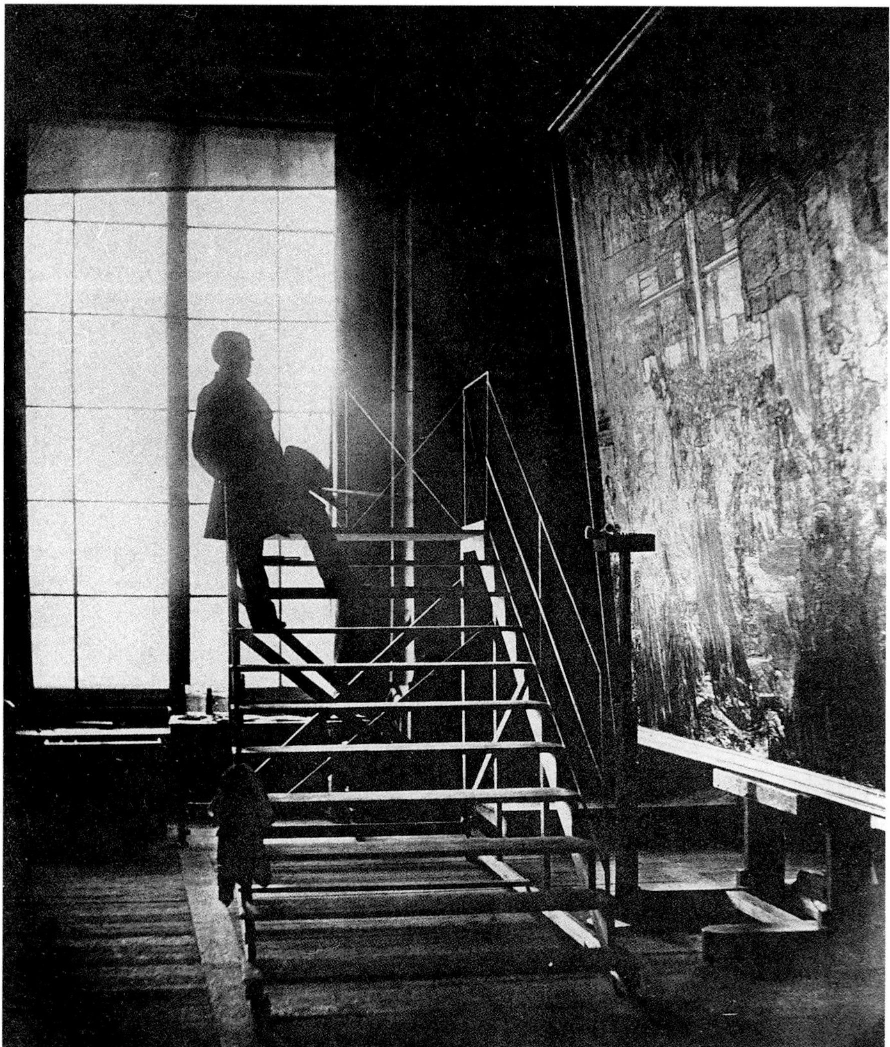

99 Menzel während der Arbeit am Krönungsbild, 1865, Foto

ser Salon und 1873 auf der Weltausstellung in Wien zu sehen. Von weitgehender Akzeptierung des Gemäldes kündet ebenfalls die Einfügung einer großformatigen Photographie von dem Werk in die Prachtausgabe über die Krönungsfeier.[192] Insgesamt gesehen, fand es jedoch nur eine mäßige Resonanz, nicht zuletzt wegen Menzels Verzicht auf Homogenität und Beschönigung der aufgeputzten Oberschicht.

Nur noch einmal hat Menzel von Wilhelm I. einen Gemäldeauftrag erhalten. Auf Anregung des Kronprinzen Friedrich Wilhelm wurde dem Künstler vom König und gleichzeitigem deutschen Kaiser angetragen, die Parade vom 24. September 1873 am Stadtschloß in Potsdam zu malen. Das Gemälde sollte ein Erinnerungsgeschenk des Kaisers für den italienischen König Viktor Emanuel werden. Menzel hat eine Reihe von Bleistiftzeichnungen angefertigt, die die Gesamtsituation sowie Details wiedergeben. Der vom Auftraggeber akzeptierte Entwurf zu dem ins Auge gefaßten Gemälde hat sich erhalten und befindet sich heute in der Sammlung Georg Schäfer [Schweinfurt]. Auf dem Untersatzkarton dieser Zeichnung hat Wilhelm I. vermerkt: »Genehmigt / W / 26.10.73«. Am Rande steht

Menzels Notiz: »Hier ist gleichfalls das / Totalmaß für die Reiter – / figuren der Majestäten von / Helmscheitel bis Pferdehuf / zu 9 Zoll angenommen. / Bis 4 Fuß Länge des Bildes. / – 5 – 3 1/2 – / M«.[193] Menzels Entwurf des Bildes einer verhältnismäßig belanglosen Episode der Gründerzeitgeschichte wirkt konventionell: Auftraggeber und Adressat sind in repräsentativer Weise wiedergegeben worden. Entsprechend dem genehmigten Entwurf betrieb der Künstler noch im Herbst etliche Studien zu dem geplanten Gemälde. So zeichnete er am 16. November 1873 im Neuen Palais zu Potsdam den Prinzen Heinrich von Preußen, den Bruder des späteren Kaisers Wilhelm II.[194] In seinen Memoiren schrieb Wilhelm II. über Menzel: »In meiner Jugendzeit habe ich ihm einmal mit meinem Bruder Heinrich für ein Bild der Potsdamer Parade von 1873 anläßlich der Anwesenheit des Königs von Italien Modell stehen müssen. Leider ist das Bild nicht ausgeführt worden, obwohl mein Großvater den von Menzel eingereichten Entwurf ausdrücklich genehmigt hat.«[195] In Menzels Notizen für die Hinterbliebenen ist im Zusammenhang mit einem Verweis auf Vorstudien zu dem »von Se. Majestät aufgetragenen Bild ›Die Parade von Viktor Emanuel zu Potsdam 1873‹« die Bemerkung zu lesen: »die Sache zerschlug sich wegen ›zu hohen Preises‹«.[196] Aus Berichten ist zwar bekannt, daß Menzel sparsam, stolz und sich seiner künstlerischen Größe bewußt war und daß er selbst gegenüber dem Hof nicht geneigt war, seine Arbeiten unter Wert zu verkaufen, aber in diesem Fall wird er in der Tat einen überhöhten Preis für die Ausführung des geplanten Bildes veranschlagt haben. Es liegt die Vermutung nahe, daß er sich auf diese Weise des Auftrages entledigen wollte, denn ohne Zweifel kam dieser äußerst ungelegen, steckte er doch ganz in der Arbeit am »Eisenwalzwerk«. Und Menzel wußte natürlich, daß ihm der Hof die zügige Erledigung des Auftrages nahelegen würde, was die Unterbrechung seiner schon weitgetriebenen Arbeiten an seinem Hauptwerk bedeutet hätte. Zudem erschien dem liberal gesinnten Künstler dieses Repräsentationsbild gewiß nicht als eine verlockende Aufgabe. Als er 1871 für den Berliner Bankier Magnus Herrmann die »Abreise Wilhelms I. zur Armee am 31. Juli 1870« malte, konnte er ein breites Spektrum sozialer Schichten und Gruppen ins Bild bringen. Aber bei dem Auftrag über die Schaffung des Paradebildes muß wohl die Anweisung erfolgt sein, sich ganz auf die Wiedergabe der Staatsaktion zu konzentrieren, so daß er nicht wie beispielsweise Franz Krüger bei seiner »Preußischen Parade« [1839, Potsdam-Sanssouci] zahlreiche Vertreter verschiedener bürgerlicher Schichten im Vordergrund hätte zeigen können. Zweifelsohne gehörte damals eine tüchtige Portion Courage dazu, sich einem Auftrag von höchster Stelle zu entziehen. Freilich war jetzt seine Position eine andere als im Vormärz, denn er hatte sich inzwischen als Maler durchgesetzt und verfügte über ein beachtliches Vermögen.

Der Kronprinz Friedrich Wilhelm, der 99 Tage als Friedrich III. das Deutsche Reich regierte, ist als Auftraggeber für Menzel nicht direkt in Erscheinung getreten. Aber der Künstler brachte ihm Hochachtung und Sympathie entgegen. Dieser Hohenzoller galt über viele Jahre hinweg liberalen und reformwilligen Kräften als Hoffnungsträger. Als Militär hatte er sich in den Kriegen gegen Österreich und Frankreich einen Namen gemacht, obgleich ihm Schlachtfelder zuwider waren und er zunächst gegen den Krieg von 1866 gestimmt hatte. In politischer Hinsicht konnte er wenig einbringen, da ihn insbesondere Bismarck frühzeitig kaltgestellt hatte. 1871 war ihm als ein bescheidenes Aktionsfeld das Protektorat über die Königlichen Museen zugewiesen worden. Dieses Amt übte er mit achtenswerter Toleranz aus. Im Gegensatz zum späteren Kaiser Wilhelm II. lag es ihm fern, in die Ankaufs- und Auftragspolitik der Fachleute auf der Berliner Museumsinsel einzugreifen.

Als 1896 erstmals Menzels Bild »Die Aufbahrung der Märzgefallenen« [1848, Hamburg, Kunsthalle] reproduziert wurde, meinte die Publizistin Helene Vollmar: »Aus der Werkstatt des Künstlers kam dies noch niemals ausgestellte Gemälde, dessen maleri-

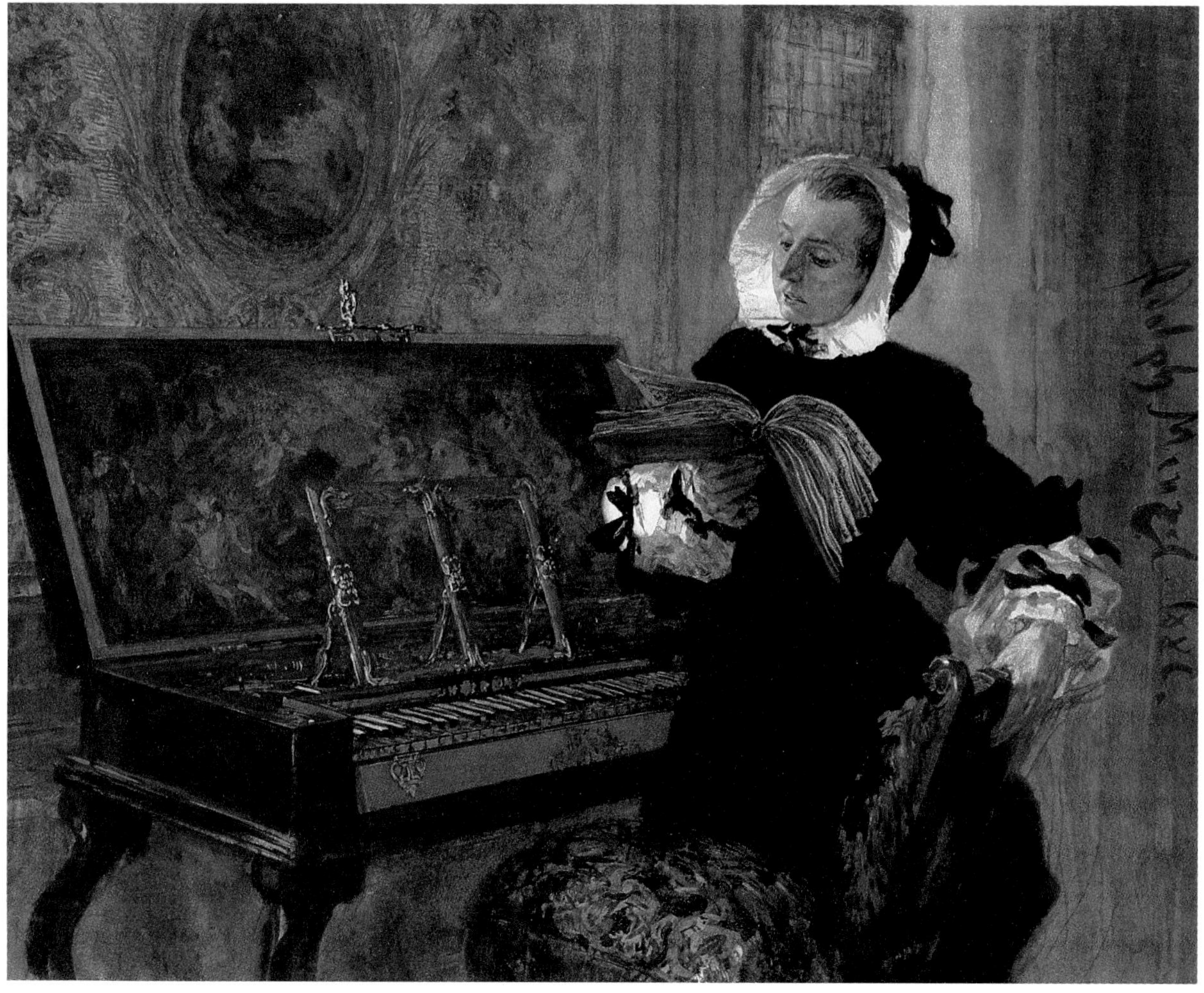

100 Dame in altholländischer Tracht am Spinett, 1881, Wasser- und Deckfarben

scher Wert Kaiser Friedrich III. als Kronprinz fast bei jedem Besuch des Meisters mit warmem Lob würdigte ...«[197] Und zwei Jahre darauf schrieb Ottomar Beta nach einem Gespräch mit Menzel: »Der spätere Kaiser Friedrich hatte Menzels Atelier, damals in der Ritterstraße, oft besucht und jedesmal eigenhändig dieses Bild aus einer verhältnismäßig dunklen Ecke hervorgeholt und es dann lange betrachtet. ›Es ist doch ein sehr, sehr gutes Bild!‹ pflegte er dann stets zu sagen.«[198]

Der Kronprinz hat mehrere Begegnungen mit Menzel überliefert. Seinen Tagebuchaufzeichnungen zufolge war er am 19. Februar 1862 bei Menzel gewesen und hatte ihm am 7. Januar 1863 im Garde-du-Corps-Saal des Schlosses bei der Arbeit am Krönungsbild zugeschaut. Am 27. April 1863 ließ er sich dort von ihm für dieses repräsentative Ereignisbild porträtieren.[199] Jahre später stand der Kronprinz ganz geduldig mehr als zwei Stunden dem Künstler für dessen Zeichnung »Salon der Frau von Schleinitz am 29. Juni 1874« Modell.[200] Als 1885 zu Ehren von Menzels 70. Geburtstag eine öffentliche Feier stattfand, ließ er es sich nicht nehmen, dorthin zu gehen und dem Künstler persönlich zu gratulieren.[201] Andrerseits widmete Menzel seine Illu-

157 strationen zu Kleists »Zerbrochenem Krug« [1877] dem Kronprinzen. Am 19. November 1877 schrieb er an eine Person, die dem auf diese Weise Gewürdigten ein Exemplar übergeben sollte: »Möge der Inhalt, soweit er von mir stammt, sozusagen meine Musik ist, in seinem Anschluß an Kleists quasi Libretto [durch dück und dünn] vor höchstem Blick zu wohlgelegener und -gelaunter Stunde erscheinen und dementsprechende Aufnahme finden.«[202] Friedrich Wilhelm war von den Arbeiten so angetan, daß er dem Künstler vorgeschlagen haben soll, auch noch zu Kleists Novelle »Michael Kohlhaas« Bilder zu schaffen. Jedoch soll Menzel nicht über einen kleinen Entwurf hinausgekommen sein.[203] Aber 1882 aquarellierte er sieben Entwürfe für die Bemalung eines Tafelservices, das dem Kronprinzen anläßlich seiner silbernen Hochzeit im darauffolgenden Jahr übergeben werden sollte.[204] Diese lebensfrohen Bilder sind von einer wunderbaren Leichtigkeit [Farbtafel 9]. Auf ihnen formierte Menzel mit feinem Sinn für ornamentale Wirkungen exotische Träger, Putti, Tiere, Blumen, Obst und Gemüse zu einem heiteren Zierwerk, das an ein Neurokoko denken läßt. Und schließlich sei in diesem Zusamenhang noch erwähnt, daß Menzel für jene Mappe mit Zeichnungen und Aquarellen, die die Berliner Künstler 1883 dem Kronprinzen und seiner Frau zu besagtem Jubiläum überreichten, ein Blatt beigesteuert hatte, und zwar die »Dame in altholländischer Tracht am Spinett« [Abb. 100].

Menzels Reisen

1859 schrieb Menzel an Adolf Schöll: »Mein bißchen spätes Reisen; ist's auch stets noch nur mehr ein Hier- und Dorthineinriechen, mehr Schwalbenflug als Kunstwanderung gewesen; unbeschadet der gepriesenen Innigkeit und Wonne der Jugendeindrücke, so glaube ich nach mir, der, an dem das alles erst später kommt, was freilich die meisten schon als dumme Jungen erleben, der genießt aber auch intensiver. Und am Notizbuch bleibt auch noch ein und anderes hangen.«[1]

Ein ganz erheblicher Teil des Menzelschen Œuvres entstand während und infolge von Reisen. Der Künstler unternahm verhältnismäßig oft Exkursionen, zumindest seit Beginn der fünfziger Jahre, als es seine finanzielle Situation gestattete. Ein halbes Jahrhundert lang verreiste er nahezu regelmäßig im Sommer zwischen Juli und September ein bis drei Monate, und zwar in der Regel mit den Seinigen, am häufigsten mit der Schwester.

Menzel fuhr in sämtliche Gegenden Deutschlands, wobei er sich allerdings in Norddeutschland nur wenig umtat. Sehr oft hielt er sich in Österreich und des öfteren auch in Böhmen auf. Einmal, im September 1861, sah er sich in Belgien um [vor allem in Antwerpen und Brüssel] und einmal auch in Holland, und zwar im Oktober 1876 [vor allem in Amsterdam, Utrecht, Rotterdam und Den Haag]. Mehrere Male suchte er Frankreich [1855, 1867 und 1868], die Schweiz [1876, 1878, 1881 und 1885] und Oberitalien [1881, 1882 und 1883] auf. Einige Städte hatten es ihm besonders angetan, nämlich München, Regensburg und Kissingen; Wien, Hofgastein, Innsbruck und Salzburg; Prag; Paris und Verona. Am häufigsten und liebsten hielt er sich im deutschsprachigen Gebiet auf, was zum Teil mit seiner äußerst mangelhaften Beherrschung lebender Fremdsprachen zusammenhing. In den oft aufgesuchten Orten pflegte er nach Möglichkeit immer im selben Hotel zu logieren, so in Regensburg im »Goldenen Kreuz« und in München im »Hotel Leinfelder«, in Salzburg in dem gegenüber Mozarts Geburtshaus gelegenen »Hotel zur Krone« und in den letzten Jahren in dem neben dem Dom befindlichen »Goldenen Schiff«. In Garmisch wohnte er im »Husaren«, in Wien im Hotel »Kaiserin Elisabeth« und in Prag im »Blauen Stern«.

Verwandtenbesuche spielten in seinem Leben eine geringe Rolle. Bekannt ist, daß er sich 1844 nach Schlesien begab, nach Breslau, Striegau und Jauer, um seine dortigen Verwandten aufzusuchen. Häufig zog es ihn hingegen zu seinem Freund Dr. Wilhelm Puhlmann, der im nahegelegenen Potsdam wohnte. 1841 sowie 1847/48 hielt er sich bei der befreundeten Familie Arnold in Kassel auf. Die erste Reise dorthin hatte er mit dem Freund Dr. Adolf Schöll unternommen.

Ganz beachtlich ist die Zahl seiner Studienreisen gewesen, die er in Verbindung mit laufenden oder geplanten künstlerischen Arbeiten unternommen hat. So fuhr er 1839 und 1840 nach Leipzig und Dresden, weil es die Illustrationen zu Kuglers »Geschichte Friedrichs des Großen« erforderten, und er hielt sich 1847/48 mehrere Monate in Kassel auf, um den Karton für den Kurhessischen Kunstverein anzufertigen. 1855 weilte er in der westpreußischen Stadt Marienburg, um die beiden Hochmeister Siegfried von Feuchtwangen und Ludger von Braunschweig in

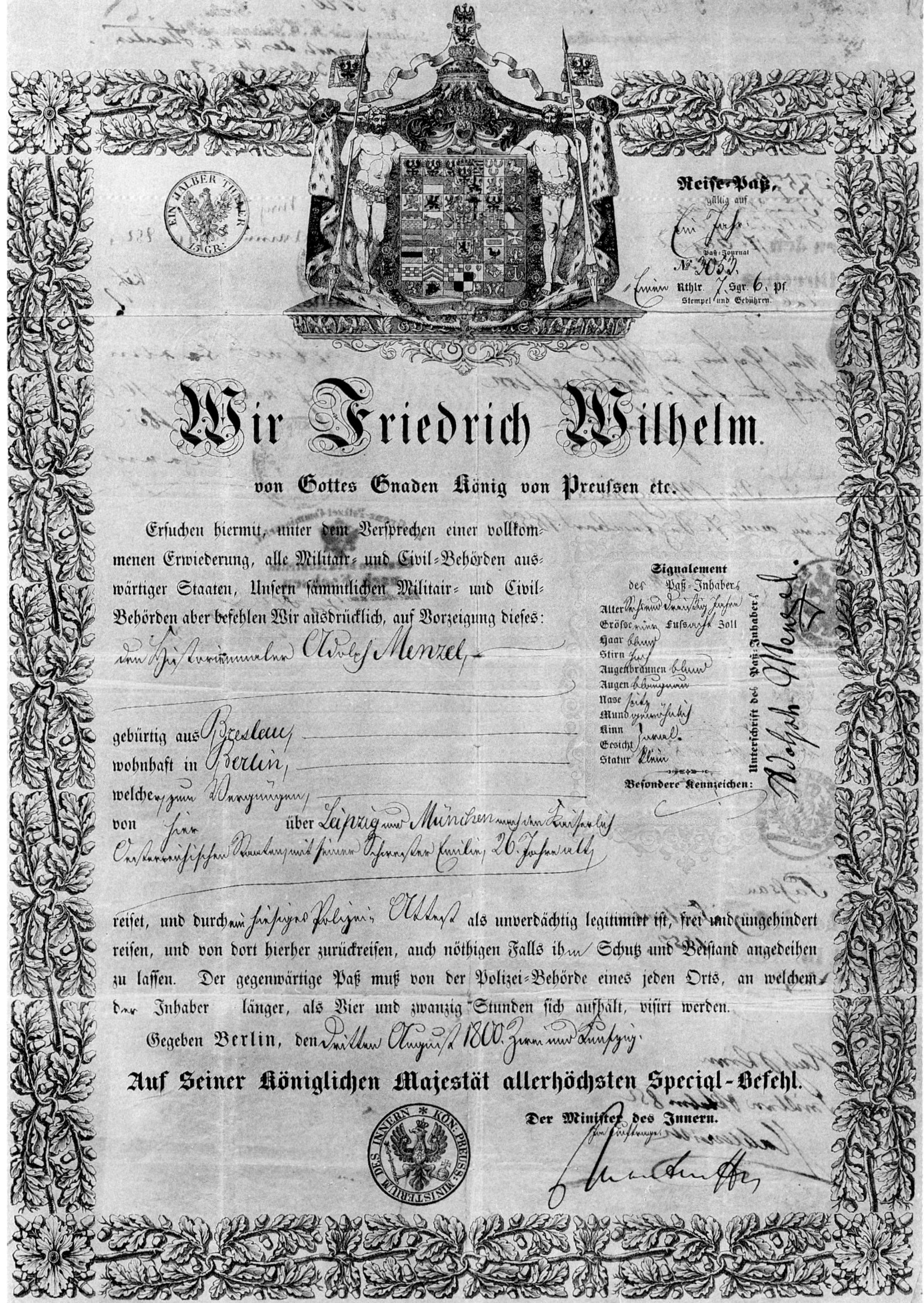

EIN HALBER THALER 15 GR.

Reise-Paß, gültig auf

Paß-Journal № 3052.

Rthlr. 7 Sgr. 6 pf.
Stempel und Gebühren.

Wir Friedrich Wilhelm

von Gottes Gnaden König von Preussen etc.

Ersuchen hiermit, unter dem Versprechen einer vollkommenen Erwiederung, alle Militair- und Civil-Behörden auswärtiger Staaten, Unsern sämmtlichen Militair- und Civil-Behörden aber befehlen Wir ausdrücklich, auf Vorzeigung dieses:

Adolf Menzel,

gebürtig aus Breslau,
wohnhaft in Berlin,
welcher
von über Leipzig und München

26 Jahre alt

reiset, und durch als unverdächtig legitimirt ist, frei und ungehindert reisen, und von dort hierher zurückreisen, auch nöthigen Falls ihm Schutz und Beistand angedeihen zu lassen. Der gegenwärtige Paß muß von der Polizei-Behörde eines jeden Orts, an welchem der Inhaber länger, als Vier und zwanzig Stunden sich aufhält, visirt werden.

Gegeben Berlin, den 1800

Auf Seiner Königlichen Majestät allerhöchsten Special-Befehl.

Der Minister des Innern.

MINISTERIUM DES INNERN * KÖN: PREUSS:

Signalement
des Paß-Inhabers.
Alter
Grösse Fuss Zoll
Haar
Stirn
Augenbraunen
Augen
Nase
Mund
Kinn
Gesicht
Statur
Besondere Kennzeichen:

Unterschrift des Paß-Inhabers.
Adolph Menzel

101 Reisepaß Menzels, 1852

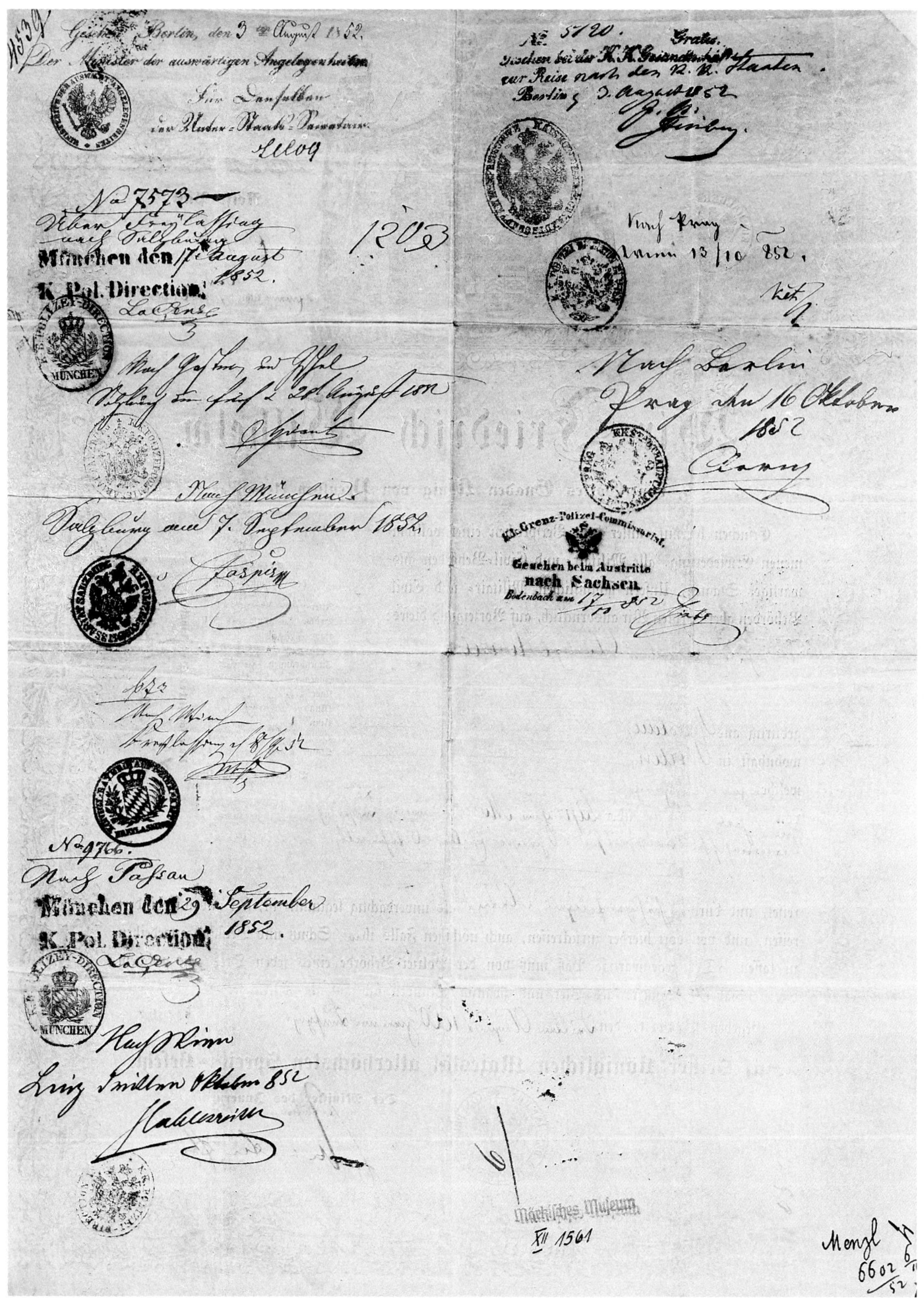
Gesch. Berlin, den 3 August 1852.
Der Minister der auswärtigen Angelegenheiten

№ 5720. Gratis.
Gesehen bei der K. K. Gesandtschaft
zur Reise nach den K. K. Staaten.
Berlin 3. August 1852

№ 7573
München den 17 August 1852.
K. Pol. Direction.

Nach Berlin
Prag den 16 Oktober 1852

K. k. Grenz-Polizei-Commissariat
Gesehen beim Austritte nach Sachsen
Bodenbach am 17/10 852

№ 9766
Nach Passau
München den 29 September 1852.
K. Pol. Direction.

102 Reisepaß Menzels, 1852

Wasserglasmalerei auf eine Remterwand der Ritterordensburg zu bringen. Im darauffolgenden Jahr war er in Neiße, um Studien für sein Gemälde »Begegnung Friedrichs II. mit Kaiser Joseph II. in Neiße im Jahre 1769« [1855/57] zu treiben. 1860 und 1862 hielt er sich in Rheinsberg auf und machte einige friderizianische Studien, und im Oktober 1861 nahm er an den Krönungsfeierlichkeiten in Königsberg teil, um Material für das Krönungsbild zu sammeln. 1872 ging er für längere Zeit in die oberschlesische Königshütte, um dort Grundlagen für das »Eisenwalzwerk« zu erarbeiten, und 1876 machte er Milieustudien für die Illustrationen zu Kleists »Zerbrochenem Krug« in Holland. Aber auch Orte, die er zunächst nur auf Grund von Empfehlungen, Einladungen und aus Neugier ansteuerte, wurden dann aus bildkünstlerischem Interesse wiederholt aufgesucht. Seine mehrfachen Aufenthalte in Hofgastein und Verona bieten hierfür gute Beispiele.

Menzel war auch bei seinen Sommerreisen, bei denen er immer in mehreren Orten Station zu machen pflegte, niemals untätig, sondern zeichnete viel und sammelte unentwegt Eindrücke.

Immer waren es die Menschen und das von ihnen Geschaffene, was ihn während der Sommerreisen und Studienaufenthalte in erster Linie interessierte. Reine Naturlandschaften zeichnete er verhältnismäßig wenige. Auf die Bergwelt der Alpen, die er so oft gesehen hat, ist er nur beiläufig eingegangen, und schon gar nicht hat er sich entschließen können, das Meer als Hauptmotiv wiederzugeben, da es ihm zu langweilig erschienen ist. Ob die Kurzsichtigkeit das Interesse für weite Naturlandschaften etwas beeinträchtigt hat, sei dahingestellt, auf jeden Fall kreisten seine Beobachtungen und Bildnotizen in der Hauptsache um Menschen, um einzelne wie um ganze Gruppen, um ruhende und in unterschiedlichen Bewegungen Befindliche. Einen besonders wachen Sinn besaß er für die Erfassung heterogener Menschenansammlungen. Es ist überliefert, daß Menzel beispielsweise in München, wo er sich im letzten Vierteljahrhundert nahezu fast jedes Jahr eine Zeitlang aufhielt, sich trotz seiner Zwergwüchsigkeit im Menschengedränge durchaus wohl fühlte. So erinnerte sich der Münchner Hermann Roth: »Neben seinen Stammlokalen suchte er gern Stätten auf, an denen sich viel Volk bewegte. Wenn er ins ›Hofbräuhaus‹ ging, nahm er nicht etwa in den reservierten Räumen Platz, sondern in der ›Schwemme‹ mitten in dem Gewühl. Auch das Oktoberfest lockte ihn an. In solchen Massenversammlungen tauchte er als stiller, aber scharfer Beobachter gern unter.«[2]

Neben solcherart Studien spielte auch die Auseinandersetzung mit der gebauten Umwelt eine Rolle, insbesondere mit einem gewachsenen Stadtorganismus, in dem Bauleistungen verschiedener Jahrhunderte Geschichte aufleben ließen. Eine besondere Vorliebe besaß er für die Architektur des Barocks und Rokokos, übrigens auch nach 1861, als ihn die friderizianische Zeit immer weniger als bildkünstlerische Aufgabe interessierte. Aber bei vielen Architekturstudien hatte er ein Auge dafür, wie historische Gebäude von seinen Zeitgenossen genutzt wurden. Natürlich ging Menzel oft in Museen, wobei ihn volkskundliche und stadtgeschichtliche Sammlungen ebenso anzogen wie die Bildergalerien.

Menzel hegte ungeheures Interesse für die modernen Verkehrsmittel, und viele Bilder seiner Hand zeigen Menschen auf Dampfschiffen und in Eisenbahnen. Besonders häufig ging er auf das Verhalten von Bahnreisenden ein. Oft schilderte er Müde und Schlafende. So gab er beispielsweise einen Herrn im Coupé wieder [Farbtafel 10], wie er gähnend den Mund aufreißt. Gern fing Menzel in derartigen Bildern Kontraste ein. Auf dem Blatt »Im Eisenbahncoupé« [Abb. 103], auf dem ein schon etwas älteres Ehepaar zu sehen ist, schläft der Mann mit tief ins Gesicht gezogenem Hut, während die Frau sinnend aus dem Fenster schaut. Recht unterschiedliche Charaktere offenbaren sich auf dem Bild »Vier Passagiere eines süddeutschen Stellwagens« [Abb. 104]. Einer der Reisenden dreht sich hier gerade offenen Munds und erstaunten Blicks dem Betrachter zu. Diese schnappschuß-

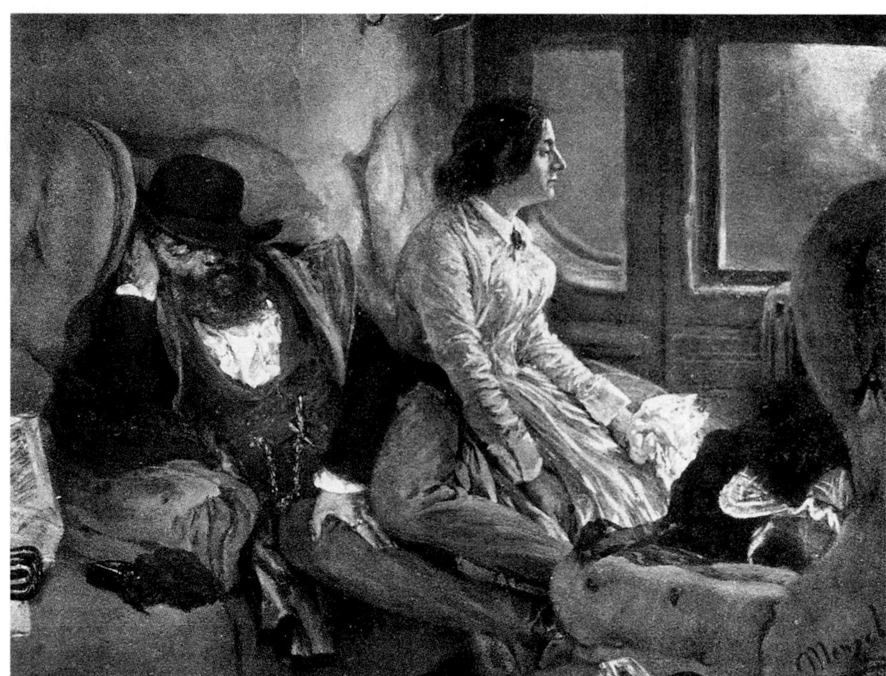

103 Im Eisenbahncoupé, 1851, Aquarell- und Deckfarben

104 Vier Reisende eines süddeutschen Stellwagens, 1852, farbige Kreiden und Deckfarben

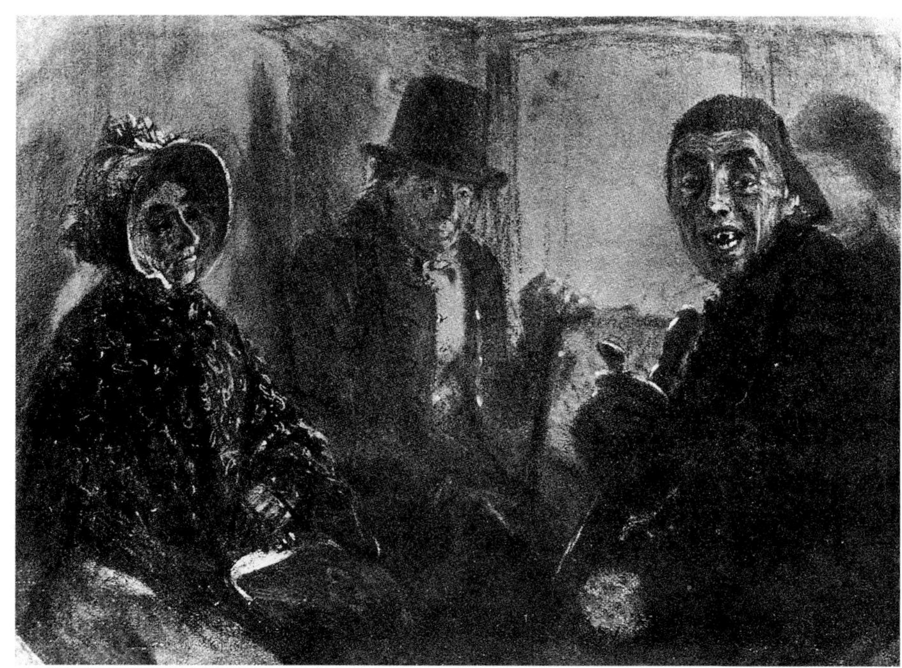

 artige Sicht ist auch bei anderen Eisenbahncoupébildern zu finden. Auf dem Blatt »Frühmorgens im Nachtschnellzug« [1877, Deckfarben] reckt sich ein Herr nach durchschlafener Nacht, während eine auf der Sitzbank lagernde Frau verstört zur geöffneten Tür blickt, die ein junger Kellner aufgerissen hat, um Kaffee anzubieten. Noch turbulenter geht es auf dem Deckfarbenbild »Auf der Fahrt durch schöne Natur« zu [Hamburg, Privatbesitz]. Mit Sarkasmus hat hier Menzel das Verhalten von Bahnreisenden im Abteil Erster Klasse ins Visier genommen. Einige schlafen, andere hingegen verbreiten Hektik. Wohl auf Anraten des Schaffners wie des Baedekers haschen Bildungshungrige aufgeregt nach an der Strecke gelegenen Sehenswürdigkeiten. Der flüchtige Blick auf Natur und geschichtsträchtige Bauwerke wird vom Künstler belächelt, und Vereinzelung und Beziehungslosigkeit in der zufällig zustande gekommenen Reisegesellschaft werden von ihm konstatiert. Jeder der nach langer Nachtfahrt Aufgewachten blickt hastig woanders hin oder ist mit sich selbst beschäftigt.

Aber auch Begegnungsstätten im städtischen Lebensraum haben es Menzel angetan. Auf zahlreichen Bildern zeigte er Menschen auf Straßen und Marktplätzen, in Restaurants, Cafés und Biergärten, in Parks, Konzerten und Theateraufführungen. Sehr oft gab er Menschen in Kirchen wieder. Überhaupt interessierte er sich sehr für Ausübungsformen unterschiedlicher Religionen. Er schilderte Protestanten in der Kirche, Katholiken vor und im Gotteshaus sowie bei Prozessionen, Juden in der Synagoge u. ä. m. Konfessionell gebundenes Verhalten erfaßte er ebenso prägnant wie die Mentalitäten von Erholungsuchenden und geschäftigem Alltagstreiben Nachgehenden.

In den letzten Lebensjahrzehnten begleitete Menzel seine Schwester alljährlich nach Kissingen, wo er in der Regel fünf bis sechs Wochen blieb. Allerdings absolvierte er dort keine Badekuren, sondern interessierte sich vielmehr für das Verhalten der Kurgäste und die reizvolle Lage des Badeorts im Tale der fränkischen Saale.[3] Als er für das Gästebuch

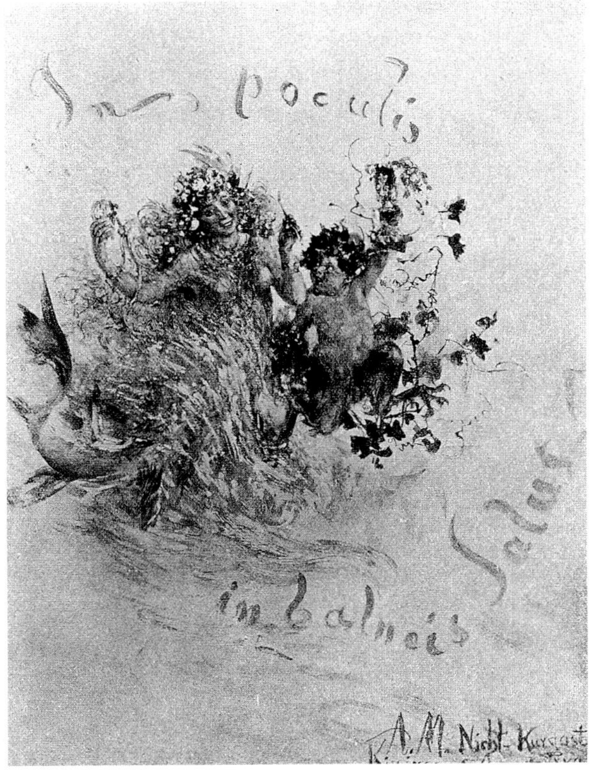

105 Stammbuchblatt aus dem Kissinger Goldenen Buch, 5. August 1889, Aquarell

der Stadt das kleine Aquarell »In poculis in balneis Salus« malte, konnte er es sich nicht verkneifen, in die rechte untere Ecke zu schreiben: »A. M. Nicht-Kurgast. Kissingen 5. August 1889« [Abb. 105]. Paul Meyerheim überlieferte: »Er ist so oft dorthin gegangen, daß ihm eines Tages die Badedirektion eine Art Jubiläumsfeier veranstaltete, wobei vom Festredner besonders hervorgehoben wurde, die Heilkraft des Wassers trage dazu bei, daß der greise Stammgast stets so frisch und munter sei, worauf er zum allgemeinen Erstaunen erwiderte: ›O bitte, ich habe niemals ein Glas getrunken, und ein Bad habe ich nur einmal der Kuriosität halber genommen!‹«[4] 1895 wurde Menzel sogar zum Ehrenbürger Kissingens ernannt. Dem gleichaltrigen Bismarck war freilich diese Ehre bereits zehn Jahre früher zuteil geworden. Seine Beobachtungen zum

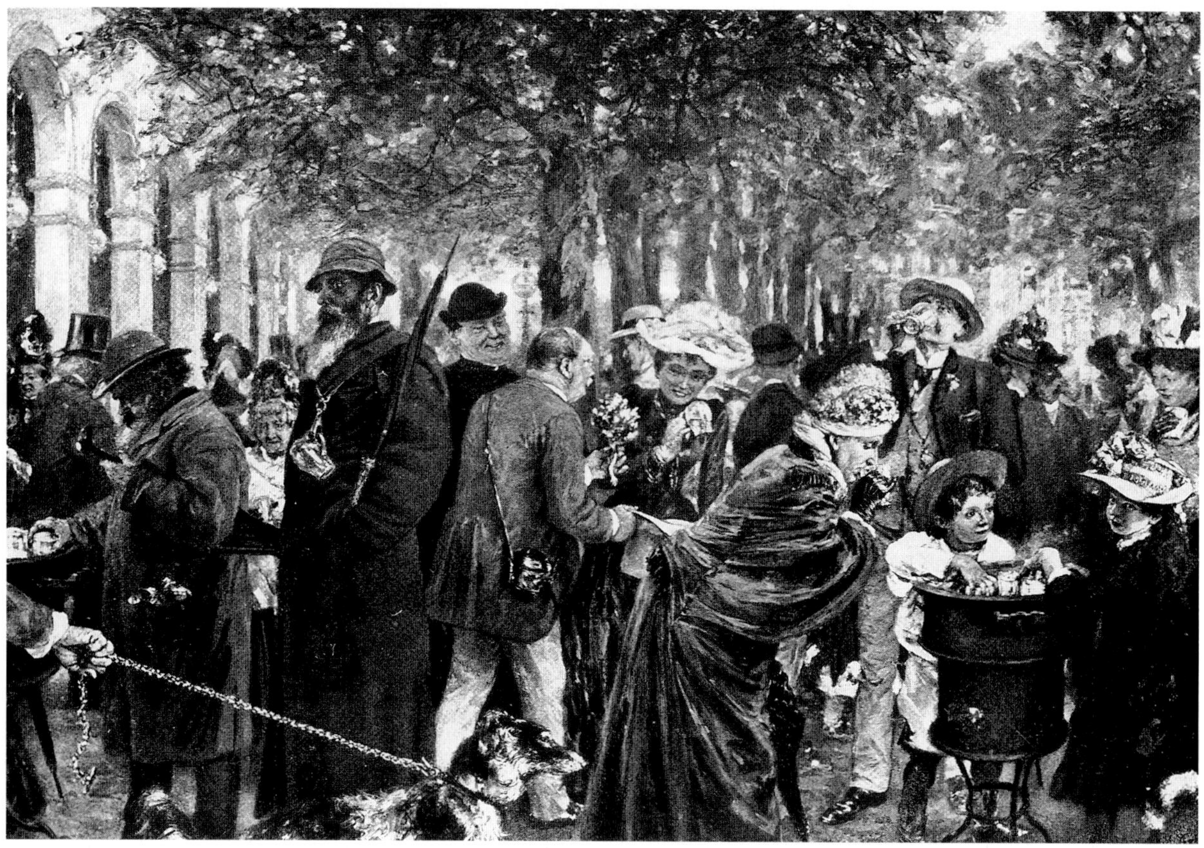

106 Die große Brunnenallee zu Kissingen, 1889/90, Deckfarben

lebhaften Treiben in diesem Kurort preßte Menzel in mehreren Deckfarbenbildern zusammen. Zu ihnen zählen die »Kurpromenade in Kissingen« [1889], »Die große Brunnenallee zu Kissingen« [Abb. 106], »Im Biergarten« [nach Erinnerungen aus Kissingen, 1891] und »Das Frühstücksbuffet der Feinbäckerei im Kurgarten zu Kissingen« [1893].

Weniger mondän ging es hingegen im österreichischen Kurort Hofgastein zu, wo Menzel mehrere Male als Gast des Berliner Bankiers und Kunstsammlers Magnus Herrmann lebte, und zwar wohnte der Künstler mit den Seinen im Gärtnerhaus der Villa Carolina, in dem Herrmann dem Schwiegersohn Albert Hertel ein Atelier eingerichtet hatte. Von dort aus hat Menzel auch den Blick auf die Kirche und ins Gasteiner Tal auf einem Deckfarbenblatt festgehalten, übrigens in verhältnismäßig kurzer Zeit, wie Albert Hertel überliefert hat [vgl. Abb. 89]. Dieser erinnerte sich: »Eine ›reine‹ Landschaft ist der Blick vom Balkon meines Ateliers in der Villa Carolina, den er in einem Tage, allerdings von früh morgens bis spät abends, gemalt hat. Die damals noch urwüchsige Tiroler Bevölkerung, der patriarchalische Komfort des Ortes, das Leben in den winkligen Gassen zogen ihn mehr an als die Größe der Berge, die er mehr platonisch bewunderte.«[5] So geben in der Tat die wichtigsten Bilder, die aus dort getriebenen Studien resultieren, Menschen während der Arbeit und bei einem kirchlichen Fest wieder. Den Großstädter Menzel interessierten die andersartige Lebensweise und Mentalität der Dorfbewohner. Mit dem Bild »Schleiferei in der Schmiede zu Hofgastein« [Abb. 108] schuf er gewissermaßen ein kleines Pendant zum

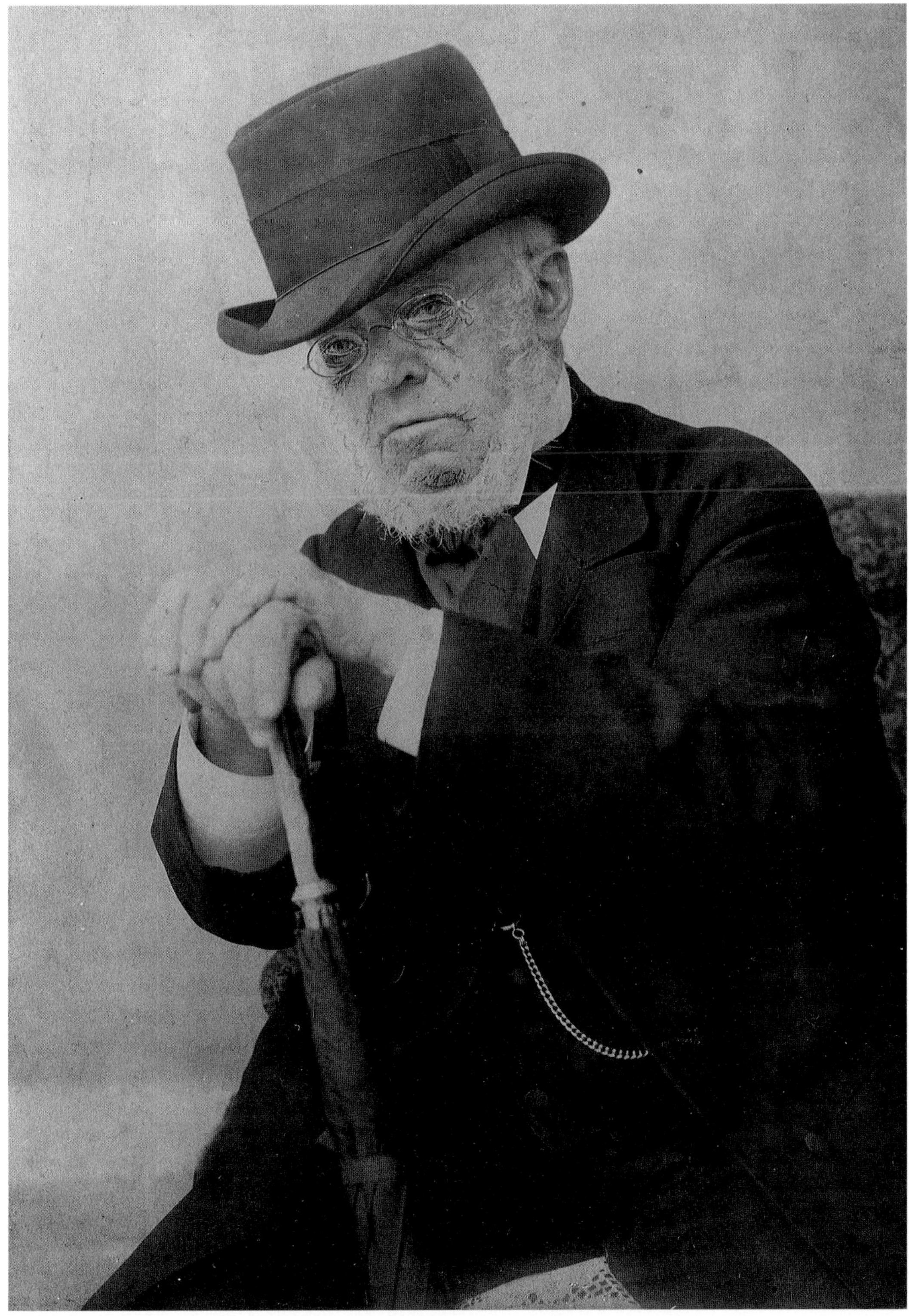

107 Der alte Menzel in Kissingen, Foto

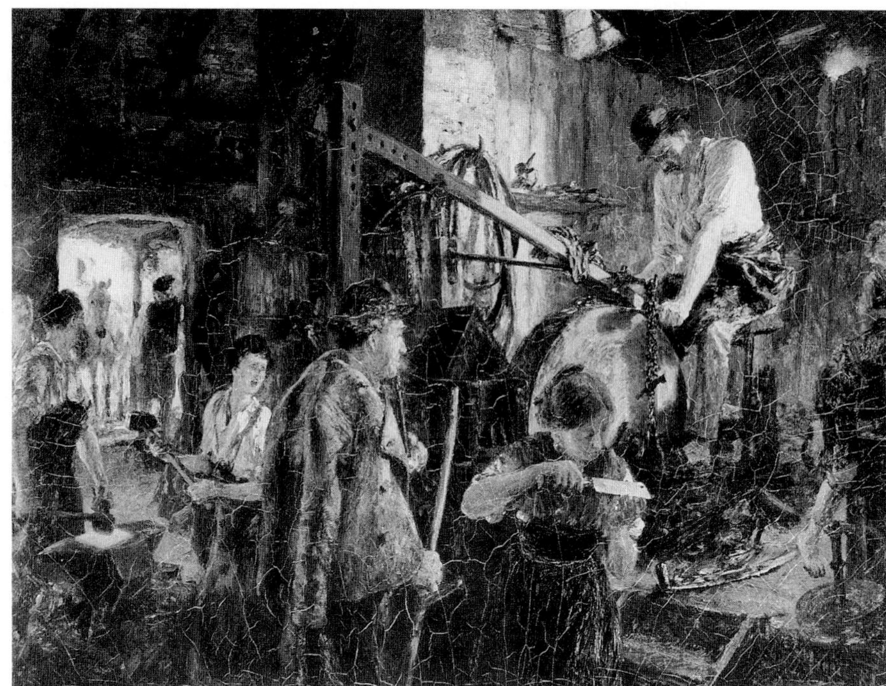

108 Schleiferei in der Schmiede von Hofgastein, 1881, Öl auf Leinwand

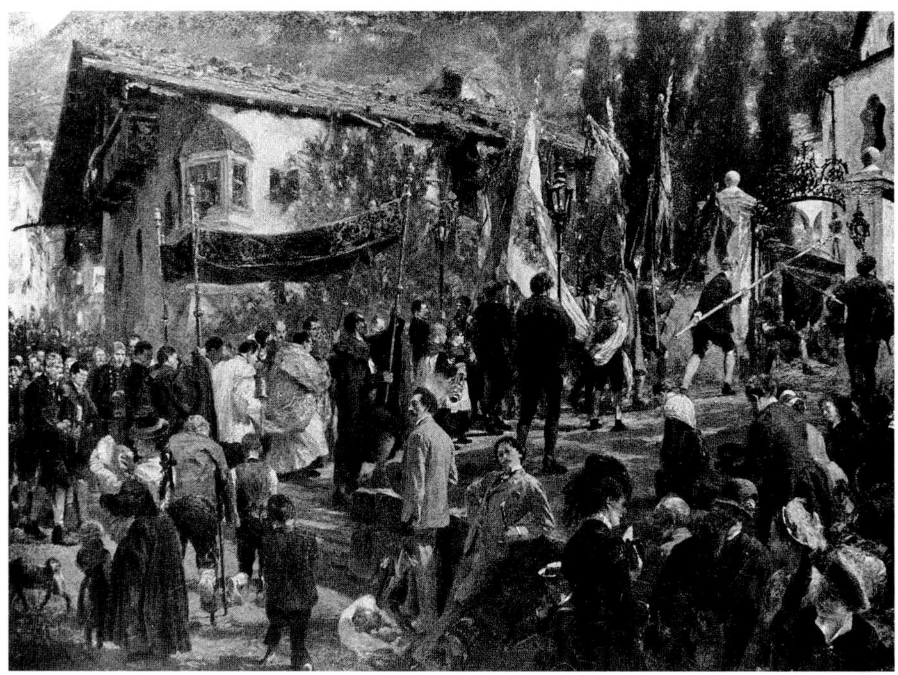

109 Prozession in Hofgastein, 1880, Öl auf Leinwand

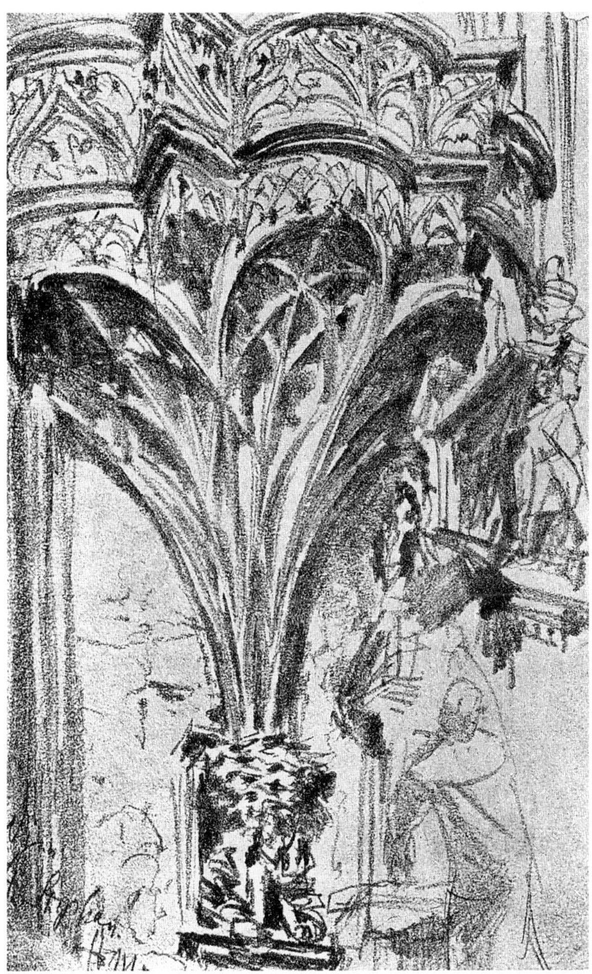

110 Orgelfuß in St. Stephan zu Wien, Bleistift

»Eisenwalzwerk«, den Handwerksbetrieb der Fabrikarbeit gegenüberstellend, ein viel langsameres Tempo und andersartigen Lebensrhythmus erfassend. Bei der »Prozession in Hofgastein« [Abb. 109] beobachtete er das Nebeneinander von gläubigen Einheimischen und am katholischen Kult desinteressierten Fremden. Die Berliner Kunsthistorikerin Irmgard Wirth hat nachgewiesen, daß es bei diesem Gemälde dem Künstler keineswegs um die präzise Ortsschilderung gegangen ist: »Das Bauernhaus ist frei nach Motiven von Bauernhäusern in Hofgastein gemalt, genau dasselbe hat nie bestanden, die Kirche gar ist, mit kleinen Modifizierungen, jene von Böckstein am Ende des Gasteiner Tales, die Menzel offenbar als die geeignetste für seine Darstellung ansah.«[6] Als der Künstler das Bild 1880 in der Akademie-Ausstellung zeigte, trug es im übrigen den zutreffenderen Titel »Zurückkehrende Prozession [Gasteiner Gegend]«.

Wien hatte Menzel gleich bei seiner ersten Österreichreise im Jahre 1852 aufgesucht. Natürlich weckten damals jene Bauten und Parks sein Interesse, die mit Maria Theresia und Joseph II. in Verbindung gebracht werden konnten. Bei diesem ersten Aufenthalt sah er sich selbstverständlich auch genauestens den Stephansdom, das geschichtsträchtige Wahrzeichen der Stadt, an. In diesem ehrwürdigen Bau griff er zum Zeichenstift und hielt den Orgelfuß mit der Bildnisbüste Anton Pilgrams als Trägerkonsole fest [Abb. 110]. Das Lebensgefühl des Architekten und Bildhauers Pilgram, der in seiner Selbstdarstellung eine mächtige Last trägt, dem Werk dienend, hat Menzel offensichtlich sehr berührt. Doch daneben hat ihn gleichfalls die reiche Ornamentik der Dürerzeit beeindruckt, zu der er in seinen frühen gebrauchsgraphischen Arbeiten eine Verbindung hergestellt hatte.

Am 10. August 1871 schrieb Menzel dem Schwager Krigar aus Wien: »Heute Nachmittag im vielberufenen Esterhazy-Keller. Wein und Würschte sehr gut, Gesellschaft circa so gemischt wie [im] Peterkeller, aber viel kleiner, der Keller nur eng.«[7] Die dort gemachten Studien schlugen sich in dem noch im selben Jahr entstandenen kleinen Gemälde »Der Esterhazy-Keller in Wien« [1871, Wien] nieder, das kenntlich macht, daß er die Atmosphäre in dem dunklen Weinkeller als wohltuend empfunden, Gespräche anteilnehmend verfolgt und Gruppenbildungen eingehend beobachtet hat.

Wenngleich Menzel kein Tafelbild von größeren Abmessungen zum Leben in der ehrwürdigen Kaiserstadt geschaffen hat, so hat er es doch in einer Reihe von Aquarellen und Deckfarbenbildern reflektiert. So gab er den Innenraum der Peterskirche mit dem Blick auf den Hochaltar sowie das Indianer-

Café auf der Weltausstellung von 1873 wieder.[8]

Von seinen Auslandsreisen waren die nach Paris unternommenen in künstlerischer Hinsicht die ertragreichsten gewesen. Im September 1855 hielt er sich das erste Mal in der »Hauptstadt Europas« [W. Benjamin] auf. Zweifellos war damals Paris das wichtigste Kulturzentrum, in dem sich neue Kunsttendenzen sehr früh herausbildeten, große Begabungen von einer kompetenten Kunstkritik begleitet wurden und ein engmaschiges Netz des Kunsthandels bestand. Obgleich ihm Freunde schon seit langem einen Studienaufenthalt in der Seinemetropole angeraten hatten, verschob er ihn immer wieder. Noch am 4. April 1855 hatte er dem schon seit geraumer Zeit in Paris arbeitenden Fritz Werner geschrieben: »Ich werde dies Jahr noch nicht nach Paris kommen.«[9] Offensichtlich glaubte er, wegen seiner angespannten Arbeit an den Frideriziana [insbesondere am Hochkirchbild und am Gemälde »Die Huldigung der schlesischen Stände«] sowie wegen der Ausführung der Wandmalerei im Remter der Marienburg es sich nicht leisten zu können. Doch dann hat ihm wohl Eduard Magnus so zugesetzt, daß er mit ihm dorthin reiste.[10] Allerdings war es nur ein Kurzbesuch gewesen, der lediglich 14 Tage gewährt hatte. Neben der Weltausstellung mit der Exposition internationaler Kunst, in der auch Menzels »Tafelrunde Friedrichs II. in Sanssouci« hing, fand damals auch Courbets »Pavillon du Réalisme« sein Interesse. Am 29. September berichtete Menzel dem Freund Dr. Puhlmann: »Vorgestern Abend sind wir satt und matt, aber Gott sei es Dank, doch wohl von Babylon zurückgekehrt.!«[11] Ursprünglich hatte auch Theodor Fontane die Absicht, Adolph Menzel nach Paris zu begleiten. Am 31. Oktober 1855 schrieb dieser nämlich aus London an die Rütli-Gemeinschaft einen Brief, in dem er sich mit einer Passage an Menzel wandte, in der es hieß: »Daß ich, wie's [Ihre Erlaubnis dazu vorausgesetzt] eigentlich meine Absicht war, nicht dazu gekommen bin, mit Ihnen in Paris Bilder zu verschlingen, werd ich ewig bedauern.«[12]

1867 reiste Menzel wieder nach Paris, um sich nun die zweite in dieser Stadt veranstaltete Weltausstellung mit ihrem internationalen Kunstangebot anzusehen.[13] Der Künstler war in dieser Exposition dieses Mal mit dem Hochkirch-Bild vertreten. Friedrich Pecht schrieb damals über Menzels Beitrag: »Mit seiner Charakteristik und der vortrefflichen Stimmung kann sich das Bild füglich mit allen französischen der Art sehr wohl messen, was wir dagegen bei den neuern Stücken dieser Art höchstens von Camphausens Erstürmung der Düppeler Schanzen behaupten möchten.«[14]

In der Seinemetropole war er von mehreren Vertrauten umgeben: von der Schwägerin Elise, von Ludwig Pietsch und den Malern Ludwig Knaus und Paul Meyerheim. Die meiste Zeit seines vierwöchigen Aufenthalts wohnte er in der Rue de la Rochefoucauld Nr. 44. Diese Unterbringung hatte ihm Paul Meyerheim besorgt, der sich schon seit einem Jahr in Paris aufhielt und seit längerem in dieser Straße wohnte und arbeitete. Er begleitete Menzel auf vielen Streifzügen durch die Stadt. Gemeinsam sahen sie sich auch Courbets Pavillon an der Place de l'Alma an, in dem 137 Arbeiten ausgestellt waren. Über diesen Ausstellungsbesuch und die von Menzel geäußerten Ansichten berichtete später Meyerheim: »Von einigen Waldinterieurs mit großen, moosigen Steinen war er besonders begeistert. Diese Bilder waren ganz und gar mit dem Spachtel gemalt, und Menzel meinte im Verlaufe des Umganges: dem Courbet sollte man alle Pinsel wegnehmen, denn so lange er mit dem Palettenmesser male, sei er ausgezeichnet.«[15] Courbet sah Menzel übrigens nicht nur bei dieser Ausstellungsvisite, sondern er traf ihn auch in Gesellschaft mit Meyerheim und Knaus im Café Lamartine.

Während dieses Parisaufenthaltes sah sich Menzel jedoch auch Arbeiten von Künstlern der Schule von Fontainebleau an. Nach Meyerheims Überlieferung schätzte er vor allem die Gemälde von Jules Breton, Charles-François Daubigny und Theodore Rousseau.[16] Zu zwei französischen Künstlern hatte Menzel damals engen Kontakt: zu Ernest Meissonier und Gustave Ricard. Letzterer porträtierte ihn

169 *111* Meissonier in seinem Atelier in Poissy, 1869, Öl auf Leinwand

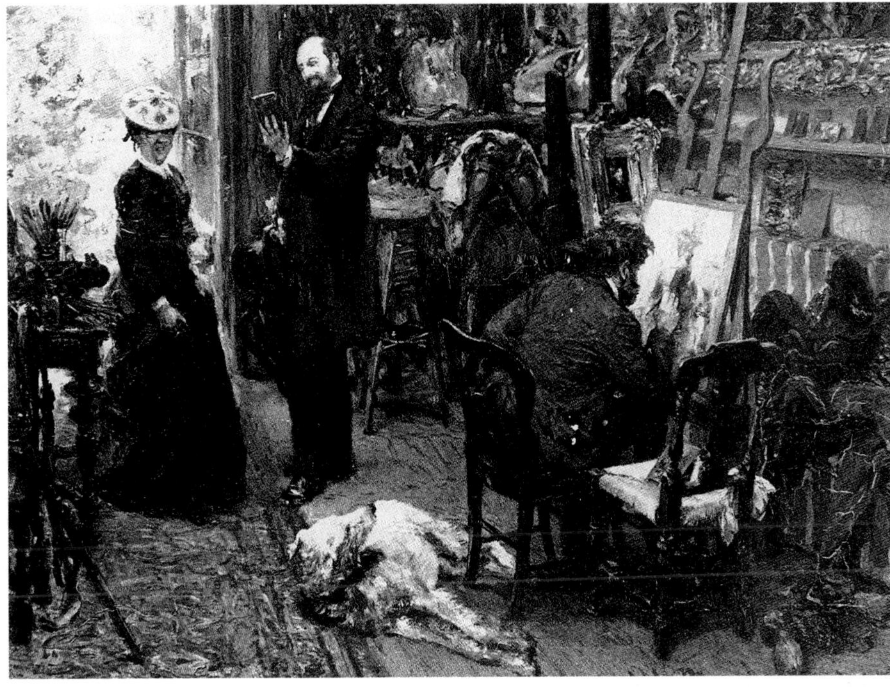

sogar, und Menzel wiederum soll ihm später das Ölbild »Schlosser bei der Arbeit« geschenkt haben.[17] Als Menzel gemeinsam mit Ludwig Pietsch und Otto Weber nach Poissy fuhr und dort Meissonier besuchte, zeichnete er diesen vor der Staffelei und verwendete das Blatt für das zwei Jahre später geschaffene Ölbild, auf dem er auch Frau Meissonier und Ricard wiedergegeben hat [Abb. 111]. Meissonier war ein großer Bewunderer der Kunst Menzels, und er hatte Anteil daran, daß dieser für seinen Beitrag auf der Weltausstellung die Medaille Zweiter Klasse erhielt. Auch in der Folgezeit trat er für ihn ein. So veranlaßte er eine französische Ausgabe von Lichtdrucken von zahlreichen Arbeiten Menzels, und er setzte sich dafür ein, daß 1885 im Pavillon de la Ville de Paris eine Menzel-Ausstellung gezeigt wurde. Die erste Begegnung der beiden Künstler war schon 1862 in Berlin zustande gekommen. Meyerheim meinte über jenes Treffen: »Von diesen beiden Koryphäen sprach keiner die Sprache des andern; die Unterhaltung bestand, wenn gerade niemand zum Dolmetschen bereit war, gewöhnlich darin, daß einer dem andern den Rücken klopfte.«[18] Am 3. Juni 1867 berichtete Menzel seinem Schwager über seine Begegnungen mit französischen Künstlern: »Manche verstehen auch etwas Deutsch, z. B. Meissonier und seine Frau.«[19] Eine Reihe von Faktoren war dem Zustandekommen der freundschaftlichen Verbindung zwischen Menzel und Meissonier förderlich gewesen. Beide Künstler waren gleichaltrig und sehr klein von Gestalt. Beide hatten sich tiefgründig mit der Welt des Rokokos bildkünstlerisch auseinandergesetzt und betrieben fanatisch Naturstudien. Aber Menzel verfügte über eine breitere Themenskala und wagte sich auch an viel größere Bildformate. Zudem entwickelte er mehr Sinn für Lichtphänomene.

Ludwig Pietsch überlieferte, daß Menzel und er damals häufiger bei Alfred Stevens gewesen sind, wo sich mittwochs immer ein Kreis von Künstlern und Schriftstellern einzufinden pflegte. Bemerkenswert ist in diesem Zusammenhang, daß der Belgier ein großer Verehrer der japanischen Kultur und Kunst gewesen ist. Pietsch meinte über die mit Menzel bei ihm verbrachten Stunden: »Da holte Stevens seine japanischen Kunstschätze, seine mit Farbendruckholzschnitten der ersten älteren und neueren japanischen Meister gefüllten Bücher, seine Kakemonos und Makemonos hervor, predigte enthusiastisch die Herrlichkeit, speziell die erstaunliche Feinheit des Farbensinns, den wunderbaren Reiz der oft so kühnen und fremdartigen Farbenkombinationen, den Schmelz, die Tiefe, die Sättigung der dunkeln wie die Zartheit und Raffiniertheit der hellen Töne.«[20] Stevens, ein großartiger Schilderer der eleganten französischen Gesellschaft, arbeitete zumeist in Paris und war mit Edgar Degas und Edouard Manet befreundet. Es ist anzunehmen, daß Menzel während dieses Parisaufenthaltes Manets Privatausstellung von fünfzig Gemälden in einem Pavillon am Pont de l'Alma [am Rande des Weltausstellungsgeländes gelegen] aufgesucht hat, wo auch das Gemälde »Musik im Tuileriengarten« [1862, London, National Gallery] zu sehen gewesen ist, das bestimmt seine Aufmerksamkeit erregt hat.

Menzel genoß die Achtung, die ihm während seines Parisaufenthaltes entgegengebracht wurde. Ihm und Knaus zu Ehren wurden sogar in der Künstlerkneipe Rue Lamartine Abendfeste veranstaltet.[21]

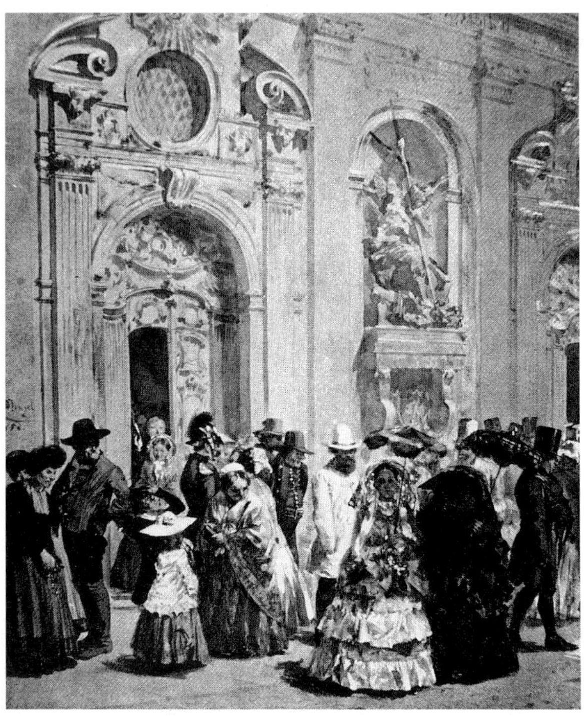

112 Vor der Michaeliskirche in München, 1853, Aquarell

Schon im darauffolgenden Jahr zog es Menzel erneut nach Paris. Er hatte, dem Rat einiger französischer Künstler folgend, mehrere Arbeiten in den »Salon« gegeben, und zwar das »Krönungsbild« sowie die Deckfarbenbilder »Rate, wer ist's?« und »Soll ich's öffnen?«. Über diesen dritten und letzten Aufenthalt in der Seinestadt, er währte vom 9. Juni bis 4. Juli, ist nur weniges bekannt. Dieses Mal war wohl Fritz Werner sein Cicerone gewesen, der schon längere Zeit [nämlich von 1867] in Meissoniers Atelier gearbeitet hatte und 1868 an der Seite dieses Künstlers in Antibes an der Côte d'Azur malte. Gewiß kam es zu neuerlichen Begegnungen zwischen Meissonier und Menzel. Erwähnenswert ist jedoch gleichfalls, daß über Fritz Werner der persönliche Kontakt zu einigen Malern der Schule von Barbizon hergestellt worden ist.[22]

Das erste Mal war Menzel als fast Vierzigjähriger nach Paris gekommen, als gestandener Künstler also. Der Kunsthistoriker Julius Meier-Graefe hat angesichts des Gemäldes »Das Théâtre du Gymnase« [1856, Berlin, Nationalgalerie], dieses vernehmlichsten Nachklangs des zweiwöchigen Aufenthaltes von 1855, zu Recht betont: »Was Menzel in Paris gewann, war lediglich die Bestätigung eines von ihm gefundenen Weges und der Entschluß, das früher Erreichte einmal in größerem Maßstab zu versuchen.«[23]

Zweifellos trugen die drei Studienaufenthalte in der Seinestadt ganz erheblich dazu bei, daß sich Menzel einer komplexen Darstellung zeitgenössischen großstädtischen Lebens zuwandte. Natürlich sah er in Paris nur das, was er sehen wollte, und er hatte bereits in den fünfziger und frühen sechziger Jahren sein Interesse an dieser Thematik bildkünstlerisch reflektiert, so beispielsweise in den Bildern »Vor der Michaeliskirche in München« [Abb. 112] und »Wintermarkt« [Farbtafel 14] sowie in den Deckfarbenblättern »In der Gartenwirtschaft Moritzburg in Berlin« [1864] und »Hirsche im zoologischen Garten« [1863]

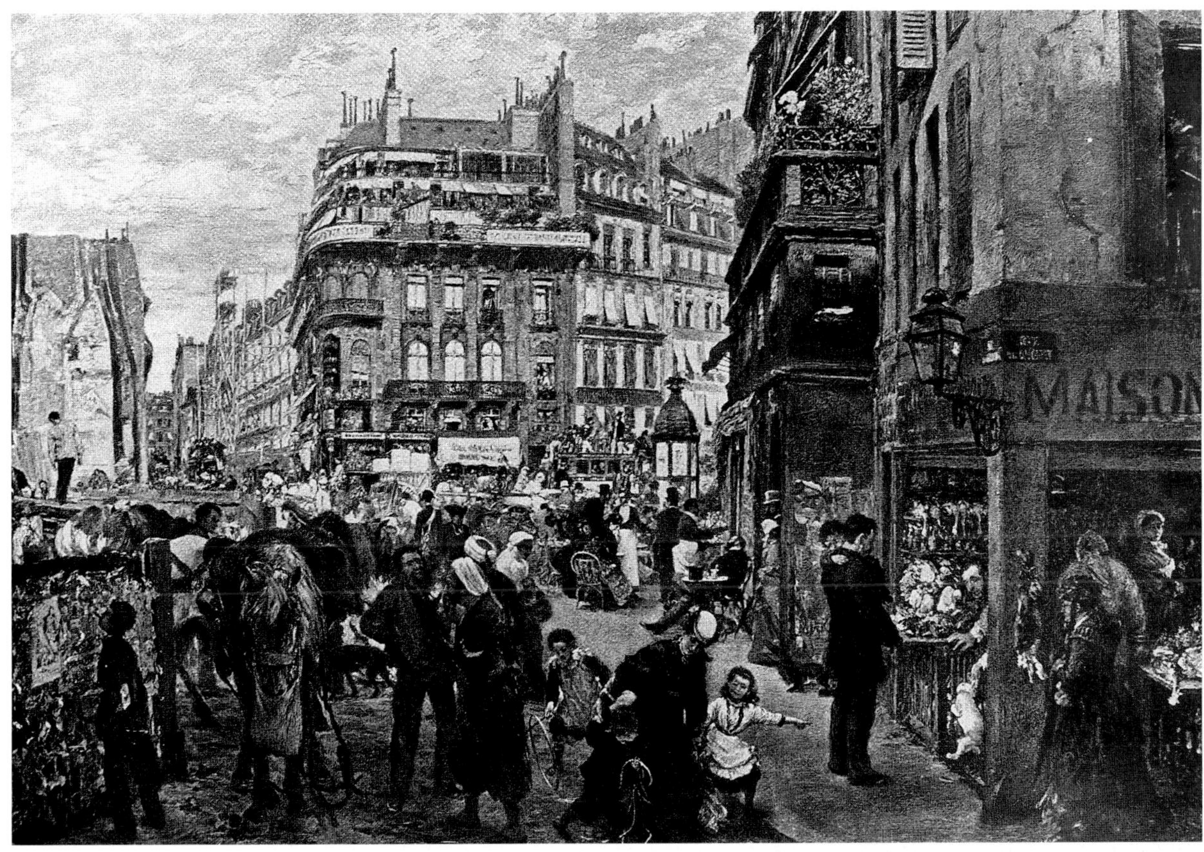

113 Pariser Wochentag, 1869, Öl auf Leinwand

aus dem sogenannten »Kinderalbum« [Berlin, Nationalgalerie]. Gerade letztgenanntes Bild korrespondiert mit dem sechs Jahre später entstandenen Deckfarbenblatt »Der alte Elefant im Jardin des Plantes in Paris«. In diesem Zusammenhang ist bemerkenswert, daß Menzel in seinem an den Schwager gerichteten Brief vom 3. Juni 1867 geäußert hat: »Hätte ich gewußt, was ich jetzt weiß, ich würde manches nicht scheuen, es hier zu erblicken. Selbst was aus dem ›Albogen‹.«[24] Und mit dem »Albogen« meinte er sein »Kinderalbum«.

Menzels Parisreisen haben sich in mehreren Gemälden und Deckfarbenbildern sowie in zahlreichen Zeichnungen niedergeschlagen, die, insgesamt gesehen, ein Bild vom Leben der Pariser ergeben, das einzigartig in der deutschen Kunst jener Zeit ist. Mit dem ersten Aufenthalt sind die beiden 1856 entstandenen Gemälde »Das Théâtre du Gymnase« und »Polizist und Dame im Tuileriengarten« [Farbtafel 13] in Verbindung zu bringen, die hochentwickelten Farbensinn vor Augen führen. Hier konnte er an Ölstudien der vierziger Jahre anknüpfen, jedoch wurde er sicherlich durch das anregende Kunstklima im wichtigsten Kunstzentrum Europas angehalten, sich weiter mit Lichtphänomenen und Farbproblemen auseinanderzusetzen und dabei Szenen aus dem modernen Leben zu gestalten.

Auf den zweiten Parisbesuch bezog sich Menzel mit dem Gemälde »Ein Nachmittag im Tuileriengarten« [1867, Dresden, Gemäldegalerie].[25] Auch hier hatte er sich dem erholungsuchenden Großstädter zugewandt. Doch zwei Jahre darauf zeigte er mit dem Tafelbild »Pariser Straße am Wochentag« [Abb. 113] in

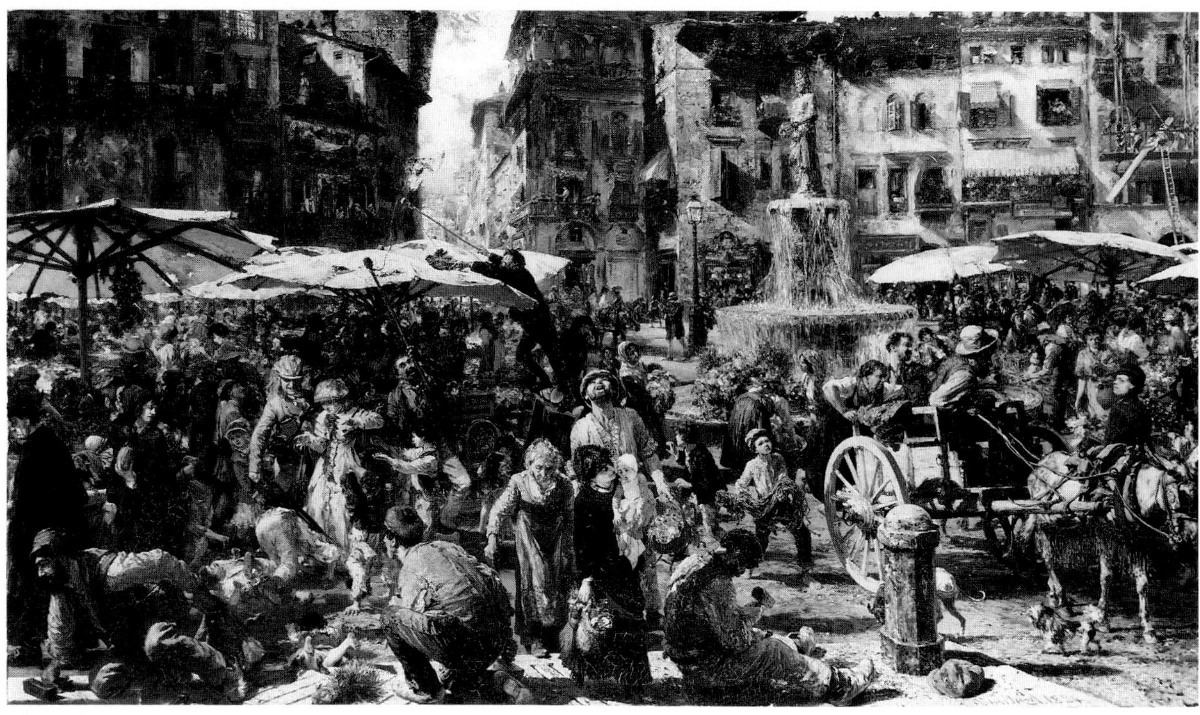

114 Der Markt von Verona, 1884, Öl auf Leinwand

ebenso zupackender Weise die Alltagswelt in der belebten Altstadt. Von dieser Arbeit führt eine Verbindungslinie zu dem sieben Jahre zuvor entstandenen Bild »Wintermarkt« [Farbtafel 14], wo er geschäftiges Treiben in einer Berliner Straße geschildert hat. Bei der »Pariser Straße am Wochentag« weitete er allerdings den Blick, zog er gewissermaßen aus einer noch größeren Fülle den Extrakt.

Wenn hier von Impulsen die Rede ist, die Menzel in Paris erhalten hat, so kann auch der Japonismus von Stevens und anderen Künstlern sowie die Weltausstellung als Anregung für zwei Deckfarbenbilder aus dem Jahre 1868 mit in Betracht gezogen werden, nämlich für die »Chinesinnen, Gold- und Silberfasanen fütternd« [Berlin, Nationalgalerie] und »Comfort chinois«.

Zu Beginn der achtziger Jahre, und zwar 1881, 1882 und 1883, unternahm Menzel Sommerreisen nach Oberitalien.[26] Auf italienischem Boden hatte es ihm vor allem das pulsierende Leben in der alten Theoderichstadt Verona angetan. Dort zog ihn besonders das mannigfaltige Treiben auf dem Gemüsemarkt an. Fasziniert beobachtete er, wie sich Menschen um Stände drängten und schoben, wie sie Waren prüften und um sie feilschten, wie sie verschiedenen Arbeiten nachgingen und schwatzten. Die Quersumme seiner dort gemachten Studien läßt sich in dem 1884 vollendeten Gemälde »Die Piazza d'Erbe in Verona« [Abb. 114] finden.[27] In ihm versuchte er, die Eigentümlichkeiten italienischen Volkslebens zu erfassen. Eine Touristenfamilie aus dem Norden wirkt auf dem Bild fremd und störend, gegen den südländischen Lebensstrom schwimmend. Unterschiedliche Mentalitäten, vergleichbar mit dem Kontrast auf dem Gemälde »Prozession in Hofgastein«, wurden somit angedeutet. Nach dem »Nachmittag im Tuileriengarten«, der »Pariser Straße am Wochentag« und der »Prozession in Hofgastein« war dieses Bild das bedeutendste seiner völkerpsychologischen Panoramen gewesen.

Menzels Wohnungen und Ateliers

Menzel ist im Laufe seines Lebens häufig umgezogen. Immer hat er die notwendigen Wohn- und Arbeitsräume nur gemietet. In Berlin wohnte er zunächst in der Wilhelmstraße 39. Am 3. Oktober 1839 erfolgte der Umzug der Familie in die Zimmerstraße 4 und Ende März 1845 in die Schöneberger Straße 18 [vor dem Anhaltschen Tor]. Im März 1847 siedelte er mit den Geschwistern in die Ritterstraße 43 über und dann Ende 1860 mit dem Bruder und der Familie Krigar in die Marienstraße 22 [ins Haus des Schwagers Krigar]. 1865 zog er mit Krigars in die Luisenstraße 24 und im Herbst 1870 wiederum mit ihnen in die Potsdamer Straße 7. Von 1875 bis ans Lebensende wohnte und arbeitete er schließlich in der Sigismundstraße 3.

Wohn- und Arbeitsräume lagen immer jeweils in einem Haus. Für einige Jahre besaß er jedoch ein geräumiges Zweitatelier im Berliner Stadtschloß. Nachdem er nämlich den Staatsauftrag über die Anfertigung des Krönungsbildes übernommen hatte, erhielt er den Garde-du-Corps-Saal zugewiesen, um das großformatige Gemälde ausführen zu können. In der Marienstraße hätte er diese Arbeit schwerlich zuwege bringen können, denn dort war sein Atelier zu klein und zudem für

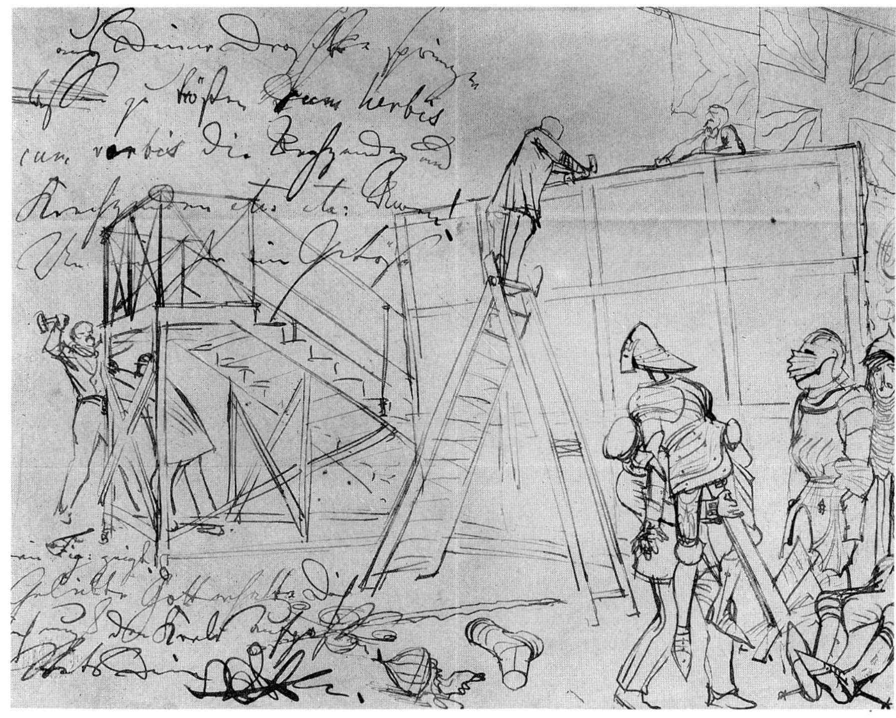

115 Herrichtung des Garde-du-Corps-Saales im Berliner Schloß für Menzels Arbeit am Krönungsbild, 1862, Feder und Tusche

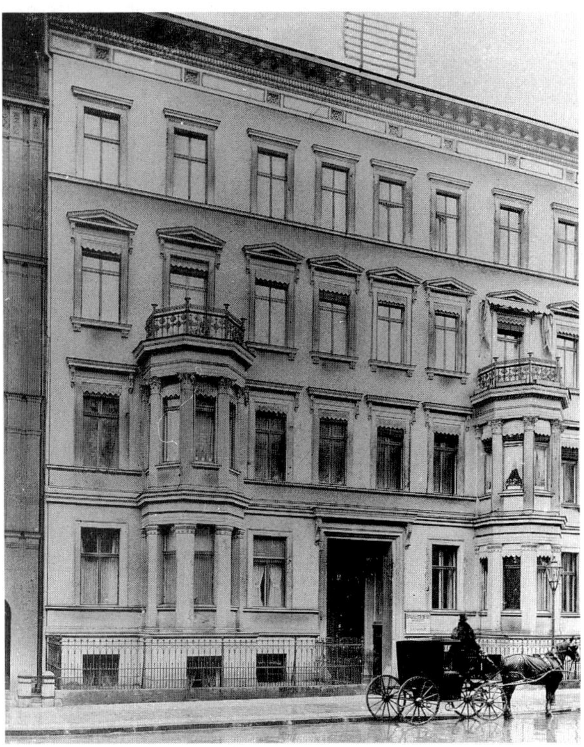

116 Haus Sigismundstraße 3 in Berlin, 1905, Foto

die erforderlichen Porträtsitzungen der illustren Gesellschaft völlig ungeeignet. Am 6. April 1862 bezog Menzel die repräsentative Räumlichkeit im Schloß, die im ersten Obergeschoß auf der Lustgartenseite lag und etwa 16 Meter lang, 8,5 Meter breit und 6,5 Meter hoch war. Friedrich Wilhelm IV. hatte diesen Saal zur Unterbringung von Rüstungen, Ritterfiguren, Waffen und anderen Antiquitäten genutzt, die einmal zur Ausstattung der Burg Stolzenfels dienen sollten.[1] Ein Teil dieses Inventars war eigens für Menzels Arbeit am Krönungsbild zur Seite gestellt oder sogar ganz herausgenommen worden. In diesem so hergerichteten Atelier arbeitete der Künstler bis Ende des Jahres 1865.[2]

Als sich Menzel intensiv mit der friderizianischen Zeit befaßte, schaffte er sich nach und nach Kostüme und andere Requisiten aus jener Epoche an. Dieser Fundus muß ganz beachtlich gewesen sein, denn Ludwig Pietsch, der ihn in Anspruch genommen hat, überliefert: »Als ich für Zeichnungen von Vorgängen aus dem 18. Jahrhundert Originalkleidungsstücke und anderes brauchte, bot er mir freundwillig an, mir aus seinem eigenen Besitz an solchen Gegenständen alles zu leihen, was ich irgend davon verwenden könne. So haben Rokokoherrenröcke, Schoßwesten und Kniehosen aus Menzels Vorrat, die auf den Körpern seiner Modelle von ihm in unsterblichen Kunstwerken verewigt worden sind, auch mir noch auf Körpern und Gliedern meines Modells für meine desto sterblicheren Illustrationszeichnungen vortreffliche Dienste geleistet.«[3]

Wie gesagt, arbeitete und wohnte Menzel die letzten dreißig Jahre seines Lebens in der Sigismundstraße 3. Das Haus befand sich in der Nähe der Matthäikirche. Menzel bewohnte im dritten Stockwerk gemeinsam mit der Schwester die eine Hälfte der Etage und die Familie des Neffen, Professor Otto Krigar-Menzel, die andere. Menzels Atelier lag jedoch im Seitenflügel. Während der Künstler es von der Wohnung über einen langen Gang erreichte, konnten Besucher die Arbeitsstätte nur über den Hof und steile hölzerne Hintertreppen betreten. Bereits an der Hoftür war zu lesen: »Ad. Menzel, Professor. Zum Atelier 4 Treppen«. An der Ateliertür befand sich ein kleines, schlichtes Schild mit der Aufschrift: »A. Menzel« und darunter stand: »Mitglied des Vereins gegen Verarmung und Bettelei«. Daneben hatten verärgerte Modelle Unmutsäußerungen wie »Menzel ist ein alter Knauser« und »Gauner« an die Wände gekritzelt. Wurde die Tür nach Bedienung eines schmutzig-grünen Klingelzuges geöffnet, so betrat der Besucher einen dunklen schmalen Korridor und erreichte dann über drei oder vier Stufen das Atelier. Dieses war ein großer braunrot getünchter Raum mit einem großen Fenster, das die halbe Längswand einnahm. Vorhänge und Teppiche fehlten. Requisiten, Kostüme, kupferne Kessel, Schränke, Truhen, antike Stühle, Rokoko-Spiegel, Bücher u. a. m. verbreiteten den Eindruck eines Trödelladens. An den Wänden hingen verstaubte Gipse, u. a. auch eine Totenmaske Kaiser Friedrichs III. Einige Zeichnungen und Repro-

175

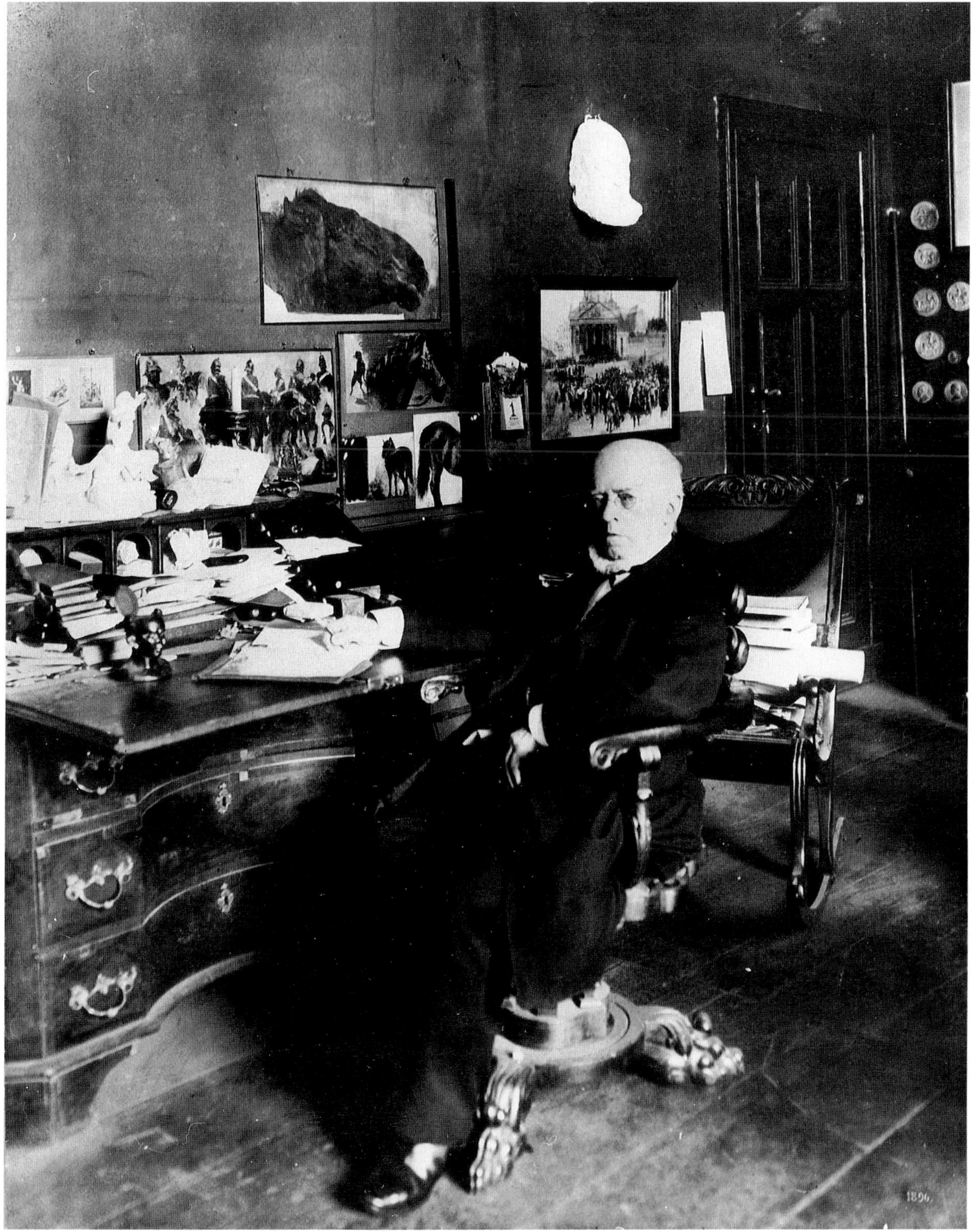

117 Menzel am Schreibtisch, um 1895, Foto

duktionen nach Werken von ihm zierten gleichfalls die Wände. Eine Zeitlang waren auch Ölstudien und Gemälde seiner Hand dort zu sehen, aber in den letzten Jahren waren nur noch die Nägel und Löcher in der Wand übriggeblieben. Umgeben von einem Wust von Schriften und Büchern, stand auch eine von Walter Schott geschaffene Bronzebüste Wilhelms II. im Atelier, die der Dargestellte dem Künstler zum 80. Geburtstag geschenkt hatte. Die eine Querwand nahm das unvollendet gebliebene Leuthen-Bild in Anspruch. In der Nähe des Fensters stand ein hölzernes Stehpult und daneben ein kleiner Tisch, auf dem sich Deck- und Aquarellfarben sowie Bleistifte befanden. Da das Atelier im obersten Stock lag, war es im Sommer sehr heiß, was ihn jedoch nicht weiter störte, da er ja ohnehin den größten Teil dieser Jahreszeit außerhalb Berlins verbrachte.

Als Menzel 1875 Wohnung und Atelier in der Sigismundstraße bezog, war er ein international anerkannter Künstler und ein reicher Mann. Der Schriftsteller Julius Norden hatte 1900 den Künstler aufgesucht und nannte dessen letzte Werkstatt das »vielleicht häßlichste Künstleratelier Berlins«[4], und schrieb weiter: »Wie schmucklos, kahl, nüchtern ist dieses Atelier im Vergleich zu den prunkhaften, ebensosehr einem Museum wie einem Antiquariat oder kunstgewerblichen Laden gleichenden Arbeitsräumen so vieler anderer Künstler.«[5] Gewiß hatte Norden hier etwas übertrieben, aber verglichen mit den Wohn- und Arbeitsräumen anderer arrivierter Maler in Berlin, nahm sich Menzels »Reich« doch recht bescheiden aus. Anton von Werner hatte sich beispielsweise 1873 in der Potsdamer Straße ein stattliches Haus bauen lassen und es sehr repräsentativ eingerichtet. Wenn man an den Palast Franz von Lenbachs in München oder an die Prunkräume Hans Makarts in Wien denkt, die wahre Touristenattraktionen gewesen sind, so müssen sich Wohnung und

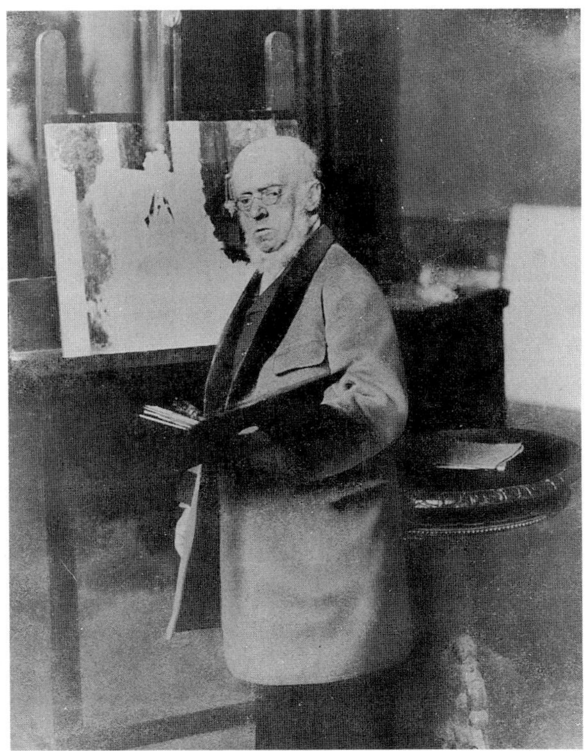

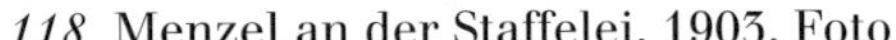

118 Menzel an der Staffelei, 1903, Foto

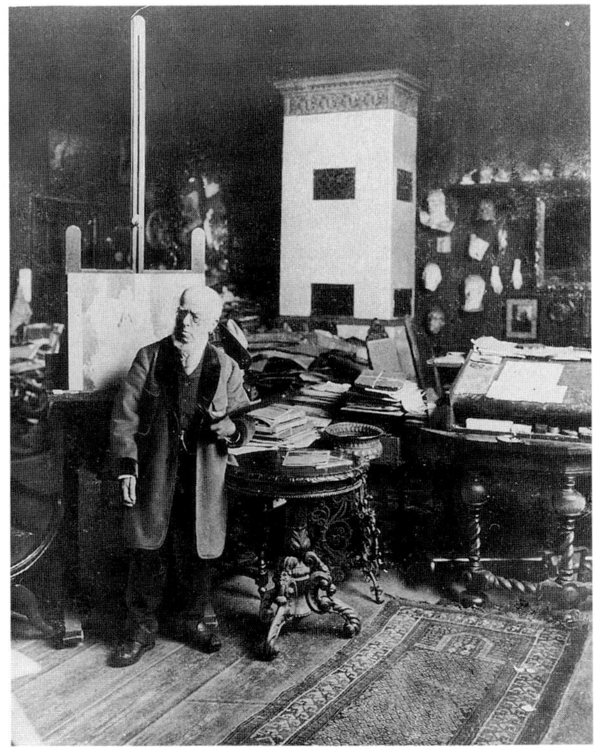

119 Menzel im Atelier, 1903, Foto

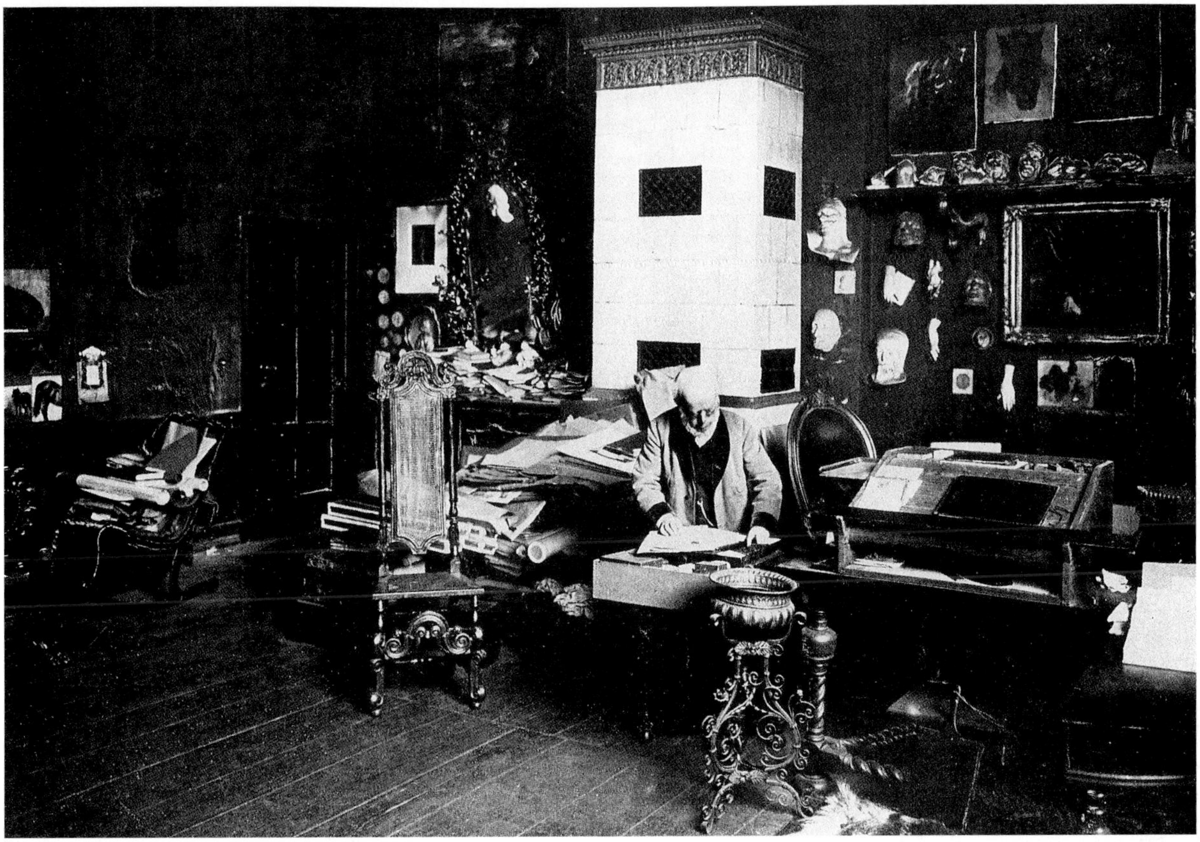

120 Menzel im Atelier, 1895, Foto

121 »Kehraus«, 7. Juli 1895, Bleistift

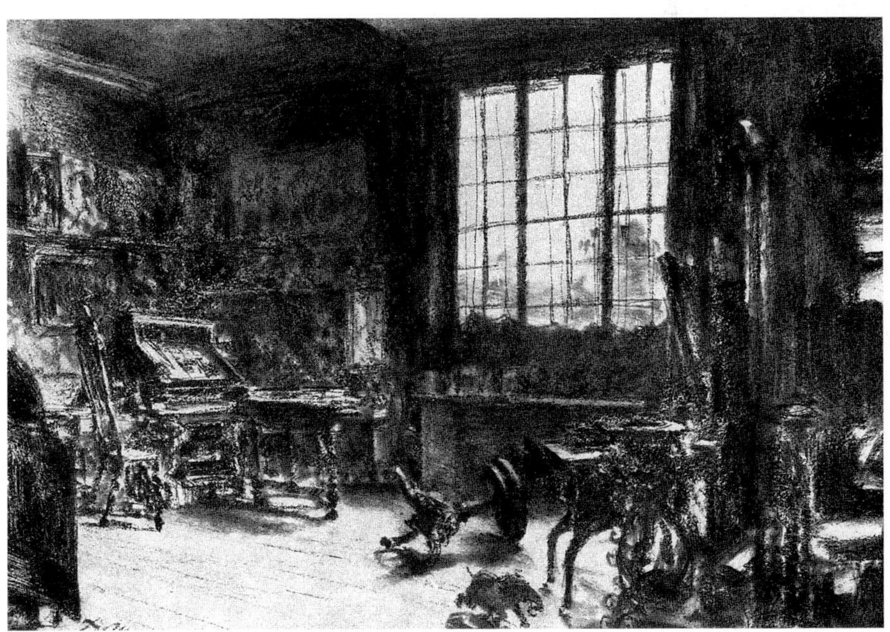

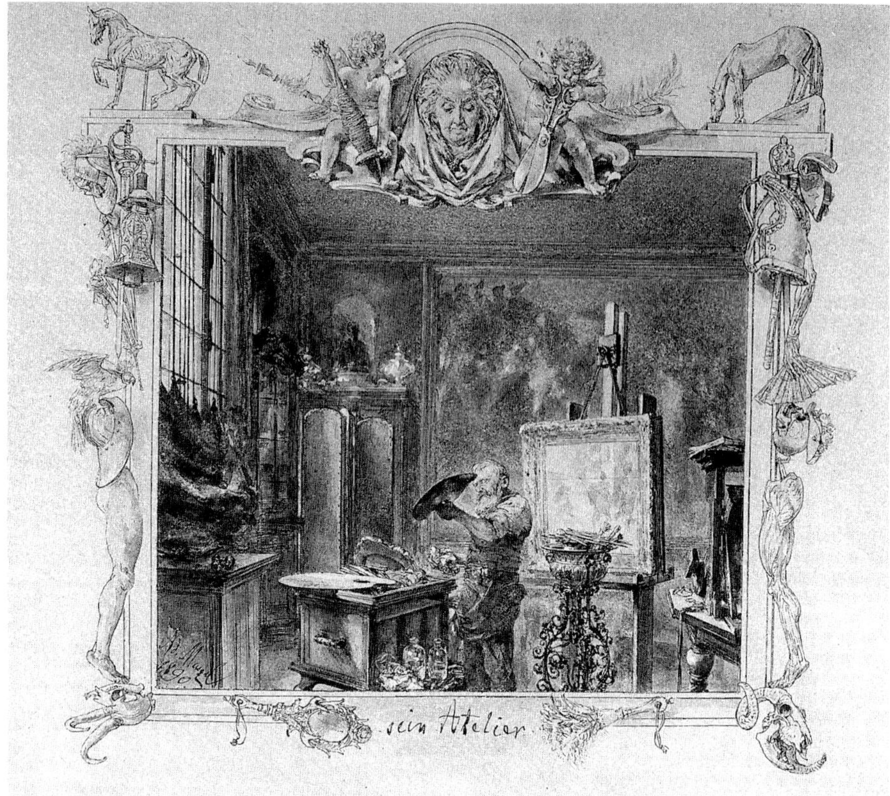

122 Sein Atelier, 1890, Feder mit schwarzer Tusche über Bleistift, weiß gehöht

Werkstatt Menzels in der Tat kärglich ausgenommen haben. Sosehr sich Menzel über Ehrungen und Orden freute, so machten sie also keinen Künstlerfürsten mit großer Hofhaltung und Prunkatelier aus ihm. Er blieb in den bescheidenen und ihm vertrauten Räumen, da er nur für seine Kunst lebte.

Menzel malte und zeichnete etliche Bilder von seinen Wohn- und Arbeitsräumen. Sein bekanntes Gemälde »Balkonzimmer« [1845, Berlin, Nationalgalerie] gibt das Wohnzimmer in der Schöneberger Straße 18 wieder. In seiner nächsten Wohnung, sie befand sich in der Ritterstraße 43, hielt er beispielsweise sein Schlafzimmer auf einem Ölbild fest [Farbtafel 15]. Natürlich schilderte er auch Ausblicke aus seinen Räumen. Das Ölbild »Hinterhaus und Hof« [um 1846, Berlin, Nationalgalerie] zeigt einen Hinterhof der Schöneberger Straße, und der »Blick auf Hinterhäuser« [1847, ebenda] ist von der Wohnung in der Ritterstraße 43 aus aufgenommen. Auch sein Atelier in der Sigismundstraße hielt er fest. 1890 schuf er das Blatt »Sein Atelier« [Abb. 122], das er sehr sorgfältig mit einer Reihe von Studien vorbereitet hatte. Es gibt eine Atelierecke mit dem Leuthen-Bild wieder. Im Vordergrund erscheint ein Atelierdiener, der mit Aufräumungsarbeiten befaßt ist. Die Parze in der Kartusche des Rahmenwerks erinnert an das befristete Wirken in der Werkstatt. Die 1895 angefertigte Bleistiftzeichnung »Kehraus« deutet seine Gedanken über die Schließung seines Ateliers noch deutlicher an.[6] Ein kleines Tischchen ist dort achtlos umgeworfen worden, und ein winziger afrikanischer Elefant am unteren Bildrand scheint das Weite zu suchen. Bei näherem Hinsehen ist jedoch die Plinthe dieser Tierplastik wahrzunehmen, und in der Tat handelt es sich hier um die Nachbildung einer Bronze des namhaften Bildhauers Antoine Louis Barye.[7]

Menzels Charakter und Lebensweise

Menzel war eine auffällige Erscheinung. Er war schlank und nur 140 cm groß. Seine Gesamtgestalt wirkte etwas unproportioniert. Auf dem zwergenhaften Körper saß ein übergroßer Kopf. »Pilz« wurde er deshalb in jungen Jahren genannt, häufig auch »Giftpilz«, wenn er sich des Verhöhnens wehrte. Frühzeitig lichtete sich sein Haar, und schon in jungen Jahren, wohl als Dreißigjähriger, bedurfte er wegen der zunehmenden Kurzsichtigkeit einer Brille. Im Alter benutzte er als zusätzliche Sehhilfen eine altmodische Lorgnette sowie ein kleines Opernglas. Er besaß graublaue Augen. Unter dem energischen Kinn trug er einen Freesenbart, der rötlich schimmerte und sich im Laufe der Jahre schlohweiß färbte.

In den letzten Lebensjahren trug er zumeist einen grauen Filzhut mit hellem Rande und einen dunklen Überzieher. Im Winter hüllte er sich in einen altmodischen hellbraunen Pelz. Wenn er außer Haus ging, pflegte er immer seinen Regenschirm mitzunehmen, auch wenn die Sonne schien.

Menzel sprach mit schlesischem Akzent und zumeist mit leiser, aber tiefer Stimme. Seine abgewogenen Worte begleitete er in der Regel mit heftigen Handbewegungen, die das Gesagte unterstreichen sollten. Vor allem hatte er sich angewöhnt, mit dem Zeigefinger zu akzentuieren. Immer trug er die Worte äußerst konzentriert vor. Er verfügte über einen umfänglichen Wortschatz und sprach anschaulich und treffsicher. Seine Ausführungen waren voller Lebendigkeit und Aperçus.

Fontane schrieb über Menzel: »... aber wie hat er auch in Berlin gelebt? Von 9 bis 9 ein Einsiedler in seinem Atelier...«[1] Im hohen Alter reduzierte er die Arbeitszeit etwas, obgleich er auch dann noch werktags wie sonntags seinen Kunstinteressen nachging. Auf jeden Fall war er Spätaufsteher. Nach der Morgentoilette begab er sich umgehend ins Atelier, wo er bis abends durcharbeitete. Tags nahm er meist nur einen kleinen Imbiß ein, abends hingegen gönnte er sich in Frederichs Weinstube eine warme Mahlzeit, die immer recht reichlich ausfiel und zu der er einen Schoppen Weißwein trank. Häufig bestellte er dort Erbsensuppe und Eisbein mit Sauerkohl, doch zu seinen Lieblingsspeisen gehörte auch die Krebssuppe des Hauses. Nach dem Abendessen bei Frederich ging er häufig noch zu Josty, einer alten Konditorei am Potsdamer Platz, wo er dann zwei Tassen schwarzen Kaffees und zwei Gläschen Kognak zu sich nahm und dabei mit großem Vergnügen in illustrierten Zeitschriften, insbesondere im »Punch«, blätterte.

Bei Frederich in der Potsdamer Straße 12 war Menzel Stammgast geworden, nachdem er im November 1870 von der Luisenstraße in die Potsdamer Straße 7 umgezogen war.[2] Der Inhaber, Frederich Krüger, war übrigens so alt wie Menzel und stammte gleichfalls aus Schlesien. Bei Frederich hatte er ein Zimmer, das er jederzeit beziehen konnte. Wenn er keine Lust hatte, den kurzen Weg nach Hause zu gehen oder vor Antritt einer Sommerreise, nahm er dieses Quartier in Anspruch.

Auch im nahegelegenen Café Josty am Potsdamer Platz [Ecke Potsdamer Straße und Bellevuestraße] zählte er über Jahrzehnte hinweg zu den beständigen Gästen. In den siebziger Jahren hielten sich dort etliche Prominente auf, u. a. auch Johannes Trojan und Ernst

Dohm von der satirischen Zeitschrift »Kladderadatsch« sowie Theodor Fontane und Ludwig Pietsch.

Menzel war trinkfest und schätzte alkoholische Getränke bis ans Lebensende. Er bevorzugte fränkischen und hessischen Weißwein und trank während seiner Sommerreisen auch gelegentlich Bier. Zu Festlichkeiten in seinem Hause gab es Sekt, und zwar deutschen. Abends nahm er, wie gesagt, auch etwas Kognak zu sich. Ziemliche Mengen pflegte er sich in Gesellschaft mit Dr. Wilhelm Puhlmann und dem Grafen von Flemming einzuverleiben. Natürlich becherte er tüchtig während der Feste und Aktionen der Künstlerschaft.

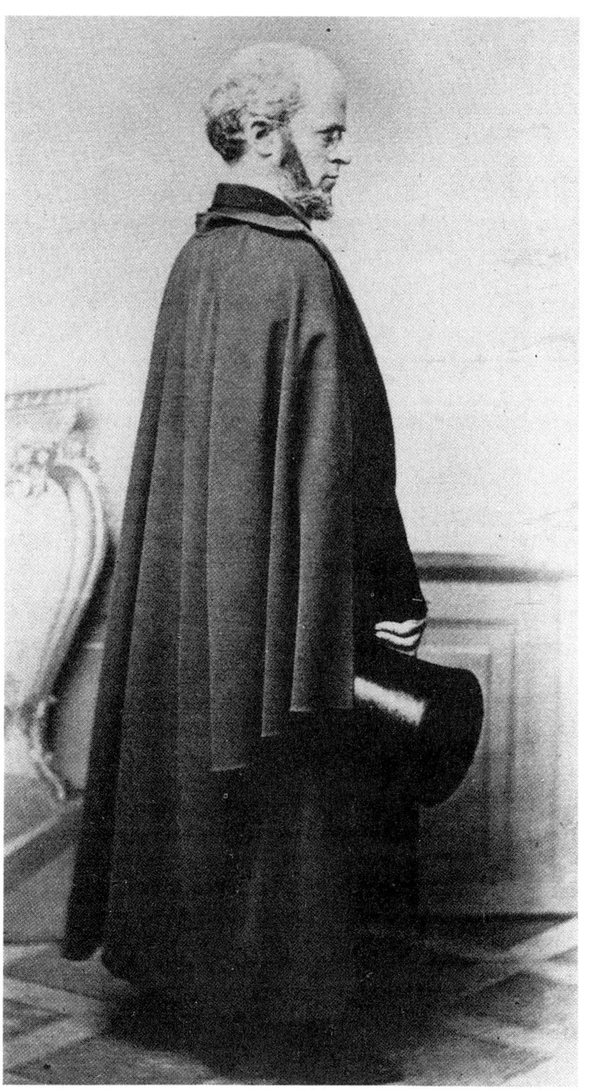

123 Adolph Menzel, Foto

Für das Rauchen und Schnupfen hatte Menzel aber ebensowenig übrig wie für das Kartenspiel. Auch das Sporttreiben war nicht seine Sache. Nur kurze Zeit nahm er an einem Reitkurs teil, und gekegelt hat er nur selten. Wahrscheinlich ärgerte ihn bei solcherart Betätigung das Lächeln der Fremden. Gewandert ist Menzel jedoch viel, und er konnte weite Strecken zurücklegen, ohne zu ermüden.

Obgleich Menzel ein hohes Alter erreichte, stellten sich in gesundheitlicher Hinsicht einige Komplikationen ein. In jungen Jahren litt er wohl unter epileptischen Anfällen. So schilderte er dem Freund Arnold 1837 in einem Brief: »... der da fiel und in heftigen Krämpfen lag, war ich; vom Fall zu Boden hatte ich mir an mehreren Stellen die Zunge durchgebissen, das davon laufende Blut brachte die zu Hilfe Gekommenen anfangs zu dem Glauben, es sei ein Blutsturz; als die Krämpfe eine Viertelstunde gedauert hatten, erwachte ich, wußte übrigens nicht das geringste davon, war etwas matt, sonst ziemlich wohl; mein Arzt erklärte das Ganze für eine Folge zu großer Aufregung ...«[3] Solche Anfälle kehrten in größeren Zeitabständen bis 1854 wieder.[4] Weitere Krankheiten und Unfälle sind bekannt. So lag er im Mai 1846 drei Wochen mit Fieber darnieder, und 1861 traten Blutstockungen auf, die seinen Hausarzt Dr. Nathan veranlaßten, ihn zur Kur nach Bad Freienwalde zu schicken. Daß ihn im Juli 1892 eine Zahnrose plagte, ist einem Skizzenbuch zu entnehmen, in das er die stark angeschwollene Gesichtshälfte zeichnete [Abb. 136]. Natürlich widerfuhr ihm auch manches Mißgeschick. Während seiner ersten Reise nach Süddeutschland und Tirol 1852 hatte er einen merkwürdigen Unfall erlitten: Auf dem Starnberger See fiel er nämlich vom Boot und verrenkte sich dabei den Arm, den aber ein Arzt sogleich wieder ohne auftretende Komplikationen in die normale Stellung brachte.[5] Glück im Unglück hatte er ebenso, als er 1901 bei Frederich auf Grund der versehentlich

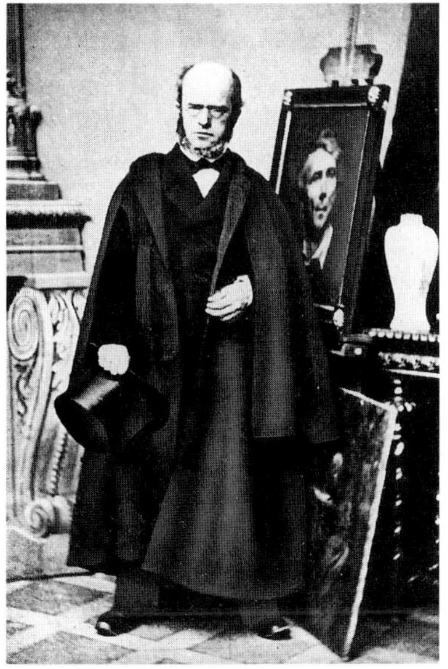

124 Adolph Menzel im Mantel und Zylinder in der Rechten, um 1860, Foto

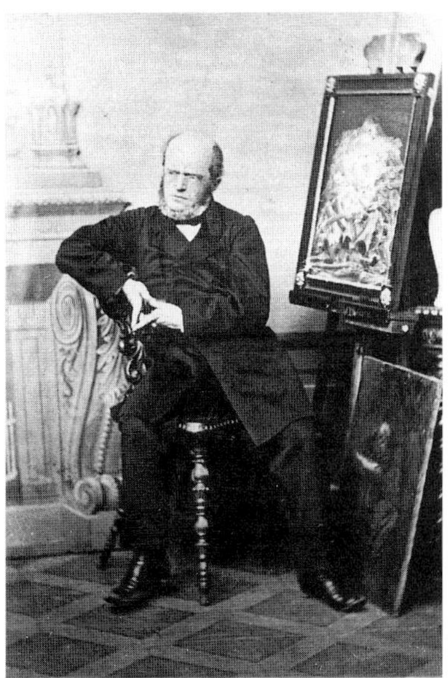

125 Menzel, auf einem Stuhl sitzend, um 1860, Foto

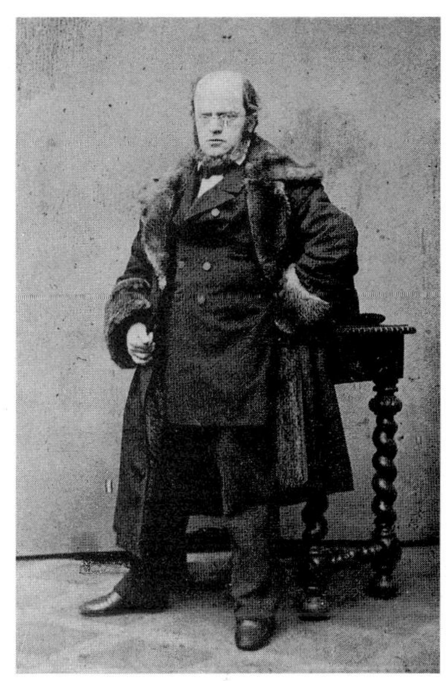

126 Menzel im Pelzmantel, an einen Tisch gelehnt, 1860er Jahre, Foto

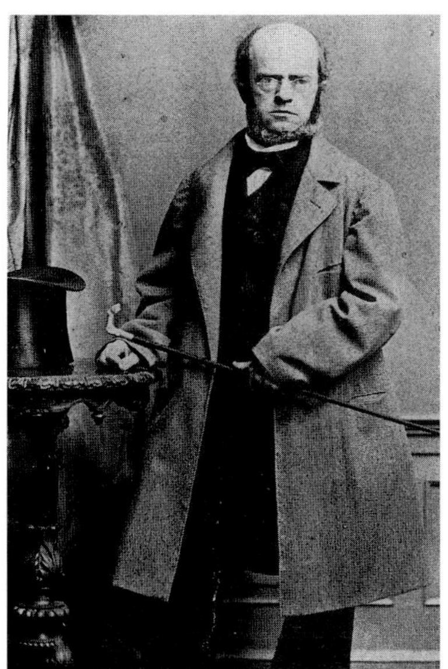

127 Menzel in mittleren Jahren, Foto

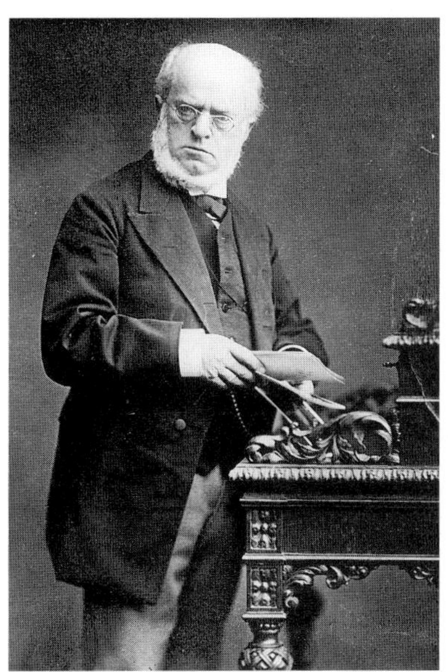

128 Menzel, am Schreibtisch stehend, wohl 1885, Foto

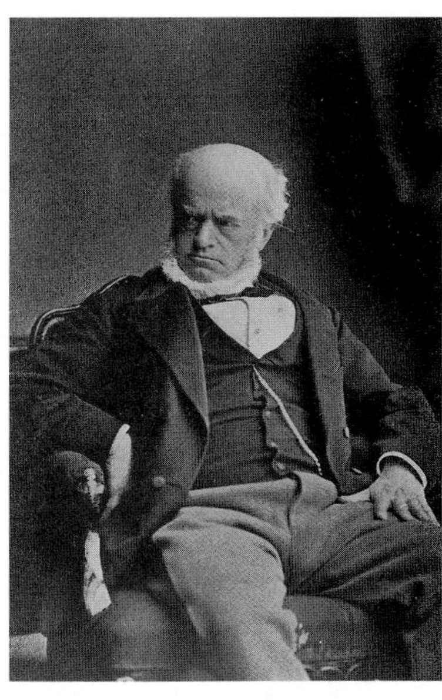

129 Menzel, sitzend, Foto

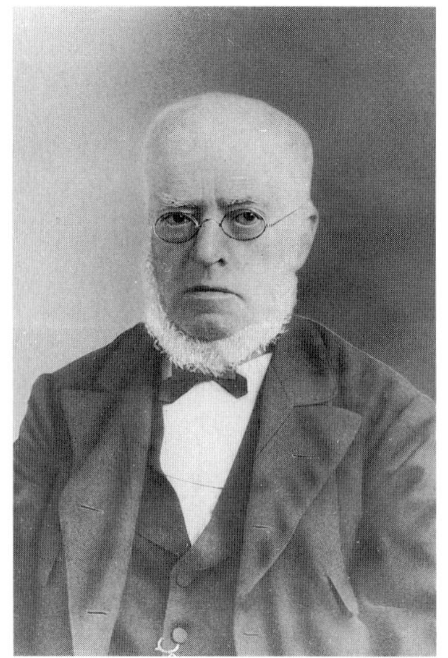

130 Menzel, Foto

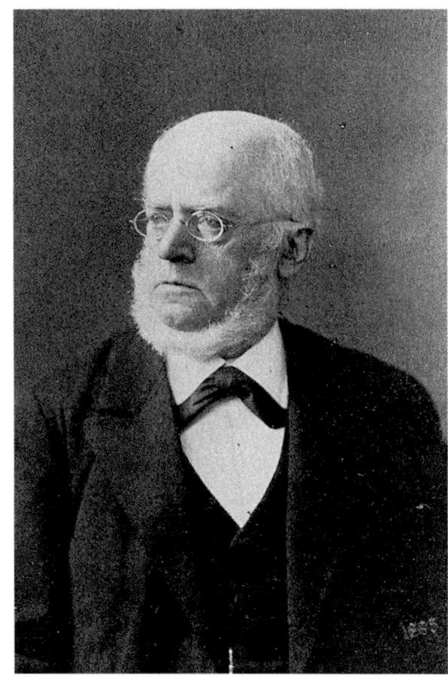

131 Adolph Menzel, 1895, Foto

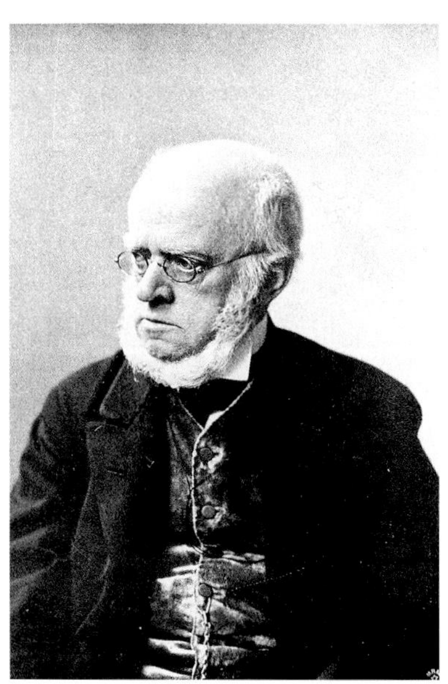

132 Menzel, um 1895, Foto

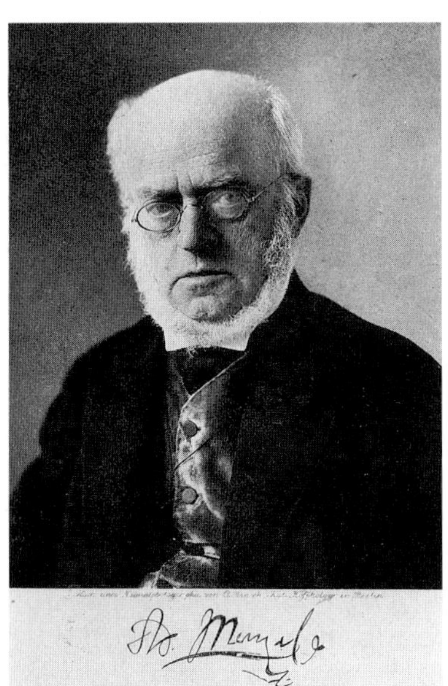

133 Menzel, um 1895, Foto

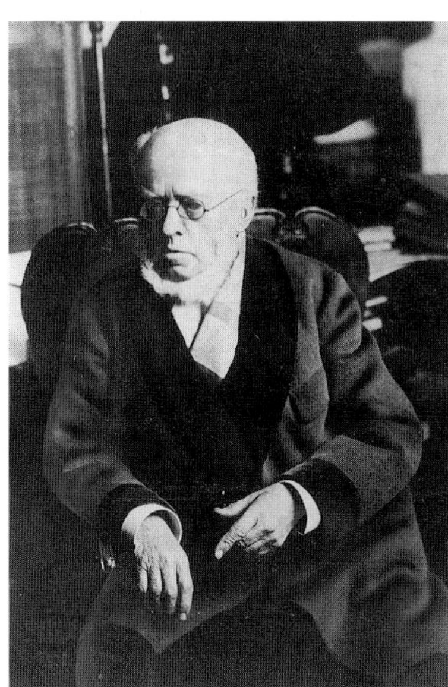

134 Menzel, 1902, Foto

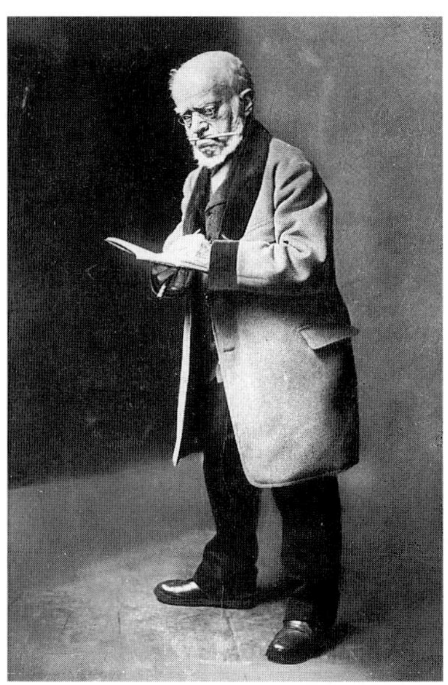

135 Menzel, im Stehen zeichnend, 19. Mai 1904, Foto

offenstehenden Falltür in den Weinkeller gestürzt war. Dabei hatte er nur leichte Schnittwunden durch Flaschenscherben und eine Verzerrung oder Prellung am rechten Arm davongetragen. Kurz darauf mußte er sich während seines Sommeraufenthaltes in Kissingen wegen eines Insektenstichs am linken Handgelenk operieren lassen.

Am 10. Februar 1905 nahm Professor David Paul Hansemann, der pathologische Anatom des städtischen Krankenhauses am Friedrichshain, die Sektion der Leiche Menzels vor. In einer Pressenotiz wurden zwei Ergebnisse mitgeteilt: »Erstens, daß Menzel, ebenso wie Helmholtz, einen richtigen hydrocephalus, einen ›Wasserkopf‹, besaß, und zweitens, daß sich deutliche Spuren einer vor Jahrzehnten ausgeheilten Tuberkulose fanden!«[6]

Menzel besaß ein eigenartiges Verhältnis zur Zeit. Der Verleger Gustav Kirstein überlieferte folgende Begegnung: »... ich besuchte einmal Frau Clara Hertel, bei der einst Menzel viel verkehrt hat. Ihr altes Näh-Faktotum hörte, daß wir von Menzel sprachen, drehte einen Moment den Kopf von der Arbeit und brummte: ›Menzel? Uf achten wurder immer injeladen, um elfen kamer.‹ sprach's und nähte weiter.«[7] Menzels Unpünktlichkeit war nahezu sprichwörtlich.

Vor allem in jungen Jahren, in denen er viele gebrauchsgraphische Arbeiten anfertigte, mußte er sich an die von den Bestellern angegebenen Fertigstellungstermine halten. Das muß ihm schwergefallen sein, obgleich er sehr früh große Sicherheit im Handwerklich-Technischen erlangt hatte. Mit zunehmender Verbesserung seiner finanziellen Situation versuchte er, alle Spielräume und Möglichkeiten zu nutzen, um vor allem seine größeren Arbeiten ausreifen zu lassen. Das deutlichste Beispiel hierfür bietet sein Krönungsbild. Für dieses benötigte er vier Jahre, und er ließ sich nicht durch das Drängen des Hofes beirren. So manches Werk von ihm kam sehr spät in die Akademieausstellung, mitunter erst nach der Eröffnung, so das Gemälde »Friedrich der Große auf Reisen« [1854].[8]

Auch im Tagesablauf ließ sich Menzel nicht gern stören oder einengen. Bei Erholungs- und Studienaufenthalten hielt er sich gleichfalls kaum an feste zeitliche Vereinbarungen. Kurzum, er kam meistens zu spät, und zwar in erster Linie deshalb, weil ihm die künstlerische Arbeit das Wichtigste war. So erfolgte seine starke Konzentration auf die Kunst in Begleitung von vielen Verspätungen und Unhöflichkeiten.

Wie er sich nicht gern für eine Arbeit eine Frist setzen ließ, so empfand er es als unangenehm, wenn man ihm anläßlich eines Geburtstages noch das Erreichen des 80., 90. oder sogar hundertsten Geburtstages wünschte. Er verdrängte die Tatsache, daß sein Leben

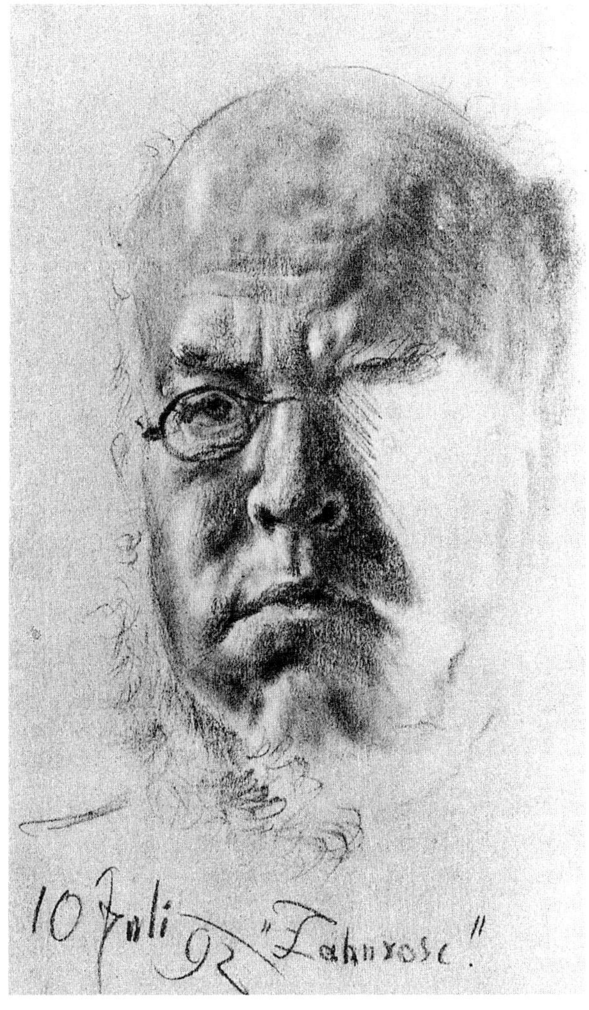

136 Selbstbildnis mit Zahnrose, 1892, Bleistift

wie alles Leben nur begrenzt war, denn Lebenszeit war für ihn Schaffenszeit, und er hatte sich sehr viel vorgenommen.

Die Kunst ist Menzel über alles gegangen, und es liegt die Vermutung nahe, daß er durch die künstlerische Arbeit seine physische Benachteiligung kompensiert hat. Wahrscheinlich gibt es nur wenige bildende Künstler in der Kunstgeschichte, die so hingebungsvoll wie er für die Kunst gelebt haben und deren Leben in solchem Maße in der Berufsausübung aufgegangen ist. Nicht nur große Begabung, analytische Fähigkeiten und enormer Fleiß waren es, die ihn zu Gipfelleistungen führten, sondern auch der starke Ehrgeiz und seine Zielstrebigkeit.

Fontane schrieb einmal dem langjährigen Briefpartner und Freund Georg Friedlaender über Menzel: »Er war zeitlebens ein Meister in der Kunst der Konzentration und hat deshalb eine Kunst-Carrière gemacht, ohne je ein Carrièremacher gewesen zu sein.«[9] Menzel wußte hauszuhalten mit der Schaffenszeit und sich gegen Störungen und Vereinnahmungen abzuschirmen. Seine Arbeitsökonomie erstreckte sich auch auf den Ausbau eines Stoffgebietes. Am klarsten zeigte sich das bei seinen Frideriziana.

Am 30. April 1839 hatte Menzel im Hinblick auf die Kugler-Illustrationen Arnold mitgeteilt: »Es ist gegenwärtig viel Konkurrenz in Ausgaben von Friedrichs Leben, aber ich hoffe zu Gott, daß wir die Konkurrenz schlagen werden.«[10] Das ist bekanntlich auch gelungen. Dank dieser Leistung erhielt er wenige Zeit später [zu Beginn der vierziger Jahre] vom Hof den Auftrag, die Werke Friedrichs des Großen zu illustrieren. Von 1843 bis 1849 schuf er zweihundert Vignetten für dieses Kompendium. Doch um die Jahrhundertmitte stak Menzel noch in anderen Arbeiten zur friderizianischen Zeit: Es entstanden 32 Zeichnungen für Holzstiche zu Eduard Langes »Die Soldaten Friedrichs des Großen« [Leipzig 1850 bis 1852 und 1856], des weiteren 436 Lithographien für das dreibändige Tafelwerk »Die Armee Friedrichs des Großen in ihrer Uniformierung« [Berlin 1851-1857] und schließlich zwölf großformatige Holzschnitte zu der Folge »Aus König Friedrichs Zeit. Kriegs- und Friedens-Helden« [Berlin 1854/55].

Am 9. Februar 1850 schrieb Menzel an den Verleger Carl Berend Lorck in Leipzig über den Plan zu den »Kriegs- und Friedens-Helden«, der im davorliegenden Jahr von dessen Geschäftspartner Johannes Jakob Weber angeregt worden war: »Daß ich auf Ihr damals mündlich und nachher in der bewußten Veränderung brieflich mitgeteiltes Projekt sofort einging, hatte seinen Grund in der Geschlossenheit des Planes auf die Helden jener Geschichtsepoche, welche ich im Felde künstlerischer Darstellung als meine von mir eroberte Domäne zu betrachten zu dürfen glaube, und auf welcher ich bis dato keine Kameradschaft habe.«[11] Menzel besaß in diesem Themenbereich unstreitig die Vormachtstellung, allerdings zunächst nur als Zeichner und Graphiker. Doch seit 1849 schuf er dann die Folge von Gemälden zum Leben und Wirken Friedrichs des Großen, die ihm in den fünfziger Jahren auch im Bereich der Malerei die Führungsposition eintrug.

Seine ständige bildkünstlerische Auseinandersetzung mit seiner Umgebung ist bis zu einem gewissen Grade ebenso unter diesem Blickwinkel zu sehen. Als er beispielsweise für das Krönungsbild im Garde-du-Corps-Saal des Berliner Schlosses die vielen Teilnehmer an der Krönungsfeierlichkeit nach und nach porträtierte, überbrückte er so manche Wartezeit mit Studien von Ritterrüstungen und Ritterfiguren, die dort noch im Raum standen. Daraus resultierten etwas später die »Rüstkammerphantasien«, die wiederum mit historischen Genrebildern seiner Hand korrespondierten.

Ein Ausdruck seiner Arbeitsökonomie war gleichfalls die Tatsache, daß er bei der Verwirklichung eines vorerst nicht sonderlich interessant erscheinenden Auftrages sich selbst künstlerische Aufgaben stellte, um sich zielstrebig auf dem Wege der Vollendung weiterzubringen. Ottomar Beta bekannte er: »Ich hatte ein Prinzip, damit fing ich an, und damit höre ich auf: alles, was ich angriff, so gut zu machen wie möglich, auch wenn es in den Augen der Leute geringfügige Dinge waren.«[12]

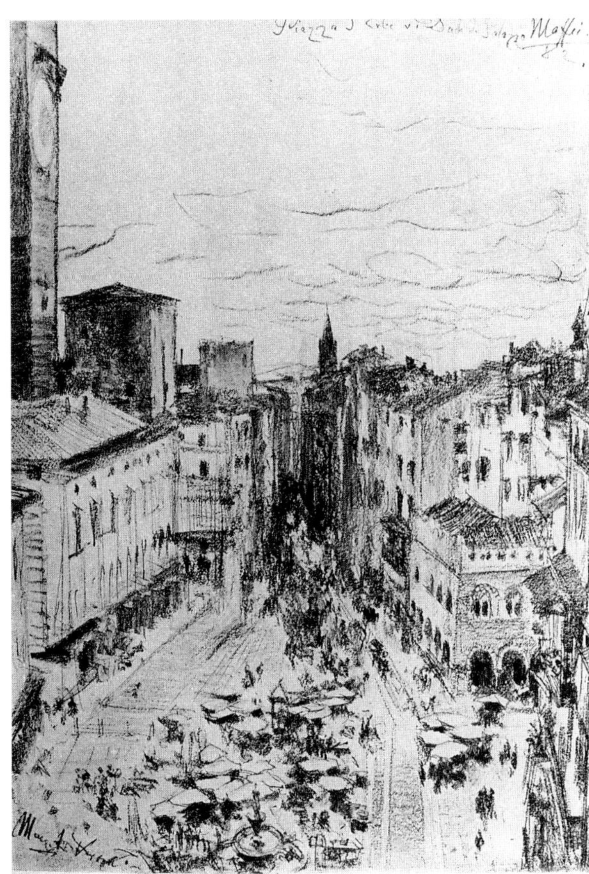

137 Piazza d'Erbe in Verona, 1882, Bleistift

Menzel hat einmal die Ansicht geäußert: »Alles *Zeichnen* ist gut, *alles* zeichnen noch besser.«[13] Einige Kunsthistoriker haben diese Worte zum Anlaß genommen, um den Künstler als eine Zeichenmaschine darzustellen, die alles aufs Papier brachte, was ihr in den Weg kam. Es ist aber auch überliefert, daß Menzel gesagt hat: »Zeichnungen nämlich behufs Verkaufens mache ich gar nicht; in der Regel nur als Naturstudium gleich bestimmtem Bilde oder als Gelegenheitssache für eventuell.«[14] Menzel, der bedeutendste und emsigste Zeichner in der deutschen Kunstgeschichte zeichnete also nicht nur, um sich zu üben, sondern um seine Bildphantasie anzureichern und sich einen Vorrat für schon in Arbeit befindliche, geplante oder etwaige Bilder zu schaffen. Er zeichnete also nicht schlechthin alles. Natürlich gab es auch noch andere Beweggründe für ihn, zum Zeichenstift zu greifen, so z. B. persönliche Verehrung für etwas oder um eine Situation oder ein Bau- und Kunstwerk für die Nachwelt zu dokumentieren. Im übrigen tauchen in seinem zeichnerischen und zum Teil auch in seinem malerischen Werk vergleichsweise viele Bilder auf, die von erhöhtem Standort aufgenommen worden sind. So blickte er beispielsweise von der Nürnberger Burg auf das Dürerhaus und vom Dach des Palazzo Maffei auf den Marktplatz von Verona [Abb. 137]. Diese Vorliebe für den »Türmerblick« war sicherlich zum Teil seiner Zwergwüchsigkeit geschuldet.

Menzels Kunst verrät die Sicht und Mentalität des Großstädters. Wie nur wenige deutsche Künstler seiner Zeit hat er auf die im Zuge der industriellen Revolution stürmisch vorangetriebenen Urbanisierungsprozesse reagiert und vielfältig großstädtische Lebensweise reflektiert.

Der Kunsthistoriker Friedrich Eggers, den Menzel gut kannte, betonte in dem 1852 im »Deutschen Kunstblatt« erschienenen Aufsatz »Über Stoffe für Genre- und Landschaftsmaler«: »... es gibt unendlich viel Poesie in dieser und um diese Stadt ...«[15] Und er forderte die Künstler auf, sich stärker mit Großstadtthemen auseinanderzusetzen.

Damals wuchsen die deutschen Städte in einem bis dahin nicht gekannten Tempo. Allein in Berlin stieg von 1849 bis 1875 die Einwohnerzahl von 378 000 auf nahezu eine Million.[16] Trotz dieser raschen Zunahme der Stadtbevölkerung und der damit verbundenen Probleme und trotz der umfangreichen Baumaßnahmen und Betriebserweiterungen und -modernisierungen lenkten damals nur wenige Maler ihr Augenmerk auf diese Prozesse.

Nach der gescheiterten Revolution von 1848 wurden verhältnismäßig selten Szenen aus dem großstädtischen Bereich gemalt, was sicherlich zum Teil im Zusammenhang mit jener politisch motivierten Großstadtfeindlichkeit stand, wie sie besonders der einflußreiche konservative Kulturhistoriker

Wilhelm Heinrich Riehl schürte. Dieser sah nämlich in der Großstadt »die Quelle und das Symbol allen gesellschaftlichen Übels seiner und jeder anderen Zeit« [K. Bergmann].[17]

Menzel war mit Leib und Seele Großstädter. Bereits Theodor Fontane äußerte über ihn: »Gewiß war ihm Berlin eine Notwendigkeit [Menzel 50 Jahre lang in Filehne wäre nicht Menzel mehr] ...«[18] Nahezu zwei Jahrzehnte später meinte Franz Hermann Meissner in seiner 1902 erschienenen Menzel-Monographie: »Menzel ist durch und durch Stadtgewächs, mit der Stadtkultur verwachsen ...«[19] Und Anton Werner sagte auf der Trauerfeier der Königlichen Akademie der Künste für Menzel: »... die Berliner Luft war sein Lebenselement.«[20]

In der Tat prägte die Großstadt den Künstler ganz wesentlich. Auf mehreren Bildern hielt er das rasche Wachsen der Stadt fest, und er zeigte Baustellen und Bauarbeiter. Besonders faszinierten ihn jedoch, wie es scheint, das emsige Großstadtgetriebe und das verschiedenartige Verhalten von Menschen in der Menge. So schilderte er Menschen, die der Aufbahrung der Märzgefallenen auf dem Gendarmenmarkt und der Abreise Wilhelms I. zur Armee Unter den Linden beiwohnten. Auch auf nächtlicher Straße hielt er sie fest, so beim Beenden eines Fackelzugs oder beim Bummel über den Weihnachtsmarkt in der Breiten Straße. Ebenso zeigte er sie als Erholungsuchende im Zoo und Ausflugslokal, im Restaurant und Café, in der Oper und im Konzertsaal. Er setzte mit leichter Ironie die geschlossene Gesellschaft bei Hoffesten ins Bild und zeichnete und malte andrerseits Fabrikarbeiter im Eisen-, Kupfer- und Messingwerk von Carl Justus Heckmann. Vielfältiges städtisches Leben, aber auch unterschiedliche Regionen des Stadtorganismus führte er zu verschiedenen Tages- und Jahreszeiten vor Augen. Seine Kunst enthält Blicke auf triste Hinterhöfe und Stadtrandgebiete, aber auch Mondscheinansichten vom Anhalterbahnhof und von der Friedrichsgracht. Das Gestalten von Stimmungshaftem und Novellistischem erschien ihm wichtig. Er erzählte »Stadtgeschichten«, wie sie damals der Arzt und Schriftsteller Max Ring zuhauf über Berlin veröffentlichte. Die heterogene Menge, das Dynamische und Momentane wurden zu zentralen Gestaltungsproblemen für ihn. Ohne sein Leben in der Großstadt hätte er wohl kaum den Sinn dafür entwickeln können.

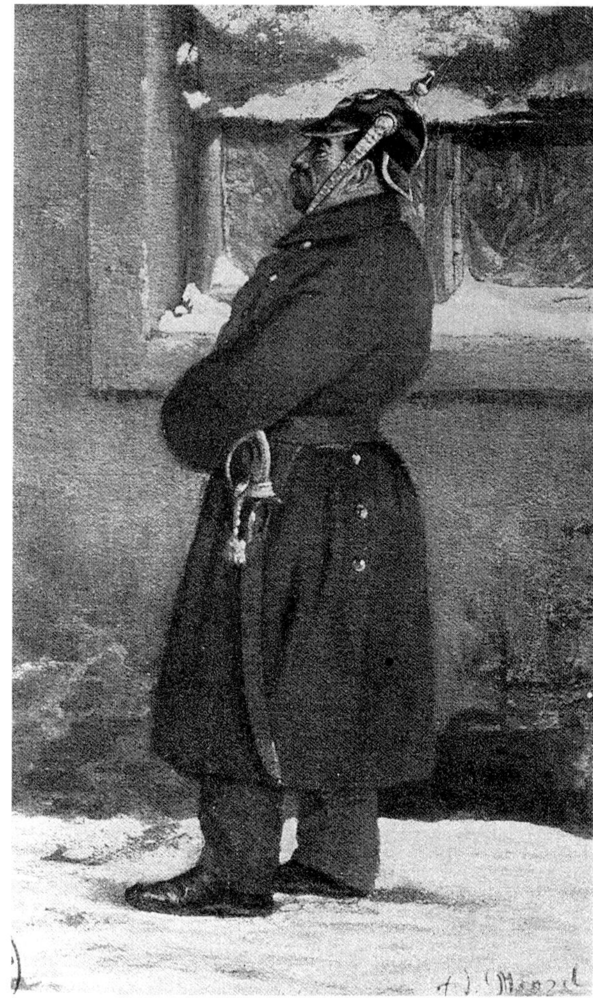

138 Berliner Schutzmann im Winter, um 1843, Deckfarben

Für die Auseinandersetzung mit dem Großstadtthema hat er von vielen Seiten her Anregungen aufgenommen, von der hehren wie von der populären Kunst. Von den Berliner Künstlern haben ihn sicherlich Carl Blechens Dächermotive und Franz Krügers Paraden interessiert, gewiß auch Franz Burchard Dör-

187

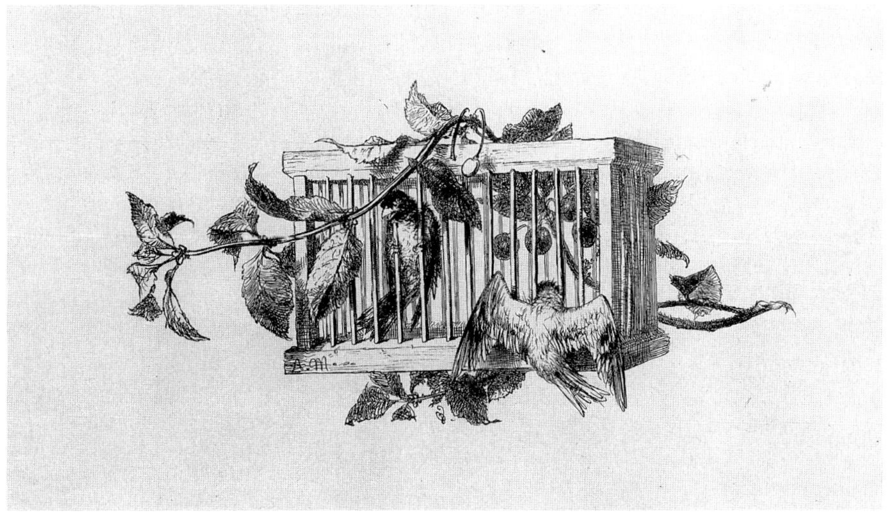

139 Vogelkäfig mit Kirschzweig, Illustration zu den Werken Friedrichs des Großen, 1846-1857, Holzstich

becks und Theodor Hosemanns Großstadttypen sowie die Fabrikdarstellungen Eduard Biermanns und die mit reichhaltiger Staffage versehenen Stadtbilder Eduard Gärtners.

Wie viele Großstädter besaß er eine tiefe Tierliebe. Der Maler Albert Hertel überlieferte, daß Menzel und sein Schwager Krigar es nicht übers Herz brachten, eine in der Wohnung gefangene Maus zu töten. Die beiden setzten das Tier nachts in der freien Natur wieder aus.[21]

Es ist bekannt, daß Menzel jedwede Tierquälerei, die ihm begegnet ist, zu unterbinden versucht hat. Mit Freude fütterte er Spatzen, und oft besuchte er Tiergärten.[22] Nachdem er im August 1880 im Dresdener Zoo gewesen war, schrieb er der Familie Krigar: »Dort an den ohrenzerspaltend schreienden Kakadus herumgezeichnet, sie dann als Modellgeld die Reihe entlang gekrabbelt.«[23]

Sein »Kinder-Album«, eine zwischen 1863 und 1883 entstandene Sammlung von Deckfarbenbildern, die er den beiden Kindern seiner Schwester gewidmet hat, enthält eine ganze »Arche Noah«. Sogar eine Ratte befindet sich darunter, die sich damals keiner Publikumsgunst erfreut hat. Menzel schilderte in der aus 44 Blättern bestehenden losen Folge Tiere in der freien Natur, als freie Lebewesen im städtischen Raum und als Wesen, die der Mensch zu seiner Freude und zu seinem Nutzen gefangenhält. Auch auf vielen anderen Bildern gab er Tiere wieder, so beispielsweise auf dem Gemälde »Meissonier im Atelier« [1869], auf dem der am Boden liegende schottische Windhund aufmerksam dem malenden Herrn zuschaut. Ebenso erscheinen Tiere auf zahlreichen seiner Buchillustrationen, wo sie zum Teil in sinnbildhaften Zusammenhängen agieren. Ein schönes Beispiel hierfür bietet jener Holzstich aus den Werken Friedrichs des Großen, der der »Epistel an meinen Bruder Ferdinand« beigegeben worden ist und Gedanken »Über die Wünsche des Menschen« verbildlicht. Ein gefangener Vogel mißachtet dort den ihm in den Käfig geworfenen mit reifen Kirschen behangenen Zweig und sieht sehnsüchtig durch die Stäbe ins Freie, während ein anderer Vogel an den Käfig geflattert kommt und den Kopf durch das Gitter zwängt, um an die verlockenden Früchte zu gelangen [Abb. 139].

Insbesondere im Alter wirkte Menzel auf viele unnahbar und rauhbeinig. Sein Freund Ludwig Pietsch erkannte, »daß jene bis zur Grobheit sich steigernde Rauheit, die er nach außen kehrte, doch nur eine Art Panzer war, in den er sich zum Schutz gegen auf ihn eindringendes Feindliche, Lästige und Widerwärtige hüllte.«[24] Bettelbriefe und Bittgesuche überfluteten und bedrängten ihn, als er berühmt geworden war. Man bat um Geld, schriftliche Begutachtung von Zeichen- und Malutensilien oder um Beurteilung von Kinder- und Dilettantenarbeiten. Häufig wurde er auf der Straße, in Restaurants und anderswo mit solchen und ähnlichen Ansinnen gepeinigt. Er ärgerte sich über sie, da sie ihn von der Arbeit abhielten und weil er das Gefühl hatte, ausgenutzt zu werden. Generell half er jedoch gern, wenn er der Überzeugung war, daß seine Hilfe wirklich Bedürftigen zugute kam. Paul Meyerheim wies darauf hin: »Er hat, wenn es sich um Unterstützung von hilfsbedürftigen Künstlern oder zu wohltätigem Zweck veranstalteten Basaren und Lotterien handelte, immer kostbare Blätter gespendet, mit deren Wert kein Beitrag der anderen Wohltäter konkurrieren konnte. Bei Geldsendungen war er sein eigner Bote, damit niemand etwas davon erführe.«[25] Menzel hat nicht nur großformatige Transparentbilder für den Unterstützungsverein Berliner Künstler und ihrer Hinterbliebenen gemalt, sondern auch eine ganze Reihe von Hilfsaktionen mit unentgeltlich bereitgestellten Arbeiten unterstützt. Eine sehr großzügige Spende war sein Gemälde »Borussia« [Farbtafel 16], das er auf den Basar zum Besten der Notleidenden Ostpreußens gab und das der Geheimrat Mendelssohn zusammen mit vier Gemälden von anderen Künstlern für 2000 Taler erwarb.[26] Später schuf Menzel das Titelblatt zu der »Matinée zum Besten der in Notstand befindlichen Bewohner Oberschlesiens im Königlichen Opernhause«, die am 11. Januar 1880 in Berlin stattfand [Abb. 140]. Nahezu anderthalb Jahrzehnte darauf übereignete er die großformatige Bleistiftzeichnung »Kopf eines alten Mannes« der »Tombola der Königlichen Akademie der Künste zu Berlin zum Besten der Unglücklichen in Sizilien 1894«, die in den Besitz des Architekten Hermann Gustav Louis Ende gelangte. Ebenso förderte er durch Stiftungen kulturelle Einrichtungen. Für eine Verkaufsaktion zugunsten des Bayreuther Festspielhauses steuerte er die Zeichnung »Salon der Frau von Schleinitz am 20. Juni 1874« [1874] bei, die der österreichische Porträtist Heinrich von Angeli erwarb.

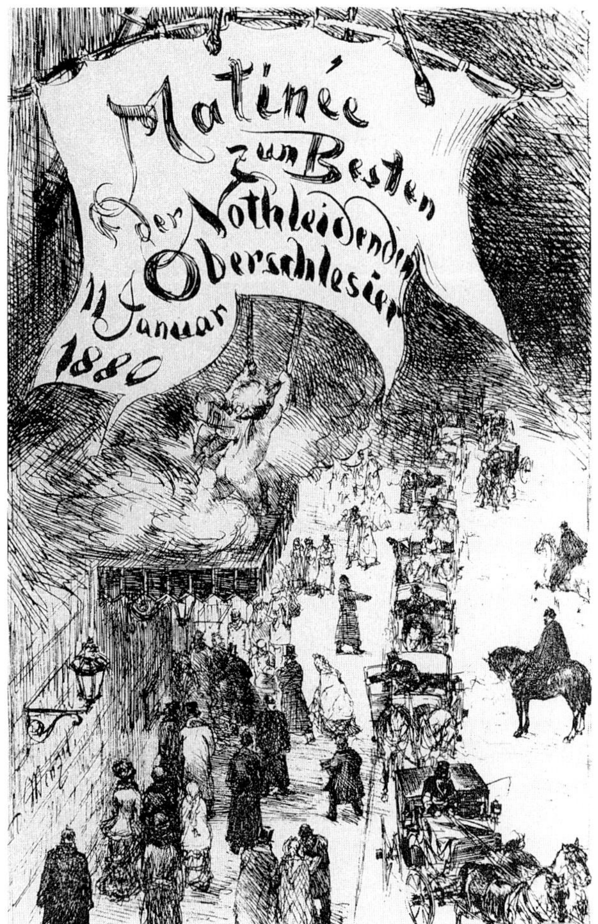

140 Deckblatt für das Programm einer Wohltätigkeitsveranstaltung, 11. Januar 1880, Photolithographie

Für seine Freunde trat Menzel sogar mit der Feder ein, wenn erforderlich auch mit Vehemenz. Instruktive Beispiele hierfür bieten seine Beiträge in der »Vossischen Zeitung« vom 19. April 1859, 10. August 1859 und 2. April 1869, in denen er für Eduard Magnus und Fritz Werner Lanzen brach und sie gegen ungebührliche Angriffe und zum Teil sogar gegen Verleumdungen seitens Richard Fischers und Max Schaslers in Schutz nahm.[27]

Menzel litt sehr unter seinem Äußeren, besonders in jungen Jahren. Zu Max Jordan, dem ersten Direktor der Nationalgalerie, sagte er einmal: »Aber es wäre mir ganz nützlich gewesen, wenn ich die Akademie länger besucht hätte; nur, wissen Sie, es war ein gewisser Stolz im Wege; den Krüppel bedauert man – der Kleine wird belächelt. Das habe ich stark empfunden mein Leben lang, am stärksten in der Jugend.«[28]

Sein Mißwuchs wirkte vielfältig auf sein Verhalten zurück. Oft verhielt er sich schroff und abweisend, da er nicht Anlaß für Mitgefühl oder gar Mitleid geben wollte oder weil er sich zu wenig respektiert wähnte. So mißtraute er auch mancher Freundlichkeit, die ihm erwiesen wurde. Und natürlich beeinflußte seine körperliche Erscheinung sein Verhältnis zu Frauen.

In Menzels Testament heißt es: »Nicht allein, daß ich ehelos geblieben, habe ich auch lebenslang mich jederlei Beziehung zum anderen Geschlecht [als solchem] entschlagen. Kurz, es fehlt an jedem selbstgeschaffenen Klebstoff zwischen mir und der Außenwelt.«[29] Menzel war zeitlebens Junggeselle, und da er nicht gewillt war, bei Frauendarstellungen beschönigend vorzugehen, geriet er bald in den Ruf eines Frauenfeindes. Allerdings gab es immer wieder auch Stimmen, die das dementierten. So meinte beispielsweise die Schriftstellerin Agnes Schöbel in ihrem Aufsatz über den Künstler: »Die weit verbreitete Ansicht, daß Menzel ein griesgrämiger Weiberfeind sei, ist wie so manches über ihn umlaufende Geschichtchen Legende. Er ist charmant mit Damen, von einer feinen altmodischen Galanterie, wenn er auch die schönste Frau und ihren Namen bald wieder vergißt. Daß sein Inneres je von einer großen Liebe, ja nur von einer flüchtigen Neigung erfüllt gewesen wäre, davon meldet keine Überlieferung der mit ihm jung Gewesenen.«[30] Menzels langjähriger Freund Ludwig Pietsch bestätigte Letzteres: »Das Ewig-Weibliche hat, soviel man bemerken konnte, nie eine irgend wichtige Rolle in seinem inneren und äußern Leben gespielt, hatte ihn nie ›hinan-‹, aber freilich auch nie hinabgezogen, wie so viele Künstler.«[31]

Aber Sympathien und Verehrung hat er einigen Frauen entgegengebracht. Soweit es sich feststellen läßt, hat er in jungen Jahren für drei Frauen eine tiefere Zuneigung besessen: zu der ältesten Tochter des Kunsthändlers Louis Friedrich Sachse, zur Tochter des Geheimrats Schaumann und zu Friederike Arnold, der Tochter seines Freundes Carl Heinrich Arnold.

Wie schon an anderer Stelle angeführt, hat Sachses Enkel, der Kursmakler Alfred Sachse, auf Menzels »freundschaftliche Schwärmerei für die älteste Tochter Sachses« hingewiesen, »die fast zur Verlobung geführt hätte.«[32]

Carl Johann Arnold, der Bruder Friederikes, überliefert in seinen »Erinnerungen aus meinem Zusammenleben mit Adolph Menzel«: »Daß Menzel ein sogenannter Weiberfeind gewesen sein sollte, ist, wie ich aus Erfahrung sagen kann, keineswegs der Fall gewesen; er unterhielt sich sehr gern, oft Abende lang, mit Damen, die ihn in liebenswürdiger Unterhaltung auch geistig fesseln konnten. So interessierte er sich sehr lebhaft für eine Dame, die bei ihnen im Hause, Ritterstraße 43, wohnte, Tochter des Geheimrats Schaumann, und täglich bei Menzels verkehrte.«[33]

Friederike Arnold, genannt »Fritzchen«, hatte enge Freundschaft mit Menzels Schwester Emilie geschlossen. 1845 weilte sie für kurze Zeit in Berlin, wo Menzel sie auch zeichnete und malte [Berlin, Nationalgalerie]. Gezeichnet hatte er sie schon 1841 einmal, wohl während seines Aufenthaltes in Kassel [Nürnberg, Germanisches Nationalmuseum]. Als sie sich mit Professor Henkel, dem späteren Hofrat der Gesandtschaft in Bern verheiratete, schrieb er am 25. Januar 1850 ihrem Vater: »Ich wünsche vom Grund meines Herzens, daß Fritzchen das Glück haben möge, was ich, wenn ich mich in den Fall dächte, möchte in jeder Art bereiten können.«[34] Als Menzel 1845 Friederike Arnold porträtiert hatte, war er doch, wie es scheint, etwas befangen gewesen. Auch wenn es sich um ein frühes mit Ölfarben ausgeführtes Bildnis handelt, so wirkt es konventionell. Offensichtlich hat er hier an die Porträtmalerei seines Freundes Eduard Magnus angeknüpft. Das zwei Jahre darauf mit farbiger Kreide geschaffene

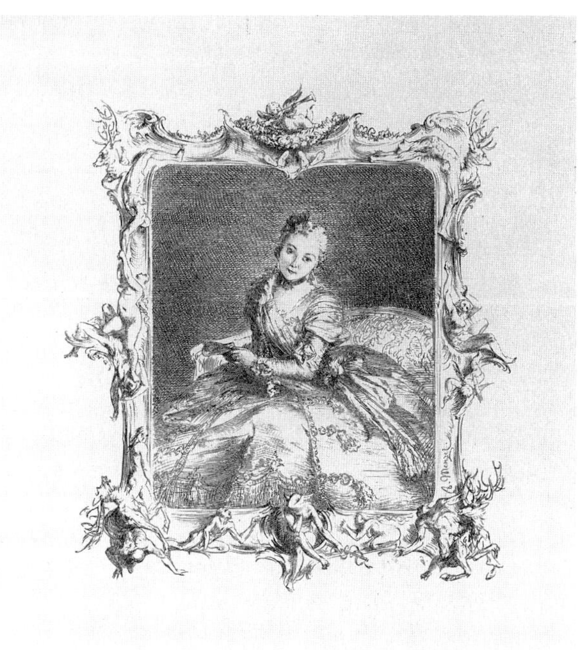

141 Madame de Pompadour, Illustration zu den Werken Friedrichs des Großen, 1846-1857, Holzstich

Bildnis von Caroline Arnold erscheint hingegen viel souveräner und lebensvoller, lichter und lockerer.

In der zweiten Hälfte seines Lebens hatte er eine gewisse Zuneigung zu einer Frau entwickelt, die häufig sein Modell war. Der Schriftsteller Axel Delmar verwies darauf: »Auch konnte ich beobachten, daß er seine weiblichen Modelle noch weniger berücksichtigte als die männlichen – mit einer Ausnahme! Vielleicht ist damit die sensationelle Eröffnung gegeben, daß die kleine Exzellenz doch einmal eine Neigung verspürte und nur schwer ihrer Herr werden konnte. Bei aller Einfachheit hielt er etwas auf ›Stand‹ und mochte der Welt nie gern Stoff zu Gerede oder gar zur Nachsicht geben. Möglich, daß er diese Rücksicht walten ließ und sich damit begnügte, an die vierzig Jahre ein weibliches Modell zu empfangen, das er mir einmal als ›einzige Liebe‹ bezeichnete.«[35]

Fraglos schlug sich Menzels Verhältnis zu Frauen in seiner Kunst nieder. Leidenschaftliche Liebesszenen wiederzugeben war nicht seine Sache. Dennoch gibt es in seinem Gesamtwerk erotische Spurenelemente. Am offensichtlichsten treten sie in einer Vignette zu den Werken Friedrichs des Großen zutage, und zwar in einer Darstellung, die dem fingierten satirischen »Brief der Marquise von Pompadour an die Königin von Ungarn« zugeordnet ist, in dem die berühmte Mätresse Ludwigs XV. von Frankreich Maria Theresia um Lockerung gestrenger Sitten bittet [Abb. 141]. Das Bildnis der Marquise befindet sich auf Menzels Illustration in einem rokokoartigen Rahmen, der Szenen enthält, die auf das Hirschparktreiben Bezug nehmen. Als Bekrönung erscheint ein kleiner Amor, der in die Fanfare stößt, während unterhalb der Girlande die Fußsohlen eines Liebespaares hervorschauen.

Der verbissenen wie hingebungsvollen Konzentration Menzels auf die Kunst wäre ein anderes Verhältnis zu Frauen vielleicht abträglich gewesen. Ludwig Pietsch, Vater einer kinderreichen Familie sowie bildender Künstler mit kargem Erfolg, meinte, in diese Richtung weisend: »Jedenfalls hat jene Freiheit Menzels von dem beherrschenden Einfluß des Weibes auf sein Dasein und Handeln ... viel dazu mitgewirkt, ihm eine so außerordentliche Ausnutzung der Zeit und eine so rücksichtslose Hingebung an die künstlerische Arbeit zu ermöglichen.«[36]

Menzels Ruhm und Menzelkult

»Für Menzel hat die Mitwelt so viel getan, daß der Nachwelt fast nichts mehr zu tun bleibt«, schrieb Maximilian Harden in seinem Essay über Menzel.[1] Schon zu Lebzeiten erschienen mehrere Monographien über ihn, und eine Vielzahl von Personalausstellungen im In- und Ausland machte auf seine künstlerische Größe aufmerksam. Er wurde mit Ehrungen überhäuft und schließlich sogar geadelt und mit dem höchsten preußischen Orden bedacht. Ruhmesreden begleiteten ihn bis ins Grab. Zudem fertigten zahlreiche Zeitgenossen mit und ohne Auftrag Porträts von ihm an, und etliche Fotografen hielten gleichfalls sein Äußeres fest.

Menzel fand frühzeitig Anerkennung. Bereits in den dreißiger Jahren wurde er in Rezensionen beachtet. So hatte sich der Akademiedirektor Gottfried Schadow in der »Allgemeinen Preußischen Staatszeitung« vom 14. Januar 1834 sehr eingehend und lobend mit Menzels Lithographien zu »Künstlers Erdenwallen« befaßt.[2] Sogar in dem damals viel gelesenen »Neuesten Conversations-Handbuch für Berlin und Potsdam«, das 1834 von Leopold Freiherr von Zedlitz herausgegeben worden ist, heißt es: »Noch im Laufe dieses Jahres [1834] wird das umfassende vaterländisch-historische Werk, Hauptmomente aus der Brandenburgisch-Preußischen Geschichte, aus 16, von A. Menzel komponierten und lithographierten Blättern bestehend, im Selbstverlage des Instituts erscheinen, welches, nach dem vorliegenden bereits vollendeten Probeblatt zu urteilen, in jeder Hinsicht ein klassisches Werk zu werden verspricht.«[3]

Mit den Illustrationen für Franz Kuglers »Geschichte Friedrichs des Großen« stand er in der ersten Reihe der deutschen Buchillustratoren, da hatte er sich als Graphiker und Zeichner durchgesetzt. Als die erste Lieferung des Werks erschien, war Menzel 25 Jahre alt. Als Maler erreichte er jedoch erst im Laufe der fünfziger Jahre breitere Anerkennung. Den Durchbruch erzielte er schließlich mit dem 1856 vollendeten Hochkirch-Bild. Fünf Jahre darauf erhielt er den Staatsauftrag, das Krönungsbild zu schaffen. Aber dann bekam seine Kunstkarriere einen Knick: Bis 1873 wurde er weder vom Staat noch von der Stadt mit einem großen Auftrag bedacht, der seinem Können auch nur annähernd angemessen gewesen wäre. Diese Tatsache verbitterte ihn. Letztlich suchte er sich selbst eine künstlerische Herausforderung: die Darstellung der Arbeit in einem Eisenwalzwerk. Mit diesem 1875 abgeschlossenen Bild war sein Ruhm in Deutschland wie im Ausland gesichert.

Als Zeichen seines wachsenden Ansehens sind auch die Einreichungen von Werken seiner Hand zu offiziellen Ausstellungen im Ausland zu bewerten. So wurden in Paris auf der Weltausstellung des Jahres 1855 die »Tafelrunde Friedrichs des Großen in Sanssouci« und auf der von 1867 das Hochkirch-Bild gezeigt. Letztgenanntes Gemälde war bereits 1862 zur Londoner Industrie-Ausstellung gesandt worden. Später ging das »Eisenwalzwerk« nach Paris. Anton von Werner erinnerte sich: »... in der deutschen Kunstabteilung der Pariser Weltausstellung 1878 war das Bild der Clou unserer Abteilung, das noch vor ihrer Eröffnung zahlreiche französische Künstler herbeilockte...«[4]

Seit Beginn der sechziger Jahre fanden zahlreiche Menzel-Ausstellungen statt. Umfängliche Expositionen mit seinen Werken waren in Berlin 1861 im Kunstverein, 1863, 1885 und 1895 in der Königlichen Akademie der Künste sowie 1884 und 1895 in der Nationalgalerie zu sehen. Des weiteren wurden 1891, 1894 und 1904 Menzel-Ausstellungen in Dresden, 1892 in München, 1896 in Hamburg, 1903 in Leipzig und 1904 in Düsseldorf veranstaltet, 1885 auch in Paris, 1896 in Wien und 1903 in London. Von besonderem Interesse sind in diesem Zusammenhang die beiden Berliner Personalausstellungen der sechziger Jahre. 1861 zeigte Menzel im Hofgebäude Unter den Linden 21, und zwar in jenem Saale, in dem früher die Gemäldesammlung des Grafen Athanasius Raczynski gehangen hatte, »eine größere Auswahl von Gemälden, Naturstudien, Skizzen und Entwürfen in Öl-, Aquarell-, Gouache- und Pastellfarben, Bleistift-, Kreide- und Federzeichnungen, die er aus der Verborgenheit in seinem Zimmer und in seinen Mappen hier ... zum ersten Mal an die Öffentlichkeit brachte. Es waren geschichtliche Genrebilder aus den Zeiten des großen Friedrich und aus älteren Epochen; dem Leben abgelauschte Darstellungen aus der uns umgebenden Wirklichkeit, aus der Gesellschaft, von der Straße, aus dem zoologischen Garten, den Konzertsälen, dem Theater; Studienköpfe, Halbfiguren und Einzelgestalten; Phantasiestücke von der originellsten Erfindung; Kostümstudien, Landschaften und Architekturstücke.«[5] Zwei Jahre darauf kam es im Berliner Akademiegebäude zu einer Ausstellung seiner Frideriziana. Theodor Fontane schrieb darüber in der »Neuen Preußischen Zeitung«: »Wenn uns eine kleinere Menzel-Ausstellung [vor etwa einem Jahr] den Genremaler pur et simple gab, so haben wir ihn hier speziell auf dem Gebiete vor uns, auf dem er bahnbrechend und epochemachend gewesen ist.«[6] Die Resonanz auf beide Unternehmungen war allerdings recht verhalten. Besonders hart traf es Menzel, daß seine erste Ausstellung, die einen guten Einblick in sein Gesamtschaffen gestattete, »nur sehr mäßig« besucht wurde.[7] Ludwig Pietsch schrieb dazu: »Bei dem damals im großen sogenannten Publikum Berlins noch ziemlich herrschenden Geschmack konnten jenem die meisten dieser bewunderungswürdigen Arbeiten unseres größten künstlerischen Genius freilich keine besondere Befriedigung gewähren. Galt doch damals für so viele unter den Gebildeten Wilhelm von Kaulbach noch immer als der große unerreichte Meister...«[8] Später

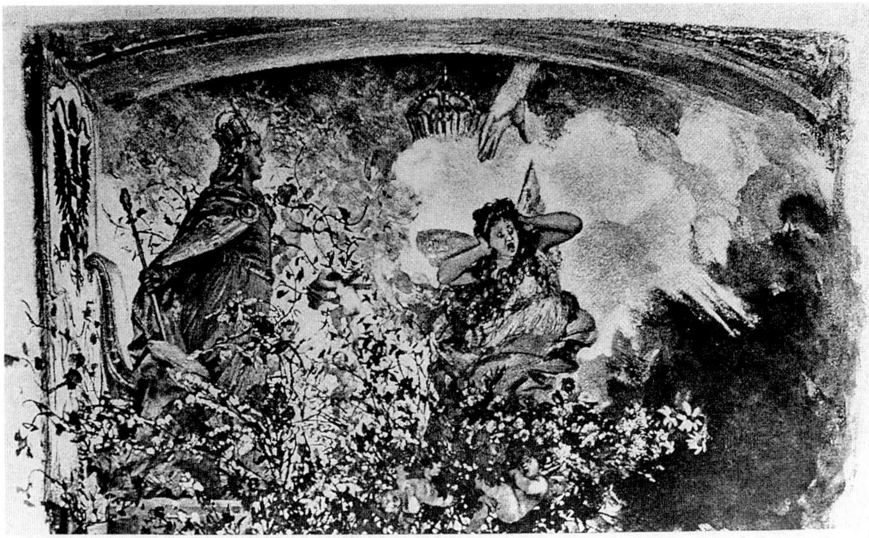

142 Adresse der Akademie der Künste an Kaiser Wilhelm I. nach dem Attentat 1878, Ausschnitt

äußerte Menzel über die Ausstellung von 1861, an die er so große Erwartungen geknüpft hatte: »Der Überschuß sollte dem Verein Berliner Künstler zugute kommen; aber statt dessen habe ich noch 33 Taler zugesetzt. Und von den vielen Sepiaskizzen, Gouachebildern, Aquarellen dieser Ausstellung habe ich damals auch nicht eine verkauft.«[9] In den sechziger Jahren, wahrscheinlich in der zweiten Hälfte, als größere Aufträge ausblieben, dachte er sogar daran, nach Paris überzusiedeln.[10]

Wenn hier auf Marksteine von Menzels Ruhmesweg gewiesen wird, so ist natürlich des Künstlers Verbindung zur Königlichen Akademie der Künste zu Berlin ins Auge zu fassen. Am 8. November 1853 wurde er zu ihrem Mitglied gewählt und drei Jahre darauf zum königlich-preußischen Professor der Akademie ernannt.[11] 1875 wurde er in den Senat der Akademie berufen, und anläßlich seines 80. Geburtstages wurde er Ehrenpräsident und 1898 schließlich Ehrenmitglied des Senats dieser Einrichtung. Im Laufe der Zeit beriefen ihn natürlich auch mehrere ausländische Kunstakademien zum Ehrenmitglied, und zwar die von Stockholm, Rom, Brüssel, Petersburg, Wien, Paris und London.

Aus den Verbindungen zur Berliner Akademie resultierten einige künstlerische Arbeiten, so schuf er u. a. die »Adresse der Akademie der Künste an Kaiser Wilhelm den Großen nach dem Attentat vom 11. Mai 1878«[12] und die »Adresse zum 200jährigen Jubiläum der Berliner Kunstakademie« [1896/96, Berlin, Nationalgalerie] sowie die beiden überlebensgroßen Ganzfigurenporträts von Bismarck und Moltke für die Festdekoration der Akademie der Künste anläßlich des Truppeneinzugs zur Siegesfeier am 16. Juni 1871 [Potsdam-Sanssouci].

1885 wurde Menzel von der Berliner Friedrich-Wilhelm-Universität zum Doctor honoris causa ernannt. In seinem Dankesbrief heißt es: »Die Aussprüche des Dokuments, das in schwungvollen Worten mich zu dem Ihrigen macht, überhebt mich sogar der naheliegenden Frage an mich selbst, wie denn ich, der Ungelehrte, in Wahrheit mich den Disziplinen der Historie, der Philosophie gegenüber verhalte? Und wie dem immer sei – meine Lebensarbeit in ihrer ›Totalität‹ – scheint doch nach außen den Eindruck hervorzurufen, als sei ich ein ›Beschlagener‹, ein Gefesteter –.«[13]

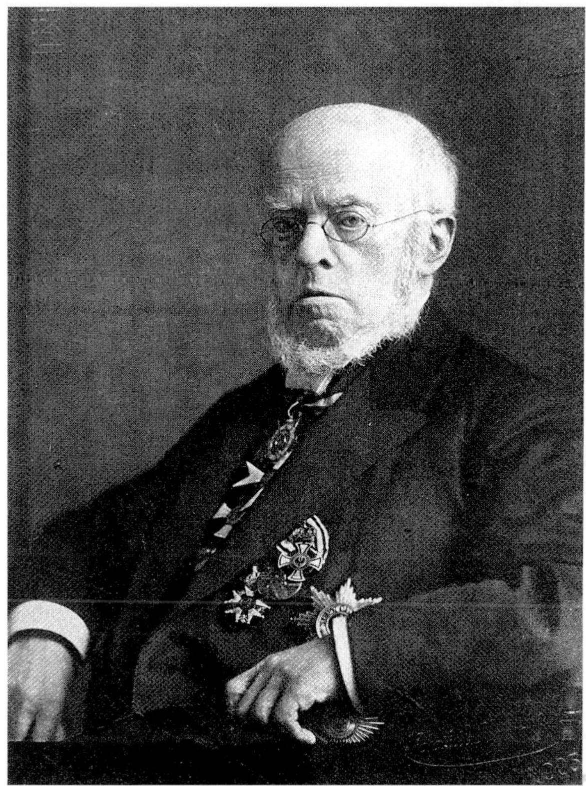

143 Menzel, Foto

Auch Städte trugen Menzel die Ehrenbürgerschaft an: 1885 seine Geburtsstadt Breslau und 1895 Berlin und Kissingen. Übrigens war vor Menzel nur ein bildender Künstler Ehrenbürger Berlins geworden: der Bildhauer Christian Daniel Rauch.

Zu den Ehrungen, die Menzel im Laufe der Jahre zuteil wurden, zählten natürlich mehrere Orden. 1867 erhielt er in Paris nicht nur die zweite Medaille, sondern auch den Orden der Französischen Ehrenlegion. Die deutschen Orden kamen erst später: Am 24. Januar 1870 wurde Menzel in den Pour le Mérite für Wissenschaften und Künste aufgenommen. Am 27. Dezember 1882 avancierte er zum Vizekanzler und am 16. Juni 1886 zum Kanzler dieses Ordens, den Friedrich II. gestiftet und den

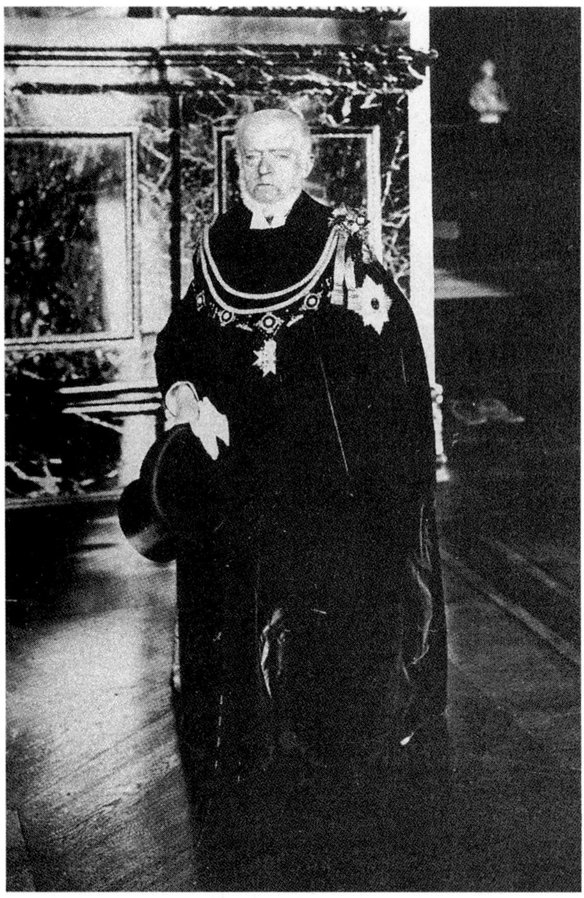

144 Menzel im Ornat des Schwarzen Adlerordens im Weißen Saal des Berliner Schlosses, Foto

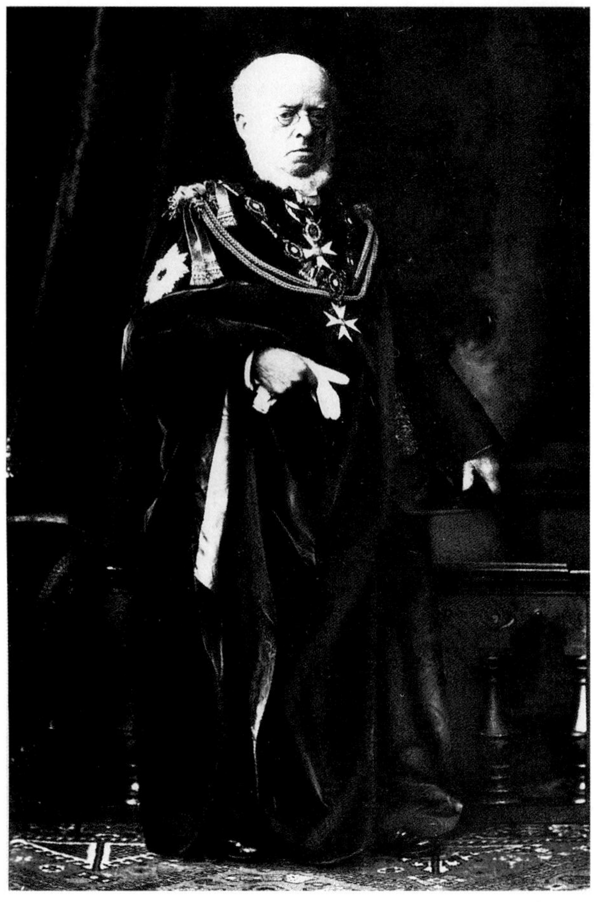

145 Menzel in Ordenstracht der Ritter des Schwarzen Adlerordens, Foto

Friedrich Wilhelm IV. 1842 um die »Friedensklasse für Wissenschaft und Künste« erweitert hatte.[14] Peter von Cornelius war der einzige bildende Künstler, der vor ihm dieselben Ämter in diesem statutenmäßig auf vierzig Mitglieder beschränkten Orden bekleidet hatte. Des weiteren erhielt Menzel noch folgende preußische Orden und Titel: 1876 den Hausorden von Hohenzollern III. Klasse, 1882 den Kronenorden II. Klasse, 1886 den Stern zum Kronenorden II. Klasse, 1895 den Roten Adlerorden I. Klasse mit Stern und dem Titel Wirklicher Geheimer Rat mit dem Prädikat Exzellenz, 1898 die Ernennung zum Ritter des Schwarzen Adlerordens und die damit verbundene Erhebung in den Adelsstand. Paul Meyerheim überlieferte das aufschlußreiche Verhalten Menzels angesichts dieser zuletzt erwähnten Ehrung: »Als Menzel den hohen Orden vom Schwarzen Adler erhalten, mußte der neue Ritter natürlich im vollen Ornat photographiert werden. Auf dem Bilde stand Se. Exzellenz neben einem großen Stuhl, und auf diesem sein Zylinderhut. Als er gefragt wurde, warum gerade dieser Hut dort stünde, ob er ihn mit besonderer Absicht aufgestellt habe, sagte Menzel sehr ernst: ›Gewiß habe ich dies absichtlich angeordnet, denn den hohen Orden bekommen nur gekrönte Häupter, Fürsten oder hohe Militärs. Mit dem schwarzen Zylinderhut wollte ich andeuten, daß ich einfacher Bürger bin.‹«[15] In der Tat war Menzel der erste Künstler, der diesen preußischen Orden erhalten hatte. Doch auch von anderen Ländern des deutschsprachigen Raums wurden ihm hohe Auszeichnungen zuteil: 1874 erhielt er den K. Bayerischen Maximilians-Orden und 1895 das K. K. Österreichische Ehrenzeichen für Kunst und Wissenschaft.

Seitdem Menzel am Krönungsbild malte, wurde er regelmäßig zu Hoffesten eingeladen.[16] Der französische Dichter Jules Laforgue, der von 1881 bis 1886 als Vorleser am deutschen Kaiserhof tätig war, erlebte die Hofbälle jener Zeit und entdeckte unter den häufigen Gästen u. a. die Gelehrten Mommsen und Helmholtz, den Geiger Joachim und natürlich Menzel. Über den Letztgenannten schrieb er: »... er ist nicht größer als der Stiefel eines Gardekürassiers und starrt voll Halsketten und Orden, darunter aber auch die Légion d'honneur; er dreht sich nach links, nach rechts, kennt jedermann und läßt keine dieser Soireen aus; wie ein Gnom geht er unter allen diesen Persönlichkeiten um, das Enfant terrible unter Historienmalern.«[17] Wenngleich der Dichter Menzels Aufmachung belächelte, so lag ihm dessen durchdringende Sicht auf die fragwürdige höfische Gesellschaft, wie er sie vor allem in dem Gemälde »Das Ballsouper« [1878, Berlin, Nationalgalerie] offenbart hatte, doch sehr nahe. Am 9. April 1882 schrieb nämlich Laforgue: »Und ich mache Notizen, immer Notizen. Aber ich werde niemals etwas über die Leute, die ich sehe, als Personen schreiben, sondern ich werde meine psychologischen Notizen transponiert verwenden.«[18] Schon Menzel hatte seine Beobachtungen »transponiert« ins Bild gesetzt und Porträtähnlichkeiten weitgehend vermieden. Paul Meyerheim bestätigte das: »Bei all diesen Gesellschaftsbildern hat er es

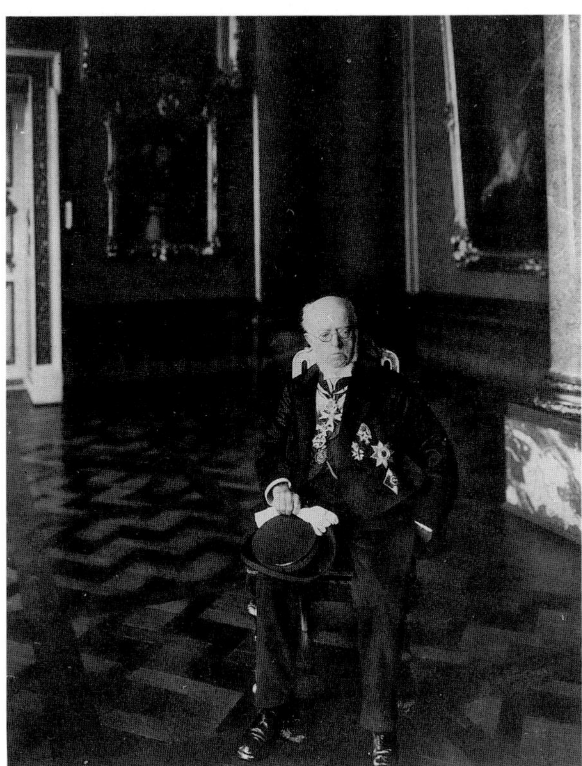

146 Menzel mit Orden, auf einem Stuhl sitzend, 6. Januar 1903, Foto

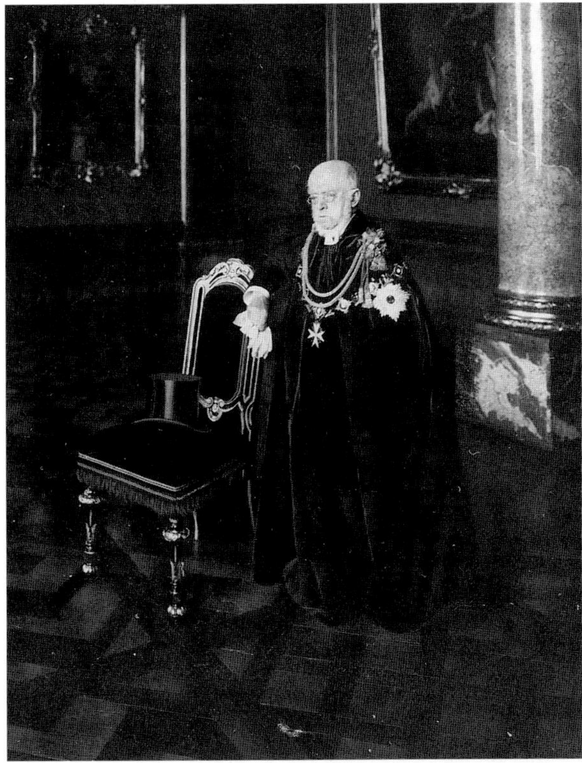

147 Menzel in der Tracht der Ritter des Schwarzen Adlerordens, 6. Januar 1903, Foto

stets verschmäht, Porträts aus den Hofkreisen anzubringen, und als er einmal darauf aufmerksam gemacht wurde, daß es doch interessant sein müßte, berühmte Schönheiten und bedeutende Leute auf seinen Hofbildern wiederzuerkennen, meinte er, daß er dies deshalb nicht tue, weil das Publikum die Bilder dann immer mit anderen Interessen ansehen würde als mit rein malerischen.«[19]

Der Kunstsammler Eduard Arnhold hatte nach einem Besuch des greisen Menzel folgende Äußerung des Künstlers niedergeschrieben: »Was die Nachwelt von einem Künstler hält, kann man nie vorher sagen; aber ich lebe gewissermaßen schon mit der Nachwelt. Über Raffaels Tod waren in meinem Lebensalter schon fünfzig Jahre vergangen. Also – ich bin meine Nachwelt.«[20] Menzel war sich demzufolge seines Nachruhms sicher, und alles, was der Verzierung seines Denkmalsockels und der Überlieferung seines Erscheinungsbildes sowie der Verbreitung seines Werks dienen konnte, wurde von ihm hilfreich unterstützt. Vor allem im Schauerschen Verlag zu Berlin ließ er zahlreiche Arbeiten photographisch reproduzieren. Fritz Sondermann registrierte in seiner 1895 erschienenen Menzel-Monographie Photographien von fast zweihundert Werken.[21] Um einen weiten Adressatenkreis zu erreichen, war Menzel sogar mit der großangelegten Vermarktung seines »Armeewerks« einverstanden. So überlieferte Franz Hermann Meissner in seinem Menzel-Buch [1902]: »Vor kurzem hat die Kölner Schokoladenfirma Stollwerk das in Menzels Händen verbliebene Original für 120 000 Mark aufgekauft, um die einzelnen Figuren in Dreifarbendruck auf Postkarten zur Reklame für ihre Firma übertragen zu lassen.«[22]

Wie gesagt, war Menzel darauf bedacht, daß sein Äußeres der Nachwelt überliefert wurde. So ließ er sich in Reinhold Begas' Atelier von einem Former, der übrigens auch Menzel hieß, die linke Hand mit dem Bleistift und die rechte Hand mit dem Pinsel abformen. Auch nahm er zahlreiche Sitzungen in Kauf, damit sein Konterfei von Künstlern festgehalten wurde.

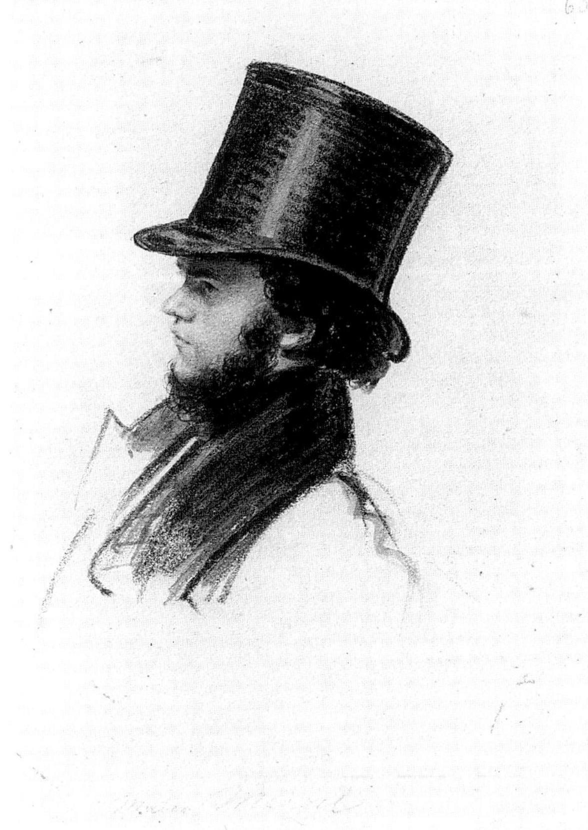

148 Franz Krüger, Adolph Menzel, 1839, Bleistift und Aquarell

Menzel wurde von zeitgenössischen Künstlern in Gemälden, Zeichnungen und Graphiken, aber auch in Skulpturen und Reliefs wiedergegeben. Er wurde von ihnen in Einzeldarstellungen, zumeist in Kopf- und Brustbildern, aber auch in szenischen Zusammenhängen gezeigt. Es entstanden Freundschaftsporträts sowie Bildnisse im Auftrag oder für den Verkauf, Porträts, die sich ganz auf den Dargestellten konzentrierten, also kein oder nur wenig Beiwerk enthielten, aber auch Bildnisse, die ihn im Atelier oder in figurenreichen Szenen wiedergeben. Und nicht nur in der hehren, sondern auch in der populären Kunst wurde er vor Augen geführt, in der Illustration ebenso wie in der Karikatur. Seit dem 60. Geburtstag häuften sich die Porträts.

Natürlich war Menzel daran gelegen, daß fähige Künstler sein Konterfei fixierten. Mit kritischen Bemerkungen über die entstandenen Bildnisse hielt er sich aber sehr zurück; zumeist bedachte er sie, wenn man den Überlieferungen glauben darf, mit wohlwollenden Äußerungen.

Als wichtigstes Zeugnis seiner frühen Anerkennung darf sicherlich die Wiedergabe seiner Person auf Franz Krügers »Eine preußische Parade« [1839, Potsdam, Neues Palais] gelten. Das großformatige Gemälde zeigte eine Parade des 1. Garde-Regiments zu Fuß vor Friedrich Wilhelm III. Unter den Linden. Unter den 240 wiedergegebenen Personen erscheinen sämtliche Hohenzollern, hohe Militärs und Staatsbeamte, Unternehmer, Gelehrte und Künstler. Im Auftrage des Königs hat der Hofmaler Krüger eine repräsentative Auswahl von Berlinern ins Bild gesetzt. Die Auslese erscheint als eine in Harmonie lebende Gemeinschaft, als großangelegtes Gruppenbild in einer scheinbar glücklichen und konfliktarmen Regierungsphase.[23] Im wesentlichen hat der König die Auswahl bestimmt bzw. bestätigt. Welche Spielräume Krüger dabei gehabt hat, läßt sich nicht mehr ermitteln. Auf jeden Fall muß Menzel zu diesem Zeitpunkt auch in Hofkreisen schon als verdienstvoller preußischer Künstler gegolten haben, wobei ihm sicherlich die zwölf Blätter »Denkwürdigkeiten aus der Brandenburgisch-Preußischen Geschichte« [1834 bis 1836] hoch angerechnet worden sind. Krüger hatte für das Gemälde zahlreiche Bildnisstudien angefertigt, unter denen sich auch eine befindet, die Menzel wiedergibt [Abb. 148]. Krüger hat den Vierundzwanzigjährigen lebensvoll aufs Papier gebracht, das Profil des Dargestellten prägnant wiedergegeben.

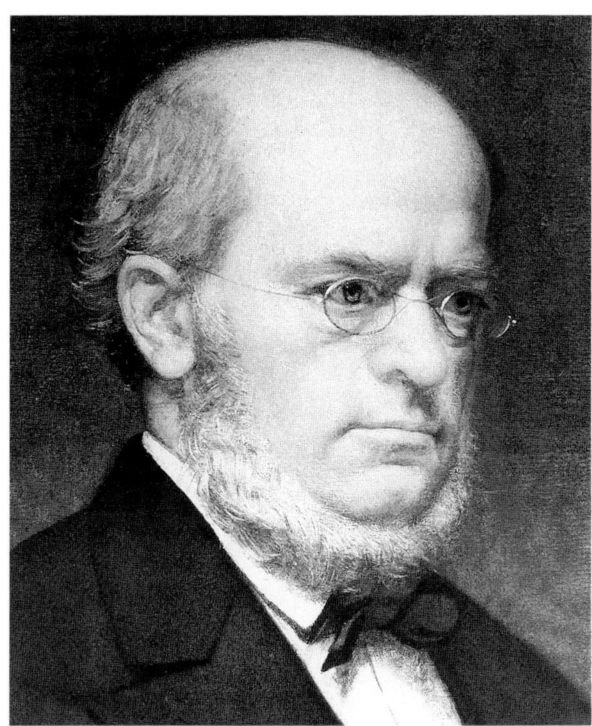

149 Oskar Begas, Adolph Menzel, 1875, Öl auf Leinwand [Ausschnitt]

Franz Krüger muß damals für Menzel ein wichtiger Orientierungspunkt gewesen sein, setzte dieser doch die unpathetische und erscheinungsgetreue Richtung der Berliner Kunst fort, wie sie bereits von Chodowiecki entwickelt worden war. Krüger wie Menzel war ein feiner Humor eigen, eine geistvolle wie sachliche Sicht auf die Mitmenschen. Ein engerer Kontakt hat jedoch zwischen ihnen nicht bestanden. Franz Hermann Meissner, der mit Menzel über Krüger gesprochen hatte, überlieferte: »Er erwähnte, daß sie einander gemieden hätten. Auf meinen erstaunten Einwurf: ›Sehr merkwürdig!‹, guckte er mich mit einem mißtrauischen ›Wieso?‹ hinter seiner Brille an. ›Weil ich mir denke, daß gerade Sie beide einander viel zu sagen hatten. Wäre der mehr aus sich herausgekommen, besäßen wir jetzt zwei Menzel‹. Da nickte der alte Herr mehrere Male nachdenklich.«[24]

Eine ganze Reihe von Menzeldarstellungen entstand im Hinblick auf den 60., 70. und 80. Geburtstag des Künstlers. Anläßlich des 60. schufen Oskar Begas ein Gemälde und Reinhold Begas eine Bildnisbüste. Letztgenannte Arbeit wurde bereits 1876 für die Nationalgalerie erworben.[25]

Oskar Begas, seit 1866 königlich-preußischer Professor und seit 1869 Mitglied der Akademie, gab Menzel als Bruststück wieder [Abb. 149]. Das Gemälde wirkt schlicht und zeigt in blühenden rosigen Tönen ein etwas geglättetes freundliches Gesicht. Zweifellos lag dem Künstler an einer gefälligen Wiedergabe. Eine derartige Auffassung hatte er bereits bei einer Reihe von Porträts an den Tag gelegt, die er im Auftrage des Königs von Mitgliedern der Friedensklasse des Ordens Pour le Mérite angefertigt hatte.

1885 zeichnete und radierte der Schweizer Karl Stauffer-Bern mehrere Menzel-Porträts. Verehrung wie geschäftliches Denken waren die Triebfedern hierfür. Schon am 27. Oktober 1880, also am Anfang seiner Berliner Zeit, hatte er in einem Brief bekannt: »Überhaupt imponiert mir außer Menzel hier keiner auch nur im mindesten.«[26] Er hatte den Künstler recht bald kennengelernt und häufiger im Atelier aufgesucht. In einem Brief berichtete er dem Freund Luz von Bern: »Hier gibt es eigentlich nicht viel Neues außer etwas: Letzthin auf einer Soiree bei Prof. Gentz lernte ich Menzel, den Altmeister der Kunst, kennen. Er interessierte sich für mich. Ich bat ihn, ihm meine Akte zeigen zu dürfen. Er erlaubte es, und so ging ich denn auf sein Atelier, d. h., er ließ mich erst hinein, als er gesehen, was ich mache. Da zeigte er mir nun Skizzen und Sachen. Aber das kann ich Dir sagen, ich glaube nicht, daß es gegenwärtig auf der Welt einen einzigen Menschen gibt, der so großartig zeichnet wie der alte Menzel, und glaube auch nicht, daß es jemand gegeben hat, der so charakteristisch vermochte, einen Moment aufzufassen. So wie das, was ich bei ihm gesehen, hat mir noch nichts von Zeichnungen imponiert. Er ist eigentlich sehr unzugänglich, und es ist eine große Gunst, daß er mir erlaubte, wiederzukommen. Er will mir dann noch mehr zeigen.«[27] Jahre später, am 9. November 1885, teilte er in einem Brief mit: »Heute bin ich bei Menzel gewesen. Am 8. Dezember ist sein 70. Geburtstag. Für diesen Tag will ich sein Porträt radieren. Er will mir dazu sitzen, eine große Ehre, und ich hoffe ein gutes Geschäft –. Menzel war sehr liebenswürdig.«[28] Als Stauffer-Bern das schrieb, gehörte er schon zu den gefragtesten Porträtisten der Kaiserstadt. An die Menzeldarstellung ging er mit Feuereifer. Am 17. November 1885

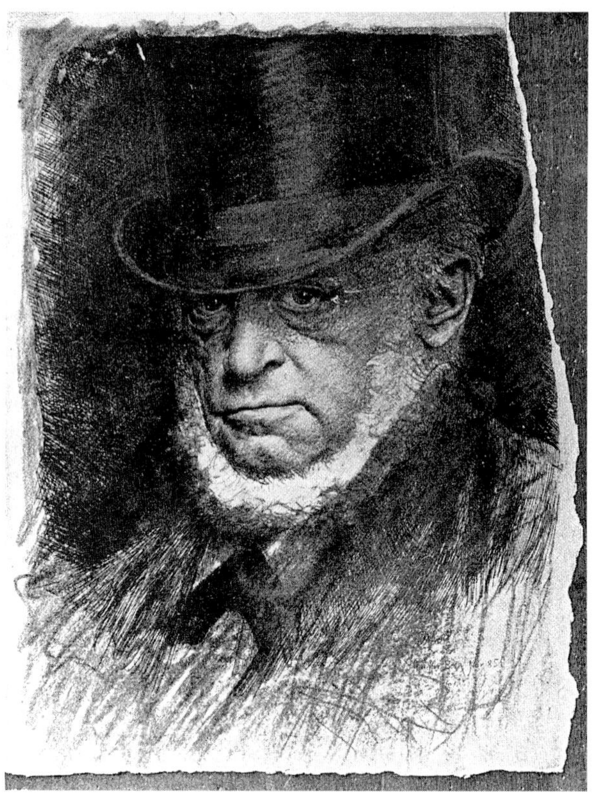

150 Karl Stauffer-Bern, Adolph Menzel, 1885, mit schwarzer und weißer Kreide überzeichnete Radierung

berichtete er: »Heute habe ich das eine Porträt von Menzel gedruckt. Es verspricht gut zu werden.«[29] Eine Woche darauf meinte er: »Menzel ist heute fertig geworden. Ich habe es ihm gezeigt. Es gefällt ihm.«[30] Und drei Tage später heißt es in einem Brief: »Ich habe nur ein Menzelporträt fertig gemacht, resp. in Handel gebracht. Das andere ist ein bißchen verzeichnet. Das eine gefällt Menzel sehr gut. Heute, nachdem ich soundso lange den Kupferdrucker eingeschult [ich habe selbst keine Presse], wird endlich die Auflage gedruckt und am Montag in alle Welt versandt.«[31] Der Verleger Schuster hatte Stauffer-Bern zu dieser Arbeit veranlaßt. Doch darüber hinaus hatte der Künstler geglaubt, daß das Komitee zur Vorbereitung der Menzel-Ehrungen eine radierte Platte, und zwar die mit der Profilansicht, ankaufen würde, um von ihr

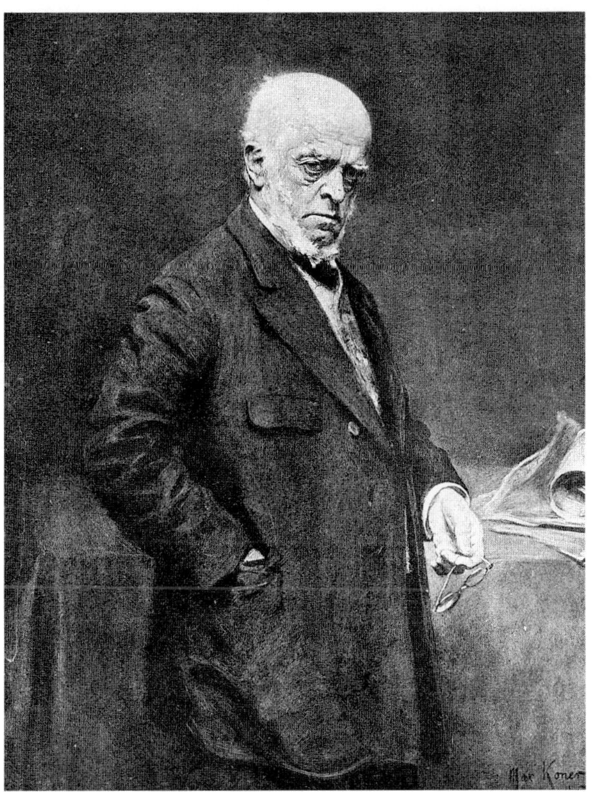

151 Max Koner, Adolph Menzel, 1895, Öl auf Leinwand

Gedenkblätter drucken zu lassen. Doch dieses Gremium entschied sich für eine von Wisnieski kostenlos zur Verfügung gestellte Arbeit.[32] Die kommerziellen Erwartungen, die Stauffer-Bern an das radierte Menzelporträt geknüpft hatte, erfüllte sich also nicht. Am 2. Januar 1886 schrieb er: »Miserable Geschäfte mit Menzelporträt. Nur die Kosten kommen 'raus. Aber viel Lob...«[33] Und am 8. Januar selbigen Jahres bemerkte er in einem an seine Mutter gerichteten Brief: »Es gibt auch Drucke zu 15 Mark von dem Menzelporträt, resp. 20 Franken. Das sind die, wo meine eigenhändige Unterschrift nicht darunter steht –. Ihr bekommt einen mit Menzels Unterschrift, also à 100 Mark. Es ist der beste Druck.«[34] Seine zweite Radierung zeigt Menzel en face. Allerdings hat er sie noch überarbeitet, da weder er noch der Dargestellte mit ihr zufrieden waren. An den ihm befreundeten Maler und Graphiker Peter Halm schrieb Stauffer-Bern über die Arbeit an dieser Platte: »Der Enface-Menzel ist verzeichnet, das Ohr ist auch schlecht, deshalb kriegt er den Hut auf und die Brille, vielleicht mache ich die Brille glänzen, daß man die Augen gar nicht sieht, dann wird er noch possierlicher.«[35] Auf späteren Abzügen ist in der Tat der Zylinder angedeutet. Am überzeugendsten ist jedoch ein mit schwarzer und weißer Kreide von ihm überzeichneter Druck [Abb. 150]. Dort erscheinen die Korrekturen viel konsequenter und ausdrucksvoller. Gerade diese überarbeitete Fassung gehört zu den besten Menzelporträts und ist von einer überzeugenden Wucht und Energie.

Zum 80. Geburtstag entstanden zwei Menzelbildnisse, die seinerzeit viel Beachtung fanden: die Gemälde von Koner und Boldini. Die Akademie der Künste hatte Max Koner beauftragt, für ihren Sitzungssaal ein Menzelporträt zu schaffen. Als die Akademie Menzel über dieses Vorhaben in Kenntnis setzte, war er sogleich einverstanden und antwortete dem Präsidenten, Karl Becker: »Zu aller Überhäufung mit Ehrungen und Aufmerksamkeiten tritt also auch noch Ihr Beschluß, mein Exterieur in seinem Farbenzauber für künftige Geschlechter aufbewahrt wissen zu wollen! Hier aber gelange ich an den Punkt, wo ich doch auch selbst etwas dafür mittun, mir selbst ein Verdienst um solch löblich Bemühen erwerben kann. Es handelt sich um den Eindruck, den es gilt, einer späteren Welt von einer Species unseres Jahrhunderts zu vermitteln. Daher keine hohlen, düster verschatteten Wangen, keinen umflorten Senatorenblick.«[36]

Koner war damals kein Unbekannter, und bereits fünfzehn Jahre zuvor hatte er Menzels Freund Ludwig Pietsch anerkennenswert porträtiert [Berlin, Märkisches Museum]. Er war ein Eleve der Berliner Akademie und war bald nach dem Tode Gustav Richters zum umworbensten Bildnismaler der Kaiserstadt aufgestiegen. Die Eleganz der Inszenierung wie auch die koloristische Brillanz Richters erlangte er allerdings nicht. Er malte viele repräsentative Bildnisse, die mitunter in abgenutzten Pathosformeln verblieben, so zum

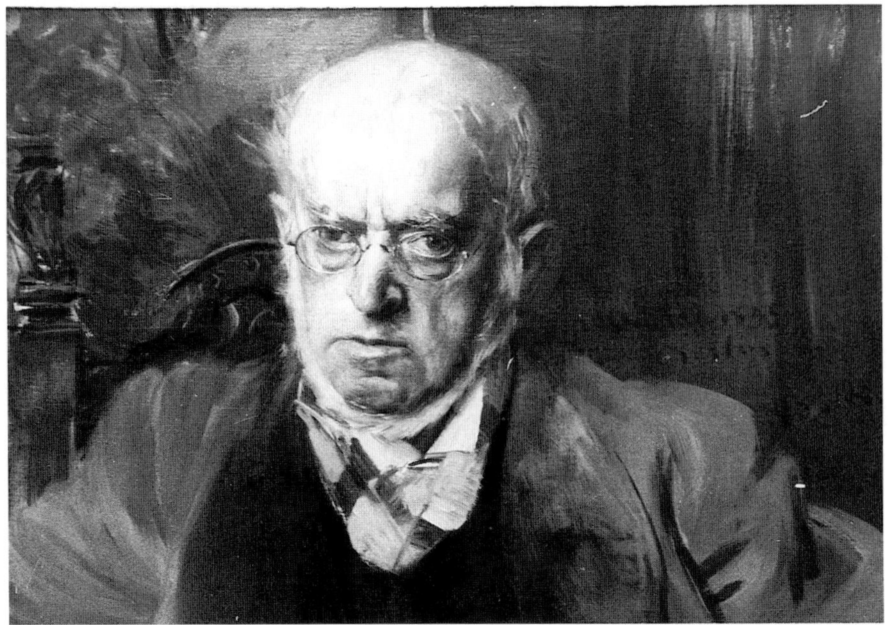

152 Giovanni Boldini, Adolph Menzel, 1895, Öl auf Leinwand

Beispiel das 1890 für das Palais der deutschen Botschaft in Paris geschaffene neubarocke Ganzfigurenporträt Wilhelms II.[37] Andererseits gelangen ihm gute Charakterisierungen insbesondere von Gelehrten und Künstlern, wobei er alles Beiwerk stark reduzierte und nach einem effektvollen Zusammenklingen von Mimik und Gestik suchte.

Auf Koners Gemälde steht Menzel mit leicht geneigtem Kopf in der Bildachse [Abb. 151]. Die rechte Hand steckt in der Jackentasche, die linke hält die abgesetzte Brille. Er scheint über etwas nachzudenken, dabei auf den Betrachter herabblickend. Der Dargestellte wird als selbstbewußter Geistesarbeiter vor Augen geführt. Max Jordan meinte zu dem Porträt: »Aber die geistige Wucht dieser einzigen Persönlichkeit ist sprechend zur Erscheinung gebracht. Und nur durch die Bescheidenheit der angewendeten Mittel, mit denen freilich eben nur ein Meister auskommt, konnte solche Wirkung erzielt werden.«[38] Bald nach der Fertigstellung des Konerschen Menzelporträts wußte die Kunstschriftstellerin Helene Vollmar zu berichten: »Wie wir erfahren, ist der Meister mit der Auffassung seines jungen Kollegen sehr zufrieden.«[39]

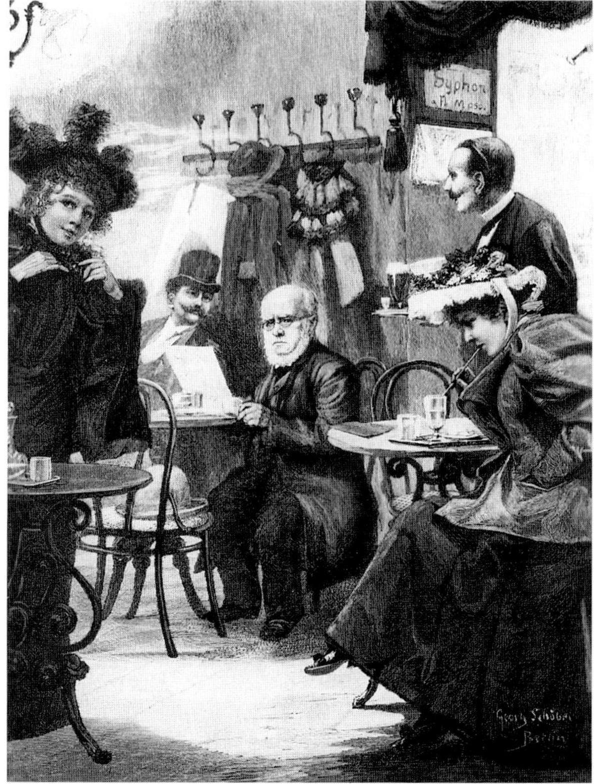

153 Georg Schöbel, Menzel im Café Josty, 1895, Holzstich

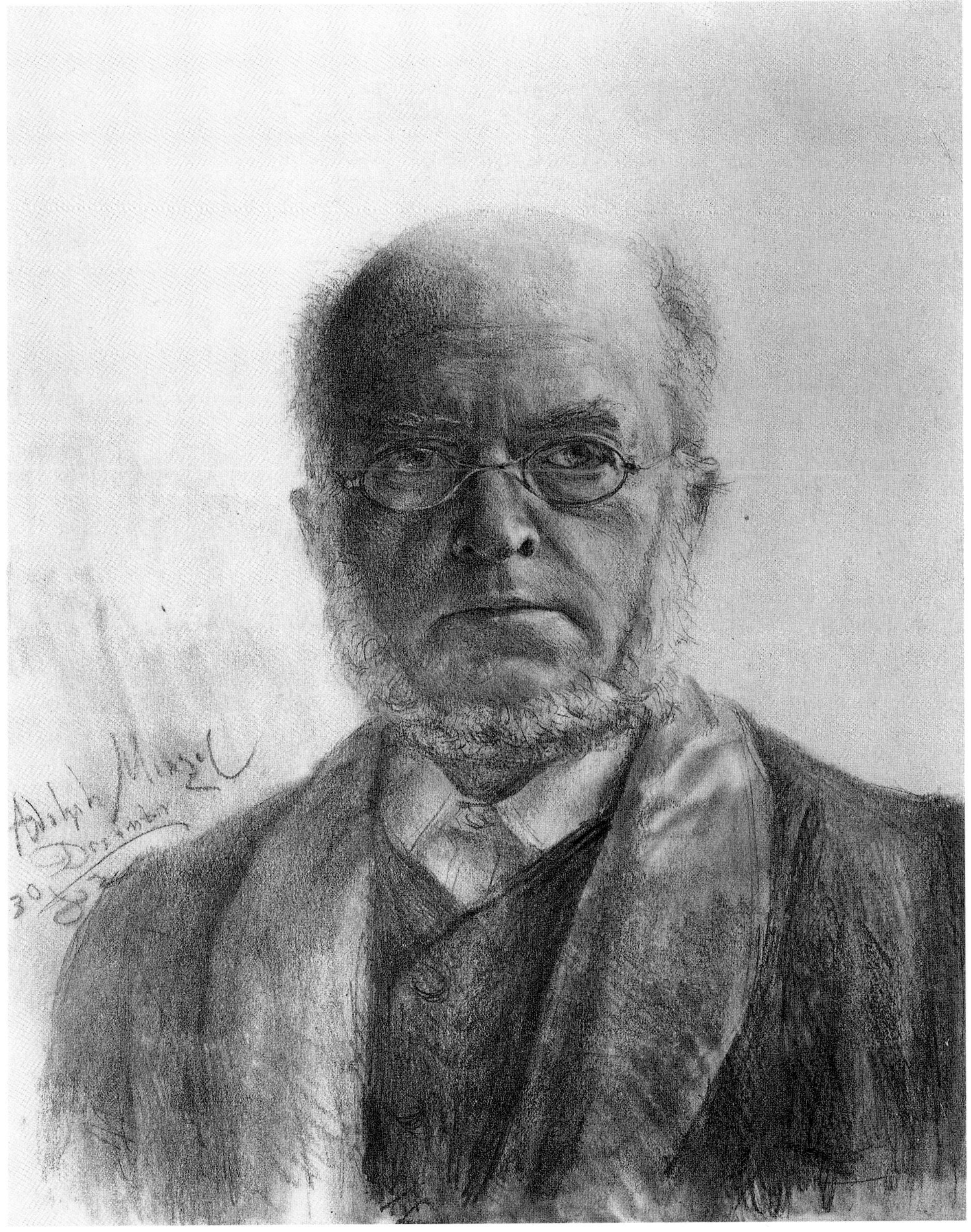

154 Selbstporträt vom 30. Dezember 1882, Bleistift

Hatte Koner den Künstler in einem Kniestück wiedergegeben, so Giovanni Boldini ihn in einem Brustbild festgehalten [Abb. 152]. Der italienische Porträtist, der seit 1872 meistenteils in Paris arbeitete, war im Oktober 1895 erstmals in die preußische Metropole gereist, wo er Menzel aufsuchte und malte. Insgesamt waren drei kurze Sitzungen erforderlich, während der sich eine rege Unterhaltung entspann, obgleich sich etliche Verständigungsschwierigkeiten einstellten.[40] Gewiß erleichterten zwei Tatsachen den Kontakt: zum einen kannte Menzel Arbeiten Boldinis, zum andern war auch der Italiener sehr klein von Gestalt.

Boldini wählte für das Brustbild das Querformat und gab ihn auf dem Stuhl sitzend im Atelier wieder. Menzel hat sich nicht herausgeputzt, er trägt die alte Maljoppe. Der Kopf, er ist nahezu en face aufgenommen, strahlt Energie aus. Der Dargestellte wirkt äußerst konzentriert und scheint die Lippen leicht zur Antwort zu öffnen. Der rasche Farbenauftrag vibriert. Ganz ohne Frage: Das Bildnis lebt, spricht an, macht Menzel zum Menschen und nicht zum leblosen Denkmal. Aber alles in allem zügelte Boldini seine impressionistische und skizzenhafte Gestaltungsweise etwas.

Anläßlich seiner Jubiläen entstanden natürlich auch Porträts für Zeitschriften. Der Berliner Maler und Zeichner Georg Schöbel schuf 1895 für »Die Gartenlaube« drei Zeichnungen.[41] Sie zeigen, wie der Künstler als Ehrengast Kaiser Wilhelms II. das Schloß Sanssouci betritt, wie er im Café Josty sitzt und schließlich, wie er am Krönungsbild malt. Letztgenannte Darstellung bezieht sich offensichtlich auf jene Photographie, die Menzel auf dem Gerüst vor der Leinwand wiedergibt. Mit diesen drei Handlungsporträts sind unterschiedliche Stationen und Bereiche aus dem Leben des Verehrten angedeutet worden.

Schöbel war Schüler der Berliner Akademie und vor allem von Paul Meyerheim und Menzel beeinflußt. Auch er widmete sich in seiner Kunst dem Wirken Friedrichs des Großen, so schuf er um 1890 ein Gemälde, das den Regenten mit Standarte und Degen in den Händen zeigt, wie er aus der Gruft der Potsdamer Garnisonskirche steigt. Das alte Motiv der Auferstehung wurde hier von Schöbel für die Glorifizierung des »starken Mannes« genutzt.

Selbstverständlich sorgte Menzel auch selbst dafür, daß die Nachwelt sich eine Vorstellung von seinem Äußeren machen kann. Wenngleich viele seiner Selbstporträts in erster Linie formale sowie physiognomische und psychologische Studien sind, so gibt es doch einige mit durchaus repräsentativem Charakter, zu denken ist hierbei an das Schabkunstblatt »Der Kunstkenner« [oder auch der »Antiquar«, 1860] und das Selbstbildnis mit Rock und Weste [Abb. 154].

Zum 70. und 80. Geburtstag häuften sich die Würdigungen. 1885 wurde die Menzel-Ausstellung in der Akademie vom Kronprinzen eröffnet, und zu Ehren des Künstlers erfolgte eine Stiftung von jährlich 800 Mark für Schüler der Akademie. Hocherfreut war der siebzigjährige Jubilar, als ihm die erste Lieferung des von Max Jordan und Robert Dohme herausgegebenen prächtigen Kompendiums »Das Werk Adolph Menzels« [in 30 Lieferungen. Vom Künstler autorisierte Ausgabe, München 1885-1890] überbracht wurde. Max Jordan hielt übrigens auch die Festrede zum Festessen im Verein Berliner Künstler. Wenige Tage später wurde Menzel durch ein Kostümfest der jüngeren Künstler und der Kunststudenten geehrt. Ein Teilnehmer, der Kunsthistoriker Georg Voß, schrieb darüber: »Den Grundgedanken des Festes bildete die Absicht, rings um den Maler des Zeitalters Friedrichs des Großen eine Welt aus den Helden jener Tage und im Stil jener Zeit zu schaffen ... Einer der größten Säle Berlins, ›die Philharmonie‹, war durch mächtige Wandgemälde und Statuen in einen phantastischen Rokokozwinger umgewandelt. In diesem versammelte sich die Festgesellschaft. Unten im Saal alles, was Berlin an glänzenden Künstlernamen aufzuweisen hat, in ihrer Mitte der Kultusminister mit seinen Räten; oben in den Logen der Kronprinz und die Frau Kronprinzessin nebst ihren Töchtern, der Prinz Wilhelm mit seiner Gemahlin und eine zahlreiche Hofgesellschaft.«[42] Im Rahmen dieses Festprogramms wurde auch Menzels »Flötenkonzert Friedrichs II. in Sans-

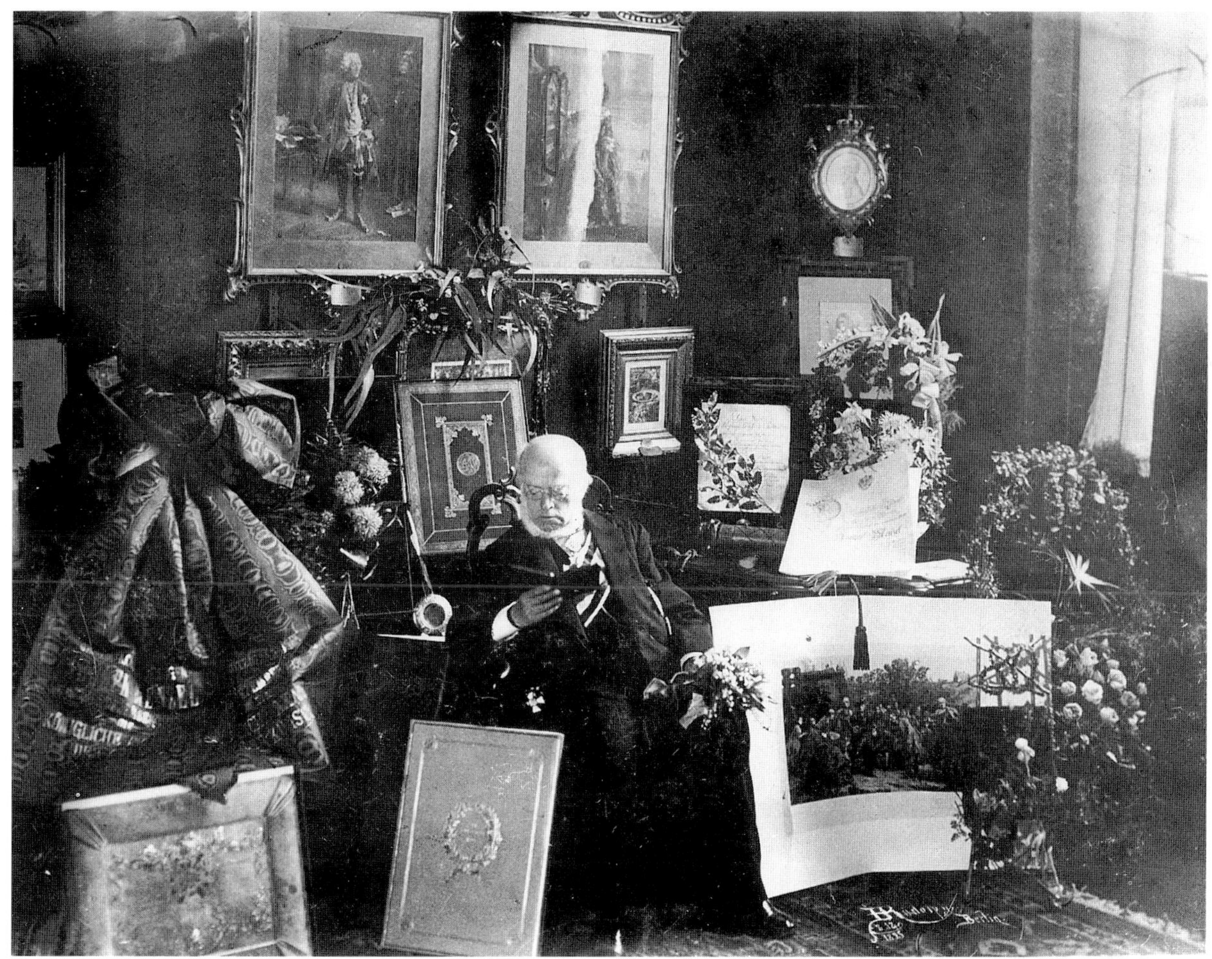

155 Menzel an seinem 80. Geburtstag, Foto

souci« als lebendes Bild aufgeführt. Der geehrte Künstler wohnte dem Fest bis etwa zwei Uhr nachts bei.

Im Juni 1895 wurde Menzel auf Anordnung Kaiser Wilhelms II. wiederum die Inszenierung des »Flötenkonzerts« geboten, aber jetzt im historischen Raum. Die Akademie ließ im selben Jahr den Jubilar nicht nur durch Koner verewigen, sondern zudem auch noch durch Reinhold Begas, der ein Porträtmedaillon schuf.

Der Ruhm Menzels nahm besonders in der Regierungszeit Wilhelms II. [seit 1888] ein ungewöhnliches Ausmaß an. Der holländische Maler, Graphiker und Kunsthistoriker Jan Veth bemerkte 1904 nicht ohne Grund: »Die zur Reichsresidenz erhobene Hauptstadt Preußens hat das Bedürfnis verspürt, einen Kaiser auch der Malerei zu proklamieren; die familienstolzen Hohenzollern wollten den plastischen Geschichtsschreiber des großen Fritz und seiner Heldentaten auffällig ehren, und des seltsamen Mannes hohes Alter läßt das Interesse an seiner bedeutenden Persönlichkeit noch fortwährend zunehmen.«[43]

Nicht zuletzt diese kunst- und machtpolitischen Gründe, die diese Ehrungen ohnegleichen mitbedingten, brachten den Künstler ins Visier jener, die solcherart Kult kritisch vermerkten und Menzel vom kaiserlichen Sockel nehmen wollten.

War nun der greise Menzel glücklich über das Erreichte? Konnte er sich überhaupt an

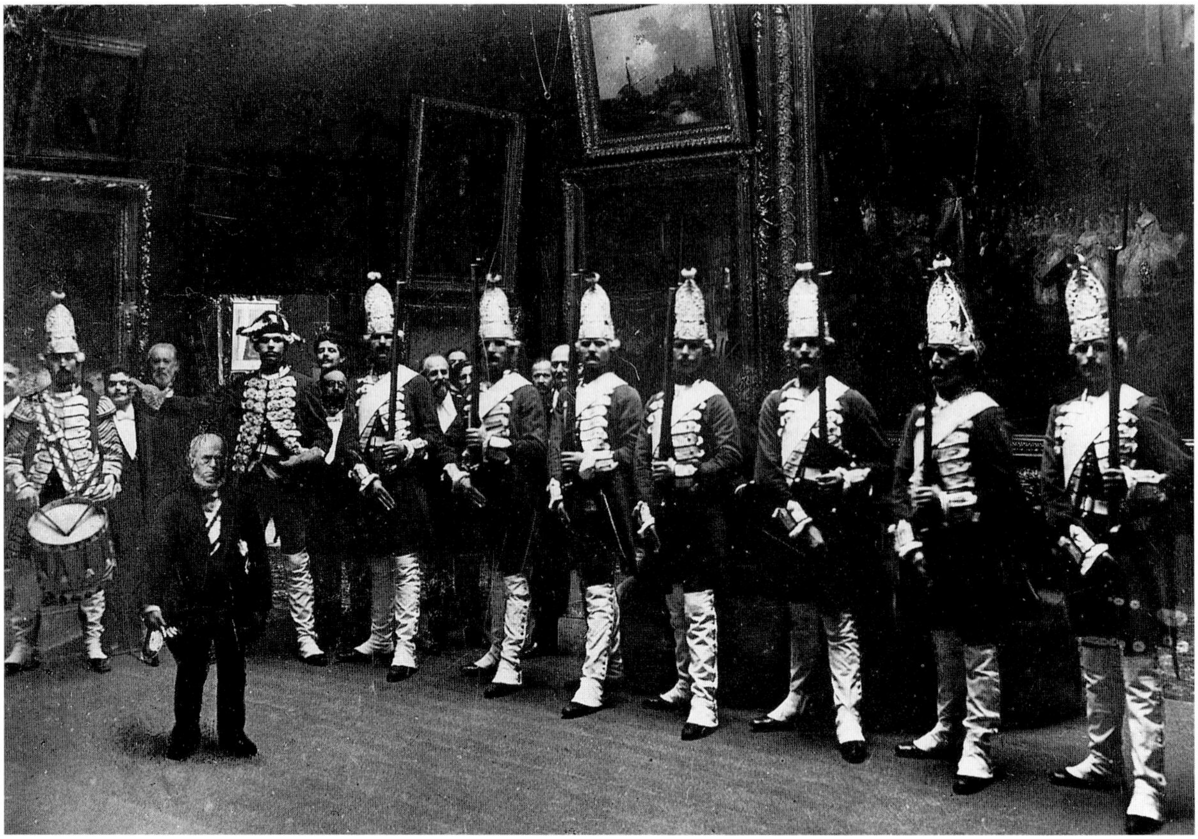

156 Menzel schreitet am 8. Dezember 1895 in der Kgl. Akademie der Künste die Reihe der »Langen Kerls« ab, Foto

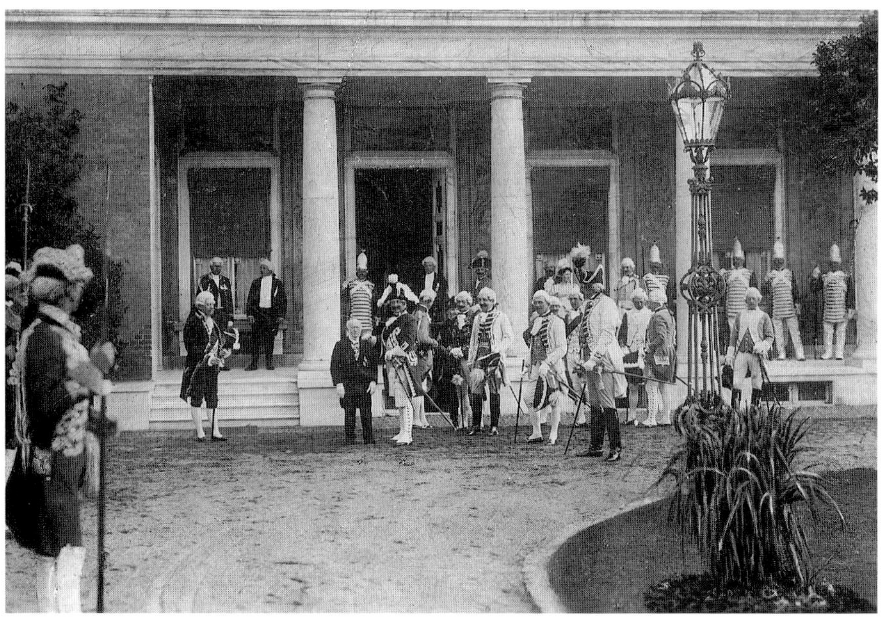

157 Menzel während des Kostümfestes am 11. Juni 1897 an der Seite Kaiser Wilhelms II., Foto

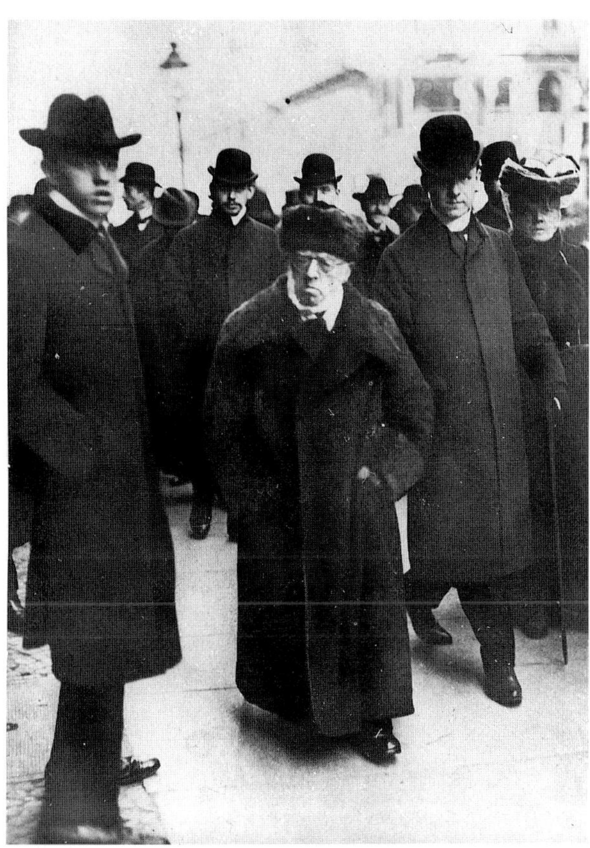

158 Menzel am 27. Januar 1905 in der Friedrichstraße, Foto

dem Geleisteten erfreuen? Wohl nur zum Teil. Er grübelte viel über die ausgebliebenen und ihn ganz fordernden Aufträge, viel auch über seine Ölskizzen. Oft sann er über mögliche oder ihm notwendig erscheinende Veränderungen in seinen Bildern nach. So überrascht es auch nicht, daß er als Hochbetagter zu dem Schluß gekommen ist: »... enfin bestand die Hälfte meines Lebens aus Reue. So oder so!«[44]

Im Dezember 1905 sollte mit viel Aufwand der 90. Geburtstag Menzels in Berlin gefeiert werden, doch es kam nur zu einer pomphaften Leichenfeier im Februar. Noch am 27. Januar war der Künstler während eines Spaziergangs in der Friedrichstraße fotografiert worden, da machte er einen rüstigen Eindruck. Doch bald darauf warf ihn eine Erkältung aufs Krankenlager. Der Kaiser, der davon erfuhr, schickte ihm sofort zwei Flaschen Steinberger Kabinett aus dem Jahre 1868 zur Stärkung. Am Montag, dem 6. Februar, verbesserte sich abends vorübergehend Menzels Befinden, aber am Mittwoch machten sich abends steigendes Fieber und ein schnelles Nachlassen der Kräfte bemerkbar. Am darauffolgenden Morgen, so gegen 7 Uhr, ließ sich der Kranke von seinem Pfleger aus dem Bett heben, aber sofort wieder zurücklegen, da Mattigkeit ihn überfiel. Noch bevor der sogleich benachrichtigte Arzt, Sanitätsrat Dr. Volborth, eintraf, war Menzel verstorben. Sein Herz hatte wenige Minuten nach 7 Uhr aufgehört zu schlagen.

Dem Künstler war nach nur kurzer Krankheit ein sanfter Tod beschieden. So hatte er sich sein Ende gewünscht: ohne Siechtum und langen Todeskampf. »Ich möchte so fortgehen, wie es Moltke und meinem Fontane gegeben wurde«, soll er mehrfach gesagt haben.[45]

Menzels Schwester und Nichte benachrichtigten sofort den Hof vom Ableben des Künstlers[46], und schon wenige Stunden darauf, nämlich 10.15 Uhr, kam Graf Helmuth von Moltke, der Generaladjutant des Kaisers, und legte Blumen auf das Lager des Toten. Ihm folgten der Kultusminister mit seiner Frau und der Bildhauer Reinhold Begas, die den Hinterbliebenen gleichfalls ihr Beileid aussprachen. Noch am selben Tag nahm Begas die Totenmaske des Verstorbenen ab.

Am Nachmittag selbigen Tages begann auf Geheiß des Kaisers der erste Akt eines historisierenden Schauspiels, bei dem es mehr um das Haus Hohenzollern als um die Ehrung des verstorbenen Künstlers ging. Um 14 Uhr kamen ein eigens aus Potsdam herbeigeholter Doppelposten und ein Unteroffizier vom 1. Garde-Regiment, um die Totenwache im Trauerhaus zu halten. Am Abend des übernächsten Tages hielt dann ein von zwei Rappen gezogener Leichenwagen in der Sigismundstraße. Die Menschen, die sich trotz des eisigen Windes vor dem Trauerhause eingefunden hatten, sahen, wie drei Grenadiere, die am Totenbett postiert waren, nun aus der Tür traten, von vier Trägern mit dem Sarge gefolgt. Es war ein schlichter brauner Eichen-

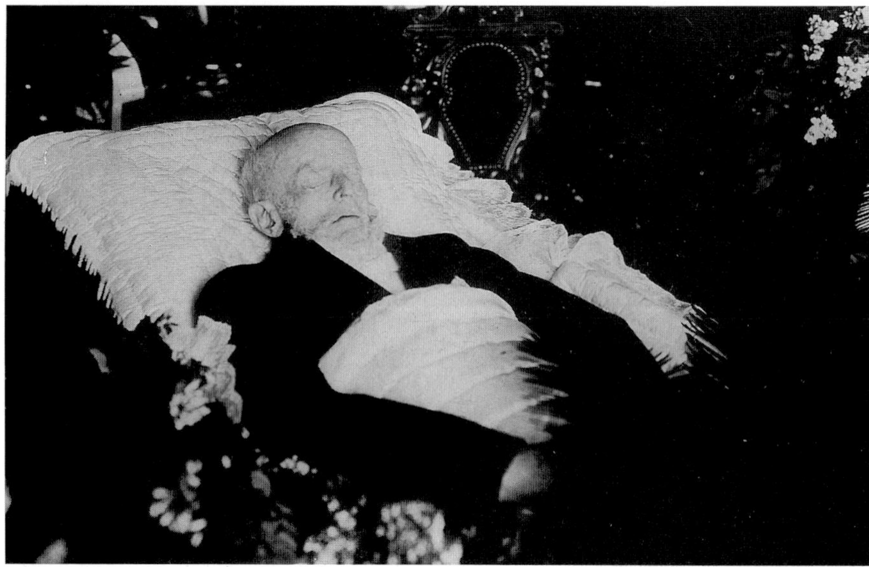

159 Menzel auf dem Totenbett, Foto

holzsarg, in dem der Tote ruhte, nur mit einem Lorbeerkranz geschmückt. Als sich der Leichenwagen in Bewegung setzte, folgten die Hinterbliebenen in einem weiteren Gefährt. Einige Menschen schlossen sich zu Fuß an. Bei klarem Sternenhimmel bewegte sich der Zug durch den Tiergarten und die Siegesallee, Unter den Linden entlang zum Lustgarten, wo schließlich der Leichenwagen vor den Stufen des Alten Museums hielt. Dann wurde der Tote in der Rotunde des bekannten Schinkelbaus aufgebahrt.

Der Kaiser hatte eine Begräbnisfeier angeordnet, wie sie noch keinem deutschen Künstler zuteil geworden war. Sie sollte prunkvoll und pathetisch das Mäzenatentum der Hohenzollern kenntlich machen. Und in der Tat wurde sie unter Regie Wilhelms II. zum Schauspiel für die Reichs- und Staatsbehörden, Künstler- und Gelehrtenkreise, wenngleich in der Presse betont wurde, daß diese Trauerfeierlichkeit Sache aller Lager und im Sinne der ganzen Nation sei. Dementsprechend hieß es beispielsweise in einem Bericht der Nationalzeitung: »Die Teilnahme des Kaiserhauses und des Hofes, der Künstlerschaft aller Orten und aller Parteien, der Berliner Bürgerschaft, des ganzen Volkes gestaltete die Beisetzung des größten Meisters, den Deutschland seit Jahrhunderten hervorgebracht, zu einer großarti-

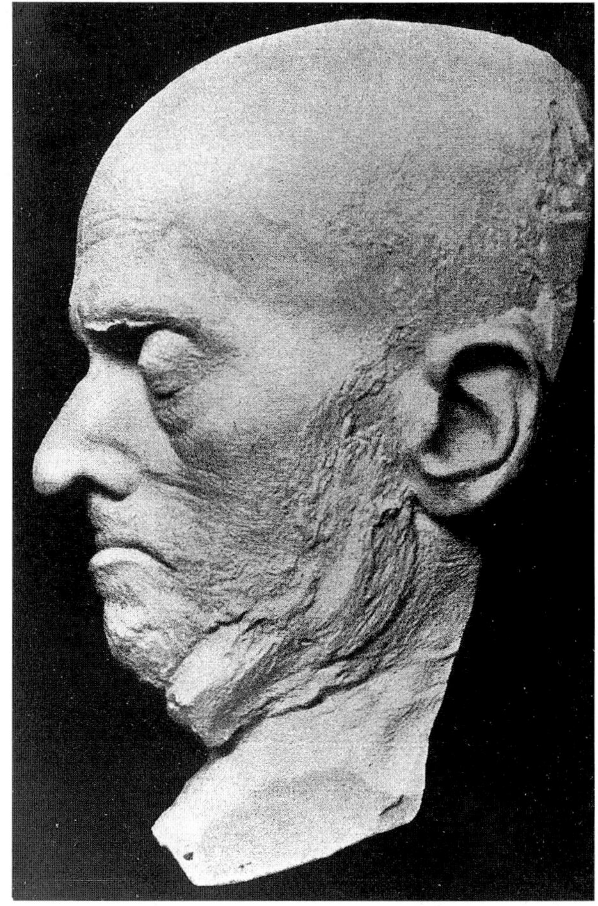

160 Menzels Totenmaske

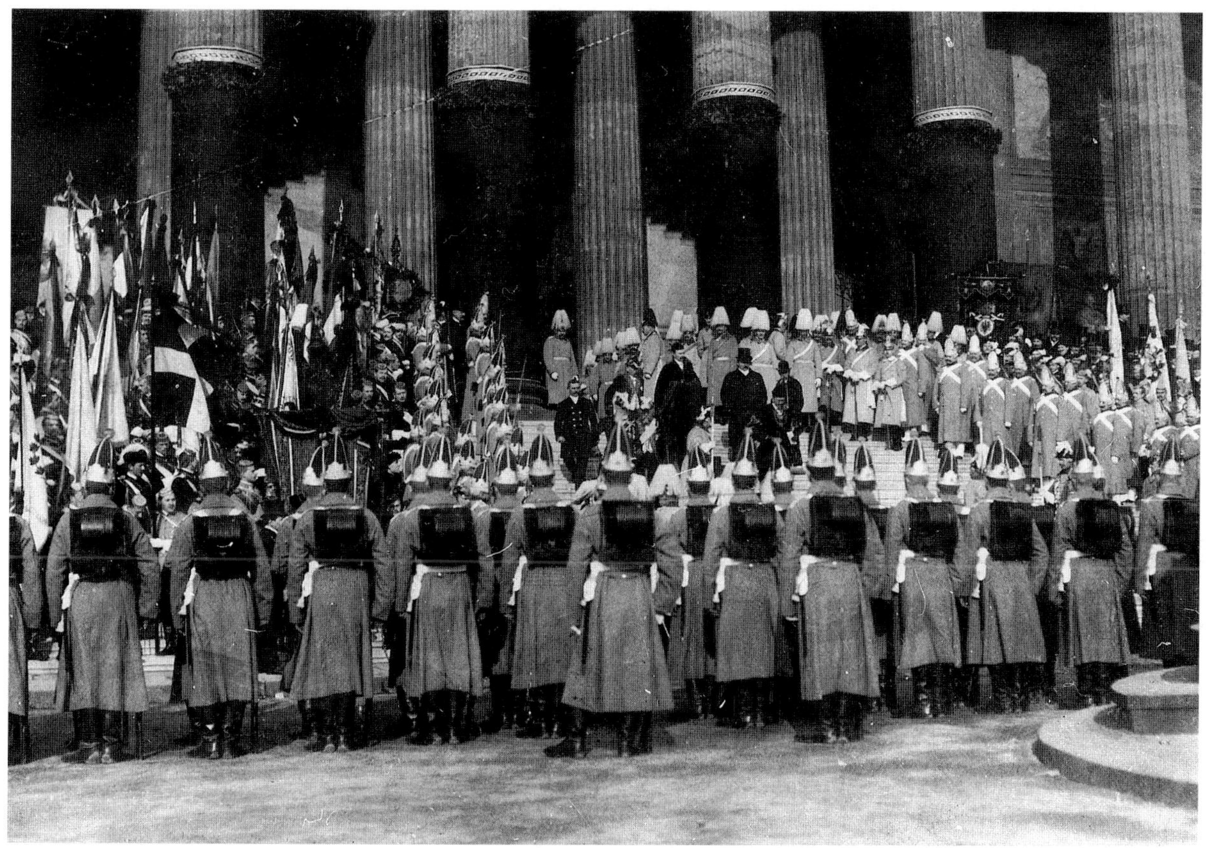

161 Trauerfeier am Alten Museum in Berlin, Foto

gen und imposanten Veranstaltung, die sich jedem der Geladenen unauslöschlich in die Erinnerung prägen wird.«[47]

Die Trauerfeier wurde am Montag, dem 13. Februar, im Alten Museum durchgeführt. Die geladenen Teilnehmer kamen über die Freitreppe, gingen am Doppelspalier der historisch uniformierten Schloßgardenkompagnie und den mit Fahnen ausstaffierten Vertretern der akademischen Hochschule vorbei zur festlich dekorierten und bis zur Galerie hinauf schwarz ausgeschlagenen Rotunde des Museums. Dort befand sich in einem Hain von Palmen und Lorbeerbäumen der Sarg auf dem Katafalk, an dem sechs Mitglieder des Ausschusses der Kunsthochschule in Kostümen aus der Zeit Rembrandts Ehrenwache hielten. Vor dem Sarg lag der Kranz des Kaisers mit weißer Schleife, auf der mit goldenen Lettern geschrieben stand: »Dem Ruhmesverkünder Friedrichs des Großen und seiner Armee in unvergänglicher Dankbarkeit Kaiser Wilhelm II. und sein Heer«. Zu beiden Seiten verliehen zwei Unteroffiziere in friderizianischer Uniform, der Leibkompagnie des 1. Garde-Regiments zugehörig, mit aufgepflanzten Bajonetten den Worten entsprechenden Nachdruck. Von den Berliner Künstlern befanden sich Max Liebermann, Paul Meyerheim, Albert Hertel, Franz Skarbina, Arthur Kampf, Ludwig Knaus, Friedrich Kallmorgen und August Gaul unter den Trauergästen. Auch aus anderen Städten waren Maler erschienen, so Eugen von Stieler und Karl Albert von Baur aus München, Hermann Prell aus Dresden und Wilhelm Trübner aus Karlsruhe.

Punkt zwölf Uhr betrat das Kaiserpaar mit seinem Gefolge die Rotunde. Nun wurde

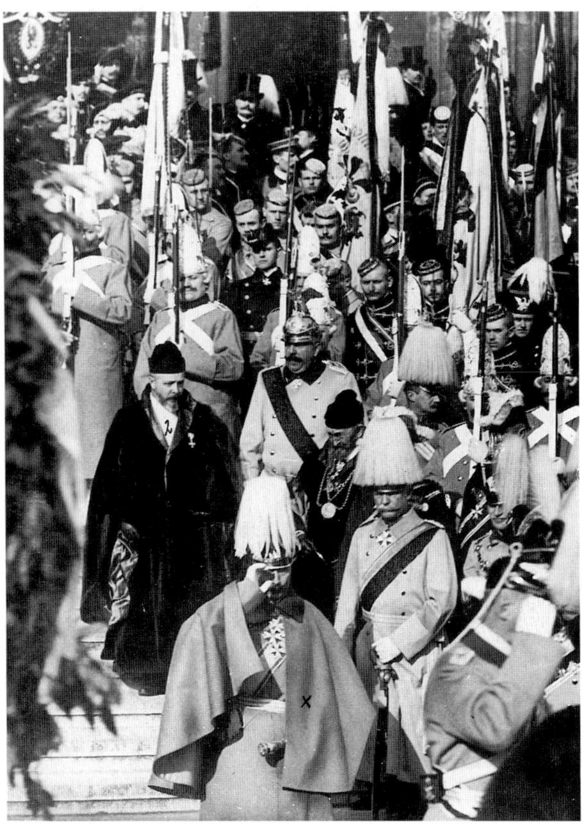

162 Der Trauerzug verläßt das Alte Museum, ganz im Vordergrund der Kaiser, Foto

Beethovens »Elegischer Gesang« vom Chor der Hochschule vorgetragen, und daran schlossen sich Ansprache und Gebet des Oberhofpredigers Dryander an. Danach spielte auf der Galerie das Joachim-Quartett das Largo opus 76 Nr. 54 von Haydn, und während diese Musik den Kuppelraum erfüllte, wurden zahlreiche Kränze am Sarge niedergelegt. Dann sprach ein Marineoffizier im Auftrag des Prinzen Heinrich den Angehörigen Menzels sein Beileid aus, und schließlich beendete der Chorgesang »Wenn ich einmal soll scheiden« aus Bachs »Matthäus-Passion« die Feier. Nun verließ das Kaiserpaar den Raum und stellte sich an der untersten Stufe der Freitreppe auf, wo acht Unteroffiziere in historischer Uniform den Sarg vorbeitrugen und auf den sechsspännigen preußischen Hofleichenwagen gaben. Nachdem die Ehrenkompagnie präsentiert hatte, bewegte sich das Gefährt bei gedämpftem Trommelwirbel und Choralmusik zum Schloß. Dort präsentierte wiederum die Kompagnie und schwenkte ab. Der Kaiser und die Prinzen folgten dem Leichenwagen noch bis zum Portal IV des Schlosses, wo sie aus dem Leichenzug traten, der dann Unter den Linden am Denkmal Friedrichs des Großen vorbei zum Dreifaltigkeitsfriedhof an

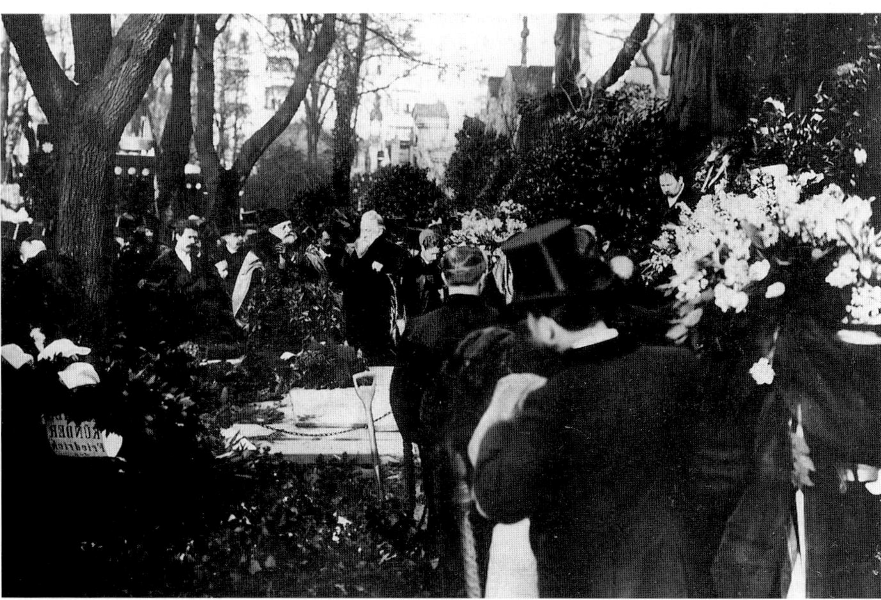

163 Beisetzung Menzels auf dem alten Dreifaltigkeitsfriedhof in Berlin, am Grabe stehen die Maler Hertel und Meyerheim, Foto

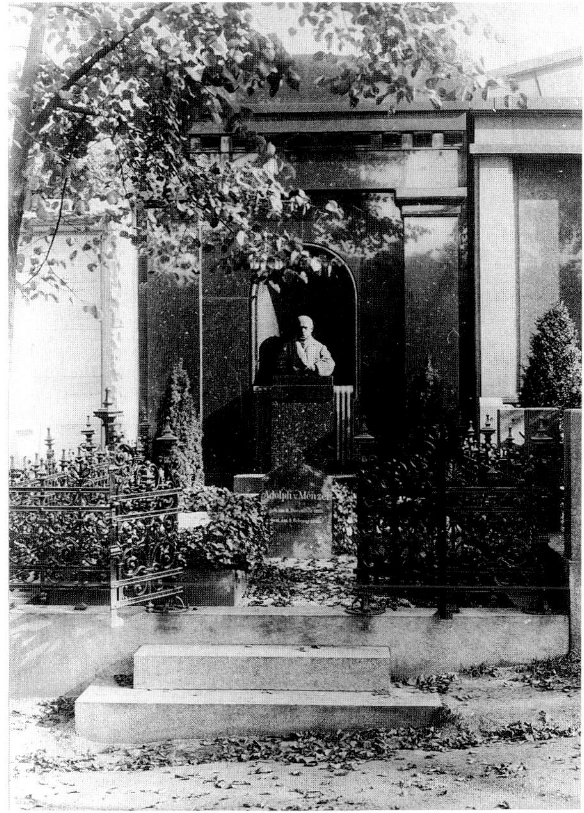

164 Menzels Grabstätte, Foto

der Bergmannstraße ging. Drei Chargierte der Hochschule mit dem Banner führten den Zug an. Ihnen folgten zwei Senatoren der Akademie mit Ordenskissen in den Händen. Hinter dem Leichenwagen gingen Professor Krigar-Menzel und der Kultusminister.

Vom Eingang des Dreifaltigkeitsfriedhofes bis zur Grube neben den Gräbern der Eltern Menzels bedeckten kleine Tannenzweige den von zahlreichen drei Meter hohen und mit schwarzem Tuch verkleideten Pylonen flankierten Weg.[48] An der Gruft waren eine antike Tempelfront und zwei Obelisken aufgebaut worden.[49] Nach einem Trauermarsch, von Musikern der Kapelle des 4. Garde-Regiments und der Königlichen Hochschule für Musik gespielt, ergriffen die Professoren Otzen, Albert Hertel und Kießling das Wort. Sie vertraten die Akademie der Künste, den Verein Berliner Künstler und die Dresdener Künstlerschaft. Dann sprach der Oberhofprediger Dryander die letzten Segensworte. Zum Abschluß erklang der Choral »Jesus meine Zuversicht.«

Die Grabreden enthielten zwei Klischees, die Menzel schon zu Lebzeiten anhafteten: der Künstler wurde als Inkarnation des Fleißes und als der Schilderer der friderizianischen Zeit gerühmt.[50]

Der sprachgewaltige Publizist Maximilian Harden aber meinte im Hinblick auf jenes grandiose Schauspiel mit dem toten Menzel kritisch: »Ich weiß nur, daß er nicht so war, wie er auf dem Paradebett scheinen sollte. Nicht Malerfürst, nicht Freund seines Fürsten, auch nicht der Trutzige, der immer das schroffeste Wort sprach und schwächliche Kompromisse verschmähte. ... Ists aber nötig, die Persönlichkeit des Malers nun gleich ins Grenzenlose zu recken, den Zwerg unsanft ins Riesenhafte zu zerren? ... Feine Differenzierung taugt nicht für die Totenfeier. Das aufgebahrte Genie muß grenzenlos sein. ... Jetzt hat man ihn für die Parade herausgeschält; und in all dem Leichenjubel nur eins zu sagen vergessen: daß er seiner unernsten Zeit aus dem Wege ging und von dieser Zeit nie gekrönt worden wäre, just von dieser unernsten niemals, wenn sie ihn nicht schon im Glanze gefunden hätte.«[51]

Nachbemerkung

Es wurde versucht, Menzel in seinem Umfeld
zu erkennen und verschiedenen seiner
Veranlassungen für Bilder nachzugehen und
dabei biologisch-psychische Gegebenheiten
wie einige Kulturfaktoren in Beziehung
zu seinem Schaffen zu sehen.
Beim Schreiben kam immer wieder eine These
in den Sinn, die Arnold Hauser in seiner
»Soziologie der Kunst« dargelegt hat
und die besagt: »Die Funktion, die das
Kunstwerk für den Autor erfüllt,
ist von vornherein verschieden von derjenigen,
die es im Leben des Rezeptiven,
des gleichzeitigen oder nachgeborenen Lesers,
Zuhörers oder Zuschauers hat.«[1]

Adolph Menzel – Lebensdaten

1815

Am 8. Dezember wird Adolph Menzel als Sohn des Schuldirektors Carl Erdmann Menzel und dessen Frau, Charlotte Emilie geb. Okrusch, in Breslau geboren.

1822-1828

Von Juli 1822 bis März 1828 besucht Menzel die evangelische Volksschule in Breslau.

1823

Menzels Schwester Emilie wird am 25. Juli geboren.

1826

Am 3. November wird Menzels Bruder Richard geboren.

1828

In der von der »Schlesischen Vaterländischen Gesellschaft« organisierten Ausstellung von »Kunstsachen, Fabrikwaren und Naturerzeugnissen« in der Breslauer alten Börse ist Menzels Kreidezeichnung »Säugende Tigerin« [nach Rubens] zu sehen. Menzel arbeitet in der zwischen 1816 und 1818 vom Vater eingerichteten Lithographenwerkstatt mit.

1830

Im April erfolgt der Umzug der Familie Menzel nach Berlin. Vater und Sohn arbeiten u. a. für den Berliner Kunstverleger und -händler Louis Friedrich Sachse.

1832

Am 5. Januar stirbt der Vater, so daß Adolph Menzel für den Unterhalt der Familie sorgen muß.

1833

Menzel besucht für mehrere Monate die Gipsklasse der Akademie und zeichnet für Sachse elf Federlithographien zu Goethes »Künstlers Erdenwallen«.

1834

Am 22. Februar wird er Mitglied des »Vereins der jüngeren Künstler«. Bis 1836 fertigt er die zwölf Kreidelithographien zu den »Denkwürdigkeiten aus der Brandenburgisch-Preußischen Geschichte« für Sachse an.

1835

Menzels Freund, der Tapetenfabrikant und Maler Carl Heinrich Arnold, übersiedelt in seine Vaterstadt Kassel.

1836

Menzel lernt den Potsdamer Stabsarzt Dr. Wilhelm Puhlmann kennen, der dem Vorstand des dortigen Kunstvereins angehört.

1837/38

Menzel schafft für den in Berlin lebenden Maler Carl Friedrich Schulz das Tafelbild »Der Familienrat«.

1839-1842

Menzel liefert die etwa 400 Zeichnungen zu Franz Kuglers »Geschichte Friedrichs des Großen«, die im Verlag von Johann Jakob Weber in Leipzig erscheint.

1840

Ende Juni/Anfang Juli reist er zur Gutenbergfeier nach Leipzig. Während eines zwölftägigen Aufenthaltes in Dresden treibt er Studien für die Illustrationen zu Kuglers Friedrich-Buch.

1841

Gemeinsam mit dem Archäologen und Kunstschriftsteller Dr. Adolf Schöll besucht er im September die Familie Arnold in Kassel.

1842

Menzel beginnt im Auftrag von Sachse das 436 Federlithographien umfassende Kompendium »Die Armee Friedrichs des Großen in ihrer Uniformierung« [3 Bde., Berlin 1851-1857].

1843-1849

Von September 1843 bis Weihnachten 1849 zeichnet Menzel zweihundert Illustrationen zu den Werken Friedrichs des Großen auf die Holzblöcke, die von anderen Künstlern geschnitten werden. Bei diesem vom Hof vergebenen Auftrag führt Ignaz von Olfers, Generaldirektor der Königlichen Museen in Berlin, die Verhandlungen.

1844

Menzel besucht seine Verwandten in Schlesien. Bei Sachse in Berlin und bei Goupil und Vibert in Paris erscheinen seine »Radierversuche«.

1845

Menzel knüpft freundschaftliche Verbindungen mit der Familie des späteren Justizministers Dr. Friedrich August von Maercker. Er malt das »Balkonzimmer« und liefert dem Hof den Entwurf für ein Seitenfenster des Magdeburger Doms, der die Begegnung des katholisch-ligistischen Feldherrn Tilly mit dem protestantischen Domprediger Bake vor dem Dom zu Magdeburg im Jahre 1631 wiedergibt [nicht ausgeführt].

1846

Menzel entwirft im Auftrage des Hofes Darstellungen zweier Hochmeister des Deutschen Ritterordens für den Sommerremter der Marienburg [Ausführung in veränderter Form 1855]. Am 8. Oktober stirbt Menzels Mutter.

1847-1848

Von August 1847 bis Februar 1848 führt Menzel im Auftrag des Kurhessischen Kunstvereins den Karton »Empfang der Herzogin Sophie von Brabant mit ihrem Sohn Heinrich zu Marburg im Jahre 1248« aus.

1848

Menzel kehrt am 21. März von Kassel nach Berlin zurück, wo er die Aufbahrung der Märzgefallenen erlebt, die er noch im selben Jahr auf einem Gemälde wiedergibt.

1849

Menzel beginnt die Gemäldefolge zum Leben und Wirken Friedrichs des Großen.

1850

Für den Magistrat fertigt er die Glückwunschadresse an den Kronprinzen Friedrich Wilhelm zu dessen Volljährigkeit an.
Am 20. Oktober wird Menzel in die literarische Vereinigung »Tunnel über der Spree« aufgenommen.

1851

Für den »Verein zur Unterstützung der Hinterbliebenen von Berliner Künstlern« malt Menzel das Transparentbild »Christus als zwölfjähriges Kind im Tempel unter den Lehrern«. Im Verlag von Carl Meder in Berlin erscheint Menzels Heft »Versuche auf Stein mit Pinsel und Schabeisen«.

1852

Erste Sommer- und Studienreise nach Süddeutschland und Österreich.

1853

Am 8. November wird Menzel Mitglied der Königlichen Akademie der Künste.
Er porträtiert den befreundeten Dichter Paul Heyse.

1853/54

Auf Bestellung des Berliner Eisengroßhändlers und Kunstsammlers Peter Louis Ravené malt Menzel das Tafelbild »Friedrich der Große auf Reisen«.

1854

Im Auftrage des Hofes fertigt Menzel zehn Deckfarbenbilder für ein Festalbum zur Erinnerung an das »Fest der Weißen Rose« [1829] an, das der Zarin Alexandra von Rußland überreicht wird.

1855

Menzel reist im September für zwei Wochen zur Pariser Weltausstellung und besichtigt dort auch Courbets »Pavillon du Réalisme«.
Von der »Verbindung deutscher Kunstvereine für historische Kunst« erhält er den Auftrag, ein Gemälde zum Wirken Friedrichs des Großen zu schaffen, worauf der Künstler die »Begegnung Friedrichs II. mit Kaiser Joseph II. in Neiße im Jahre 1769« [1857 vollendet] gestaltet.

1856

Menzel vollendet das 1850 begonnene Historienbild »Friedrich der Große und die Seinen bei Hochkirch«.
Er wird am 7. November zum Professor ernannt.

1857

Menzel erhält vom Hof den Auftrag für das Gemälde »Begegnung von Blücher und Wellington nach der Schlacht bei Belle-Alliance« [1858 vollendet].

1858

Menzel nimmt die Arbeit an dem Gemälde »Ansprache Friedrichs II. an seine Generale vor der Schlacht bei Leuthen 1757« auf (unvollendet).

1859

Am 10. Mai heiratet Menzels Schwester den Kgl. Musikdirektor Hermann Krigar.
Er vollendet das Gemälde »Chodowiecki auf der Jannowitzbrücke zu Berlin« und übereignet es dem »Verein Berliner Künstler«.

1860

Menzel unternimmt in Rheinsberg Studien zur friderizianischen Zeit.

1861

Die erste größere Personalausstellung Menzels wird im Hofgebäude Unter den Linden 21 (Berlin) gezeigt.
Von Mitte Juli bis Mitte August verbringt er einen Kuraufenthalt in Bad Freienwalde.
Im September reist er nach Belgien.
Am 12. Oktober erhält er vom Hof den Auftrag, das Bild der Krönung Wilhelms I. in Königsberg zu malen (1865 vollendet).

1863

Menzel stellt in der Akademie seine Frideriziana aus.
Er beginnt Deckfarbenbilder für das sogenannte »Kinderalbum« zu malen, das er den Kindern seiner Schwester widmet (1883 überarbeitet und vollendet).

1864

Menzels Bruder Richard heiratet am 23. Juli Elise Preuß, die Tochter eines königlichen Domänenpächters im Oderbruch bei Küstrin.

1865

Am 14. Juli stirbt Menzels Bruder.
Es entsteht das Deckfarbenbild »Knaben in der Saale bei Kösen«.
Am 1. Juni sucht der russische Schriftsteller Iwan Turgenjew Menzels Atelier auf.

1866

Menzel gibt sterbende und gefallene Krieger des Preußisch-Österreichischen Krieges wieder.

1867

Menzel fährt zur Weltausstellung nach Paris, wo er die zweite Medaille und den Orden der Französischen Ehrenlegion für sein Hochkirch-Bild erhält. Er hat Kontakt zu Stevens und Courbet, dessen Ausstellungspavillon er besichtigt, und besucht Meissonier in Poissy.
Er malt das Tafelbild »Ein Nachmittag im Tuileriengarten«.

1868

Menzel stellt im Pariser Salon das Krönungsbild und Deckfarbenbilder aus. Während seines dritten und letzten Parisaufenthaltes hat er, durch seinen Freund Fritz Werner vermittelt, Kontakte zu Malern der Schule von Barbizon. Er wird zum Ehrenmitglied der Österreichischen Akademie der Künste ernannt.

1869

Sein Gemälde »Pariser Wochentag« entsteht. Für die Familie Heckmann [Berlin] fertigt er das Gedenkblatt zum fünfzigjährigen Jubiläum des Unternehmens von Carl Justus Heckmann an.

1870

Am 24. Januar wird Menzel in den Orden Pour le Mérite für Wissenschaft und Künste aufgenommen [1882 wird er Vizekanzler und 1886 Kanzler dieses Ordens].
Der Berliner Kaufmann, Bankier und Kunstsammler Magnus Herrmann gibt bei Menzel das Gemälde »Die Abfahrt Wilhelms I. zur Armee« in Auftrag [1871 vollendet].

1871

Menzel sieht sich in Dresden die Holbein-Ausstellung an. Er malt die beiden Ganzfigurenporträts von Bismarck und Moltke für den Festschmuck der Akademie Unter den Linden zu Ehren der Siegesfeierlichkeiten.

1872

Menzel schlägt dem Berliner Bankier Adolph von Liebermann vor, das »Eisenwalzwerk« zu malen [1875 vollendet]. Im Hinblick auf dieses Gemälde fertigt er in Königshütte zahlreiche Studien an.

1873

Menzel besucht die Weltausstellung in Wien. Es entsteht das Deckfarbenbild »Indianercafé auf der Wiener Weltausstellung«.
Menzel erhält vom Hof den Auftrag, »Die Parade vor Viktor Emanuel zu Potsdam 1873« zu malen. Der von Wilhelm I. genehmigte Entwurf kommt wegen »zu hohen Preises« nicht zur Ausführung.

1874

Menzel erhält den K. Bayerischen Maximilian-Orden.

1875

Menzel wird in den Senat der Berliner Kunstakademie berufen. Er zieht in die Sigismundstraße 3, wo er bis ans Lebensende wohnt und arbeitet.
Am 7. und 8. August zeichnet er in Bayreuth Richard Wagner. Um 1875 fertigt Reinhold Begas das Gipsmodell für die 1876 in Marmor ausgeführte Menzel-Büste an.

1876

Menzel reist nach Holland und treibt Milieustudien für seine Illustrationen zu Kleists Lustspiel »Der zerbrochene Krug«.

1878

In der Pariser Weltausstellung werden von Menzel »Das Eisenwalzwerk«, »Die Tafelrunde« und das »Flötenkonzert« gezeigt. Das Gemälde »Ballsouper« entsteht.

1880

Am 5. September stirbt sein Schwager Hermann Krigar. Menzel vollendet das Gemälde »Prozession in Hofgastein«. Von nun an regelt Hermann Pächter, der die angesehene Kunsthandlung R. Wagner übernomen hat, fast ausnahmslos die Kunstverkäufe Menzels.

1881

Menzel reist nach Verona [ebenso 1882 und 1883].

1882

Menzels enger Freund Dr. Wilhelm Puhlmann stirbt. Aus seinem Nachlaß erwirbt die Nationalgalerie mehrere Arbeiten Menzels. Es entstehen die Entwürfe für die Bemalung eines Tafelgeschirrs zur Silberhochzeit des Kronprinzenpaares.

1884

Das Gemälde »Die Piazza d'Erbe in Verona« wird vollendet und im Ausstellungslokal der Berliner Künstler gezeigt.

1885

Menzel wird Ehrenbürger Breslaus und Ehrendoktor der Berliner Universität.

Vom 26. April bis 15. Juni wird im Pavillon de la Ville de Paris eine umfassende Menzelausstellung gezeigt. In Berlin sorgt die Akademie für eine umfängliche Ausstellung seiner Werke.
Theodor Fontane übergibt Menzel das Huldigungsgedicht »Auf der Treppe von Sanssouci«.

1886

Menzel tritt dem »Verein für Originalradierung in Berlin« bei, für den er mehrere Radierungen anfertigt.

1887

Im Auftrage der Stadt Hamburg gestaltet Menzel den Ehrenbürgerbrief für den Wollhändler Gustav Christian Schwabe.

1889

Menzel beteiligt sich inoffiziell an der Jahrhundertausstellung in Paris [anläßlich der Jubiläumsfeier der Französischen Revolution].

1890

Menzel und Brahms gewinnen persönlichen Kontakt.

1892

Das Deckfarbenbild »Auf der Fahrt durch schöne Natur« entsteht.

1895

Menzel erhält am 27. Januar den Roten-Adler-Orden I. Klasse mit Stern und den Titel Wirklicher Geheimer Rat mit dem Prädikat Exzellenz sowie das K. K. Österreichische Ehrenzeichen für Kunst und Wissenschaft. Er wird Ehrenbürger von Berlin und Bad Kissingen sowie Mitglied der Akademien von Paris und London.
In der Nationalgalerie und in der Akademie der Künste werden Menzel-Ausstellungen gezeigt.
Giovanni Boldini und Max Koner porträtieren Menzel.

1898

Menzel wird zum Ritter des Schwarzen Adlerordens ernannt und damit gleichzeitig in den Adelsstand erhoben.

1900

Im Auftrag von Johanna Arnhold, der Frau des einflußreichen Berliner Großkaufmanns und Kunstmäzens Eduard Arnhold, fertigt Menzel das Deckfarbenbild »Besuch des Aufsichtsrats im Walzwerk« an.

1903

Im Juni wird in London eine Menzel-Ausstellung gezeigt.

1905

Am 9. Februar stirbt Menzel, am 13. Februar erfolgen die Trauerfeier im Alten Museum und die anschließende Beisetzung auf dem Berliner Dreifaltigkeitsfriedhof.
Am 28. März wird in der Nationalgalerie die Gedenkausstellung eröffnet.

Anmerkungen

Vorbemerkung

1 Franz Hermann Meissner: Adolph von Menzel, Berlin und Leipzig 1902, S. 89 f.

Menzel und seine Familie

1 Der am 2. August 1814 geborene Carl Erdmann Albert und die am 2. Oktober 1818 zur Welt gekommene Albertine Amalie Wilhelmine muß der Tod sehr schnell ereilt haben. Ihre Namen wurden von Adolph Menzel nie erwähnt. Nur im Taufbuch sind sie aufgeführt worden. Siehe Robert Becker: Adolph Menzel und seine schlesische Verwandtschaft, Straßburg 1922, S. 8 f. Als die Familie Menzel 1830 Breslau verließ, waren jedenfalls von den Kindern nur Adolph, Emilie und Richard am Leben.
2 Am 18. Oktober 1818 erfolgte bei der Eintragung der Taufe der Tochter Albertine Amalie Wilhelmine hinter dem Namen des Vaters der Vermerk: »Besitzer einer Steindruckerei«. Siehe Robert Becker: ebenda, S. 9.
3 Brief von 1879 an den Kunstschriftsteller Ludwig Pietsch, abgedr. bei Hans Wolff [Hrsg.]: Adolph von Menzels Briefe, Berlin 14, S. 223.
4 Abgedr. bei Robert Becker: Adolph Menzels Breslauer Schulzeugnis, in: Schlesische Monatshefte. Blätter für Kultur und Schrifttum der Heimat, Nr. 8, August 1928, Jg. V, S. 324.
5 Siehe Robert Becker: Adolph Menzel und seine schlesische Verwandtschaft, a.a.O., S. 56.
6 Siehe Hermann Maué: Briefe der Familie Menzel aus dem Jahre 1829. Eine Quelle zum Frühwerk Adolph Menzels, in: Anzeiger des Germanischen Nationalmuseums 1982, S. 83.
7 Brief vom 20. August 1829 aus Berlin, abgedr. ebenda, S. 85.
8 Zit. ebenda, S. 86.
9 Abgedr. ebenda, S. 87.
10 Er starb an einem Schlaganfall.
11 Zit. bei Gustav Kirstein: Das Leben Adolph Menzels, Leipzig 1919, S. 9.
12 Das Selbstbildnis befand sich in der Sammlung der Akademie der bildenden Künste zu Berlin und ist seit dem Zweiten Weltkrieg verschollen.
13 Brief vom 9. Dezember 1878, abgedr. bei Gustav Kirstein: a.a.O., S. 107 f.
14 Offensichtlich waren der Vater wie der Sohn Linkshänder. Eine Zeichnung von 1828, die die Hand des Vaters wiedergibt, befindet sich in den Staatlichen Museen zu Berlin [Nationalgalerie, Sammlung der Zeichnungen].
15 Abgedr. bei Hans Wolff [Hrsg.]: a.a.O., S. 98.
16 Carl Johann Arnold: Erinnerungen aus dem Zusammenleben mit Adolph Menzel, Weimar 1905, ungedr. Manuskript, Berlin, Archiv der Nationalgalerie.
17 Der Tod trat durch eine Lungenlähmung ein. Siehe Menzels Brief vom 2. August 1865 an Wilhelm Riefstahl, abgedr. bei Hans Wolff [Hrsg.]: a.a.O., S. 201.
18 Volquart Pauls [Hrsg.]: Blätter der Freundschaft. Aus dem Briefwechsel zwischen Theodor Storm und Ludwig Pietsch, Heide in Holstein 1943 [2. Aufl.]; S. 163. Am 16. Juli zeichnete Menzel den Bruder auf dem Totenbett [1865, Bleistift, München, Privatbes.].
19 Abgedr. bei Hans Wolff [Hrsg.]: a.a.O., S. 201.
20 E. G. Rote: Menzels Schwägerin, in: Helge Evers-Milner: Ein Frauenbild aus der Menzelzeit. Berliner Erinnerungen, Berlin 1940, S. XI.
21 Siehe Ludwig Pietsch: Persönliche Erinnerungen an Adolf v. Menzel, in: Velhagen und Klasings Monatshefte, Jg. 1904/05, 2. Bd., S. 204. Durch den Preußisch-Österreichischen Krieg war Hessen-Kassel an Preußen gefallen.
22 Milner, den sie auf einer Italienreise kennengelernt hatte, stammte aus einer deutsch-englischen Familie. Aus dieser Ehe gingen zwei Töchter hervor: Katharina Elisabeth Ottilie [Helge] und Brigitte. Erstere verfaßte die Erinnerungen an Elisabeth [»Ein Frauenbild aus der Menzelzeit ...«, a.a.O.].
23 E. G. Rote: a.a.O., S. XVI.
24 Helge Evers-Milner: a.a.O., S. 42 f.
25 Siehe ebenda, S. 154.
26 Die Verlobung war ein knappes Jahr zuvor erfolgt. In der »Vossischen Zeitung« vom 20. Juni war die Bekanntgabe zu lesen: »Die Verlobung seiner Schwester Emilie mit dem Königl. Musikdirektor Herrn Herrmann Krigar zeigt ergebenst an Ad. Menzel.« Henriette von Merckel [1811-1889], Frau

 des Kammergerichtsrats Wilhelm von Merckel [1803-1861] schrieb an Emilie Fontane [1824-1902], die Frau Theodor Fontanes, über diese Verlobung: »Es ist schon eine alte Geschichte, die Emilie geschickt genug verborgen gehalten hat – ich hatte sie durch meine Clara indessen doch erfahren.« [Brief vom 21. Juni 1858, abgedr. bei Gotthard Erler, Hrsg.: Die Fontanes und die Merckels. Ein Familienbriefwechsel 1850-1870, Bd. II, Berlin und Weimar 1987, S. 74]. Die im Brief genannte Clara war Clara Baumeister, eine Freundin von Henriette von Merckel.

27 Für Margarethe Krigar [6. 5. 1860-27. 5. 1945] und Otto Krigar [2. 11. 1861-29. 3. 1929] schuf Menzel in den Jahren von 1863 bis 1883 45 Bilder und ein Titelblatt [Deckfarben und Aquarell], die als »Kinderalbum« bekanntgeworden sind. Bis auf zwei Blätter ist diese Sammlung in die Berliner Nationalgalerie gelangt.

28 Ludwig Pietsch: Wie ich Schriftsteller wurde. Erinnerungen aus den sechziger Jahren, Bd. 2, Berlin 1894, S. 120.

29 Brief vom 8. Oktober 1880 an Prof. Dr. Ribbeck, abgedr. bei Irmgard Wirth [Hrsg.]: Berliner Maler. Menzel, Liebermann, Slevogt, Corinth, Berlin 1986 [2. Aufl.], S. 93.

30 Siehe Robert Becker: Adolph Menzel und seine schlesische Verwandtschaft, a.a.O., S. 11.

31 Der zweitälteste Sohn von Menzels Paten Friedrich Wilhelm Martini, wurde Güterdirektor des Fürsten Sulkowski in Reisen bei Bojanowo in der Provinz Posen. Siehe Robert Becker; ebenda, S. 15.

32 Siehe Robert Becker: ebenda, S. 36.

33 Die Zeichnungen befinden sich alle in den Staatlichen Museen Preußischer Kulturbesitz Berlin [Sammlung der Zeichnungen].

Menzels Freundeskreis

1 Siehe Carl Johann Arnold: Erinnerungen aus meinem Zusammenleben mit Adolph Menzel, Weimar 1905, ungedr. Man., Berlin, Staatliche Museen, Archiv der Nationalgalerie.

2 Abgedr. bei Hans Wolff [Hrsg.]: Adolph von Menzels Briefe, Berlin 1914, S. 4.

3 In: Museum, 1835, Nr. 44. Hier zitiert nach Franz Kugler: Kleine Schriften und Studien zur Kunstgeschichte, 3. Teil, Stuttgart 1854, S. 138.

4 Abgedr. bei Hans Wolff [Hrsg.]: a.a.O., S. 20. In einem undatierten Brief an Ludwig Pietsch schrieb Menzel über Magnus: »Dieser ließ sich 1835, von Reisen zurückgekehrt, hier nieder, da lernte ich ihn durch den alten Arnold kennen.« [Siehe Abschrift von 32 Originalbriefen von Menzel an Pietsch, S. 1, Berlin, Hochschule der Künste, Bibliothek].

5 Ludwig Pietsch: Adolf Menzel, in: Nord und Süd, 11. Bd., 1879, S. 445. Es war übrigens das dritte Gemälde, das Menzel geschaffen hat. Siehe Menzels Brief vom 1. Dezember 1837, abgedr. bei Hans Wolff [Hrsg.]: a.a.O., S. 19.

6 Wahrscheinlich steht Menzel auf dem Bild »Unter den Linden«, und zwar nahe dem Zeughaus. Siehe Franz Hermann Meissner: Adolph von Menzel, a.a.O., S. 9 f.

7 Bernhard Mannfeld [1848-1925] reproduzierte das Aquarell in einer Radierung anläßlich des Menzel-Jubiläums 1884 im Verein Berliner Künstler.

8 Brief vom 16. Januar 1849 an Carl Heinrich Arnold, abgedr. bei Hans Wolff [Hrsg.]: a.a.O., S. 137.

9 Karl August Varnhagen van Ense: Tagebücher, Leipzig 1860-1870, Bd. 2, S. 165.

10 Brief vom 18. Januar 1836, abgedr. bei Hans Wolff [Hrsg.]: a.a.O., S. 2.

11 Ebenda, S. 10 f.

12 Ebenda, S. 18.

13 Ebenda, S. 18.

14 Siehe Dieter Vorsteher: Ein Industriebild zwischen »Jubelfeier« und Revolution, in: kritische berichte, 8. Jg., 1980, Heft 4/5, S. 35 ff.

15 Siehe Brief Menzels vom 11. Oktober 1849 an Dr. Wilhelm Puhlmann, abgedr. in: Der Kunstwanderer, Sept. 1925 – Aug. 1926, S. 9.

16 Berlin 1879, S. 289.

17 Siehe Menzels Brief vom 8. Dezember 1837 an Dr. Wilhelm Puhlmann, abgedr. bei Hans Wolff [Hrsg.]: a.a.O., S. 21.

18 Paul Meyerheim: Aus meinem Leben, in: Die Gartenlaube, 1905.

19 Siehe Paul Meyerheim in: Friedrich Eduard Meyerheim: Eine Selbstbiographie des Meisters, Berlin 1880, S. 50.

20 Der vollständige Titel lautet: »Architektonische Denkmäler der Altmark Brandenburg. In malerischen Ansichten aufgenommen von Strack, Architekt, und Meyerheim, Maler. Lithographiert von Meyerheim. Mit erläuterndem Texte von Dr. Franz Kugler.«

21 So schrieb er am 13. Dezember 1868 an ihn: »Solltest Du oder Deine verehrte Frau morgen, Montag, die Stunden von 11 – 1 nichts Dringenderes vorhaben und wolltest mein Bild vor der Ablieferung noch sehen, so würde es erfreuen den Deinigen Menzel.« Abgedr. in: Autographen aus allen Gebieten. Kat. 636, J. A. Stargardt, Marburg, Auktion 11. und 12. Juni 1986, S. 165.

22 Paul Meyerheim: Adolf von Menzel. Erinnerungen, Berlin 1906, S. 126 f.

23 Siehe Kat.: Ausstellung von Werken Adolph von Menzels, Königliche National-Galerie, Berlin 1905, S. 24 f., Nr. 316.

24 Adolf Rosenberg: Die Berliner Malerschule 1819 bis 1879, Berlin 1879, S. 281.

25 Fleischhammer: Das »al fresco«-Gemälde v. Adolf Menzel, in: Zeitschrift des Vereins für die Geschichte Berlins, 52. Jahrgang, Heft 2, 1935, S. 49.

26 So kritisierte ihn dann auch der Literaturhistoriker und Kunstschriftsteller Julius Elias 1916: »Die reich gewordene Bourgeoisie der 70er Jahre riß sich um ihn, er wurde ein Mittelpunkt, er wurde ein Liebling der Berliner und einer ihrer besten Witzbolde. Als Künstler aber stand der ursprünglich so begabte Mann noch mit siebzig dort, wo er mit 24 Jahren gestanden hatte.« In: Kunst und Künstler, XIV [1916], S. 102.
27 Zit. bei Julius Elias: ebenda, S. 102.
28 Ludwig Pietsch: Paul Meyerheim, in: Nord und Süd, XVII. Bd., 50. Heft, Mai 1881, S. 201.
29 Adolf Rosenberg: Die Berliner Malerschule 1819 bis 1879, a.a.O., S. 306.
30 Hanns Fechner: Paul Meyerheim, in: Westermanns Monatshefte, Jg. 60, Bd. 120, Teil 1 [1916], S. 66.
31 Franz Hermann Meissner: Die Galerie Ravené in Berlin, in: Westermanns Monatshefte, 58. Jg., 115. Bd., 2. Teil [1913/14], S. 542.
32 Siehe Anton von Werner: Erlebnisse und Eindrücke 1870-1890, Berlin 113, S. 100.
33 Als Akademielehrer achtete er natürlich auf das Technisch-Handwerkliche. Gleich auf den ersten Seiten seines Buches »Adolf von Menzel. Erinnerungen« begründete er dieses Vorgehen: »Alten und neueren Kunstschriftstellern kann der Künstler und die Welt für das, was sie uns überlieferten, zwar sehr dankbar sein, doch vermissen wir Künstler immer gewisse technische Mitteilungen, die uns genaue Aufschlüsse über die Prozedur des Malens und des Entstehens der alten Meisterwerke geben.« [a.a.O., S. 6 f.]. Sein reiches kunsthistorisches Wissen, das sich Meyerheim im Laufe der Zeit angeeignet hat, leuchtete allenthalben aus seinem Menzel-Buch heraus.
34 Siehe Paul Seidel: Fritz Werner als preußischer Geschichtsmaler, in: Hohenzollern-Jahrbuch 1908, S. 62-69.
35 A.a.O., S. 279.
36 Das unvollendete Fritz-Werner-Porträt Menzels [1859, Öl] war 1935 in der von der Preußischen Akademie der Künste und der Nationalgalerie veranstalteten Ausstellung zu sehen [mit dem Hinweis »Privatbesitz. Verkäuflich«, im Kat. unter Nr. 39]. Die großformatige Kreidezeichnung Menzels, die Fritz Werner wiedergibt, befindet sich in Privatbesitz [Winterthur].
37 Sie befindet sich in der Sammlung der Zeichnungen der Staatlichen Museen zu Berlin.
38 Abgedr. bei Hans Wolff [Hrsg.]: a.a.O., S. 211.
39 Ottomar Beta: Gespräche mit Adolf Menzel, in: Dt. Revue, 23. Jg., 1898, 2. Bd., S. 54. Das Gespräch muß jedoch schon 1896 stattgefunden haben.
40 Ebenda, S. 55.
41 Als Anm. gedruckt in: Die Kunsthalle, Berlin 1897/98, III. Jg., Nr. 14/1898, S. 215.
42 Paul Meyerheim: Meine Erinnerung an Teutwart Schmitson, in: Kunst und Künstler, 2, 1904, S. 346.
43 Abgeb. in: Moderne Kunst in Meisterholzschnitten, Bd. XX, Berlin o. J., S. 110 f.
44 Der Verbleib von Hertels Kreidezeichnung »Menzel auf dem Totenbett, 9. Februar 1905, 10 Uhr abends« ist nicht bekannt.
45 Alfred Gotthold Meyer: Reinhold Begas, Bielefeld und Leipzig 1897, S. 80.
46 Brief vom 23. September 1856, abgedr. bei Hans Wolff [Hrsg.]: a.a.O., S. 172. Das 1856 vollendete Gemälde befindet sich in der Nationalgalerie zu Berlin.
47 So von Kaulbach, siehe Friedrich Pecht: Deutsche Künstler des 19. Jahrhunderts. Zweite Reihe, Nördlingen 1887, S. 345.
48 Paul Meyerheim: Adolf von Menzel. Erinnerungen, a.a.O., S. 121.
49 Ludwig Pietsch: Verein Berliner Künstler, Festschrift zur Feier seines fünfzigjährigen Bestehens, Berlin o. J. [1891], S. 100.
50 Adolf Rosenberg: Die Berliner Malerschule 1819 bis 1879, a.a.O., S. 182.
51 Anton von Werner: Erlebnisse und Eindrücke 1870-1890, Berlin 1913, v. a. S. 129-133 und 443-448.
52 Abgedr. bei Hans Wolff [Hrsg.]: a.a.O., S. 2.
53 Abgedr. ebenda, S. 143.
54 Abgedr. ebenda, S. 143.
55 Frau Maercker litt häufiger unter Zahnschmerzen. Siehe Menzels Brief vom 21. Oktober 1847 an seine Geschwister, abgedr. ebenda, S. 113.
56 Siehe Kat.: Ausstellung von Werken Adolph Menzels, Königliche Nationalgalerie, Berlin 1905, S. 22, Nr. 281-284.
57 Abgedr. bei Hans Wolff [Hrsg.]: a.a.O., S. 122.
58 Carl Johann Arnold: Erinnerungen aus meinem Zusammenleben mit Adolph Menzel, a.a.O.
59 Auf dem Bild sitzt links am Tisch Puhlmanns Schwiegermutter, neben ihr steht Sophie, die Tochter des Freundes, mit dem Glas in der Hand und breitrandigem Strohhut auf dem Kopf. Hinter der Brüstung taucht der Kopf des Gastgebers auf. An seiner Seite kniet einer seiner Söhne. Das Blatt entstand wohl 1846 oder bald darauf. Eine Studie von einer Frau in Rückansicht mit in die Hüfte gestemmter Rechten, enthalten im Skizzenbuch des Jahres 1846 [Berlin, Nationalgalerie], legt diese Vermutung nahe, denn sie benutzte Menzel für die in der Bildachse der Sepiazeichnung erscheinende Frau.
60 Siehe Gustav Kirstein: Das Leben Adolph Menzels, Leipzig 1919, Abbildungen auf den Seiten 20 und 21.
61 In: Die Woche, Nr. 7, Berlin, den 18. Februar 1905, 7. Jg., S. 280 f.

Menzels Vereinsleben

1 Andrerseits deutet der erhobene Malstock in der Rechten Don Quichotes auf eine gewaltsame

219 Attacke hin, und in der Tat erinnert die Szene etwas an Raffaels Fresko »Die Vertreibung des Heliodor« im Palazzo Vaticano.

2 Ludwig Pietsch: Verein Berliner Künstler. Festschrift zur Feier seines fünfzigjährigen Bestehens, Berlin o. J. [1891], S. 7.

3 In dieser wurden bis zum August 1870 von den 782 ausgestellten Arbeiten 102 für insgesamt 27 000 Taler verkauft. Siehe Ludwig Pietsch: ebenda, S. 56.

4 Brief vom 1. Juli 1879 abgedr. bei Gustav Kirstein: Das Leben Adolph Menzels, a.a.O., S. 113.

5 Die Porträtgalerie des Vereins bestand aus Bildnissen, die Vereinsmitglieder wie auch bedeutende bildende Künstler der Vergangenheit wiedergaben. So hatte Karl Steffeck den Architekten Erwin von Steinbach gemalt, Hartmann Albrecht Dürer, Gustav Richter den Bildhauer Peter Vischer, Wilhelm von Amberg den Architekten und Bildhauer Andreas Schlüter, Theodor Hellwig den Kupferstecher Georg Friedrich Schmidt und Julius Röder den Graphiker und Erfinder der Lithographie Alois Senefelder.

6 Deutsches Kunstblatt, 7, 1856, 47, 20. November 1856, S. 414.

7 Zit. von Ludwig Pietsch: a.a.O., S. 61.

8 Knaus' 60. Geburtstag war nachträglich am 12. Mai 1890 gefeiert worden.

9 Ludwig Pietsch: a.a.O., S. 47.

10 Ebenda, S. 76.

11 Ebenda, S. 79.

12 Max Osborn: Aus der Geschichte des »Vereins Berliner Künstler«, im Kat.: Hundert Jahre Berliner Kunst im Schaffen des Vereins Berliner Künstler, Berlin 1929, S. 22 f.

13 Geschäftsführer des Unterstützungsvereins war der Graphiker Carl Gustav Lüderitz. Siehe Max Schasler: Berlin's Kunstschätze, Berlin 1856, S. 480.

Die Transparentmalerei war Ende des 17. Jahrhunderts in England aufgekommen. Im späten 18. Jahrhundert nutzte u. a. Thomas Gainsborough dieses Medium, das mit der Jahrhundertwende auch in Deutschland Verbreitung fand. Caspar David Friedrich widmete sich der Transparentmalerei ebenso wie Karl Friedrich Schinkel. Die besagten Transparentbilderaktionen der Berliner Künstler für die Kasse des Unterstützungsvereins schliefen in den 1870er Jahren auf Grund mangelnder Resonanz ein. Siehe Paul Meyerheim: Adolf von Menzel. Erinnerungen, a.a.O., S. 124.

14 Reinhold Begas: Zum Tode Adolf v. Menzels, in: Der Tag, Nr. 69 vom 10. Februar 1905.

15 Otto von Leixner: Unser Jahrhundert, 2. Bd., Stuttgart 1883, S. 561.

16 Hermann Knackfuß: Menzel, Bielefeld und Leipzig 1898, S. 38.

17 Abgedr. bei Hans Wolff [Hrsg.]: a.a.O., S. 8.

18 Deutsches Museum, Zs. f. Literatur, Kunst u. öffentliches Leben, 1, 1851, S. 113-126.

19 Lazarus sah in der »Völkerpsychologie das Gesetz der Wechselwirkung zwischen Volksgeist und Individuum«. Siehe ebenda, S. 123.

20 Friedrich Pecht: Zum 70. Geburtstage Adolf Menzels, in: Die Kunst für Alle, 1. Jg. Heft 5, 1885, S. 70 f. Aber auch Gustav Richter und Eduard von Gebhardt [1838-1925] strebten bald nach Menzel eine stärkere Aufnahme realistischer Elemente an.

21 Friedrich Eggers, der Menzels Tansparent von 1851 verteidigte, meinte: »Summa: Es ist nicht die realistische, es ist die rationalistische Auffassung, welche so viele Gegner nicht goutieren, obschon sie die Meisterschaft des Machwerks anerkennen.« In: Deutsches Kunstblatt, 1852, S. 4.

22 Brief vom 26. Dezember 1857 an Theodor Fontane: abgedr. bei Eva A. v. Arnim [Hrsg.]: Vierzig Jahre. Bernhard Lepel an Theodor Fontane. Briefe von 1843-1883, Berlin 1910, S. 307.

23 Siehe Brief Menzels vom 26. Dezember 1851 an Arnold, abgedr. bei H. Wolff [Hrsg.]: a.a.O., S. 153 ff.

24 Zit. bei Karin Bromenschenkel: Berliner Kunst- und Künstlervereine des 19. Jahrhunderts bis zum 1. Weltkrieg, Diss. Berlin 1942, S. 165.

25 Abgedr. bei Else Cassirer [Hrsg.]: Künstlerbriefe aus dem neunzehnten Jahrhundert, Berlin 123, S. 347 f.

26 Die Radierungen erschienen in den Heften 1, 2, 3, 4 und 10. Die von Eilers reproduzierte Vignette befindet sich im Heft 7.

27 Abgedr. bei Else Cassirer [Hrsg.] a.a.O., S. 349.

28 Marc Isambard Brunel wurde übrigens zum Ehrenmitglied des Sonntagsvereins ernannt.

29 Abgedr. bei Fritz Behrend: Geschichte des Tunnels über der Spree, Berlin 1938, S. 74. Menzel besaß wie jeder Angehörige des Tunnels das Statut dieses Vereins, das zugleich die Funktion eines Mitgliedsbuches erfüllte. Es ist darin Menzels Tunnel-Name vermerkt, und das Personalblatt enthält die Datierung »Berlin 20. X. 1850« und ist von »Bürger« [d. i. Heinrich Smidt] und »Lafontaine« [d. i. Theodor Fontane] unterschrieben. Siehe Kat. »Lithographien aus allen Gebieten. Dabei eine Menzel-Sammlung ...«, Auktion am 9. Oktober 1936, J. A. Stargardt, Berlin, S. 18.

30 Als Menzel im Sommer 1840 für zwölf Tage nach Dresden ging, um dort Studien für die Illustrationen zum Kugler-Buch zu treiben, besichtigte er die Gemäldegalerie. Dem Freund Carl Heinrich Arnold schrieb er zwei Monate darauf: »... ich muß offen gestehen: über die ›Nacht‹, überhaupt die berühmten Correggios und den Raffael war ich, als ich davor stand, aufs höchste verwundert. – Dagegen ist andres da, Rubense, überhaupt Niederländer!!! und Venetianer!!! – von denen man wenig hört!« – Brief vom 6. September 1840, abgedr. bei Hans Wolff [Hrsg.]: a.a.O., S. 50.

31 Siehe Fontanes Protokoll der Tunnel-Sitzung vom 17. Oktober 1852, abgedr. in Theodor Fontane: Autobiographische Schriften, Bd. III,1, Berlin und Weimar 1982, S. 280.

32 Max Ring: Berliner Leben. Kulturstudien und Sittenbilder, Berlin und Leipzig 1882, S. 114 f.
33 Siehe Fritz Behrend: a.a.O., S. 45.
34 Siehe Franz Kugler: Berliner Briefe, in: Deutsches Kunstblatt Nr. 45 vom 14. September 1848, S. 177 f.
35 Im »Deutschen Kunstblatt« vom 5. Januar 1854.
36 Das Bild, dessen Verbleib unbekannt ist, hat in der Akademieausstellung von 1856 gehangen.
37 Theodor Fontane: Aufsätze zur bildenden Kunst, 1. Teil, München 1970, S. 439.
38 Ebenda, S. 513.
39 Theodor Fontane: Autobiographische Schriften, Bd. II. a.a.O., S. 237.
40 Siehe Theodor Fontane, ebenda, S. 234.
41 Adolf Rosenberg: Die Berliner Malerschule 1819 bis 1879, a.a.O., S. 56.
42 3. Bd., S. 248.
43 Zu Menzels Eintritt siehe Hermann Fricke: Die »Argonauten« von Berlin, in: Der Bär von Berlin, Jb. des Vereins für die Geschichte Berlins, 13. Folge, 1964, S. 28. In den fünfziger Jahren zählten zum Rütli: Kugler, Merckel, Heyse, Friedrich Eggers, Fontane, Bormann, Lepel, Storm, Blomberg, Lucae und Zöllner. In den sechziger Jahren kamen Karl Eggers und August von Heyden hinzu.
44 Siehe Moritz Lazarus' Lebenserinnerungen, bearb. von Nahida Lazarus und Alfred Leicht, Berlin 1906, S. 581.
45 Brief vom 20. Dezember 1881 an Moritz Lazarus, abgedr. in: Theodor Fontane: Briefe an seine Freunde, 2. Bd., Berlin 1925, S. 62.
46 Nahida Lazarus: Menzel im Rütli, in: Deutsche Revue, 3. Jg., 1. Bd., Stuttgart und Leipzig 1905, S. 300. Lazarus trug den »Tunnel«-Namen Leibniz.
47 Zit. von Lazarus in: Moritz Lazarus: Aus meiner Jugend, Frankfurt a. M. 1913, S. 122.
48 In: Moritz Lazarus' Lebenserinnerungen, a.a.O., S. 600.
49 Abgedr. ebenda, S. 600.
50 Zit. ebenda, S. 598.
51 Zit. ebenda, S. 617.
52 Abgedr. in: Theodor Fontane: Briefe an seine Freunde, 2. Bd., a.a.O., S. 61.
53 Brief vom 18. April 1884, abgedr. ebenda, S. 88 f.

Menzels Kontakte zu Schriftstellern, Musikern und Theatermachern

1 Ottomar Beta: Gespräche mit Adolf Menzel, in: Deutsche Revue, 23, Jg., 2. Bd., Stuttgart und Leipzig 1898, S. 45.
2 Ebenda, S. 57.
3 In: Deutsches Kunstblatt vom 5. Januar 1854.
4 Brief vom 23. Dezember 1885 an Ludwig Pietsch, abgedr. in: Fontanes Briefe in zwei Bänden, 2. Bd., Berlin und Weimar 1968, S. 143.
5 Brief an Theodor Storm, zit. bei Christa Schultze [Hrsg.]: Iwan Turgenjew. Briefe an Ludwig Pietsch, Berlin und Weimar 1968, S. XXVI.
6 Abgedr. ebenda, S. 174.
7 In: Velhagen und Klasings Monatshefte, XIX. Jg., 1904/05, Heft 8. April 1905, S. 204.
8 Der Verbleib von Menzels Brief an Turgenjew [der sich damals in Paris aufhielt] ist nicht bekannt, wohl aber das Schreiben Turgenjews vom 28. Januar 1876 an Pietsch, in dem heißt: »Ich bekomme eben einen mit Lapidarbuchstaben geschriebenen Brief von Menzel, der mir von seinem historischen Karton spricht, den ich vielleicht kaufen möchte – nicht für mich, sondern als Gabe für eine Moskauer Zeichnungsschule; könnten Sie vielleicht – mit der Ihnen innewohnenden insinuanten Diplomatie das Wieviel? ungefähr erfahren?« – Abgedr. bei Christa Schultze [Hrsg.]: a.a.O., S. 102.
9 Siehe Fontanes Brief vom 23. Dezember 1860 an Paul Heyse, abgedr. bei Erich Petzet: Der Briefwechsel von Theodor Fontane und Paul Heyse 1850-1897, Berlin 1927, S. 96. Fontanes Brief vom 2. Januar 1887 an Mathilde von Rohr, abgedr. in: Theodor Fontane: Briefe an seine Freunde, 2. Bd., Berlin 1925, S. 120, und Fontanes Briefe vom 2. Januar 1887 und 9. Dezember 1890 an Georg Friedlaender, abgedr. in: Theodor Fontane: Briefe an Georg Friedlaender, hrsg. u. erläutert von Kurt Schreinert, Heidelberg 1954, S. 64 f. u. S. 140.
10 Brief vom 19. August 1889, abgedr. in: Th. Fontane: Briefe an seine Freunde, 2. Bd., a.a.O., S. 210.
11 Abgedr. ebenda, S. 92.
12 Auf das Blatt schrieb Menzel »Auch'n Kuß unter'm Mistelzweig wie es stattgehabt zweifelsohne heut vor 70 Jahren«.
13 Siehe Helene Vollmar: Menzeliana, in: Nationalzeitung Nr. 188 vom 19. März 1905.
14 Brief vom 14. Mai 1884, abgedr. in: Fontanes Briefe in zwei Bänden, Berlin und Weimar 1968, 2. Bd., S. 126.
15 Abgedr. in: Theodor Fontane: Das lyrische Werk, hrsg. von Oskar Weitzmann, Naunhof und Leipzig o. J., S. 261.
16 Abgedr. bei Hans Pflug: Aus Briefen Fontanes an Maximilian Harden. In: Merkur. Zs. für europäisches Denken, X. Jg., Stuttgart 1956, Heft 11, S. 1096.
17 Brief vom 6. Januar 1886, abgedr. in: Theodor Fontane: Briefe an Georg Friedlaender, a.a.O., S. 27 f. Das Londoner Gedicht ist abgedr. bei Otto Pniower und Paul Schlenther [Hrsg.]: Briefe Theodor Fontanes, zweite Sammlung, 1. Bd., Berlin 1955 [3. Aufl.], S. 139 f.
18 Siehe hierzu Georg Friedlaender: Menzel-Erinnerungen, in: Vossische Zeitung Nr. 83 vom 18. Februar 1905.
19 Abgedr. in Theodor Fontane: Aufsätze zur bildenden Kunst, Erster Teil, München 1970, S. 253.
20 In: Neue Preußische [Kreuz-]Ztg. Nr. 202 vom 29. Oktober 1863 [gez. Te.], abgedr. in Theodor Fontane: ebenda, S. 261.

221 21 Abgedr. ebenda, S. 261 f.
22 In: Neue Preußische [Kreuz-]Ztg. Nr. 1 vom 3. Januar 1866, abgedr. ebenda, S. 336-340, Zit. auf S. 339.
23 Ebenda, S. 340.
24 Erstgenannter Aufsatz abgedr. ebenda, S. 429 bis 433, der andere Aufsatz in: Die Zukunft, Jg. IV, Bd. 13, 10. Heft vom 7. Dezember 1895, abgedr. ebenda, S. 516-519.
25 Abgedr. bei Volquart Pauls [Hrsg.]: Blätter der Freundschaft. Aus dem Briefwechsel zwischen Theodor Storm und Ludwig Pietsch, Heide i. Holstein 1943 [2. Aufl.], S. 126.
26 Siehe Theodor Storms Brief vom 13. Dezember 1861 an Ludwig Pietsch, abgedr. ebenda, S. 76.
27 Zit. von Theodor Storm, ebenda, S. 76. Gemeint ist Constanze Storm, die Frau des Dichters.
28 Paul Heyse: Jugenderinnerungen und Bekenntnisse, 1. Bd., Stuttgart und Berlin 1912, S. 208.
29 Ebenda, S. 120.
30 Abgedr. in Erich Petzet: Der Briefwechsel von Theodor Fontane und Paul Heyse 1850-1897, a.a.O., S. 94.
31 Brief Fontanes vom 23. Dezember 1860, abgedr. ebenda, S. 96.
32 Theodor Fontane: Autobiographische Schriften, Bd. II, Berlin und Weimar 1892, S. 233.
33 Abgedr. bei Theodor Fontane: ebenda, S. 296.
34 Das Album, das der Zarin vom Hohenzollernhof geschenkt worden ist, befindet sich in der Ermitage zu St. Petersburg.
35 Eduard Engel: Menschen und Dinge. Aus meinem Leben, Leipzig 1929, S. 249.
36 Zit. in dem anonym erschienenen Aufsatz »Menzel-Erinnerungen«, in Vossische Zeitung Nr. 71 vom 11. Februar 1905.
37 Ebenda.
38 Siehe Julius Norden: Bei Adolf von Menzel, in: Die Gegenwart, Jg. 29, Bd. 58, 1900 (13), S. 262.
39 Ottomar Beta: Gespräche mit Adolf Menzel, in: Deutsche Revue, 23. Jg., 2. Bd., Stuttgart und Leipzig 1898, S. 45-58, und ebenda, 3. Bd., Stuttgart und Leipzig 1898, S. 102-118, sowie 24. Jg., 3. Bd., Stuttgart und Leipzig 1899, S. 166-179.
40 Beta schrieb u. a. das Schauspiel »Nichts halb« (1885), den Roman »Die Rache ist mein« (1893) und das satirische Epos »Barbarossas Botschaft« (1896) sowie »Politik des Unbewußten« (1887), »Regierung und Antisemitismus« (1893) und »Schlüssel zum Faust« (1909).
41 Julius Norden schrieb u. a. die Schauspiele »Der Tugendbold« (1894) und »Fesseln« (1894).
42 Die Gegenwart, Jg. 29, Bd. 58, 1900 (13), S. 260 bis 263.
43 Axel Delmar verfaßt u. a. das vaterländische Schauspiel »Die Ahrenshooper« (1894), das Festspiel »Hohenzollern« (1900) sowie die Opernlibretti »Haschisch« (1897), »Die Beichte« (1901) und »Marienburg« (1903).
44 Axel Delmar: Die kleine Exzellenz, in: Die Woche [Berlin], Nr. 7 vom 18. Februar 1905, S. 278 bis 280 h.
45 Ludwig Pietsch: Adolf Menzel, in: Nord und Süd, 11. Bd., Breslau 1879, S. 439-469.
46 Ludwig Pietsch: Persönliche Erinnerungen an Adolf v. Menzel, in: Velhagen und Klasings Monatshefte, Jg. 1904/05, 2. Bd., S. 206.
47 Ludwig Pietsch: Verein Berliner Künstler. Festschrift zur Feier seines fünfzigjährigen Bestehens, Berlin o. J. [1891, S. 9.
48 Zit. bei Christa Schultze [Hrsg.]: a.a.O., S. VI.
49 Brief an Georg Friedlaender, zit. nach Christa Schultze [Hrsg.]: ebenda, S. XXIX.
50 Zit. ebenda, S. XXVI.
51 Siehe Anton von Werner: Erlebnisse und Eindrücke 1870-190, Berlin 113, S. 8.
52 So schrieb ihm Menzel am 25. Oktober 1859, siehe Gustav Kirstein: Das Leben Adolph Menzels, Leipzig 1919, S. 103 f.
53 Nördlingen 1879, S. 306.
54 Abgedr. bei Hans Wolff [Hrsg.]: Adolph von Menzels Briefe, Berlin 1914, S. 7.
55 In: Deutsche Revue, 23. Jg., 1. Bd., Januar bis März 1898, S. 356.
56 Menzel im Konzertsaal, in: National-Zeitung Nr. 141 vom 1. März 1905.
57 Zit. bei Felix Hasselberg: Berliner Witz und Humor. Zwei Menzel-Anekdoten, in: Zs. d. Vereins f. d. Geschichte Berlins, 59. Jg., Heft 3, 1942, S. 127.
58 Abgedr. bei Hans Wolff [Hrsg.]: a.a.O., S. 113.
59 Brief vom 25. Januar 1848, abgedr. ebenda, S. 123. Mit »Polyphem« spielte er auf die riesenhafte Gestalt Spohrs an.
60 Abgedr. ebenda, S. 181. Er hat im übrigen auch Schumanns Grab gezeichnet. Siehe Kat. Ausstellung von Werken Adolph von Menzels, Königliche National-Galerie, Berlin 1905, S. 358, Nr. 5347.
61 Brief vom 28. September 1861, abgedr. bei Volquart Pauls [Hrsg.]: a.a.O., S. 68.
62 Abb. in: Moderne Kunst in Meister-Holzschnitten, Bd. XX, Berlin o. J., S. 106.
63 Siehe Konrad Huschke: Musiker, Maler und Dichter als Freunde und Gegner, Leipzig 1939, S. 177.
64 Zit. ebenda, S. 178.
65 Zit. ebenda, S. 179.
66 Zit. ebenda, S. 180. Jens Christian Jensen hat darauf hingewiesen, daß Brahms sich hier wohl auf einen der heftartigen Bände von M. Jordans und R. Dohmes »Das Werk Adolph Menzels« bezogen hat. Siehe: Brahms-Phantasien, Johannes Brahms – Bildwelt, Musik, Leben, 18. Sept. bis 26. Okt. 1983, Kat. der Kunsthalle zu Kiel, hrsg. von Jens Christian Jensen, Kiel 1983, S. 60.
67 Konrad Huschke: a.a.O., S. 94.
68 Siehe Anton von Werner: a.a.O., S. 94.
69 Ebenda, S. 94 f.
70 Heinrich von Angeli: Über Menzel, in: Neue Freie

Presse [Wien] vom 10. Februar 1905. Menzel schuf damals zwei Bleistiftzeichnungen. Siehe Kat. Ausstellung von Werken Adolph von Menzels, Kgl. National-Galerie, Berlin 1905, Nr. 5345 und 5346.
71 In: Vossische Zeitung Nr. 247 vom 29. Mai 1910.
72 Dieses Gartenhäuschen, in dem Mozart die »Zauberflöte« komponiert hat, befindet sich jetzt im Garten des Mozarteums. Auch den »Torweg in Mozarts Geburtshaus« hat Menzel gezeichnet. Siehe Kat. 100 Jahre Berliner Kunst, Verein Berliner Künstler 1929, S. 135.
73 Siehe ebenda, S. 134. Des weiteren hielt er auf einem Blatt Louis Carrogis Carmontelles Bild »Leopold Mozart mit seinen Kindern« [1763] in einer Bleistiftzeichnung fest [Berlin, Nationalgalerie, Sammlung der Zeichnungen], wobei er vielleicht Mechels Reproduktionsstich als Vorlage benutzte.
74 Siehe Kat. Ausstellung von Werken Adolph von Menzels, Königliche National-Galerie, Berlin 1905, Nr. 5350, und Kat. Adolph Menzel, Ausstellung zum 120. Geburtstag und 30. Todestag des Künstlers, veranstaltet von der Akademie der Künste und der Nationalgalerie, Berlin 1935, Nr. 267.
75 Gerhart Hauptmann: Das Abenteuer meiner Jugend, Bd. II. Berlin 1937. Hier zit. nach Ruth Glatzer [Hrsg.]: Berliner Leben 1870–1900, Berlin 1963, S. 233.
76 Paul Meyerheim: Adolf von Menzel. Erinnerungen, Berlin 1906, S. 110 f.
77 Brief vom 30. Oktober 1901 an Paul Meyerheim, abgedr. bei Hans Wolff [Hrsg.]: a.a.O., S. 236.
78 Joachim von Kürenberg: Menzel, die kleine Exzellenz, Berlin 1935, S. 261. Anna Schramm, 1860 von Franz Wallner engagiert, machte dort als Komikerin Karriere.
79 Ottomar Beta: Gespräche mit Adolf Menzel, in: Deutsche Revue, 23. Jg., 2. Bd., 1898, S. 47 f.
80 Lautenburg übersandte Menzel persönlich Einladungen, so zu der Aufführung des Schauspiels »Francillon« von Alexander Dumas' Sohn am 1. Oktober 1895, die aber Menzel nicht besucht hat. Siehe Hans Knudsen: Ein Brief A. Menzels an S. Lautenburg, Berlin 1928, o. P.
81 Daneben zeichnete er zahlreiche Theaterfiguren. Siehe u. a. den Kat. Ausstellung von Werken Adolph von Menzels, Berlin 1905, Nr. 5207 bis 5215 und 5220.

Menzels Verhältnis zu Auftraggebern

1 Brief vom 6. Februar 1890, abgedr. in Hans Wolff [Hrsg.]: a.a.O., S. 227 f.
2 Ottomar Beta: Gespräche mit Adolf Menzel, in: Deutsche Revue, 23. Jg., 3. Bd., Stuttgart und Leipzig 1898, S. 112.
3 Zit. von Leopold Freiherr von Zedlitz: Neuestes Conversations-Handbuch für Berlin und Potsdam, Berlin 1834, S. 147.
4 Siehe Sigrid Achenbach in: Adolph Menzel. Zeichnungen, Druckgraphik und illustrierte Bücher, Staatl. Museen Preuß. Kulturbesitz, Berlin 184, S. 186 ff.
5 Kurt Brockerhoff vertrat diese Ansicht. Siehe K. Brockerhoff: Eine unbekannte Gebrauchsgraphik Adolph Menzels, in: Zs. d. Vereins f. d. Geschichte Berlins, 54. Jg., Heft 3, 1937, S. 89. Vielleicht hat noch Menzels Vater die Verbindung zu George Gropius hergestellt, denn eine Reihe von humoristischen Lithographien lieferte Adolph Menzel um 1831. Siehe Sigrid Achenbach: a.a.O., S. 186 ff.
6 Guido Josef Kern: Louis Friedrich Sachse, der Begründer des Berliner Kunsthandels, in: Zs. des Vereins für die Geschichte Berlins, Heft 1, 1934, S. 2.
7 Sie wurde am 1. August 1853 eröffnet und wartete sogleich mit einer Sensation auf: mit Paul Delaroches »Hemicycle« [1841 vollendet]. Friedrich Wilhelm IV. sah sich dieses Bild, wie Sachse später berichtete, fünfmal an »und stets auf längere Zeit.« Siehe Louis Friedrich Sachse: Erinnerungen aus dem Kunstleben, in: Kunst-Correspondenz für die Mitglieder von Sachse's Internationalem Kunstsalon, Nr. 4 [Januar] 1872, S. 6.
8 Siehe den 1865 von Sachses Sohn, Georg Louis Alfred Sachse [1834-1897], verfaßten »Rückblick auf die zwölfjährige Wirksamkeit der Permanenten Gemälde-Ausstellung von L. Sachse & Comp. Jägerstraße 30 – Berlin«, Berlin 1865, S. 5.
9 Siehe ebenda, S. 11.
10 Sachse war am 23. Februar 1820 in die Vereinigung eingetreten. Zu diesem Schritt hatte ihn der Pole Louis Wladimir Köhler, seit 1818 in Berlin als Medizinstudent immatrikuliert, bewogen. Im Herbst 1820 wurde Köhler zum Präsidenten und Sachse zum Sekretär dieser polnischen akademischen Verbindung gewählt. Siehe Arthur Kronthal: Werke der Posener Bildenden Kunst, Berlin und Leipzig 1921, S. 56 f., sowie Manfred Laubert: Die ersten polnischen Studentenverbindungen in Berlin und ihre Beziehungen zur deutschen Burschenschaft, 1. Teil, Die Gründung der Panta Koina in Berlin, in: Zs. für osteuropäische Geschichte, Bd. IV, Heft 4.
11 Major L. von Reiche hatte 1816 eine Schule für Steindruck gegründet, die ab 1820 »Königliches Lithographisches Institut am Kriegsministerio« hieß.
12 Ludwig Pietsch, der Sachse gut gekannt hat, schreibt über diese Pariser Werkstatt: »Dieses Institut mit seinen 21 Pressen und im Besitz einer lithographischen Kreide, welcher sich keine der in Deutschland bis dahin gebräuchlichen vergleichen konnte, stellte durch seine Leistungen die Mehrzahl der Münchner Mutteranstalten in den Schatten.« [Ludwig Pietsch: Alois Senefelder, Erfinder der Lithographie, Berlin 1871, S. 75.].
13 Louis Friedrich Sachse: Erinnerungen aus dem

 Kunstleben, in: Kunst-Correspondenz für die Mitglieder von Sachse's Internationalem Kunstsalon, Nr. 5 [Februar] 1872, S. 8.

14 Louis Friedrich Sachse: Erinnerungen aus dem Kunstleben, in: Kunst-Correspondenz für die Mitglieder von Sachse's Internationalem Kunstsalon, Nr. 6 [April] 1872, S. 4.

15 In dem »Neuesten Conversations-Handbuch für Berlin und Potsdam« [Berlin 1834, S. 426] von Leopold Freiherr von Zedlitz heißt es über Sachses Unternehmen: »Dieses Institut beschäftigt sich hauptsächlich mit der lithographischen Kunstpartie und hat für dieselbe fortwährend drei Pressen im Gange. Durch Heranziehen ganz vorzüglicher Arbeiter, namentlich Drudler, hat dies Institut wesentlich zur Vervollkommnung der Kreidemanier in Berlin beigetragen und besitzt gegenwärtig unstreitig einen der geschicktesten Kunstdrucker, welcher sechs Jahre in den ersten Pariser Lithographien fungierte und sich hier durch den Druck der Leonore von Jentzen – nach Lessing – durch die Märkischen Altertümer von Meyerheim, wie fast durch alles, was in der neueren Zeit in Berlin die Aufmerksamkeit der Kenner in Anspruch genommen, einen bleibenden Ruf erworben hat.« Das lithographische Institut von Winckelmann und Söhne, seit 1826 in Berlin, besaß damals allerdings schon sechs Druckpressen und beschäftigte acht Lithographen. [Siehe ebenda, S. 428].

16 Siehe Wilhelm Drost: Die Daguerreotypie in Berlin 1839-1860, Berlin 1922, S. 51 und 61.

17 Siehe Gottfried Schadow: Kunst-Werke und Kunst-Ansichten, Berlin 1849, S. 272 [Berlin 1987, I, S. 191].

18 Siehe Louis Friedrich Sachse: Erinnerungen aus dem Kunstleben, in: Kunst-Correspondenz für die Mitglieder von Sachse's Internationalem Kunstsalon, Nr. 4 [Januar] 1872, S. 6.

19 Anonym: Der Kunstnachlaß Louis Friedrich Sachse's, in: Vossische Zeitung vom 12. März 1878, Dritte Beilage. In diesem Artikel wird auch auf ein Ölbild von der Hand der Prinzessin Louise von Preußen hingewiesen, das sich gleichfalls in Sachses Nachlaß befunden hat.

20 Nr. 32, S. 43.

21 S. 381.

22 1835, Wasser- und Deckfarben, 1905 im Besitz der Hohenzollern.

23 Ludwig Pietsch: Adolf Menzel. In: Nord und Süd [Breslau], 11, 1879, S. 4.

24 Brief vom 24. Dezember 1879, abgedr. bei Hans Wolff [Hrsg.]: a.a.O., S. 222.

25 Nach A. Dorgerloh entstanden diese Lithographien zu den oder bald nach den Reformationsfeierlichkeiten von 1830 [siehe A. Dorgerloh: Verzeichnis der durch Kunstdruck vervielfältigten Arbeiten Adolf Menzels, Leipzig 1896, S. 5]. Sigrid Achenbach meinte zu dieser Folge wohl zu Recht: »Wahrscheinlicher ist aber, daß sie erst um 1831/32 geschaffen und publiziert wurde.« [in: Adolph Menzel. Zeichnungen, Druckgraphik und illustrierte Bücher, a.a.O., S. 234]. Der Enkel Sachses äußerte darüber: »... dagegen übergab Sachse dem jungen angehenden Künstler als Probearbeit den Auftrag, die abgenutzten Steine seines ›Leben Luthers‹ von Baron von Löwenstern zu überarbeiten. Das Werk war als Erinnerungsgabe an die Reformation für die Schulen gedruckt, bei dem geringen Preis von 1 Taler war eine sehr hohe Auflage gemacht worden, so daß die Abnutzung der Steine durch den Druck groß war. Nun gaben zwar die vorhandenen Vorlagen dem Nachzeichner die Darstellungsform, doch verstand der junge Künstler im Punkte freier künstlerischer Auffassung, bewegterer Haltung der Figuren, im natürlicheren Faltenwurf der Kleidung und vielen Einzelheiten sich so selbständig zu zeigen, daß sein Auftraggeber ihm sofort eine ganz selbständige Arbeit übertrug ...« Handschriftliche Notiz von Alfred Sachse im Landesarchiv Berlin, Nachlaß Sachse, Archiv-Zug. Nr. 391, Nr. 1.

26 A. Dorgerloh [ebenda, S. 5-10] und Sigrid Achenbach [ebenda, S. 235-242] haben die »Änderungen und Verbesserungen« erörtert.

27 Im Brief vom 6. Oktober 1878 an Friedrich Pecht, abgedr. bei Gustav Kirstein: Das Leben Adolph Menzels, Leipzig 1919, S. 106.

28 Brief vom 24. Dezember 1879 an Ludwig Pietsch, abgedr. bei Hans Wolff [Hrsg.]: a.a.O., S. 222.

29 Abgedr. bei Felix Hasselberg: Gottfried Schadow und Adolph Menzel, in: Mitteilungen des Vereins für die Geschichte Berlins, 47. Jg., 1930, S. 31 f.

30 Ebenda, S. 32.

31 Zit. aus dem 1872 verfaßten Lebenslauf für das Brockhaus-Lexikon, abgedr. bei Irmgard Wirth: Berliner Maler. Menzel, Liebermann, Slevogt, Corinth in Briefen, Vorträgen und Notizen, Berlin 1986, S. 83.

32 Zu dem Album siehe G. Lammel: Lebende Bilder – Tableaux vivants im Berlin des 19. Jahrhunderts, in: Karl-Heinz Klingenburg [Hrsg.]: Studien zur Berliner Kunstgeschichte, Leipzig 1986, S. 233 f. Menzel konnte hierfür nicht gewonnen werden, da er damals an den Illustrationen zu Kuglers »Geschichte Friedrichs des Großen« arbeitete.

33 Zit. bei Julius Kurth: Adolph Menzel und sein Vaterunser, Berlin 1905, S. 2.

34 Bd. I »Die Kavallerie«, 1851; Bd. II »Die Infanterie«, 1855; Bd. III »Rest der Infanterie, die besonderen Corps und Chargen, Anhang und Ergänzungen«, 1857.

35 Lebenslauf von 1872, abgedr. bei Irmgard Wirth: a.a.O., S. 84.

36 Sachse bot sie 1874 für 4 Taler [= 12 Mark] an.

37 Siehe Guido Josef Kern: a.a.O., S. 10.

38 Insgesamt erschienen 43 Hefte [von Oktober 1871 bis April 1876]. Sie wurden von Sachse und Kürschner redigiert.

39 Bericht über »Sachses Kunstsalon« in der Beila-

ge zur »Neuen Preußischen [Kreuz-]Ztg.« Nr. 126 vom 3. Juni 1874.

40 In seinem neuerbauten Kunstsalon in der Taubenstraße Nr. 34 ließ er in einem Raum unter der Decke eine Kopie des großen Puttenfrieses anbringen, den Kaulbach für das Treppenhaus des Neuen Museums in Berlin geschaffen hatte.

41 Eigenhändige Abschrift Alfred Sachses von einem am 24. Februar 1931 an Dr. Herbert Eulenberg gesandten Briefes, der sich im Besitz des Landesarchivs Berlin, Nachlaß Sachse, Archiv-Zug. Nr. 391, Nr. 8, befindet. Alfred Sachse bezog sich in seinem Schreiben auf einen Artikel Eulenbergs [unter dem Titel »Menzel-Arabesken« in der »Königsberger Allgemeinen Zeitung« vom 7. Februar 1930, 1. Beiblatt].

42 Siehe Carl Berend Lorck: Adolph von Menzel und die »Geschichte Friedrichs des Großen«, Leipzig 1905, handschriftliches Manuskript, Berlin, Nationalgalerie, Archiv; Hans Wolff [Hrsg.]: a.a.O.; sowie Franz Kugler: Briefe über die Geschichte Friedrichs des Großen, in: Die neue Rundschau, 22. Jg., Berlin 1911, Bd. 2,2, S. 1723-1726.

Carl Berend Lorck war der Neffe des dänischen Konsuls in Königsberg. 1837 schloß er mit Weber einen Teilhabervertrag, demzufolge er bis Ostern des darauffolgenden Jahres 10000 Reichstaler als Einlagenkapital gab. Er besaß somit die Hälfte des Verlags. Als sie sich 1845 wieder trennten, übernahm Lorck den Buchverlag, und Weber behielt die »Illustrierte Zeitung«. Siehe hierzu Wolfgang Weber: Johann Jakob Weber, Leipzig 1928, S. 14 und S. 103, Anm. 16.

43 Laurents »Geschichte des Kaisers Napoleon« erschien 1839/40 in Webers Verlag in 41 Lieferungen. Die erste Lieferung erfolgte am 15. Januar 1839. Die erste deutsche Auflage, sie betrug 7500 Exemplare, war binnen eines Jahres vergriffen. Siehe Wolfgang Weber: ebenda, S. 30-32.

44 Am Zustandekommen dieses Auftrages über die Schlemihl-Illustrationen war mit großer Wahrscheinlichkeit Franz Kugler beteiligt, der in seiner Rezension über Menzels »Künstlers Erdenwallen« [in: Museum, Blätter für bildende Kunst, 2, Berlin 1834, Heft 3, S. 23 f.] dem Künstler empfohlen hatte, Chamissos »Schlemihl« zu illustrieren.

45 Franz Kugler: Briefe über die Geschichte Friedrichs des Großen, a.a.O., S. 1723-1726.

46 Menzel hatte die Zeichnungen zu »Peter Schlemihl« in der Zeit von Januar bis Ende des Jahres 1838 auf die Holzblöcke gebracht und sie von Friedrich Unzelmann schneiden lassen.

47 Carl Berend Lorck: a.a.O., S. 10 f.

48 Abgedr. bei Hans Wolff [Hrsg.]: a.a.O., S. 81.

49 Franz Kugler: a.a.O., S. 1727.

50 Und zwar handelte es sich um die Illustrationen »Friedrich und Gräfin Orczelska« und »König August II. von Polen zeigt seinen Berliner Gästen bei einem Maskenfest eine verführerische Dame«. Siehe Elfried Bock: Die Geschichte eines Volksbuches, in: Kunst Künstler, 13. Jg., 1914/15, S. 458.

51 Franz Kugler: a.a.O., S. 1728.

52 Ebenda, S. 1729.

53 Abgedr. im »Dresdner Anzeiger« Nr. 220 vom 10. August 1905.

54 Abgedr. bei Hans Wolff [Hrsg.]: a.a.O., S. 40 f.

55 Im »Deutschen Kunstblatt« vom 19. Januar 1854, S. 18.

56 Abgedr. bei Hans Wolff [Hrsg.]: a.a.O., S. 40 f.

57 Franz Kugler: a.a.O., S. 1734 f.

58 Ebenda, S. 1735.

59 Abgedr. bei Hans Wolff [Hrsg.]: a.a.O., S. 49.

60 Brief vom 31. Mai 1839, abgedr. ebenda, S. 30.

61 Brief vom 13. Mai 1840, abgedr. ebenda, S. 44.

62 Zit. nach Felix Hasselberg: Gottfried Schadow und Adolph Menzel, a.a.O., S. 67.

63 Ebenda, S. 67.

64 Ebenda, S. 67 f.

65 Ebenda, S. 67.

66 Ebenda, S. 68.

67 Ebenda, S. 69.

68 Abgedr. bei Hans Wolff [Hrsg.]: a.a.O., S. 43.

69 Nr. 15, Sp. 289.

70 Nr. 37, Sp. 689.

71 Franz Kugler: a.a.O., S. 1734.

72 Ebenda, S. 1736.

73 Abgedr. bei Hans Wolff [Hrsg.]: a.a.O., S. 47.

74 Carl Berend Lorck: a.a.O., S. 14.

75 Siehe Annonce in der Leipziger »Illustrierten Zeitung« Nr. 27, 1844, S. 15. Als sich Lorck 1845 von Weber trennte, übernahm er auch die Veröffentlichungs- und Vertriebsrechte des Friedrich-Buches, die dann später an den Verleger Mendelssohn übergingen. Siehe Wolfgang Weber: a.a.O., S. 107.

76 Abgedr. bei Hans Wolff [Hrsg.]: a.a.O., S. 84.

77 Abgedr. in: Adolph Menzel, Zeichnungen, Druckgraphik und illustrierte Bücher, a.a.O., S. 459.

78 Brief vom 21. März 1846, abgedr. bei Hans Wolff [Hrsg.]: a.a.O., S. 90.

79 Zit. von Menzel, ebenda, S. 91.

80 Siehe Hans Makowsky: Die Soldaten Friedrichs des Großen. 31 Holzschnitte von Adolph Menzel, Leipzig 1923, S. 12. 1856 brachte schließlich der Verleger Mendelssohn [Avenarius war inzwischen aus dem Verlag geschieden] das Buch mit stark verkürztem Text und den Holzstichen nach Menzels Zeichnungen unter dem Titel »Heerschau der Soldaten Friedrich's des Großen« auf den Markt.

81 Siehe Menzels Brief vom 17. Dezember 1849, abgedr. bei Hans Wolff [Hrsg.]: a.a.O., S. 139.

82 Duncker hatte 1837 die Buchhandlung des Vaters übernommen und bald darauf um einen Verlag erweitert, in dem Werke von Dichtern wie Paul Heyse, Emanuel Geibel und Theodor Storm, aber auch aufwendige druckgraphische Unternehmungen wie die 28 großformatigen Radierungen zu Wilhelm von Kaulbachs Wandbildern im Berliner Neuen Museum und die ca. 1000 chromlithographi-

225 schen Ansichten der »Rittersitze, Schlösser und Residenzen in der Preußischen Monarchie« erschienen. Ludwig Pietsch arbeitete gleichfalls für Duncker.

83 Zit. von Menzel aus dem Brief vom 2. Juni 1844, abgedr. bei Hans Wolff [Hrsg.]: a.a.O., S. 81.

84 Siehe Eberhard Seifert: Die Entwicklung der Illustrierten Zeitung von 1843 bis 1906, Phil. Diss. Leipzig 1942, S. 191.

85 1843, S. 208.

86 Wolfgang Weber: a.a.O., S. 40.

87 Die Verbindung zu Weber blieb auch noch in den fünfziger Jahren bestehen, was u. a. zwei Briefe bestätigen, die Menzel am 5. Januar 1853 und 22. November 1857 an die Redaktion der »Illustrierten Zeitung« gerichtet hat und die sich heute im Besitz des Museums für Geschichte der Stadt Leipzig befinden.

88 Leipzig 1845.

89 Max Schasler schrieb über den »Verein der Kunstfreunde im Preußischen Staat«: »Er ist gestiftet nach dem Statut vom 11. Juni 1825, welches am 4. März 1840 revidiert und am 10. Mai desselben Jahres bestätigt wurde. Sein Zweck ist ›Beförderung und Verbreitung der Kunst‹. Der unter Leitung des Geheimrats Dr. Schnaase als Direktor und des Herrn Kuhtz als Sekretär nebst 9 anderen Mitgliedern, die zusammen den Vorstand bilden, stehende Verein umfaßt mehrere tausend Mitglieder. Mitglied wird man durch Entrichtung eines jährlichen Beitrags von 5 Talern, wofür man ein Los für die Verlosung der vom Verein angekauften Kunstwerke sowie ein Vereinsblatt erhält. Die dem Verein zum Ankauf angebotenen Gemälde und sonstigen Kunstwerke bilden eine permanente Gemäldeausstellung im Kunstvereinslokale [Unter den Linden Nr. 21], welche täglich dem Publikum von 11 bis 2 Uhr geöffnet ist. Die Verlosung findet gewöhnlich im Monat Mai statt. Zugleich hat der Verein einen sehr anerkennenswerten Anfang mit der Anlegung einer festen Vereinsgalerie gemacht, wozu namentlich folgende schöne Gemälde gehören: A. Menzel: ›Friedrich der Große und seine Gesellschafter‹, auch als Vereinsblatt im Stich von Werner erschienen. W. Schirmer [Düsseldorf]: ›Kloster St. Subacio‹, Gude und Tidemann: ›Norwegischer Gebirgssee mit Staffage [von Tideman]‹;...« [Max Schasler: Berlins Kunstschätze, Berlin 1856, S. 479].

90 Siehe Wilhelm von Bode: Mein Leben, 1. Bd., Berlin 1930, S. 50.

91 Abgedr. bei Hans Wolff [Hrsg.]: a.a.O., S. 222.

92 Siehe ebenda, S. 222. Siehe auch Bruno Meyer: Adolph Menzel, in: Zs. f. bildende Kunst, 11. Bd., 1876, S. 49.

93 Abgedr. bei Hans Wolff [Hrsg.]: ebenda, S. 11.

94 Siehe Menzels Briefe vom 5. November 1836, abgedr. ebenda, S. 15 f.

95 Bleistift auf bläulichem Papier, Berlin, Staatliche Museen, Sammlung der Zeichnungen.

96 Siehe Menzels Brief vom 23. Juli 1847 an Arnold, abgedr. bei Hans Wolff [Hrsg.]: a.a.O., S. 106 f.

Wie alle Kunstvereine war auch der Kurhessische generell an Historiendarstellungen interessiert. »Als Mitglied des Zyklus westelbischer Kunstvereine war jeder Verein sogar verpflichtet, ein ›größeres Figurenbild in historischem Charakter‹ für mindestens 500 Rthlr. zu erwerben. 1840 war für Kurhessen der Cid von Karl Nahl das Vereinsbild geworden.« [Helmut Kramm: Hundert Jahre Kurhessischer und Kasseler Kunstverein, Kassel o. J. [1935], S. 34.].

97 Es war von Sophie ein wohlüberlegter Schritt, mit ihrem Sohn nach Marburg zu reisen und sich der Unterstützung der dortigen Deutschordensballei und der Bürgerschaft zu versichern, was ihr auch in erster Linie gelang, weil sie die Tochter der hl. Elisabeth von Thüringen war, deren Gebeine in Marburg lagen und zu deren Verehrung seit 1245 eine Kirche gebaut wurde, die sich schon während ihres Werdens zu einem wichtigen Wallfahrtszentrum in deutschen Landen entwickelte. Der Orden, der den Kult um die hl. Elisabeth förderte und hegte, ermöglichte letztlich, daß sich Sophie von Brabant gegen die nicht ganz ungerechtfertigten Erbansprüche von Heinrich dem Erlauchten [dem Markrafen von Meißen] und Siegfried III. von Eppstein [dem Erzbischof von Mainz] durchsetzen konnte. Siehe hierzu Karl Ernst Demandt: Geschichte des Landes Hessen, Kassel und Basel 1959, S. 149 f.

98 Zit. von Peter H. Feist, in: Peter H. Feist: Adolph Menzel. Ein Realist aus dem Vormärz, in: Gustav Seeber [Hrsg.]: Gestalten der Bismarckzeit, Bd. II, Berlin 1986, S. 80.

99 Der Kunstverein war auf Initiative von Friedrich Müller und Johann Konrad Bromeis zustande gekommen. Ersterer war als Professor der Malerei, letzterer als Architekt und Direktor an der Kasseler Kunstakademie tätig.

100 Helmut Kramm berichtete: »Mit dem Besitz mehrerer Aktien konnte man ein größeres Stimmrecht erlangen. Aber praktisch ist wesentlich hiervon kein Gebrauch gemacht worden; es gab durchschnittlich der Uhrmacher, Koch, Major wie Hofrat das eine Scherflein. Nur der Kronprinz mit 50 Aktien, seit 1837 mit 20 Aktien, später nur mit 12, und die Kurfürstin mit 20 Aktien machten eine große Ausnahme.« [a.a.O., S. 13]. Zudem war der Kurprinz Protektor des Vereins. Er regierte faktisch seit 1831 [seit 1837 dann als Kurfürst Friedrich Wilhelm I.] in Hessen, da sein Vater, Kurfürst Wilhelm II. [1777 bis 1847] nach Erlaß einer Verfassung [1831] die Residenzstadt Kassel verlassen und die Regierungsgeschäfte in seine Hände gelegt hatte. Friedrich Wilhelm [1802-1875] scheiterte innenpolitisch seit 1848 auf Grund seiner reaktionären Haltung gegenüber der Verfassung und den Ständen und außenpolitisch durch seinen Anschluß an Öster-

reich 1866. Nach dem Sieg Preußens über Österreich wurde das Kurfürstentum annektiert. Siehe Karl Ernst Demandt: a.a.O., S. 418 ff.
101 Helmut Kramm: a.a.O., S. 21.
102 Zit. bei Helmut Kramm, ebenda, s. 21.
103 Zit. ebenda, S. 30.
104 So ist es auch möglich gewesen, daß Menzel seine Ölskizze nach Ablauf des Einsendetermins zu dem vom Kunstverein ausgeschriebenen Wettbewerb für ein Bild zur hessischen Geschichte einreichen konnte.
105 Abgedr. bei Hans Wolff [Hrsg.]: a.a.O., S. 84-86.
106 Abgedr. ebenda, S. 100.
107 Im Vormärz hatten sich zahlreiche Künstler mit Themen der protestantischen Historie auseinandergesetzt, etliche von ihnen auch mit dem Wirken Gustav Adolfs, so H. Glindemann [Gustav Adolf fällt in der Schlacht bei Lützen, 1843, Öl/Lw., Hannover, Niedersächsische Landesgalerie] und Alfred Rethel. Von letzterem war 1840 die »Auffindung der Leiche Gustav Adolfs nach der Schlacht bei Lützen« [1838, 1843 übermalt, Öl/Lw., Stuttgart, Staatsgalerie] in Kassel gezeigt worden. Menzel hatte sich bereits vor seiner Ölskizze zu Gustav Adolf mit der Geschichte des Dreißigjährigen Krieges befaßt und den Glasfensterentwurf »Die Begegnung Tillys mit dem Prediger Bake vor dem Dom zu Magdeburg im Mai 1631« [nicht ausgeführt, Verbleib unbekannt] geschaffen.
108 Siehe Friedrich Gross: Wahrheit und Wirklichkeit. Protestantische Bildkunst und Realismus im weltanschaulichen Widerstreit des 19. Jahrhunderts, in: Werner Hofmann [Hrsg.]: Luther und die Folgen für die Kunst, München 1983, v. a. S. 478.
109 Siehe den Brief Menzels vom 24. Dezember 1887 an Ludwig Pietsch, abgedr. bei Hans Wolff [Hrsg.]: a.a.O., S. 221.
110 Der Kunstverein mietete in jenen Jahren für seine Veranstaltungen Räume in dem in der Friedrich-Wilhelm-Straße [Ständeplatz] gelegenen Neubau des Kleidermachers Hanusch. Siehe Helmut Kramm: a.a.O., S. 19.
111 Brief vom 9. März 1848, abgedr. bei Hans Wolff [Hrsg.]: a.a.O., S. 125.
112 Siehe Carl Johann Arnold: Erinnerungen aus meinem Zusammenleben mit Adolph Menzel, Weimar 1905, ungedr. Manuskript, Berlin, Staatliche Museen, Archiv der Nationalgalerie.
113 Abgedr. Bei Hans Wolff [Hrsg.]: a.a.O., S. 120.
114 S. 6.
115 Friedrich Pecht: Adolf Menzel, in: Friedrich Pecht: Deutsche Künstler des neunzehnten Jahrhunderts, Zweite Reihe, Nördlingen 1887, S. 336.
116 Gustav Kirstein: Das Leben Adolph Menzels, Leipzig 1919, S. 64.
117 Siehe S. 149 des vorliegenden Buches.
118 Der Begriff »Belgomanie« stammt von Teichlein. Siehe Anton Teichlein: Louis Gallait und die Malerei in Deutschland, München 1853, S. 49.
119 Abgedr. bei Hans Wolff [Hrsg.]: a.a.O., S. 120.
120 Angesichts der beiden Bilder von Bièfve und Gallait schrieb der Münchner Maler Ludwig Igelsheimer in den »Jahrbüchern der Gegenwart« (2. Jg., 1844, S. 28 f.): »Nur neben Individuen fühle ich mich frei, neben Idealen vernichtet und negiert.« (Auch abgedr. bei Werner Busch und Wolfgang Beyrodt: Kunsttheorie und Malerei, Kunstwissenschaft, Bd. 1, Stuttgart 1982, S. 199.).
121 Zitate von Kugler, in: Franz Kugler: Berliner Briefe, in: Kunstblatt Nr. 45 vom 14. September 1848, S. 177 f.
122 Menzel gab das Bauwerk, das 1235 – im Jahr der Heiligsprechung der Landgräfin Elisabeth von Thüringen – begonnen worden war, nahezu vollendet wieder. Der nördliche Kreuzarm wurde jedoch erst 1249 angefangen und Langhaus und Unterbau der Türme bis zum ersten Gesims erst 1270 beendet.
123 Brief vom 3. August 1861, abgedr. bei Hans Wolff [Hrsg.]: a.a.O., S. 190.
124 Brief vom 23. August 1866, abgedr. ebenda, S. 206.
125 1903 gelangte schließlich der 311 cm × 525 cm große Karton in das Mageburger Kaiser-Friedrich-Museum. Im Zweiten Weltkrieg ging er zugrunde.
126 Zu Menzels »Kunst-Karriere« vgl. Theodor Fontanes Brief vom 21. Dezember 1884 an Georg Friedlaender, abgedr. in: Fontanes Brief in zwei Bänden, hrsg. von Gotthard Erler, Bd. 2, a.a.O., S. 133 f.
127 In ihrem Statut heißt es u. a.: »Zweck der Verbindung ist die Förderung der deutschen Kunst durch Erwerb bedeutender Kunstwerke, und zwar vorzugsweise des geschichtlichen Faches, sei es durch Ankauf fertiger Arbeiten oder durch Bestellung nach eingesandten Skizzen oder auf Grund von Preisausschreiben.« Nach Max Jordan und Alexis Klee: Die Verbindung für historische Kunst 1854-1904, Berlin o. J. [1904], S. 9.
128 Siehe Hans-Werner Schmidt: Die Förderung des vaterländischen Geschichtsbildes durch die Verbindung für historische Kunst 1854-1933, Marburg 1985, S. 31.
129 Ganz anders verhielt sich Schwind, der den Auftrag als unbequeme Brotarbeit und beträchtliche Einengung seiner künstlerischen Freiheit ansah. Siehe Schwinds Brief vom 28. November 1856 an Bernhard Schädel, abgedr. bei Hans-Werner Schmidt: ebenda, S. 45.
130 Zit. nach Hans-Werner Schmidt, ebenda, S. 45.
131 Zit. nach Hans-Werner Schmidt, ebenda, S. 59.
132 In: Die Dioskuren [Berlin] vom 19. Januar 1862, 7. Jg., Nr. 3, S. 19.
133 In: Die Dioskuren vom 1. Juli 1858, 3. Jg., Nr. 37, S. 120.
134 In: Die Dioskuren vom 15. August und 1. September 1858, 3. Jg., Nr. 40/41, S. 145.
135 Abgedr. bei Werner Deetjen: Adolf Menzel und Adolf Schöll, ungedruckte Briefe Menzels, in: Jb.

227 der preußischen Kunstsammlungen, 55, 1934, Beih. S. 33.
136 Ursprünglich hatte man sich an den damals mit Aufträgen überschütteten und in Düsseldorf arbeitenden Karl Gehrts [1853-1898] gewandt, nicht zuletzt, weil er in Hamburg geboren war. Da sich aber Gehrts außerstande sah, diese Arbeit zu übernehmen, schlug Lichtwark Menzel vor.
137 Die Arbeit befindet sich im Besitz von H. B. T. Schwabe in England. Zu der Komposition, zum Auftrag und Auftraggeber siehe Kat. der Ausst. »Ein Geschmack wird untersucht«, Hamburger Kunsthalle 1970.
138 Hildegard Heyne: Ein Ehrenbürgerbrief von Menzel, in: Die Kunst für Alle, 2, 1887, S. 334.
139 Die Ehrenurkunde befindet sich jetzt in Potsdam-Sanssouci [Plankammer].
140 Siehe Menzels Brief vom 30. Mai 1850 an Dr. Wilhelm Puhlmann, in dem es heißt: »Gehe ich auf 1-2 Tage zu Euch, so ist keine Möglichkeit, die Arbeit für den Magistrat zu dem Termin fertig zu haben, zu dem ich mich schriftlich [habe] verpflichten müssen.« [Abgedr. bei Hans Wolff, Hrsg.: a.a.O., S. 147].
141 S. 239.
142 Die Arbeit befand sich früher im Hohenzollern-Museum, Berlin.
143 Ottomar Beta: Gespräche mit Adolf Menzel, in: Deutsche Revue, 23. Jg. [1898], 3. Bd., S. 102.
144 Die Verleihungsurkunde der Ehrenbürgerrechte der Stadt Berlin an den Fürsten Bismarck befindet sich im Bismarck-Museum in Aumühle-Friedrichsruh.
145 Zit. bei Ottomar Beta: a.a.O., S. 103.
146 Zit. ebenda, S. 102.
147 Zit. ebenda, S. 103.
148 Zit. ebenda.
149 In dem 1884 in Leipzig erschienenen zweiten Band von Max Rings »Die deutsche Kaiserstadt Berlin und ihre Umgebung« [S. 42] heißt es: »Einen neuen Schmuck wird das Rathaus durch die beabsichtigten Wandgemälde aus der vaterländischen Geschichte erhalten, welche in der Galerie vor dem Magistratssaal und am oberen Treppenhaus angebracht werden sollen, sobald sich der Magistrat und die Stadtverordneten über die Wahl der vorgeschlagenen Stoffe geeinigt haben werden.«
150 Seine letzte größere Komposition war das Gemälde »Der Markt von Verona« [73 cm × 127 cm, Dresden, Gemäldegalerie Neue Meister].
151 Friedrich Pecht: Deutsche Künstler des neunzehnten Jahrhunderts, a.a.O., S. 339.
152 Der Sohn, Louis Ravené Senior [gest. 1879], baute sie noch weiter aus. Siehe Franz Hermann Meissner: Die Galerie Ravené in Berlin, in: Westermanns Monatshefte, 58. Jg., 115. Bd., 2. Teil. Dez. 1913 bis Febr. 1914, S. 537-552.
153 Siehe Hugo Rachel und Paul Wallich: Berliner Großkaufleute und Kapitalisten, 3. Bd., Berlin 1967, S. 186.
154 In Heckmanns Besitz befand sich auch das Deckfarbenbild »Auf dem Berliner Weihnachtsmarkt» (1866). Siehe Kat. der Ausstellung zu Menzels 70. Geburtstag, Akademie der Künste, Berlin 1885, Nr. 60.
155 Siehe Konrad Kaiser: Adolph Menzel »Eisenwalzwerk«, Berlin 1953, S. 16.
156 Nr. 32, von Anfang November 1875, S. 42.
157 Ludwig Pietsch: Adolf Menzel, in: Nord und Süd, 11. Bd., 1879, S. 462.
158 Anton von Werner: Erlebnisse und Eindrücke 1870-1890, Berlin 1913, S. 129 f.
159 Ottomar Beta: a. a. O., S. 109.
160 Siehe Agathe Herrmann: Wie ich Menzel kannte, in: Moderne Kunst in Meisterholzschnitten, XX. Bd., Berlin o. J. (1905/06), S. 99.
161 Ebenda.
162 1881 kaufte die Berliner Nationalgalerie das Bild.
163 A. a. O., S. 99.
164 Siehe Gustav Kirstein: a. a. O., S. 78.
165 Siehe Ottomar Beta: a. a. O., S. 109.
166 Im übrigen hat Menzel auch Magnus Herrmann wiedergegeben, so auf einer Bleistiftzeichnung, die er am 5. August 1874 in Hofgastein angefertigt hat. Siehe Kat. »Kunst-Ausstellung zur Ehrung der achtzigjährigen Mitglieder Andreas Achenbach, Adolph Menzel, Julius Schrader im Akademie-Gebäude Unter den Linden 38, Berlin, November 1895, Kgl. Akademie der Künste zu Berlin«, S. 61, Nr. 265.
167 Siehe Anton von Werner: a. a. O., S. 314.
168 Kat.-Nr. 236 in dem Kat. Menzel-Ausstellung, veranstaltet vom Kunstverein und der Kunsthalle, Hamburg, Februar 1896.
169 Das dritte Gemälde war eine »Landschaft« (1892), und zwar der »Stille Winkel« (Frankfurt a. M., Städelsches Kunstinstitut). Im Kat. der Hamburger Menzel-Ausstellung von 1896 werden folgende Deckfarbenblätter als Besitz von Behrens ausgewiesen: »Das Innere der Alt-Neu-Synagoge in Prag« (1866), »Der alte Elefant im Jardin des Plantes in Paris« (1869), »Hochaltar der Damenstiftskirche zu München« (1873), »Sämtliche nicht bei der Sache« (1886), »Beati possidentes« (1888) und das Titelblatt mit der Inschrift »Menzel-Album, Berlin, Eduard Behrens, 1868, 1894«.
170 Hugo von Tschudi: Die Sammlung Eduard Arnhold, in: Kunst und Künstler, 7/1909, S. 4. Der Hauptbestand seiner Kollektion war in seinem Haus in der Regentenstraße den Kunstinteressierten zugänglich. »Als Arnhold um die Wende des Jahrhunderts selbst einen kleinen gedruckten Katalog seiner Sammlung zusammenstellte, waren es 114 Nummern, darunter 80 Nummern moderner Gemälde, 9 alte Gemälde, 20 moderne Skulpturen und 5 Renaissance- und Frührenaissanceskulpturen. Bis zu seinem Tode aber hatte sich diese Zahl um ein Vielfaches vermehrt.« [Johann Arnhold: Eduard Arnhold. Ein Gedenkbuch, Berlin 1928, S. 210.].

171 Zit. bei Johanna Arnhold: ebenda, S. 84.
172 Johanna Arnhold: ebenda, S. 216.
173 Ebenda, S. 216.
174 Ebenda, S. 217.
175 Ein im Gedenkbuch abgebildetes Foto, das Arnhold wiedergibt, läßt diese Deutung zu. Das hinter Arnhold auftauchende Frauengesicht wäre demzufolge die Adoptivtochter Else, die den Chemieindustriellen Dr. Kunheim und nach dessen Ableben den Kammersänger Carl Clewig heiratete.
176 Max Jordan: Das Werk Adolph Menzels 1815 bis 1905, München 1905, S. 100. Ursula Riemann-Reyher ermittelte die Vorlage für den Hintergrund: die Bleistiftzeichnung »Hüttenwerk mit Hochofen und mächtiger Rohrleitung«, 1872, Berlin, Nationalgalerie, Sammlung der Zeichnungen [N 1389]. Siehe Ursula Riemann-Reyher: Moderne Cyklopen. 100 Jahre »Eisenwalzwerk« von Adolph Menzel, Staatliche Museen zu Berlin 1976 [o. S.].
177 Zit. bei Johanna Arnhold: a.a.O., S. 217.
178 Zit. bei Ottomar Beta: Neue Gespräche mit A. v. Menzel, in: Deutsche Revue, 24. Jg., 1899, 3. Bd., S. 173.
179 Ottomar Beta: Gespräche mit Adolf Menzel, in: Deutsche Revue, 23. Jg., 1898, 3. Bd., S. 113.
180 Ebenda.
181 Leipzig 1895, Bd. 5, S. 404 f.
182 Dorgerloh schrieb über diese Vignette: »Verdrießlich schaut der personifizierte Zirkel drein, da der zwingende Genius ihm die beschränkten Maße zeigt. Ganz einzig ist die um den dunklen Hintergrund angebrachte Rokokoumgebung mit Blumen und den die Schranke anschreienden Vögeln.« [A. Dorgerloh: Verzeichnis der durch Kunstdruck vervielfältigten Arbeiten Adolf Menzels, Leipzig 1896, S. 198, Nr. 1257.].
183 Abgedr. bei Hans Wolff [Hrsg.]: a.a.O., S. 147 f.
184 Abgedr. ebenda, S. 86.
185 Abgedr. ebenda, S. 89.
186 Julius Engel: Adolf Menzel als Glasmaler, in: Kunst und Künstler, 4. Jg., 1906, S. 270. Wahrscheinlich erfuhr Engel diesen Ablehnungsgrund von dem letzten Leiter des Charlottenburger Kgl. Instituts für Glasmalerei, einem Herrn Bernhard.
187 1. Jg., 1856, S. 163 f.
188 Max Jordan: a.a.O., S. 55 f.
189 Die Hochzeit fand am 25. Januar 1858 in London statt. Am 8. Februar erfolgte dann in Berlin ein festlicher Umzug. 1856/57 hatte Johann Heinrich Strack das Kronprinzenpalais für Friedrich Wilhelm [Friedrich III.] umgebaut.
190 Am 8. Oktober 1857 traf Friedrich Wilhelm IV. ein Gehirnschlag. Am 23. Oktober desselben Jahres erhielt Wilhelm die Regierungsgeschäfte übertragen, der dann am 7. Oktober 1858 die Regentschaft übernahm.
191 Die Krönungsfeier fand am 18. Oktober 1861 in Königsberg statt.
192 Die Prachtausgabe erschien 1868 in Berlin unter dem Titel: »Die Krönung Ihrer Majestäten des Königs Wilhelm und der Königin Augusta von Preußen zu Königsberg am 18. October 1851«.
193 Demzufolge sollte das Bild 125,6 cm breit werden; für die beiden Reiterfiguren Wilhelm I. und Viktor Emanuel war eine Höhe von 23,4 cm geplant.
194 Das von Menzel datierte Blatt befindet sich in der Kieler Kunsthalle.
195 Kaiser Wilhelm II.: Aus meinem Leben 1859 bis 1888, Berlin und Leipzig 1927 [6. Aufl.], S. 68.
196 Zit. bei Gustav Kirstein: a.a.O., S. 93.
197 Helene Vollmar: Adolph Menzel, in: Moderne Kunst in Meisterholzschnitten, X. Bd., Berlin 1896, S. 58.
198 Ottomar Beta: Gespräche mit Adolf Menzel, in: Deutsche Revue, 23. Jg. [188], 3. Bd., S. 107. Später hat Friedrich Wilhelm den Künstler auch in dessen Atelier in der Sigismundstraße aufgesucht. Siehe Helene Vollmar: Adolf Menzel, in: Norddt. Allgemeine Zeitung Nr. 35 vom 10. Februar 1905.
199 Siehe Heinrich Otto Meisner [Hrsg.]: Kaiser Friedrich III. Tagebücher von 1848-1866, Leipzig 1929, S. 129, 182 und 194.
200 Siehe Wilhelm von Bode: Mein Leben, Berlin 1930, 1. Bd., S. 108.
201 Siehe Ludwig Pietsch: Persönliche Erinnerungen an Adolf Menzel, in: Velhagen und Klasings Monatshefte, Jg. 1904/05, 2. Bd., S. 206.
202 Adressat unbekannt, abgedr. bei Hans Wolff [Hrsg.]: a.a.O., S. 218 f.
203 Siehe u. a. Joachim von Kürenberg: Menzel, die kleine Exzellenz, Berlin 1935, S. 196.
204 Diese Entwürfe sind offensichtlich in der Kgl. Porzellanmanufaktur ausgeführt worden. Siehe u. a. Lionel von Donop im Kat. »Ausstellung von Werken Adolph Menzels in der Kgl. National-Galerie«, Berlin 1895, S. 28 f.

Menzels Reisen

1 Werner Deetjen: Adolf Menzel und Adolf Schöll. Ungedruckte Briefe Menzels, in: Jb. d. preußischen Kunstsammlungen, 55. Bd., 1934, Beiheft, S. 32.
2 Hermann Roth: Münchner Menzel-Erinnerungen, in: Münchener Neueste Nachrichten Nr. 72 vom 14. Februar 1905.
3 Er reiste in erster Linie nach Kissingen, weil seine Schwester dieser Kuren bedurfte.
4 Paul Meyerheim: Adolf von Menzel. Erinnerungen, Berlin 1906, S. 59.
5 Albert Hertel: Erinnerungen an Menzel; in: Süddeutsche Monatshefte, 9. Jg., 1. Bd., Okt. 1911 bis März 1912, München 1912, S. 792.
6 Irmgard Wirth: mit menzel in bayern und österreich, a.a.O., S. 128.
7 Abgdr. bei Hans Wolff [Hrsg.]: a.a.O., S. 217. Gemeint ist der Peterkeller in Salzburg.
8 Letztgenannte Arbeit [1873, Deckfarben]

229 befand sich ehemals im Besitz von Magnus Herrmann, danach in dem von Agathe Herrmann.

9 Brief abgedr. bei Hans Wolff [Hrsg.]: a.a.O., S. 166.

10 Seine Geschwister haben ihn wohl auch begleitet, denn am 29. September 1855 schrieb Henriette Merckel an Emilie Fontane: »Die Geschwister Menzel sollen in diesen Tagen von Paris zurückgekehrt sein – ich freue mich schon auf alle die Erzählungen.« [Abgedr. bei Gotthard Erler, Hrsg.: Die Fontanes und die Merckels. Ein Familienbriefwechsel 1850-1870, Bd. I, Berlin und Weimar 1987, S. 13].

Menzels Reisepaß ist am 28. Juli 1855 in Berlin auf »den Historienmaler ... Adolph Erdmann Friedrich Menzel« und seine Schwester Emilie für eine Reise nach Paris und in die Schweiz ausgestellt worden. Siehe Kat. »Lithographien aus allen Gebieten. Dabei eine Menzel-Sammlung ...«, Auktion am 9. Oktober 1936, J. A. Stargardt, Berlin, S. 18.

11 Abgedr. bei Hans Wolff [Hrsg.]: a.a.O., S. 168. Menzel nannte Paris Babylon.

12 Theodor Fontanes Brief ist abgedr. bei Otto Pniower und Paul Schlenther [Hrsg.]: Briefe Theodor Fontanes, zweite Sammlung, 1. Bd., Berlin 1910 [3. Aufl.], S. 140.

13 Und zwar reiste er in der zweiten Maihälfte dorthin und kehrte erst im Juli zurück. Dieser zweite Parisaufenthalt war somit sein längster.

14 Friedrich Pecht: Kunst und Kunstindustrie auf der Weltausstellung von 1867, Leipzig 1867 [2. Aufl.], S. 99.

15 Paul Meyerheim: a.a.O., S. 82. Anderthalb Jahre darauf meinte Menzel: »Anno 67 waren bei ihm außer vielem Verrückten und Schlechten auch einige Sachen von allererstem Wasser.« [Brief vom 27. Februar 1869 an Fritz Werner, abgedr. bei Hans Wolff [Hrsg.]: a.a.O., S. 212.].

16 Paul Meyerheim: a.a.O., S. 104 f.

17 Siehe ebenda, S. 90.

18 Ebenda, S. 77. Ganz fremd war Menzel jedoch die französische Sprache nicht, denn am 18. Januar 1853 berichtete er Adolf Schöll: »Die Abende teile ich zwischen dem 2. Bd. meines großen Werkes über die Armee Friedrichs und Französischlernen mit meiner Schwester zusammen.« [Abgedr. bei Werner Deetjen: a.a.O., S. 32.].

19 Abgedr. bei Hans Wolff [Hrsg.]: a.a.O., S. 208.

20 Ludwig Pietsch: Die letzte Weltausstellung unter dem zweiten Kaiserreich, in: Velhagen und Klasings Monatshefte, Jg. 190/06, 2. Bd., S. 31.

21 Ludwig Pietsch: ebenda, S. 31.

22 Siehe Wilhelm Spohr: Zu Menzels Tode, in: Kunst und Künstler, 3. Jg., 1905, S. 264.

23 Julius Meier-Graefe: Der junge Menzel, Leipzig 1906, S. 130.

24 Abgedr. bei Hans Wolff [Hrsg.]: a.a.O., S. 208.

25 Julius Meier-Graefe hat auf die Verbindungslinie zwischen Manets »Musik im Tuileriengarten« und Menzels Bild hingewiesen.

26 Die zuverlässigste Angabe über die Zeit der Studienreisen nach Verona hat wohl Max Jordan gemacht, denen zufolge sich Menzel 1881, 1882 und 1883 dorthin begab, was übrigens auch datierte Zeichnungen mit Motiven aus Verona belegen. Siehe Max Jordan und Robert Dohme: Das Werk Adolph Menzels. Vom Künstler autorisierte Ausgabe, München 1890, Bd. 1, S. 75; und Max Jordan: Das Werk Adolf Menzels 1814-1905, S. 86. In Verona soll er sich jedesmal nur drei Tage aufgehalten haben [siehe Max Jordan und Robert Dohme: ebenda, S. 75].

27 1883 wurde das Gemälde erstmals ausgestellt, und zwar im Ausstellungslokal der Berliner Künstler. Dort wurde es mit der Bezeichnung »Piazza d'Erbe zu Verona mit Staffage« gezeigt. Siehe P.: Ein neues Bild von Adolf Menzel, in: Kunst-Chronik, 19. Jg., 1884, S. 601.

Menzels Wohnungen und Ateliers

1 Siehe Goerd Peschken: Bunter Gang und Garde-du-Corps-Saal, in: Goerd Peschken und Hans-Werner Klünner: Das Berliner Schloß, Berlin 1982, S. 505.

2 Bevor er den Garde-du-Corps-Saal zugewiesen bekam, hat er offenbar schon eine gewisse Zeit ein anderes Atelier als Zwischenlösung vom Hof erhalten, und zwar, wie Felix Hasselberg vermerkt, im königlichen Gebäude Nr. 3 am Exerzierplatz vor dem Brandenburger Tore, in dem mehrere bildende Künstler [wie Cretius, Knaus und Stürmer] Ateliers bezogen hatten. Siehe Felix Hasselberg: Von Schlüter bis Menzel. Berliner Künstlerhandschriften aus drei Jahrhunderten, in: Zs. d. Vereins für die Geschichte Berlins, Heft 3/1937, S. 73 f.

3 Ludwig Pietsch: Persönliche Erinnerungen an Adolf v. Menzel, in: Velhagen und Klasings Monatshefte, 19. Jg., 1904/05, 2. Bd., S. 200.

4 Julius Norden: Bei Adolph Menzel, in: Die Gegenwart, Jg. 29, Bd. 58, 1900 [43], S. 261.

5 Ebenda.

6 Die Zeichnung war 1929 im Besitz von Prof. Krigar-Menzel.

7 Gleichfalls 1895 hat Menzel eine Bleistiftstudie von einer Nachbildung des »Afrikanischen Elefanten« [Bronze, Paris, Louvre] von Barye angefertigt [Berlin, Nationalgalerie, Sammlung der Zeichnungen].

Menzels Charakter und Lebensweise

1 Brief vom 21. Dezember 1884 an Georg Friedlaender, abgedr. bei Gotthard Erler [Hrsg.]: Fontanes Briefe in zwei Bänden, 2. Bd., Berlin und Weimar, 1968, S. 134.

2 Einige Jahre vor dem Ersten Weltkrieg wurde

die Weinstube geschlossen und in der nahegelegenen Eichhornstraße wiedereröffnet.

3 Brief vom 4. Juni 1837, abgedr. bei Hans Wolff [Hrsg.]: a.a.O., S. 17 f.

4 Ebenda, Anm. 36.

5 Siehe Moritz Geiß, Brief vom 28. Oktober 1852 an Adolf Schöll, abgedr. bei Werner Deetjen: Adolf Menzel und Adolf Schöll. Ungedruckte Briefe Menzels, in: Jb. d. preußischen Kunstsammlungen, 55. Bd., 1934, Beiheft, S. 32.

6 Anonyme Notiz in der »Neuen Preußischen Zeitung« Nr. 73 vom 12. Februar 1905.

7 Gustav Kirstein: Ein Bildnis Paul Heyses von Adolph Menzel, in: Festschrift für Fedor von Zobeltitz, Weimar 1927, S. 105.

8 Am 12. September 1854 schrieb Theodor Fontane an Theodor Storm: »Die Bilderausstellung verlohnt noch keine Reise, vielleicht nach acht bis vierzehn Tagen; dann wird auch Menzels Bild dort sein.« Gemeint war »Friedrich der Große auf Reisen«, das in die Ravenésche Galerie und später in die Nationalgalerie kam. Brief abgedr. bei Otto Pniower und Paul Schlenther [Hrsg.]: Briefe Theodor Fontanes, 2. Sammlung, 1. Bd., Berlin 1910 [3. Aufl.], S. 127.

Über die Einreichung seines Hochkirch-Bildes soll Menzel gesagt haben: »Für die große Akademische Ausstellung hatte ich es angemeldet und bis zum Eröffnungstage Aufschub dafür erlangt. Am Vorabend endlich mußte es hingeschafft werden ... es mochte inzwischen ungefähr 10 Uhr abends geworden sein! Mit Mühe konnten wir den Kastellan heraustrommeln, der mürrisch öffnete und uns in den Uhrsaal hinaufließ ...« [Zit. bei Albert Hertel: Erinnerungen an Menzel, in : Süddt. Monatshefte, 9. Jg., 1. Bd., Oktober 1911 bis März 1912, S. 787.].

9 Brief vom 21. Dezember 1884 an Georg Friedlaender, abgedr. bei Gotthard Erler [Hrsg.]: Fontanes Briefe in zwei Bänden, a.a.O., S. 134.

10 Abgedr. bei Hans Wolff [Hrsg.]: a.a.O., S. 29.

11 Ebenda, S. 145.

12 Ottomar Beta: Gespräche mit Adolf Menzel, in: Deutsche Revue, 23. Jg., 2. Bd., April bis Juni 1898, S. 51.

13 Zit. bei Paul Meyerheim: Adolf von Menzel. Erinnerungen, a.a.O., S. 129.

14 Zit. bei Otto Riedrich, in: Otto Riedrich und Paul Weiglein: Menzel auf Reisen, Berlin 1923, S. 16 f.

15 In: Deutsches Kunstblatt Nr. 13, 1852, S. 107.

16 Siehe Eric J. Hobsbawm: Die Blütezeit des Kapitals. Eine Kulturgeschichte der Jahre 1848-1875, Frankfurt a. M. 1980, S. 261.

17 Klaus Bergmann: Agrarromantik und Großstadtfeindschaft, Marburger Abhandlungen zur Polit. Wissenschaft, Bd. 20, Meisenheim am Glan 1970, S. 38.

18 Brief vom 21. Dezember 1884 an Georg Friedlaender, abgedr. bei Gotthard Erler [Hrsg.]: a.a.O., S. 134.

19 Franz Hermann Meissner: Adolph von Menzel, Berlin und Leipzig 1902, S. 78.

20 Anton von Werner: Rede bei der Trauerfeier der Kgl. Akademie der Künste für Adolph von Menzel am 6. März 1905, Berlin 1905, S. 14.

21 Siehe Albert Hertel: Erinnerungen an Menzel, in: Süddeutsche Monatshefte, 9. Jg., 1. Bd., Oktober 1911 bis März 1912, S. 789.

22 Siehe u. a. Menzels Brief [um 1845] an Dr. Wilhelm Puhlmann, abgedr. bei Hans Wolff [Hrsg.]: a.a.O., S. 57.

23 Abgedr. ebenda, S. 224.

24 Ludwig Pietsch: Persönliche Erinnerungen an Adolf v. Menzel, in: Velhagen und Klasings Monatshefte, Jg. 1904/05, 2. Bd., S. 203.

25 Paul Meyerheim: a.a.O., S. 154.

26 Protektorin dieser in der Bildergalerie des Berliner Schlosses veranstalteten Aktion war Königin Augusta. Die anderen Bilder, die Mendelssohn erwarb, waren von Fritz Kraus, Wilhelm Amberg, Gustav Richter und Carl Becker.

27 Siehe Felix Hasselberg: Adolph Menzel als Schriftsteller. Drei unbekannte Beiträge zur »Vossischen Zeitung«, in: Berlinische Blätter für Geschichte und Heimatkunde, Nr. 1, Jg. 2, Januar 1935, S. 3-9.

28 Max Jordan: Menzel und die Nationalgalerie, in: Moderne Kunst in Meisterholzschnitten, Bd. XX, Berlin o. J., S. 99.

29 Abgedr. bei Gustav Kirstein: Das Leben Adolph Menzels, Leipzig 1919, S. 97.

30 Agnes Schöbel: Wie Meister Menzel lebt, in: Die Gartenlaube, Nr. 47, 1895, S. 799.

31 Ludwig Pietsch: Persönliche Erinnerungen an Adolf v. Menzel, a.a.O., S. 206.

32 Zitate von Alfred Sachse, siehe eigenhändige Abschrift Alfred Sachses von einem am 24. Februar 1931 an Dr. Herbert Eulenberg gesandten Briefes; im Besitz des Landesarchivs Berlin, Nachlaß Sachse, Archiv-Zug Nr. 391, Nr. 8.

33 Carl Johann Arnold: Erinnerungen aus meinem Zusammenleben mit Adolph Menzel, Weimar 1905, ungedr. Manuskript, Berlin, Archiv der Nationalgalerie.

34 Abgedr. bei Hans Wolff [Hrsg.]: a.a.O., S. 141.

35 Axel Delmar: Die kleine Exzellenz, in: Die Woche, Nr. 7, Berlin, den 18. Februar 1905, S. 280 h.

36 Ludwig Pietsch: Adolf Menzel, in: Nord und Süd, 11. Bd., Breslau 1879, S. 467.

Menzels Ruhm und Menzelkult

1 Maximilian Harden: Köpfe, Berlin 1910 [6. Aufl.], S. 345.

2 Siehe Felix Hasselberg: Gottfried Schadow und Adolph Menzel, in: Mitteilungen des Vereins für die Geschichte Berlins, 7. Jg., 1930, S. 30-32.

3 Berlin 1834, S. 427.

4 Anton von Werner: Erlebnisse und Eindrücke 1870-1890, Berlin 1913, S. 130.

5 Ludwig Pietsch: Wie ich Schriftsteller geworden bin. Erinnerungen aus den sechziger Jahren, 2. Bd., Berlin 1894, S. 111.

6 Neue Preußische Zeitung, Nr. 47 vom 25. Februar 1863, unter der Rubrik »Berliner Zuschauer«, abgedr. in Theodor Fontane: Aufsätze zur bildenden Kunst, zweiter Teil, München 1970, S. 251-253, Zit. auf S. 251.

7 Zit. von Ludwig Pietsch, in: Ludwig Pietsch: Persönliche Erinnerungen an Adolf von Menzel, in: Velhagen und Klasings Monatshefte, Jg. 1904/05, 2. Bd., S. 198.

8 Ludwig Pietsch: Wie ich Schriftsteller geworden bin, a.a.O., S. 112.

9 Zit. in Ottomar Beta: Gespräche mit Adolf Menzel, in: Deutsche Revue, 23. Jg., 3. Bd., Juli bis Sept. 1898, S. 110.

10 Menzel meinte angesichts des unvollendeten Leuthen-Bildes zu seiner Situation in den sechziger Jahren: »Und auch sonst war ich Berlins herzlich müde. Ich dachte schon daran, nach Paris überzusiedeln.« Zit. bei Ottomar Beta: Gespräche mit Adolf Menzel, in: Deutsche Revue, 23. Jg., 2. Bd., 1898, S. 50.

11 Es handelte sich dabei um eine Professur ohne Lehramt.

12 Ehemals im Hohenzollern-Museum in Berlin. Zu dieser Arbeit siehe Ludwig Kaemmerer: Adolf von Menzel, Ritter des Schwarzen Adlerordens, in: Hohenzollern-Jahrbuch 3/1899, S. 177.

13 Irmgard Wirth: Berliner Maler, a.a.O., S. 95.

14 Vor Menzel waren folgende deutsche Maler Mitglieder des Ordens Pour le Mérite geworden: 1842 Karl Friedrich Lessing, Peter von Cornelius und Schnorr von Carolsfeld, 1849 Wilhelm von Kaulbach, 1850 Wilhelm von Schadow, 1855 Johann Friedrich Overbeck, 1867 Eduard Julius Bendemann. Nach Menzel wurden als Mitglied aufgenommen: 1873 Ludwig Knaus, 1881 Andreas Achenbach und 1890 Eduard von Gebhardt.

15 Paul Meyerheim: Adolf von Menzel. Erinnerungen, a.a.O., S. 126 f.

16 Wie auch einige andere Künstler besuchte Menzel die Hoffeste auf Einladung hin. So war er z. B. am 8. Februar 1874 bei dem Kostümfest »Der Hof der Mediceer« zugegen, das im kronprinzlichen Palais stattfand. Zu den dort anwesenden Künstlern zählten außer Menzel auch Carl Becker, Ludwig Knaus, Paul Meyerheim, Oskar Begas, Wilhelm Gentz, Otto Knille und Anton von Werner. Letzterer meinte hierüber: »Die Frau Kronprinzessin erschien in der Tracht der Bella die Tiziano, der Kronprinz trug ein Kostüm ganz in Dunkelrot, das dem bekannten Porträt Heinrichs VIII. von H. Holbein nachgebildet war und den blondbärtigen, kraftvollen Herrn vorzüglich kleidete.« [Anton von Werner: a.a.O., S. 128.]. Und natürlich war auch der Kaiser selbst zugegen.

17 Jules Laforgue: Berlin. Der Hof und die Stadt, 1887, Frankfurt a. M. 1981, S. 47.

18 Brief an Charles Ephrussi; Zit. abgedr. ebenda, S. 114.

19 Paul Meyerheim: a.a.O., S. 45.

20 Zit. bei Johanna Arnhold: Eduard Arnold. Ein Gedenkbuch, Berlin 1928, S. 217.

21 Siehe Fritz Sondermann: Adolph Menzel, Magdeburg 1895, S. 44-47. Es waren fünf verschiedene Größen angeboten: Imperial [42 × 34 cm], Royal [31 × 23 cm], Folio [24 × 18 cm], Cabinet [13,5 × 10 cm] und Quart [18,5 × 14 cm].

22 Franz Hermann Meissner: Adolph von Menzel, Berlin und Leipzig 1902, S. 33.

23 Zu Recht hat Renate Frank darauf hingewiesen: »Fiktives Paradegeschehen wird zum Hintergrund eines Bildes, das Volk, König und Militärs, die Stadt und ihre Menschen, in einer idealen Szene zur Gemeinschaft verbindet.« [Renate Frank: Berlin vom König zum Schusterjungen. Franz Krügers »Paraden«, Bilder preußischen Selbstverständnisses, Frankfurt a. M., Bern, New York, Nancy 1984, S. 231.].

24 Franz Hermann Meissner: Die Galerie Ravené in Berlin, in: Westermanns Monatshefte, 58. Jg., 115. Bd., 2. Teil, Dez. 1913 bis Febr. 1914, S. 542.

25 Zu Reinhold Begas' Menzel-Büste siehe S. 38 des vorliegenden Buches.

26 In U. W. Züricher [Hrsg.]: Familienbriefe und Gedichte von Karl Stauffer-Bern, Leipzig und München 1914, S. 160.

27 Undatierter Brief, abgedr. ebenda, S. 306.

28 Abgedr. ebenda, S. 235.

29 Ebenda, S. 236.

30 Brief vom 24. November 1885, abgedr. ebenda, S. 236.

31 Brief vom 27. November 1884, abgedr. ebenda, S. 236.

32 Siehe Georg Jacob Wolf: Karl Stauffer-Bern, München 1909, S. 36.

33 Abgedr. bei U. W. Züricher [Hrsg.]: a.a.O., S. 236.

34 Abgedr. ebenda, S. 237.

35 Abgedr. bei Georg Jacob Wolf: a.a.O., S. 37.

36 Brief vom 12. Juli 1895 aus Kissingen, abgedr. bei Hans Wolff [Hrsg.]: Adolph von Menzels Briefe, Berlin 1914, S. 232.

37 Koner fertigte etwa 30 Porträts von Wilhelm II. an!

38 Max Jordan: Koner, Bielefeld und Leipzig 1901, S. 50.

39 Helene Vollmar: Menzel-Bildnisse, in: Moderne Kunst in Meisterholzschnitten, Bd. X, Berlin 1895/96, Menzel-Nr., Beilage, S. III.

40 Siehe ebenda sowie Helene Vollmar: Menzeliana, in: Moderne Kunst in Meisterholzschnitten, Bd. XIX, Berlin 1904, S. 184.

41 Sie begleiten die Aufsätze von Ludwig Pietsch [Adolph Menzel, 1895, S. 794-798], Agnes Schoebel [Wie Menzel lebt, 1895, S. 798 f.] und Emil Pesch-

kau [Das Morgenbüffet der Feinbäckerei in Bad Kissingen, 189, S. 804].
42 Georg Voß: Die Berliner Menzel-Feste, in: Die Kunst für Alle, 1. Jg., München 1886, S. 102.
43 Jan Veth: Streifzüge eines holländischen Malers in Deutschland, Berlin 1904, S. 50 f.
44 Zit. bei Axel Delmar: Die kleine Exzellenz, in: Die Woche, Nr. 7 vom 18. Februar 1905, S. 280.
45 Siehe Hellene Vollmar: Adolf Menzel †, in: Norddeutsche Allgemeine Zeitung Nr. 35 vom 10. Februar 1905.
46 Menzels Neffe war zu diesem Zeitpunkt nicht in Berlin.
47 Anonym: Die Beisetzung Menzels, in: National-Zeitung Nr. 100 vom 13. Februar 1905.
48 Gemeint ist der gegenüber vom Haus Bergmannstraße 69 gelegene Friedhofseingang.
49 Menzel wurde neben dem Bruder Richard bestattet. Die Grabstelle hatte eigentlich dessen Frau Elisabeth geb. Preuß für sich gekauft, aber sie soll erst nach der erfolgten Beerdigung des Künstlers davon erfahren und es dabei belassen haben. Siehe Helge Evers-Milner: Ein Frauenbild aus der Menzelzeit, Berlin 1940, S. 156.
50 Der Präsident der Akademie der Künste, Prof. Otzen, betonte: »Aber noch einen anderen Schatz wie seine Werke hat uns der unsterbliche Meister hinterlassen, – einen Schatz, der in der heutigen Zeit einer wilden Jagd nach mühelosen Erfolgen von unschätzbarem Wert ist – das Beispiel eines Fleißes, der nur mit seiner Begabung zu vergleichen ist.« Und Albert Hertel beschloß seine Rede mit den Worten: »Nun ist er heimgegangen, der beredte Schilderer der friderizianischen Zeit – ein stiller Mann, unvergessen für alle Zeit!« [Beide Zitate aus dem anonymen Bericht: Trauerfeier für Menzel, in: Neue Preußische Zeitung Nr. 74 vom 13. 2. 1905.
51 Maximilian Harden: Köpfe, Berlin 1910 [6. Aufl.], S. 349, 359, 362 und 364.

Nachbemerkung

1 München 1974, S. 476.

Verzeichnis der Literatur

[Auswahl]

Amersdorffer, Alexander [Hrsg.]: Adolph Menzel. Personalia. Handschrift im Archiv der Akademie der Künste zu Berlin. Mit Originallithographien von Max Slevogt, Leipzig 1924

Arnold, Carl Johann: Erinnerungen aus dem Zusammenleben mit Adolph Menzel, Weimar 1905, ungedr. Manuskript, Berlin, Archiv der Nationalgalerie

Becker, Robert: Adolph Menzel und seine schlesische Verwandtschaft, Straßburg 1922

Beta, Ottomar: Gespräche mit Adolf Menzel, in: Deutsche Revue, 23. Jg., Stuttgart und Leipzig 1898, 2. Bd., S. 45-58, und ebenda, 3. Bd., S. 102 bis 118

Beta, Ottomar: Neue Gespräche mit A. v. Menzel, in: Deutsche Revue, 24. Jg., Stuttgart und Leipzig 1899, 3. Bd., S. 166-179

Bock, Elfried: Adolph Menzel. Verzeichnis seines graphischen Werkes, Berlin 1923

Bredt, Ernst Wilhelm: Adolph Menzel, Wanderbuch, München 1920

Brockerhoff, Kurt: Eine unbekannte Gebrauchsgraphik Adolph Menzels, in: Zs. d. Vereins f. d. Geschichte Berlins, 54. Jg., 1937, Heft 3, S. 86-90

Cassirer, Else [Hrsg.]: Künstlerbriefe aus dem neunzehnten Jahrhundert, Berlin 1923, S. 329 bis 350

Deetjen, Werner: Adolf Menzel und Adolf Schöll. Ungedruckte Briefe Menzels, in: Jb. d. preußischen Kunstsammlungen, 55. Bd., 1934, Beiheft, S. 30-40

Delmar, Axel: Die kleine Exzellenz, in: Die Woche, 7. Jg., Nr. 7, Berlin, den 18. Februar 1905, S. 278 bis 280 h

Dorgerloh, A.: Verzeichnis der durch Kunstdruck vervielfältigten Arbeiten Adolph Menzels, Leipzig 1896

Ebertshäuser, Heidi [Hrsg.]: Adolph von Menzel: Das graphische Werk, 2 Bde., München 1976

Eckardt, Götz: Der junge Menzel in Sanssouci, in: Staatliche Museen zu Berlin, Forschungen und Berichte, 26, 1987, S. 251-258

Eggers, Friedrich: Künstler und Werkstätten: Adoph Menzel, in: Deutsches Kunstblatt, 5. Jg., 1854, S. 2 f., 10-12 u. 18-20

Engel, Julius: Adolf Menzel als Glasmaler, in: Kunst und Künstler, 4. Jg., 1906, S. 277-280

Evers-Milner, Helge: Ein Frauenbild aus der Menzelzeit. Berliner Erinnerungen, Berlin 1940

Fechner, Hanns: Meine Erinnerungen an Adolf Menzel, in: Deutsche Monatshefte, 3. Jg., 1927, Bd. 1, S. 233-242

Fontane, Theodor: Aufsätze zur bildenden Kunst, Erster Teil, München 1970, S. 251-253, 260-262, 336-340, 429-433 u. 516-519

Forster-Hahn, Françoise: Adolph Menzel's »Daguerreotypical« Image of Frederick the Great: A Liberal Bourgeois Interpretation of German History, in: Art Bulletin, 1977, S. 242-261

Forster-Hahn, Françoise: »Die Aufbahrung der Märzgefallenen«. Menzel's Unfinished Painting as a Parable of the Aborted Revolution of 1848, in: Beutler, Christian; Schuster, Peter-Klaus, u. Warnke, Martin [Hrsg.]: Kunst um 1800 und die Folgen, Werner Hofmann zu Ehren, München 1988, S. 221-232

Harden, Maximilian: Menzel, in: Harden, Maximilian: Köpfe, Berlin 1910, S. 341-364

Hartau, Johannes: Don Quichotes »Ästhetische Feldzüge«. Das »Erinnerungsblatt« von Menzel und Hosemann aus dem Jahre 1834, in: Idea 3, 1984, S. 97-120

Hasselberg, Felix: Gottfried Schadow und Adolph Menzel, in: Mitteilungen des Vereins für die Geschichte Berlins, 47. Jg., 1930, S. 30-32

Hasselberg, Felix: Adolph Menzel als Schriftsteller. Drei unbekannte Beiträge zur »Vossischen Zeitung«, in: Berlinische Blätter für Geschichte und Heimatkunde, 2. Jg., Nr. 1, Januar 1935, S. 3-9

Heise, Wolfgang: Adolph-Menzel-Ausstellung in Berlin, in: Bildende Kunst, 28 Jg., 1980, Heft 10, S. 470-472

Herding, Klaus: Kiel, Kunsthalle, Menzel Revisited. In: Burlington Magazine 129, 1982, S. 188-191

Hermand, Jost: Adolph Menzel. Das Flötenkonzert in Sanssouci. Ein realistisch geträumtes Preußenbild, Frankfurt a.M. 1985

Hermand, Jost: Adolph Menzel, Hamburg 1986

Herrmann, Agathe: Wie ich Menzel kannte, in: Moderne Kunst in Meisterholzschnitten, XX. Bd., Berlin o. J. [1905/06], S. 99-101

Hertel, Albert: Gespräche mit Menzel, in: Süddeutsche Monatshefte, 9. Jg., 1911/12, 1. Bd., S. 680-683

Hertel, Albert: Erinnerungen an Menzel, in: Süddeutsche Monatshefte, 9. Jg., 1911/12, 1. Bd., S. 786-793

Hofmann, Werner: Über Menzels »Atelierwand« in der Hamburger Kunsthalle, in: Hofmann, Werner: Bruchlinien. Aufsätze zur Kunst des 19. Jahrhunderts, München 1979, S. 201-213

Hütt, Wolfgang: Adolph Menzel, Leipzig 1981

Jahn, Johannes: Das Kinderalbum von Adolph Menzel, Leipzig 1955

Jensen, Jens Christian: Über Adolf Menzel, in: Ebertshäuser, Heidi [Hrsg.]: Adolph Menzel. Das graphische Werk, 2. Bde., München 1976, 1. Bd., S. 1-24

Jensen, Jens Christian: Adolph Menzel, Köln 1982

Jordan, Max, und Dohme, Robert: Das Werk Adolph Menzels. Vom Künstler autorisierte Ausgabe, 3 Bde., München 1890

Jordan, Max: Das Werk Adolf Menzels 1815-1905, München 1905

Jordan, Max: Menzel und die Nationalgalerie, in: Moderne Kunst in Meisterholzschnitten, Bd. XX, Berlin o. J. [1905/06], S. 97-99

Justi, Ludwig: Menzel, in: Deutsche Zeichenkunst im 19. Jahrhundert. Ein Führer zur Sammlung der Handzeichnungen in der National-Galerie, Berlin 1919, kleine Ausgabe: S. 65-69, große Ausgabe: S. 85-93

Kaiser, Konrad: Adolph Menzels Eisenwalzwerk, Berlin 1953

Kaiser, Konrad: Adolph Menzel. 1815-1905, Berlin 1956

Kaiser, Konrad: Adolph Menzel. Der Maler, Stuttgart 1965

Kaiser, Konrad: Adolph Menzel. Gemälde, Aquarelle, Guaschen, Pastelle, Handzeichnungen, Schweinfurt 1969

Kaemmerer, Ludwig: Adolf von Menzel, Ritter des Schwarzen Adlerordens, in: Hohenzollern-Jahrbuch 3, 1899, S. 173-177

Keisch, Claude: Adolph Menzels »Ansprache Friedrichs des Großen an seine Generale vor der Schlacht bei Leuthen«. Vermutungen über ein unvollendetes Meisterwerk, in: Staatliche Museen zu Berlin, Forschungen und Berichte, 26, Berlin 1987, S. 259-279

Keisch, Claude: Von Kassel bis Leuthen. Mehrdimensionalität des Augenblicks in Menzels Geschichtsmalerei, in: Kunstverhältnisse. Ein Paradigma kunstwissenschaftlicher Forschung, Berlin 1989, S. 74-79

Kern, Guido Josef: Aus Menzels Jugend, in: Die Kunst für Alle, 31. Jg., 5/6, 1. Dezember 1915, S. 81-104

Kirstein, Gustav: Das Leben Adolph Menzels, Leipzig 1919

Kleberger, Ilse: Preuße, Bürger, Genie: Adolph Menzel, Berlin [West] 1981

Knackfuß, Hermann: Adolph Menzel, Bielefeld und Berlin 1895

Kugler, Franz: Briefe über die Geschichte Friedrichs des Großen, in: Die neue Rundschau, Dezember 1911, S. 1723-1739

Kürenberg, Joachim von: Menzel, die kleine Exzellenz, Berlin 1935

Lammel, Gisold: Adolph Menzel. Blätter mit Esprit, Humor und Satire, Hanau 1987

Lammel, Gisold: Adolph Menzel. Frideriziana und Wilhelmiana, Dresden 1988

Lammel, Gisold: Der Auftraggeber ist im Bild – Anmerkungen zu Menzels Kasseler Karton, in: Kunstverhältnisse. Ein Paradigma kunstwissenschaftlicher Forschung, Berlin 1989, S. 69-74

Lorck, Carl Berend: Adolph von Menzel und die »Geschichte Friedrichs des Großen«, Leipzig 1905, handschriftliches Manuskript, Berlin, Nationalgalerie, Archiv

Maué, Hermann: Briefe der Familie Menzel aus dem Jahre 1829. Eine Quelle zum Frühwerk Adolph Menzels, in: Anzeiger des Germanischen Nationalmuseums, 1982, S. 83-91

Meier-Graefe, Julius: Der junge Menzel, Leipzig 1906

Meissner, Franz Hermann: Adolph von Menzel, Berlin und Leipzig 1902

Meyerheim, Paul: Adolf von Menzel. Erinnerungen, Berlin 1906

Norden, Julius: Bei Adolf von Menzel, in: Die Gegenwart, Jahrgang 29, Bd. 58, 1900 [13], S. 260-263

Pecht, Friedrich: Deutsche Künstler des neunzehnten Jahrhunderts. Studien und Erinnerungen, Nördlingen 1879, S. 305-339

Pecht, Friedrich: Zum 70. Geburtstage Adolf Menzels, in: Die Kunst für Alle, 1. Jg., Heft 5, 1. Dezember 1885, S. 61-71

Pietsch, Ludwig: Adolf Menzel, in: Nord und Süd, 11. Bd., Breslau 1879, S. 439-469

Pietsch, Ludwig: Adolph Menzel, in: Die Gartenlaube, 1895 [47], S. 794-798

Pietsch, Ludwig: Persönliche Erinnerungen an Adolf v. Menzel, in: Velhagen und Klasings Monatshefte, 19. Jg., 1905, 2. Bd., Heft 8, S. 193 bis 208

Pniower, Otto: Eine Autobiographie Adolph Menzels, in: Kunst und Künstler, 22. Jg., 1924, S. 124-131

Riedrich, Otto, und Weiglin, Paul: Menzel auf Reisen, 58 fast durchweg unveröffentlichte Zeichnungen, ausgewählt u. herausgegeben von O. Riedrich. Mit einem Geleitwort v. Paul Weiglin, Berlin 1923

Riemann-Reyher, Ursula: Moderne Cyklopen 1875 bis 1975. Betrachtungen zu Adolph Menzels »Eisenwalzwerk«. Staatliche Museen zu Berlin,

Kupferstichkabinett und Sammlung der Zeichnungen 1976

Rosenberg, Adolf: Die Berliner Malerschule 1819 bis 1879, Berlin 1879, S. 252-281

Rosenhagen, Hans: Adolph v. Menzel, in: Die Gartenlaube, Nr. 10, 1905, S. 182-185

Roth, Herrmann: Münchner Menzel-Erinnerungen, in: Münchner Neueste Nachrichten, Nr. 72 vom 14. Februar 1905

Scheffler, Karl: Adolph Menzel, der Mensch, das Werk, Berlin 1915

Scheffler, Karl: Adolph Menzel, Berlin und Leipzig 1938

Schmid-Aachen, Max: Adolf Menzel, in: Zs. für bildende Kunst, 31, N. F. VII, 1896, S. 49-69

Schmidt, Werner: Ad. Menzel 1815-1905, Leipzig 1958

Schoebel, Agnes: Wie Meister Menzel lebt, in: Die Gartenlaube, 1895 [47], S. 798 f.

Sondermann, Fritz: Adolph Menzel, Magdeburg 1895

Tschudi, Hugo von: Adolph von Menzel. Abbildungen seiner Gemälde und Studien, München 1905, Neuauflage 1906

Tschudi, Hugo von: Aus Menzels jungen Jahren, Berlin 1906

Vollmar, Helene: Adolph Menzel, in: Moderne Kunst in Meisterholzschnitten, X. Bd., Berlin 1896, S. 58

Vollmar, Helene: Menzel in Kissingen, in: Moderne Kunst in Meisterholzschnitten, XX. Bd., Berlin o. J. [1905/06], S. 101

Voß, Georg: Die Berliner Menzel-Feste, in: Die Kunst für Alle, 1. Jg., 1886, S. 101-103

Waldmann, Emil: Der Maler Adolph Menzel, Wien 1941

Weinhold, Renate: Menzelbibliographie, Leipzig 1959

Werner, Anton von: Rede bei der Trauerfeier der Königl. Akademie der Künste für Adolph von Menzel am 6. März 1905, Berlin 1905

Westen, Walter von Zur: Adolph Menzel als Gebrauchsgraphiker, Berlin 1912

Wirth, Irmgard [Hrsg.]: Berliner Maler. Menzel, Liebermann, Slevogt, Corinth in Briefen, Vorträgen und Notizen, Berlin 1964 [2. Aufl. Berlin 1986]

Wirth, Irmgard: Mit Adolph Menzel in Berlin, München 1965

Wirth, Irmgard: mit menzel in bayern und österreich, München 1974

With, Christopher B.: Adolph von Menzel. A Study in the Relationship Between Art and Politics in Nineteenth Century Germany, Phil. Diss. Los Angeles, University of California 1975

Wolf, Georg Jacob: Adolf von Menzel, der Maler deutschen Wesens, München 1915

Wolff, Hans [Hrsg.]: Adolph von Menzels Briefe, Berlin 1914

Ausstellungs- und Bestandskataloge

Ausstellung von Werken Adolph von Menzels, Königliche National-Galerie, Berlin 1905

Adolph Menzel, Zeichnungen. Verzeichnis und Erläuterungen von Werner Schmidt, Berlin 1955

Adolph Menzel. Ausstellung aus Anlaß seines 50. Todestages in der National-Galerie [West], Berlin 1955

Adolph Menzel. Handzeichnungen, Ausstellung in der Kunsthalle Bremen 1963

Drawings and watercolours by Adolph Menzel 1815-1905, The Arts Council Gallery, London 1965

Adolph Menzel. Gemälde und Zeichnungen, Ausstellung im Alten Rathaus Erlangen 1971

Adolph Menzel. Gemälde, Zeichnungen, Nationalgalerie, Staatliche Museen zu Berlin 1980, mit Beiträgen von Peter H. Feist, Françoise Forster-Hahn, Gerd Bartoschek, Edit Trost und Claude Keisch

Adolph Menzel. Realist – Historist – Maler des Hofes. Gemälde, Gouachen, Aquarelle, Zeichnungen und Druckgraphik aus der Sammlung Georg Schäfer, Schweinfurt, und aus der Kunsthalle Bremen, ergänzt durch die Bestände der Kunsthalle zu Kiel und des Museums für Kunst- und Kulturgeschichte in Lübeck, Kunsthalle zu Kiel 1981, hrsg. von Jens Christian Jensen, mit Beiträgen von Jens Christian Jensen, Günter Busch, Johann Schlick, Wulf Schadendorf und Jürgen Schultze

Menzel – der Beobachter, Hamburger Kunsthalle 1982, hrsg. von Werner Hofmann, mit Beiträgen von Eckhard Schaar, Elke von Radziewsky und Werner Hofmann

Adolph Menzel. Zeichnungen, Druckgraphik und illustrierte Bücher. Ein Bestandskatalog der Nationalgalerie, des Kupferstichkabinetts und der Kunstbibliothek, Staatliche Museen Preußischer Kulturbesitz, Berlin 1984, hrsg. von Lucius Griesebach, mit Beiträgen von Lucius Griesebach, Susanne von Falkenhausen, Sigrid Achenbach und Ingeborg Becker

Prints and Drawings by Adolph Menzel. A selection from the collections of the museums of West Berlin, The Fitzwilliam Museum, Cambridge 1984, hrsg. von Lucius Griesebach

Adolph von Menzel 1815-1905. Zeichnungen, Aquarelle, Gouachen aus der Nationalgalerie, Staatliche Museen zu Berlin; Graphische Sammlung Albertina, Wien 1985, hrsg. von M. U. Riemann und C. Keisch, mit Beiträgen von W. Koschatzky, G. Schade, W. Geismeier, W. Schade, M. U. Riemann und C. Keisch

Adolph Menzel 1918-1905. Master drawings from East Berlin, The Frick Collection, New York 1990, mit Beiträgen von P. Betthausen, C. Keisch, G. Lammel und M. U. Riemann

Abbildungsverzeichnis

Verzeichnis der Farbtafeln

1 Abendgesellschaft, um 1847, Öl auf Papier, auf Malpappe aufgezogen, 25 cm × 40 cm, Berlin, Staatliche Museen
2 Bildnis des Dichters Paul Heyse, 1853, farbige Kreiden, 44,5 cm × 28,5 cm, Schweinfurt, Slg. Georg Schäfer
3 Salonkonzert, 1851, Mischtechnik, auf Papier, auf Pappe aufgezogen, 45 cm × 59 cm, München, Bayerische Staatsgemäldesammlungen
4 Bilse-Konzert, 1871, Deck- und Wasserfarben, 17,8 cm × 12 cm, Berlin, Staatliche Museen
5 Zwei Szenen aus Mozarts »Don Giovanni«, um 1850, farbige Kreiden, teils gekratzt, auf braunem Papier, 12,7 cm × 24,2 cm, Berlin, Staatliche Museen
6 Schauspieler vor einem Vorhang, Pastell, 16 cm × 14,6 cm, München, Staatliche Graphische Sammlung
7 Die Hochmeister Siegfried von Feuchtwangen und Ludger von Braunschweig, Entwurf zu Wandbildern im Großen Remter der Marienburg, 1846, Öl auf Leinwand, 93,5 cm × 78,5 cm, Berlin, Staatliche Museen
8 Gedenkblatt zum fünfzigjährigen Jubiläum der Firma C. Heckmann, 1869, Deckfarben, 50 cm × 61 cm, Berlin, Staatliche Museen
9 Zwei Vorlagen zum Schmuck des Tafelgeschirrs der Kgl. Porzellanmanufaktur, 1882, Berlin, Staatliche Museen;
Vorlage für die Fischschüssel, mit Neptunputte auf dem Krokodil, Wasser- und Deckfarben, mit Silber- und Goldbronze gehöht, 30,6 cm × 64,9 cm;
Vorlage für den Untersatz der Suppenschüssel, Wasser- und Deckfarben, 23 cm × 28,5 cm
10 Herr im Coupé, 1859, Pastell und Deckfarben auf braunem Papier, 23 cm × 18 cm, Berlin, Staatliche Museen
11 Im Eisenbahncoupé, um 1848, Öl auf Leinwand, 43,1 cm × 52,2 cm, München Bayerische Staatsgemäldesammlungen
12 Passagiere auf einem Donaudampfer, 1852, Pastell, 38,4 cm × 25,6 cm, Wuppertal-Elberfeld, Von der Heydt-Museum
13 Polizist und Dame im Tuileriengarten, 1856, Öl auf Pappe, 23 cm × 19 cm, Berlin, Staatliche Museen
14 Wintermarkt, 1862, Deckfarben, Öl und Kreide auf hellbraunem Tonpapier, 32,4 cm × 26,8 cm, Berlin, Berlin Museum
15 Schlafzimmer des Künstlers, 1847, Öl auf Papier, 56 cm × 46 cm, Berlin, Staatliche Museen
16 Borussia, 1868, Öl auf Leinwand, 111 cm × 60 cm, Berlin, Berlin Museum

Verzeichnis der Schwarzweißabbildungen

1 Adolph Menzels Geburtshaus in Breslau, Foto von Ed. v. Delden, Breslau
2 Stehendes Mädchen [die Schwester Emilie], um 1825/26, Bleistift, 14,1 cm × 11,2 cm, Berlin, Märkisches Museum
3 Säugende Tigerin, Kopie der lithographierten Detailkopie von Vincenz Georg Kininger nach Rubens' Gemälde »Die vier Weltteile«, 1828, Kreide, 38,5 cm × 51 cm
4 Selbstbildnis mit Palette, Bleistift, 17,5 cm × 13,3 cm
5 Selbstbildnis mit Geschwistern, 1848, Öl, ehem. im Besitz von Marcus Kappel, Berlin
6 Die Familie des Künstlers, 1851, Bleistift, 22,5 cm × 28,5 cm, Berlin, Staatliche Museen
7 Die Mutter des Künstlers, 30. Januar 1842, Bleistift, 18 cm × 13 cm
8 Das Grab der Mutter, 1850, Bleistift, 20,4 cm × 19,7 cm, Berlin, Staatliche Museen
9 Bildnis des Bruders Richard, 1846, Öl auf Papier und Pappe, auf Leinwand aufgezogen, 51,6 cm × 41,5 cm, Schweinfurt, Slg. Georg Schäfer
10 Adolph Menzel im Freundeskreis [Menzel zwischen seiner Schwägerin und Major Klugmann stehend], um 1864/65, Foto
11 Adolph Menzel, um 1865, Foto
12 Spazierritt der Familie Krigar, 1867/68,

Personenregister

Fotonachweis: Berlin: Berlin Museum: Farbtaf. 14, 16; Jörg Duckwitz: 28, 32, 54, 58, 61, 70, 73, 88, 89; Fotografische Gesellschaft: 127; F. Jamrath und Sohn: 98; Märkisches Museum: 2, 18, 25, 101, 102; Staatliche Museen Preußischer Kulturbesitz: 6, 8, 21, 31, 37, 40, 50, 71, 81, 148, 154, Farbtaf. 1, 4, 5, 7, 10, 13, 15; Staatliche Museen, Zentralarchiv: 115; Kissingen: Johann Kolb: 107; München: Bayerische Staatsgemäldesammlungen, Neue Pinakothek: Farbtaf. 3, 11; Staatliche Graphische Sammlung: Farbtaf. 6; St. Petersburg: Ermitage: 95, 96; Schweinfurt: Sammlung Georg Schäfer: Farbtaf. 2; Weimar: Kunstsammlungen: 26; Wuppertal: Von der Heydt-Museum: Farbtaf. 12; alle übrigen Vorlagen wurden aus den Archiven des Autors und des Verlages bereitgestellt.